린치핀
코리아

린치핀
코리아

1판 1쇄 인쇄 | 2020년 3월 15일
1판 1쇄 발행 | 2020년 3월 25일

지은이 | 이승율 정경영 김재효 한명섭 외
발행인 | 이승율
발행처 | 동북아공동체문화재단
등록번호 | 제 2012-000048
등록일자 | 2012년 4월 5일
등록된 곳 | 서울시 서초구 바우뫼로 182 (S&C빌딩 2층)
TEL. 02-3461-4242
FAX. 02-3461-3460

편집 및 디자인 | 꿈마을예닮 www.iyedam.kr

책 값은 뒤표지에 있습니다.
ISBN 978-89-969468-5-4

이 도서의 국립중앙도서관 출판시도서목록(CIP)은 서지정보유통지원시스템 홈페이지(http://seoji.nl.go.kr)와 국가자료종합목록 구축시스템(http://kolis-net.nl.go.kr)에서 이용하실 수 있습니다. (CIP제어번호 : CIP2020006317)

한반도 중심축 국가 건설을 위한 로드맵

린치핀 코리아

| 머리말 |

린치핀(Linchpin)은 수레나 자동차 바퀴가 빠지지 않도록 축에 고정하는 핀으로 '린치핀 코리아'는 대한민국이 동북아의 평화와 안정은 물론 공동번영의 중심축 국가로 우뚝 서는 것을 의미한다. 집필진은 지난 1년여 동안 린치핀 코리아의 비전을 구상하고, 한반도 중심축 국가 건설 추진 전략을 개발하기 위해 정례적으로 만나 치열하게 논의했다.

이 책은 그에 대한 연구 산물로서 한국의 국력 신장과 격상된 위상, 한반도의 지정학적 · 지경학적 입지를 살려서, 미중 간 대립과 분쟁의 진원지인 한반도를 동북아의 협력과 공동번영의 중심축으로 전환하기 위한 추진 전략을 제시하고 있다.

이 책의 구성은 서문과 6대 추진 전략, 정책 제안과 한반도 중심축 추진 로드맵으로 이루어져 있다. 6대 추진 전략은 한미동맹과 다자안보 병행, 북핵 폐기, 남북경제공동체 구상, 한반도 물류 중심축 경제발전, 법체계 정비, 갈등구조 해소를 의미한다.

먼저 서문에서는 통일 한반도의 비전을 설정한 다음, 남북한 국력을 통합했을 때의 승수효과를 예측하고, 한반도의 지정학과 지경학을 재조명하고자 한다. 이어서 한반도 통일국가 건설을 위한 대전략에 대해서 논의하고, 한반도 중심축 국가로서의 국민 인식을 어떻게 정립할 것인가에 대해 다룰 것이다.

제1장 한미동맹과 다자안보 병행 전략에서는 외교안보 구상과 이론적 고찰에 이어 동맹과 다자안보를 병행하고 있는 유럽의 북대서양조약기구(NATO, North Atlantic Treaty Organization)와 유럽안보협력기구(OSCE, Organization for Security and Cooperation in Europe)에 대한 사례 연구를 통해 시사점을 도출하고자 한다. 또한 한미동맹의 공과(功過)를 평가하고, 전쟁억제는 물론 통일에 기여하는 동맹으로 거듭나는 동맹의 조정에 대해 알아볼 것이다. 이어서 한국의 다자안보협력 실태와 추진 전략을 논의하고, 인도-태평양 전략에 참가 여부를 판단하기 위해 전략 환경을 전망하면서 국가이익, 위협 평가, 신남방정책과의 연계성 등을 분석하고자 한다. 마지막으로 동북아 안보공동체 구축을 위한 한국의 역할을 제시할 것이다.

제2장 북핵 폐기 전략에서는 비핵화의 정의와 함의를 밝히는 것으로 시작하려 한다. 한반도 비핵화의 개념 정의와 대상 범위를 논의한 다음, 북한의 핵미사일 개발 배경에 대한 역사적 함의를 고찰할 것이다. 이어서 비핵화 협상 과정 분석을 통해 북한, 중국, 미국, 러시아가 비핵화 문제를 어떻게 바라보고 있는지 논증할 것이다. 하노이 북미정상회담의 결렬 원인을 분석하고 교훈을 도출하고 나서, 비핵화 협상 복원 조건에 대해서도 논의하고자 한다. 마지막으로 북핵 시나리오를 '협상에 의한 북핵 완전 폐기', '핵 동결 및 핵 비확산에 의한 사실상 핵보유국 지위 인정', '북한의 핵 협상 완전 결렬 선언과 핵미사일 대량생산 및 전력화'로 상정해 각각에 따른 한국의 대응전략을 강구할 것이다.

제3장 남북경제공동체 구상에서는 추진 목표와 기조를 제시하고, 안보와 경제 역학관계를 연계한 경협 추진 방안을 논의하겠다. 이어서 주변국과 국제금융기구가 함께 참여하는 북한 개발 컨소시엄 추진 전략을 모색하고, 현 정부의 신 한반도 경제 구상을 어떻게 구현할 것인가에 대해 살펴보려고 한다. 또한 동북아 역내 국가들의 지자체 간 경제협력 방안을 알아보고자 한다.

제4장 한반도 물류 중심축 경제발전 전략에서는 추진 목표와 기조를 살펴본 다음, 한반도를 중심축으로 하는 국제물류 추진과 남북을 연계한 최적의 유통·물류 인프라 구축 방안에 대해 집중적으로 논의하려고 한다. 이어서 한반도 최적의 물류 중심축 구축의 핵심 도구로 4차 산업기술의 적용 가능성, 특히 북한 지역의 조속한 물류 인프라 건설과 운영을 위한 방안으로 4차 산업기술의 적용 가능성을 모색하고자 한다. 이와 함께 한반도가 물류 강국이 되기 위한 발전 방향과 이를 위한 한국의 역할을 논의하고자 한다.

제5장 한반도 평화협정 체결과 법체계 정비 방안에서는 추진 목표와 기조를 설정한 다음, 한반도 평화협정 체결의 필요성에 관해 논의하고, 분단국의 특성으로 인한 한반도 평화협정의 특수성을 살펴보고자 한다. 이어서 한반도 평화협정 체결에 따른 법적 쟁점을 검토하고, 마지막으로 동북아의 평화적 법질서 구축을 위한 한국의 역할에 대해 논의할 것이다.

제6장 갈등구조 해소와 통일교육에서는 남북갈등과 남남갈등의 원인을 진단한 후, 남북과 남남갈등의 해소책을 집중 조명하고자 한다. 통일교육 실태를 평가한 다음, 안보와 통일을 어떻게 조화를 이룰 것인가 등

통일교육 추진 전략을 논의할 것이다. 또한 동북아 공동체 의식 정립을 위한 한국의 역할에 대해서도 알아볼 것이다.

마지막으로 정책 제안에서는 본론에서 논의한 사항을 정리하면서 정책 제안을 하고자 한다. 또한 한반도 중심축 통일국가를 이루기 위한 한국의 역할과 북한이 추진할 사항, 남북이 함께 추진할 사항, 그리고 미국을 포함한 주변 4국 및 국제기구와의 국제협력 사항을 단기, 중기, 장기로 단계화해 한반도 중심축 통일국가를 건설하기 위한 추진 로드맵을 제시하고자 한다.

모쪼록 한반도에서 지각변동이 진행되는 전환기에 이 책이 한국인에게 통일한국의 비전을 구현하는 길잡이 역할을 한다면, 동북아의 중심축 국가로서 '린치핀 코리아'가 우리 세대에 전개될 것임을 믿는다.

끝으로 이 책을 출간하기까지 21세기 대한민국의 미래를 위해 한마음 한뜻으로 공동집필에 참여해주신 14명 전문가의 수고와 열정에 먼저 깊은 감사의 말씀을 전한다. 이와 함께 1년 여간 집필진 회의와 기획 실무를 담당해온 동북아공동체문화재단 이동탁 사무총장(기획이사)과 김소희 주임, 편집과 교정 및 인쇄를 맡아주신 꿈마을예닮 문기정 대표와 전상수 에디터, 그리고 출판 비용 전액을 지원해주신 참포도나무병원 이동엽 원장께 재삼 깊은 감사를 드리며 강호 제위 여러분들의 아낌없는 성원을 바라마지 않는 바이다.

2020년 3월
공동집필진을 대표하여
동북아공동체문화재단 이승율 이사장

| 목차 |

제 2장

북핵 폐기 전략

박종수 · 전수미

제 3장

남북경제공동체 구상

조봉현 · 정일영 · 김재효

제 4장

한반도 물류 중심축 경제발전 전략

이성우

제 5장

한반도 평화협정 체결과 법체계 정비 방안

한명섭 · 문선혜

제 6장

갈등구조 해소와 통일교육

정용상 · 이갑준

서문

한반도 중심축 통일국가론

조상의 얼과 혼이 어려 있는 한반도가 우리의 삶의 터전이 될 것이요, 마음껏 한민족의 뜻을 펼칠 수 있는 활동 무대가 된다니 가슴이 설렌다.

우리가 추구하는 통일 한반도의 비전은 주권과 영토를 수호하고, 국민의 안전과 재산을 보호하며, 비핵 평화를 추구하고, 자유민주주의와 시장경제, 인권과 법치주의의 가치를 지향한다.

린치핀 코리아는 지역안보협력의 메카이며, 물류와 통상 금융의 허브이자 지식정보와 4차 산업혁명 네트워크의 센터이다. 또한 열린 문화공동체의 산실로서 팍스 노스이스트 아시아나(Pax-Northeast Asiana)를 선도한다.

01 통일 한반도의 **비전**

안보, 나라를 지키는 힘

한반도 전체를 한민족의 삶의 터전으로 만들기 위해서는 국가가 온전할 수 있도록 주권과 영토를 수호하고, 국민의 안전과 재산을 보호할 수 있는 힘이 있어야 한다.

그 힘은 안보에서 나온다. 900여 회 이상의 외침으로부터 수많은 백성이 고통을 당하고 급기야 일본 제국주의로부터 주권과 영토를 빼앗겼던 통한의 36년 식민통치 역사가 우리의 의식 속에 지울 수 없는 상처로 남아 있다.

민족의 의지와 의사와는 무관하게 해방과 함께 한반도는 남북으로 분단되었고, 국가로서의 틀을 구축하기도 전에 북한이 남한을 침략해 6 · 25라는 민족상잔의 비극을 겪어야만 했다. 그 이유는 무엇이었는가. 결국 자신을 스스로 지킬 만한 힘과 의지가 없었기 때문에 당했던 비극이었다.

온전한 나라는 외세에 의해 운명이 결정되는 것이 아닌 독자적이고 배타적으로 행사할 수 있는 주권과 인간다운 삶을 살아갈 수 있는 영토, 그리고 존귀한 구성원인 국민이 함께할 때 비로소 이루어질 수 있다.

이러한 온전한 나라가 되기 위해서는 주변국의 침략으로부터 나라를 지키는 국방이 튼튼해야 한다. 아울러 테러, 사이버 공격, 대규모 재난 등 초국가적 · 비군사적 위협으로부터 국민의 안전과 재산이 보호될 수 있도록 강한 안보와 튼튼한 국방을 해야 한다.

지킬 수 있는 힘은 무기나 장비 등 군사력 못지않게 내 선조들의 얼과 혼이 어려 있는 조국 강토를 우리 스스로 지킨다는 국토수호 의지에 의해서 가능하다. 또한 이웃나라와 적대관계가 아닌 우호 협력관계를 유지함으로써 주변국의 위협을 잠재울 수 있다.

또한 전쟁을 할 수 있는 나라를 만든다는 것은 마치 전쟁을 일으키겠다는 것으로 손사래를 치며 반대할 수 있으나 인류 역사는 평시 무장이 해제되어 평화만을 추구한다고 판단할 때 여지없이 외침을 불러들인 데서 알 수 있듯이 나라가 강해야 한다.

우리의 민족사는 숭문천무(崇文賤武) 의식이 강해 끊임없는 외침을 당하고도 국방을 소홀히 하여 결국은 나라 잃은 민족이었고, 그 결과 우리 민족의 의지와 무관하게 강대국의 힘의 정치에 의해 한반도가 분단되는 비극을 겪었다. 이를 반복하지 않기 위해서는 온 국민이 국방, 납세, 교육의 의무 등을 통해 풍요롭고, 강하고, 스마트한 나라로 만들어야 하겠다.

비핵 평화를 추구하다

온 국민이 북한의 핵무장으로 넋을 잃고 말았다. 동아시아 공영권을 부르짖으며 파죽지세로 태평양과 동아시아 대륙을 휩쓸던 일본이 원자폭탄에 수십만이 떼죽음을 당하고 무릎 꿇게 했던 그 공포와 위력을 알기에 북한의 핵무장에 대해 전 국민이 우려하고 있다.

이러한 핵이 있는 통일 한반도의 출현을 주변국 어느 나라가 환영하겠으며, 최악의 경우 북핵문제 해결 없이 한국이 주도하는 통일을 기대할 수 있을까.

결국 우리는 협상을 통해 북한의 핵을 폐기시키고 한반도 평화체제가 구축되도록 해야 한다. 만에 하나 북한이 핵을 포기하지 않는 상황이 온다면 재앙적 핵전쟁으로부터 국민을 안전하게 보호하기 위해 군사적 옵션을 고려할 수밖에 없을 것이다. 이때 핵을 제거시킨 상태에서 자유민주주의에 기반한 통일을 이룩할 수 있을 것이다.

나폴레옹의 프러시아 침공, 보불전쟁, 독일의 1, 2차 대전 시 프랑스 침공 등 수없는 전쟁을 겪었던 프랑스-독일이 전쟁의 참담함을 알기에 1963년 엘리제조약을 통해 화합해 양국의 평화는 물론 유럽연합을 탄생시켰다. 우리 남북한도 하나가 되지 말라는 법이 없다.

한민족사에서 당하기만 했지 한 번도 침략해본 적 없는 평화애호 백의민족이 아닌가. 끊임없는 외침으로 전쟁이 그칠 날 없었던 한반도가 평화의 땅으로 회복될 때 동북아 역내 전체의 평화를 일궈내는 새로운 산실이 될 것이다.

어떤 가치를 추구할 것인가

쓰레기장에서 장미꽃이 피어나기를 기대할 수 없는 것처럼 6·25전쟁의 폐허 속에서 한국의 민주주의는 불가능하다고 했지만, 대한민국은 민의에 반한 정치지도자에 대해 시민혁명을 통해 정권을 내려놓게 할 정도로 성숙한 자유민주주의 국가가 되었다.

또한 한국은 자유민주주의와 사유재산권, 시장경제에 의해 번영을 누리고 있다. 엄격한 불평등 신분사회로부터 인간은 누구나 존엄하며 양도할 수 없는 천부의 인권이 보장되는 사회, 법 앞에 대통령도 일반 시민도 평등한 사회가 되었다.

반면 북한은 세습 권력에 의해 사회가 역동성을 잃어버리고, 계획경제에 의해 생산 활동을 멈추게 하여 가난에 찌들게 했으며, 생존권을 포함한 기본권이 유린되고, 평등사회라고 주장하나 평양과 지방, 당원과 비당원 등 오히려 차별이 극심한 사회가 되었다.

〈도표 0-1〉 남북한 국력 비교

구분	한국	북한	비율
GDP	1조 6,556억 달러	400억 달러	1/41
GNI	3만 2,046달러	1,800달러	1/18
무역	1조 1,405억 달러	25억 9천만 달러	1/146
인구	5,181만 명	2,572만 명	1/2
군병력	60만 명	128만 명	2/1
국방비	420억 달러	35억 1,000만 달러	1/12

출처 : "North Korea GDP 40billion$", Central Intelligence Agency, *The CIA World Factbook 2017*(Washington, D.C: Skyhorse Publishing, 2018), p.464 외.[1]

같은 민족이었던 남과 북이지만 〈도표 0-1〉의 남북한 국력 비교에서 보는 바와 같이 대한민국이 북한에 비해서 병력 규모를 제외하고 압도적 우위를 보이고 있다.

무엇이 이처럼 현격한 국력 차이를 만들었을까. 남북이 서로 다른 가치를 추구해왔던 데 기인한다. 앞에서 논했듯이 남과 북은 자유민주주의 대 세습독재체제, 시장경제 대 통제경제, 인간의 존엄성 중시 대 당에 종속된 존재, 법치주의 대 신격화로 대비되는 사회이기 때문이다. 또 다른 이유는 국내총생산(GDP)의 2.6퍼센트를 국방비로 운용하는 한국에 비해 북한은 23.6퍼센트를 국방비에 쏟을 정도의 군사중시 정책에 기인한다. 이는 남북체제 경쟁에서 대한민국이 압승했음을 입증한다.

숭고한 자유민주주의, 시장경제, 인권, 법치주의는 통일 한반도에서도 추구해야 할 가치다.

지역안보협력의 메카로

한반도가 동북아의 중심축이 되어 안보, 경제, 과학기술, 문화, 정체성의 산실 역할을 할 때 지역 평화와 공동번영이 가능할 것으로 기대한다.

유럽과 달리 동북아는 이데올로기와 배타적 민족주의로 인해 여전히 분열과 대립의 냉전체제가 존재한다. 한반도 분단은 남북 간 갈등뿐만 아니라 동북아가 진영논리에 의해 휘둘리다 보니 자국의 안보는 물론 지역의 평화가 보장될 수 없는 구조적인 한계가 있다.

이념적 갈등과 군사적 대립에 종지부를 찍고 한반도가 하나 될 때 지역안보협력의 메카로서 등장할 수가 있다. 동북아 안보 레짐(regime)을 구축하는 데 한반도가 그 중심 역할을 할 수 있을 것이다.

동북아의 갈등과 대립 구도를 상호 존중과 공동번영의 협력 질서로 전환하기 위해서는 역내 국가들을 묶어주는 제도적 기구가 요구된다.

한국은 2011년 서울에 설립한 한·중·일 3국협력사무국(TCS, Trilateral Cooperation Secretariat)을 모체로 동북아 안보협력기구를 제도화하고, 지역에서 발생되는 초국가적 위협에 공동대처할 수 있는 신속대응체제 구축에도 주도적인 역할을 할 수 있을 것이다.

물류와 통상, 금융의 허브

한반도는 해양 문명과 대륙 문명을 잇는 징검다리 역할을 했었다. 그러나 휴전선으로 가로막혀 혈맥이 통하지 않게 되었다.

인간이 인위적으로 만들어놓은 철책선이 무엇이기에 서로 동족 간에 총부리를 겨누고 으르렁대는 것일까. 왜 이처럼 서로는 적대감 속에 증오하고 분노하며 대치하고 있는 것일까.

적막한 비무장지대에서 새는 마음껏 철책선을 넘나들면서 날아다니고 있고, 물고기는 임진강을 따라 북에서 남으로 남에서 북으로 헤엄쳐 다니는데도 유독 만물의 영장이라는 남과 북의 인간은 서로가 철책선을 한 발짝도 넘어서면 안 되는 어처구니없는 상황이 되었다.

서로가 서로를 죽이던 피비린내 나는 전쟁을 겪고 정전협정이 체결되었으나 여전히 남과 북은 비무장지대(DMZ, Demilitarized Zone)를 사이에 두고 중무장한 군이 대치하고 있으며, 70년 가까이 적대감과 갈등 속에 보내왔다. 더 이상 싸우지 않고 민족적인 에너지를 소진시키는 일을 하지 않는 특단의 해법은 없는 것일까.

▶ 2018년 11월 22일 화살머리고지 전투 유해 발굴을 위한 남북한 군인의 역사적 악수(출처 : 국방부).

6·25전쟁 중 치열했던 철원 지역 비무장지대 내 화살머리고지 전투에서 전사했던 남북한과 미·중·프랑스 군인들의 유해를 발굴하기 위해 전쟁터의 한가운데에 남북을 연결하는 통로를 연 것은 과거의 전쟁 상흔을 치유하기 위한 민족 간의 만남이라는 의미가 있다.

이 한 장의 사진은 막혔던 혈맥이 연결되어 생명력 있는 조국 강토로 환생한다는 상징성이 있다. 철도·도로가 연결되어 분단된 한반도가 하나 될 때 한반도종단철도(TKR)-시베리아횡단철도(TSR), 한반도종단철도-중국횡단철도(TCR)로 수많은 물동량이 통과하고 정보통신의 발달로 국제통화기금(IMF), 세계은행(WB), 아시아개발은행(ADB)의 금융이 한반도로 들어오고, 신의주, 남포, 해주, 인천, 평택, 군산, 목포, 여수, 제주, 서귀포, 강정, 거제, 부산, 포항, 동해, 강릉, 원산, 청진, 나진, 선봉 등의 항만은 물론 인천, 김포, 광주, 제주, 김해, 대구, 청주, 강릉, 원산, 삼지연, 신의주, 평양, 사리원 등의 공항은 통상 및 관광의 허브로 거듭날 것이다.

남북이 연결한 철도-도로를 통해서 중국, 러시아, 유럽으로 무역을 하게 되면 엄청난 물류비를 절약할 수 있고, 항만과 공항을 이용하는 선박, 항공기는 물론, 철도-도로 이용 시 통행세를 거두어들여 부를 창출할 수 있다. 돈이 몰려오고 있다.

동북아의 실리콘밸리로

한국은 가히 IT로 연결되는 지식정보와 4차 산업혁명 네트워크의 센터로 자리잡아가고 있다. 우리가 감히 어떻게 미국과 일본의 반도체 산업을 따라갈 수 있을 것이라고 꿈이나 꿀 수 있었겠는가. 그러나 수많은 시련과 도전에 응전하여 우리는 해냈다.

북한의 최첨단 과학기술이 망라되어서 만들어낸 핵무기와 장거리 탄도미사일 개발에 참여했던 군사과학 기술자들의 노하우를 핵미사일을 폐기시킨 후에 4차산업으로 전환해 우리의 기술과 융합한다면 한반도는 동북아의 실리콘밸리가 될 것이다.

우리 남북은 정보통신기술(ICT)의 융합으로 이루어낸 4차 산업혁명 시대에 빅데이터, 인공지능, 로봇공학, 사물인터넷(IoT), 무인운송수단(무인항공기, 무인자동차), 3D프린터, 나노기술 분야에서 새로운 기술 혁신을 주도할 수 있을 것이다.

열린 문화와 스포츠의 산실

한국은 한류로 상징되는 열린 문화의 고향이다. 케이팝(K-pop)과 드라마, 골프, 태권도 등 스포츠가 주변국은 물론 미국과 유럽까지 선풍적인 인기를 끌 수 있을 것이라고 생각이나 할 수 있었겠는가.

또한 열린 문화를 지향하는 한반도는 인류의 격조 높고 품격 있는 삶을 누릴 수 있는 문화의 산실이 될 것이다. 가수 싸이의 강남스타일과 방탄소년단, 영화 '기생충'이 인류에게 희망과 환희를 안겨주고 있다. 또 수많은 골프의 신예들이 세계를 놀라게 하는 그 힘은 어디에서 나오는 것일까. 우리의 과학기술력과 문화력은 동북아의 중심축 국가로의 역량을 발휘할 수 있을 것이다.

팍스 노스이스트 아시아나의 원천

한·중·일 3국은 역사적으로나 전통적으로 유교문화라는 정체성을 가지고 있다. 3국인을 서양 사람이 보면 거의 분간할 수 없다는 측면에서도 한·중·일 3국은 인종적으로 유사성이 있다.

19세기 초부터 서양의 제국주의가 동북아 3국을 분열시키게 한 반면, 정적인 사회가 동적인 사회로 변동되었다. 이러한 우여곡절을 겪었지만 서양이 이성적인 사회라면 동북아 3국은 감성적인 사회가 되었다.

정감이 넘치는 한·중·일 3국인의 성향은 서로를 결속시킬 수 있는 분명한 정체성이 있다. 중국의 대륙문화, 한국의 반도문화, 일본의 해양문화 등 다소 차이가 있으나 3국을 결속시킬 수 있는 대륙과 해양을 끼고 있는 한국이 유교문화적인 동질성을 회복할 수 있는 지리적인 중심에 위치하고 있다.

또한 교육 교류 차원에서 보면[2] 한국으로 유학 온 외국인 학생, 미·중·일에 유학하고 있는 한국인 유학생은 향후 동북아 역내 국가를 함께 모을 수 있는 휴먼 네트워크가 될 것이다. 2018년 현재 한국에는 중국, 베트남, 몽골, 일본, 미국인 학생들이 12만 명에 달한다. 미국에서 공부하는 한국 유학생은 중국, 인도에 이어 5만 4,000여 명으로 3위이고, 중국은 24만여 명으로 1위, 일본은 1만 5,000명으로 4위다. 한국인 해외 유학생은 인구 대비 학생 비율로 볼 때 단연 1위다.

전 세계 평균 16.6퍼센트 대비 동북아 3국은 32퍼센트로 세계 최고의 인터넷 보급률을 자랑하고 있다. 2018년 한 해 한국을 찾은 외국인 관광객은 1,534만 명, 한국의 해외관광은 2,870만 명에 달한다.[3] 한국인이 얼마나 해외 지향적인 국민인가를 알 수 있다.

한국은 급속도로 다문화 사회로 변화하고 있다. 한국에 외국인이 218만 498명[4]이나 체류하고 있어 타문화를 포용하는 다문화 시대로 전환되고 있다. 이러한 열린 문화의 한국은 이웃과 서로 교류하고 소통하면서 화합하는 중심축이 되고 있다.

희랍문명에서 시작한 인류 문명은 팍스 로마나(Pax Romana), 팍스 브리타니카(Pax Britannica), 팍스 아메리카나(Pax Americana), 팍스 노스이스트 아시아나로 이전되고 있음을 본다.

세계 문명을 선도하는 중심에 통일 한반도가 존재한다. 이러한 한반도 중심축 통일국가가 되기 위해서 과연 우리는 무슨 준비를 어떻게 해야 할까. 역사적 분기점에 서 있는 우리 모두의 사명이자 과제가 아닐 수 없다.

02 남북한 국력의 통합 **승수효과**

하나로 통합하는 민족정신

"널리 인간을 이롭게 하라"는 홍익인간의 정신은 단군의 건국이념으로서 우리나라 정치, 교육, 문화의 최고 이념이다. 인류 역사상 한국인들과 같은 높은 건국이념을 갖고 있는 국가는 드물다. 홍익인간의 DNA 인자는 자유 그리고 인권과 같이 오늘날 현대 사회가 중요시하는 것들의 유전인자를 담고 있다. 이것이 바로 한국인들의 유산이다. 식민지 피해국이며 냉전의 지정학적 희생양이었던 남북한이 하나 되는 통일을 성취할 때 지역 내 갈등과 대립의 진원지에서 평화와 안정, 공동번영을 이루어내는 한반도가 될 것이다.

한반도 분단이 외세에 의한 것이었듯이 한반도의 통일도 주변국의 지지와 협력이 필요하다. 한국인들이 자신의 정체성을 이해하고 전 세계의 모델이 되는 국가를 건설할 수 있는 새로운 가능성에 대해 함께 꿈꾸어야 한다.[5]

광개토대왕의 만주의 드넓은 광야를 포효하면서 드높였던 민족의 상무정신, 중국이라는 큰 나라에 동화되지 않고 문무를 조화롭게 유지한 김유신의 정신, 세종대왕의 훈민정음 창제와 문화력과 영토 확장, "반드시 죽고자 하면 살고, 살고자 하면 죽으리라"(必死則生 必生則死)는 이순신의 정신, 이승만의 독립자주정신, 박정희의 가난의 굴레를 벗어나 경제 강국을 건설하자는 자립 의지, 자주 · 평화 · 민족 대단결의 원칙을 제시한 1972년 7 · 4 남북공동성명, 1991년 11월 13일 '남북 사이의 화해, 불가침 및 교류협력에 관한 합의서(남북기본서)', 노태우의 우리의 위대한 저력을 발휘한 '벽을 넘어서(Breaking down the Wall)' 서울올림픽과 한국인의 생활문화권을 두 배로 확장시킨 북방정책, 김대중 · 김정일의 평화와 화해의 6 · 15 남북공동선언, 노무현 · 김정일의 우리 민족끼리 뜻과 힘을 합쳐 민족번영의 시대, 자주통일의 새 시대를 열어나가자는 10 · 4 남북정상선언, 이명박의 글로벌 코리아 추구 정신, 문재인 · 김정은의 한반도의 '평화와 번영, 통일을 위한 판문점 선언' 등이 한민족을 하나로 통합시킬 수 있는 원동력이 될 것이다.

도전과 응전의 민족사

숱한 시련과 도전 앞에 역사의 무대에서 사라질 뻔했던 한민족이 온전하게 되살아나지는 못했으나, 반신불구의 몸으로 기사회생할 수 있었다. 어떻게 하면 한반도의 분단을 극복하고, 온전한 민족으로 거듭날 수 있을까. 지구상에 코리아가 지워지지 않고 한반도로 살아남은 그 힘은 어디에서 나온 것일까.

자주독립정신이 부활해 민족의 혼과 얼이 꺼지지 않고 생명력을 발휘했기 때문이다. 식민사관의 굴레로부터 벗어나는 노력이 있었다. 한국이 대륙에 붙어 있는 작은 반도라는 지리적인 조건이 한국의 역사는 대륙이나 섬나라에 의해서 타율적으로 움직여온 역사였다고 주장하면서 한국의 독립성과 자율성을 근본적으로 부인했다. 그러나 이 주장이 디디고 서 있는 지리적 결정론은 용납될 수 없다. 역사는 인간이 만드는 것이지 지리가 만드는 것이 아니며, 실제 역사의 구체적 전개 과정에서도 한국은 밖으로부터의 침략자에 대해서 끈질긴 항쟁을 계속해왔다.[6]

일본 제국주의자들이 식민통치를 할 때 한민족은 당파적 민족성을 지니고 있었으며, 이것이 민족적 단결을 파괴해 독립을 유지할 수 없었다고 주장한다. 붕당이 민족성의 소산이었다면 한국사의 시초부터 있었어야 옳았을 것이다. 붕당은 16세기 이후의 일이었다. 치열한 정치문화는 다양한 시민운동을 통해 정권의 평화적인 교체가 이루어질 정도로 정치 민주화를 완성했다.

한편, 일각에서는 한국의 문화는 독창성이 없는 모방적인 것이었다고 주장한다. 불교나 유교 등 중요한 사상이 모두 외래사상임을 예로 든다. 민족문화는 인류문화의 보편성을 근거로 하고 자기 민족의 역사적 현실에 적합하도록 창조적으로 노력하여 성과를 나타내고 있다. 바로 불교, 유교, 개신교와 천주교가 상호 배타적이지 않고 함께 어우러진 한국의 종교문화로 발전했고, 드라마, 영화, 케이팝 등이 세계에 선풍적인 인기를 구가하는 것도 창조적인 노력의 결실이다.

민족사의 근원이 되는 것은 한국 민족의 혼이요 정신이었다. 민족의 얼과 혼이 약동할 때 한국사는 찬란한 발전을 구가하고, 약해질 때 역사도 약해졌으나 꺼지지 않아 민족정기가 되살아나 다시 국권을 회복할 수 있었다. 시대의 전환기마다 새로이 대두하는 사회 세력에 대한 관심은 한국사 발전의 양상을 밝혀주었다. 한국사의 보편성 속에 특수성이 나타나는 산 인간을 중심으로 한 새로운 관점에서 볼 때 민족정신이 생명력을 발휘하여 도전을 극복할 수 있었다.

김유신은 삼국을 통일한 뒤 세계 제국 당나라와 싸워 민족의 영토를 확보하고 동아시아의 번영과 평화를 정착시킨 자주와 자존의 큰 인물이었다. 충성과 지략의 무사도로서 불패의 신화를 남긴 장군, 수십 년간 병권을 잡고서도 쿠데타를 일으키지도 거세당하지도 않았던 군인, 역사적 정체성을 우리 민족에게 부여하고 통일민족국가의 위업을 이룩한 지고지성의 인간, 당대의 슈퍼파워인 당나라 군대를 무찌르고 오늘의 통일국가를 만들고, 우리 민족을 만든 인물이다.[7]

또한 서희 등의 위인들은 기발한 계책을 세워 먼저 군대의 침략을 저지한 후에 북진정책을 유지하면서 협상을 통해 큰 전쟁을 피함으로써 백성들의 고통을 줄였으며, 거란이 우리를 감히 경멸하지 못하게 했다.

조선 500년 기간 문화 창달과 학문 성장이 있었으나 지나친 숭문천무의 사상이 민족의식을 약화시켜 결국 외세에 의해 국권을 상실했다.

자주독립정신을 주창하면서 항일민족 독립운동을 전개한 이승만 대통령은 조국의 독립과 통일, 인간의 자유가 보장된 사회 건설과 자유민주주의와 시장경제의 뿌리를 내리게 했고,[8] 민족 자주와 자존, 민족 개조와 인간 정신 혁명을 일으켰던 박정희 대통령은 애국과 애족의 열정으로 자립경제를 통해 가난의 굴레로부터 벗어나게 하고 자주국방을 통해 강한 군대를 육성했으며, 겨레 된 참된 마음을 되찾아 민족적 자긍심을 고취시켰다.[9]

김대중 대통령은 화해와 협력, 긴장 완화와 평화 정착, 교류협력 활성화, 배타적 자주가 아닌 열린 자주, 한반도와 동북아의 평화와 안정을 위

해 남북이 미 · 중 · 일 · 러와 함께 6개국 동북아 안보협력을 제도화하도록 노력했다.[10]

이명박 대통령은 압축 성장을 통한 산업화와 민주화의 부작용을 걷어내고 성숙한 대한민국을 만들고자 했으며, 유럽 발 재정위기를 극복하고 녹색성장을 추진했으며, 미국과 유럽연합 등 전 세계 60퍼센트의 경제권과 자유무역협정을 체결해 경제영토를 넓혔다.[11]

문재인 대통령은 김정은 위원장과 함께 평화와 번영, 통일을 염원하는 온 겨레의 한결같은 지향을 담은 판문점선언, 비무장지대를 비롯한 대치지역에서의 군사적 충돌을 예방하기 위해 육지, 해상에서 완충구역과 공중에서 비행금지구역을 설정해 실질적인 전쟁 위험 제거와 근본적인 적대관계 해소를 선언한 9 · 19 평양공동선언과 남북군사합의서를 천명했다.[12]

도전과 응전의 민족사를 통해서 면면히 내려오는 민족자존과 자주 · 독립정신은 오늘의 우리 겨레를 하나로 뭉칠 수 있는 힘이 아닐 수 없다.

남북한의 국력 통합

보통 국력을 평가할 때 여러 지수를 고려한다. 여기에서는 국력의 요소[13]로 경제, 정치, 외교, 군사, 문화에 주안을 두고 분석하고자 한다. 남북한의 국력과 통합의 저해 요소에 대해 논의한 후 시사점을 살펴보고자 한다.

첫째로 경제력에 대해 살펴보면, GDP를 고려할 때 2018년 한국은 1조 6,556억 달러로 세계 11위이며, 북한은 400억 달러로 최하위 10퍼센트다.[14] 영국 경제경영연구소(CEBR)는 한반도가 통일된다면 2030년에는 세계 경제 8위권에 진입할 것으로 예측하고 있다. 수출은 2018년 6,055억 달러로 미국, 독일, 중국, 일본, 네덜란드에 이어 6위이며, 북한의 2017년 수출액은 18억 달러, 수입액 38억 달러로 대북 경제제재로 인해 심대한 영향을 받는 것으로 추정되며 북한이 핵을 폐기할 경우, 상황이 호조될 것이다. 특히 북한의 자원은 천문학적이다.[15] 북한의 자원은 마그네사이트(세계 2위), 희토류(세계 2위 추정), 텅스텐(세계 4위), 철광석(세계 6위) 등 8대 광종의 매장량이 세계 10위권에 드는 것으로, 지하자원의 가치는 〈도표 0-2〉의 남북한 광산자원 현황에서 보는 바와 같이 2,287조 원에 이른다.

〈도표 0–2〉 남북한 광산자원 현황

광물	매장량		잠재가치(억원)	
	남한	북한	남한	북한
금(천톤)	0,030	1~2	4,690	234,500
은(천톤)	1,175	3~5	2,960	10,077
동(천톤)	41	2,155	551	28,961
납(천톤)	305	6,000	1,174	23,095
아연(천만톤)	0,044	1~2	2,648	90,273
철(억톤)	0,197	20~40	4,849	738,426
텅스텐(천톤)	100	200~300	869	2,173
몰리브덴(천톤)	10	3	2,086	417
망간(천톤)	123	100~300	–	36
니켈(천톤)	–	10~20	–	36
흑연(천톤)	1,837	6,000	11,834	38,652
석회석(억톤)	65.478	1,000	652,486	9,964,965
고령토(천톤)	74,357	2,000	11.438	308
활석(천톤)	5,451	600	5,451	600
석면(천톤)	511	13	552	14
형석(천톤)	345	500	530	768
중정석(천톤)	712	2,100	755	2,227
마그네사이트(억톤)	–	30~40	–	12,600,000
무연탄(억톤)	3,353	117	247,216	8,626,386

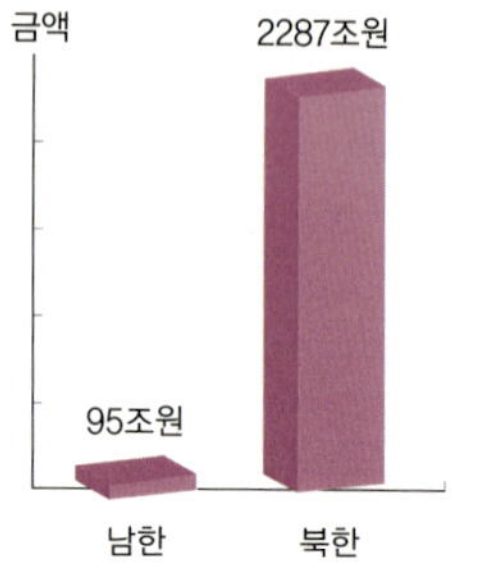

남북한 지하자원 가치 비교

주요 광물 20종을 기준으로 비교한 남북 지하자원의 가치. 북한이 남한보다 24배나 더 높다(2005년 기준).

▶ 출처 : 대한광업진흥공사, "남북한 광산자원 현황" https://blog.naver.com/goun ikorea/221044421921, (검색일: 2019. 4. 30).

남북 광물자원 투자 협력이 남한에 주는 가장 직접적인 효과는 산업 원료 광물의 약 93퍼센트를 수입하고 있는 한국의 원료 자원의 수급 및 가격 안정에 기여할 것이다. 북한의 광업 부문 투자가 확대될수록 북한의 경제 성장에 크게 기여하게 될 것이며, 북한에서 광업은 석탄을 포함해서 국내총생산의 13.4퍼센트를 차지하는 동시에 북한 수출액의 약 70퍼센트를 차지하는 핵심 수출산업이 될 것이다.[16]

둘째로 정치적 면에서 한국은 대통령 중심제 자유민주주의체제이나 북한은 세습에 의한 사회주의 유일통치체제이다.

좀처럼 남북한의 정치체제는 통합되기 어려운 정치문화 구조다. 한국은 다양한 시민운동으로 정치 변동을 겪었다. 북한은 과정이 필요 없고 최고지도자의 결정이 유일한 것으로 자아비판을 통해 요해(了解)[17]하는 정치풍토다.

공공문제에 대해 토론, 심의, 설득, 의견을 수렴하며 집단적 의사를 형성해나가는 정치인 민주주의가 국가 발전의 생명력을 발휘한다. 따라서 공론장 문화가 뿌리내리도록 해야 한다. 상대방을 존중하고 모든 문제가 폭력적 수단이 아닌 평화적인 대화와 토론을 통해서 해결되도록 해야 한다.[18]

국가 주도의 중앙집권적, 집중적, 수직적, 독점적 통치를 분권적, 분점적, 수평적 네트워크적인 협치 거버넌스로 어떻게 바꾸느냐에 따라서 정치적 차원에서 남북 통합의 승수효과를 기대할 수 있을 것이다.[19]

〈도표 0-3〉 외교 관계 수립 현황(2019년 10월 현재)

지역	한국	북한	동시 수교
아주	37	26	26
미주	34	24	23
구주	53	49	48
중동	18	16	14
아프리카	48	46	46
계	191	161	158

〈도표 0-4〉 남북한 단독 수교국 현황

지역	한국	북한
아주	마셜제도, 미크로네시아, 부탄, 사모아, 솔로몬제도, 일본, 키리바시, 쿡제도, 통가, 투발루, 팔라우 (11)	
미주	미국, 볼리비아, 아르헨티나, 아이티, 에콰도르, 엘살바도르, 온두라스, 우루과이, 코스타리카, 파나마, 파라과이 (11)	쿠바(1)
유럽	교황청, 모나코, 안도라, 에스토니아, 프랑스 (5)	
중동	사우디아라비아, 이라크, 이스라엘, 요르단 (4)	시리아, 팔레스타인(2)
아프리카	보츠와나, 에스와티니 (2)	
계	33	3

〈도표 0-5〉 남북한 동시 수교국

지역	구분
아주(26)	나우루, 네팔, 뉴질랜드, 동티모르, 라오스, 말레이시아, 몰디브, 몽골, 미얀마, 바누아투, 방글라데시, 베트남, 브루나이, 스리랑카, 싱가포르, 아프가니스탄, 인도, 인도네시아, 중국, 캄보디아, 태국, 파키스탄, 파푸아뉴기니, 피지, 필리핀, 호주
미주(23)	가이아나, 과테말라, 그레나다, 니카라과, 도미니카(공), 도미니카(연), 멕시코, 바베이도스, 바하마, 베네수엘라, 벨리즈, 브라질, 세인트루시아, 세인트빈센트 그레나딘, 세인트키츠 네비스, 수리남, 앤티가 바부다, 자메이카, 칠레, 캐나다, 콜롬비아, 트리니다드토바고, 페루
구주(49)	그리스, 네덜란드, 노르웨이, 덴마크, 독일, 라트비아, 러시아, 루마니아, 룩셈부르크, 리투아니아, 리히텐슈타인, 몬테네그로, 몰도바, 몰타, 벨기에, 벨라루스, 보스니아헤르체고비나, 북 마케도니아, 불가리아, 사이프러스, 산마리노, 스웨덴, 스위스, 스페인, 슬로바키아, 슬로베니아, 세르비아, 아르메니아, 아이슬란드, 아일랜드, 아제르바이잔, 알바니아, 영국, 오스트리아, 우즈베키스탄, 우크라이나, 이탈리아, 조지아, 체코, 카자흐스탄, 크로아티아, 키르기스, 타지키스탄, 터키, 투르크메니스탄, 포르투갈, 폴란드, 핀란드, 헝가리
중동(14)	레바논, 리비아, 모로코, 모리타니, 바레인, 아랍에미리트, 알제리, 예멘, 오만, 이란, 이집트, 카타르, 쿠웨이트, 튀니지
아프리카(46)	가나, 가봉, 감비아, 기니, 기니비사우, 나미비아, 나이지리아, 남수단, 남아프리카공화국, 니제르, 라이베리아, 레소토, 르완다, 마다가스카르, 말라위, 말리, 모리셔스, 모잠비크, 베냉, 부룬디, 부르키나파소, 상투메프린시페, 세네갈, 세이셸, 소말리아, 수단, 시에라리온, 앙골라, 에리트레아, 에티오피아, 우간다, 잠비아, 적도기니, 중앙아프리카공화국, 지부티, 짐바브웨, 차드, 카메룬, 카보베르데, 케냐, 코모로, 코트디부아르, 콩고공화국, 콩고민주공화국, 탄자니아, 토고
계	158개국

출처 : "외교관계 수립 현황" http://www.mofa.go.kr/www/wpge/m_4181/cont ents.do, (검색일: 2019. 11. 13).

셋째로 외교력에서 한국은 쿠바, 시리아, 팔레스타인, 마케도니아 등 4개국을 제외한 191개국과 수교를 하고 있고, 북한은 161개국과 수교했으며, 남북 동시수교국은 158개국에 달한다. 남북한은 유엔 가입 회원국이나 남과 북은 통상적인 국가 관계가 아닌 통일을 지향하는 잠정적인 특수 관계다.[20]

한국은 국제역학관계에서 중요한 역할을 수행하는 국제 및 지역기구에 가입해 활발한 활동을 하고 있다. G-20, 국제통화기금, 경제협력개발기구(OECD, Organization for Economic Cooperationa and Development)의 공적개발원조(ODA, Official Development Assistance), 세계은행, 인권협약기구, 세계보건기구(WHO, World Health Organization), 국제원자력기구(IAEA, International Atomic Energy Agency)에 가입했으며, 미 · 중 · 칠레 · 유럽연합을 포함한 많은 국가들과 자유무역협정(FTA, Free Trade Agreement)을 체결했고, 동아시아정상회의(EAS, East Asia Summit), 아세안지역포럼(ARF, ASEAN Regional Forum), 아시아태평양경제협력체(APEC, Asia-Pacific Economic Cooperation), 일대일로정상회의(Belt and Road Initiative), 아시아개발은행(ADB, Asian Development Bank) 등에 가입하고 있다. 핵확산금지조약(NPT, Nuclear Non-Proliferation Treaty), 미사일기술통제체제(MTCR, Missile Technology Control Regime), 기후변화협약(UNFCCC, United Nations Framework Convention on Climate Change) 등에 참여하고 있다.

북한은 중국과 러시아와 균형외교를 추구하고 있으며, 제한된 국제기구 및 지역기구, 협약에 가담하고 있다. 외교력 측면에서 북한은 상당히 제한을 받고 있다.

북한은 미국과 일본과의 수교는 물론, 다양한 국제 및 지역기구에 참여함으로써 국제사회의 일원으로 의무를 다해야 하고, 북한 인프라 개발을 위한 재정 지원을 세계은행으로부터 받을 수 있고, 국격을 높일 수 있다.

넷째로 군사력 분야는 남북한 국력 지수에서 유일하게 한국이 열세하다. 병력은 한국군이 60만 명, 북한군이 128만 명이고 국방비는 한국이 420억 달러, 북한이 35억 1,000만 달러다.21 전략 무기로 핵 및 중거리 이상 탄도미사일을 한국은 보유하고 있지 못하나, 북한은 20-50기의 핵무기를 생산할 수 있는 능력을 보유하고 있는 것으로 추정되며, 대륙간 탄도미사일(ICBM, Intercontinental Ballistic Missile)은 완성 단계이고, 중거리탄도미사일(IRBM, Intermediate Range Ballistic Missile), 노동미사일, 스커드 · 프로그 미사일은 물론 잠수함발사탄도미사일(SLBM, Submarine-Launched Ballistic Missile) 등을 보유하고 있다. 한국은 F-35 스텔스, E-3 조기경보기, RQ-4 글로벌 호크, T-50고등훈련기, 이지스 함정, K-9 자주포, 수리온 헬기 등을 보유하고 있으며 중거리지대공미사일(M-SAM, Medium-Range Surface-to-Air) 및 장거리지대공미사일(L-SAM, Long-Range Surface- to-Air)은 개발 완성 단계다.

북한군의 핵무기를 포함한 탄도미사일, 사이버 등 전략 무기 개발 능력은 최첨단 과학기술의 산물이다. 핵미사일을 포기하면 군사과학 기술자들과 우리 IT기업과 기술 제휴를 해나갈 때 4차 산업혁명을 주도할 수 있을 것이다.

남북한 군사력 통합은 현재 추진 중인 남북 군사적 신뢰구축과 향후 추진할 군비통제 방향이 무장해제가 아닌 통일 한반도를 이룩했을 때 주변국의 위협을 고려한 남북한 군사통합 차원에서 추진되어야 할 것이다.

다섯째로 살펴볼 것은 문화력이다. 초기 한류는 아시아 지역에서 주로 드라마를 통해 발현되었으며 이후 영화와 케이팝으로 분야가 확장되었다. 2010년대에 들어서는 동아시아를 넘어 중동, 중남미, 동유럽, 러시아, 중앙아시아 지역으로 넓어졌으며, 최근에는 북미와 서유럽 그리고 오세아니아 지역으로까지 급속히 확산되고 있다.

북한도 만수대예술단, 모란봉악단, 삼지연악단, 보천보전자악단 등 정치적인 색채가 작용한 측면이 있으나 문화, 예술에 남다른 노력을 기울여왔다. 남북한의 문화 예술이 통합될 때 승수효과는 배가될 것이다.

통합 저해 요소와 통일의 편익

남북한의 통일을 저해하는 요소와 통일이 되었을 때의 편익(便益)이 무엇인가를 종합적으로 고찰했을 때, 통일을 추진하는 것이 얼마나 유익한가를 판단할 수 있다.

남북 간 신뢰 부족 : 1945년 해방 이후 남북이 분단되면서 그리고 6·25전쟁을 통해서 남과 북은 불신과 적대감이 심화되었다. 구소련이 붕괴되었음에도 이데올로기를 달리 하는 남북한 간 갈등과 대립은 해소되지 않고 있다. 남북한을 통합하는 저해 요소 중 남북 간 신뢰 부족은 남북 통합의 걸림돌로 작용할 것이다. 이는 제6장 갈등구조 해소와 통일교육에서 구체적으로 논의할 것이다.

통일비용 : 통일에 걸림돌로 천문학적인 통일비용을 든다. 일반적으로 용어상의 차이는 있겠지만 통일비용은 체제 전환 비용, 소득 균등화 비용, 위기관리 비용, 경제적 투자 비용, 통일 환경 조성 비용 등으로 구성되어 있다. 통일비용은 남한과 북한이 각각 경제적 그리고 비경제적으로 지불해야 할 비용이다.[22]

〈도표 0–6〉 **경제적 및 비경제적 통일비용 구성 내용**

	남한 지역	북한 지역
경제적 비용	① 북한 지역 지원 비용 : 경기침체, 실업증가, 재정적자 심화, 인플레이션 발생, 국제수지 악화 ② 외부비경제 : 이질적 체제와의 통합으로 인한 경제적 효율 하락 ③ 인구 이동에 따른 비용 : 주거, 교통, 교육 부분 등에서 혼잡 비용	① 경제통합 및 체제 전환에 따른 비용 : 생산 및 소득 감소, 실업 증가, 인플레이션 발생, 정책의 과도기적 시행착오로 인한 손실 ② 인구이동에 따른 비용 : 청년, 숙련 노동력 부족
비경제적 비용	① 사회적 혼란 : 범죄, 투기 증가 등 기존 질서의 이완 ② 남북 지역 주민 간 갈등 : 지역감정 및 지역 이기주의 심화	① 국가소멸에 따른 비용 : 자신감 및 자존심의 훼손, 각종 제도 및 조직의 변경에 따른 비용, 물질 만능주의 등 자본주의 폐해 확산 ② 사회적 혼란 : 기존 가치관의 손상, 기존 질서의 해체, 체제 부적응 계층의 발생, 소득격차 ③ 남북 지역 주민 간 갈등 : 2등 국민 심리의 발생

출처 : 조동호, 『통일의 경제적 비용과 통일비용』, 민족통일연구원, 1997. p.62.

통일비용 추정과 관련한 기존 연구는 많지만 몇 가지 연구들을 살펴본다. 박종철은 통합 비용으로 2031년 기준 통일 초기는 체제통합, 사회보장의 초기 통합 비용으로 최소 55조원에서 최대 249조원으로 추정했다.[23] 미래기획위원회는 비핵화를 전제로 국제사회의 북한에 대한 지원으로 남북평화 · 경제공동체의 형성과 함께 북한이 높은 경제 성장률과 투자율을 유지하면, 통일비용은 3,220억 달러가 소요될 것으로 분석했다.[24]

랜드연구소는 통일비용을 북한 경제를 남한 수준으로 끌어올리고, 북한 경제를 발전시키는 데 필요한 비용으로 정의한다. 남북한의 1인당 GNI가 2만 달러(2018년 3만 1,430달러)와 700달러(2018년 1,298달러) 수준인 상황에서 통일이 이루어지고 북한 경제를 남한 수준으로 끌어올리는 데 1조 7,000억 달러가 소요될 것으로 보고 있다.[25] 골드만삭스 등 주요 기관들이 추정한 통일비용은 통일 시기와 방법 등에 따라 10년간 최저 1,500억 달러(141조 원)에서 최대 3조 5,000억 달러(3,290조 원)에 달한다.[26]

통일비용을 조달하는 과정에 있어서는 비용 분산과 세대 간 형평성, 효율성과 형평성의 조화, 수익자 부담의 원칙 등을 유념해 통일비용 재원 조달의 최소화 방안을 모색해야 한다.

통일비용 재원 조달은 국내재원과 국외재원, 공적재원과 민간재원으로 분류할 수 있다. 국내 공적재원은 소득세율 인상, 부가가치세율 인상, 목적세 신설, 국채 발행, 통일기금 조성 등 재정자금을 통한 재원 조달과 복권 발행, 타 기금으로부터의 출연, 적립 등을 들 수 있다. 국외 공적재원은 국제금융기구, UN기구 등 다자간 공적재원과 양자 간 공적개발 원조재원으로 구분할 수 있다. 국내외 민간재원은 기업들의 대북한 투자와 상업차관 지원 등이 있다. 최근 공적 부문과 민관 부문이 협력하는 민관 협력 방식도 개발금융으로 많이 활용될 수 있을 것이다. 일본으로부터 청구권을 통한 경제 지원도 예상할 수 있다.[27]

통일 편익 : 분단 구조에서 벗어난 통일 한반도는 정치, 안보, 경제, 사회적 측면에서 다음과 같은 편익을 제공해줄 것으로 기대된다.[28]

먼저 한국의 정치 발전에서 제약 요소로 작용해왔던 분단 구조인 반공 이데올로기와 권위주의적인 정치 풍토, 진영 간 갈등 구조가 서로의 차이를 인정하고 다양성을 존중하는 원칙을 정착하는 데 기여할 것이다. 병영국가인 북한 지역 주민들이 억압과 통제로부터 벗어나 자유와 인권이 보장되는 인간다운 삶을 누릴 수 있을 것이다.

안보적인 측면에서는 비핵 평화국가로서 지역 차원에서 핵개발의 도미노를 불식시키고, 핵의 평화적 이용에 대한 협력을 촉진시킬 것이다. 평화적으로 통일을 달성하고 평화적 분쟁 해결을 대외정책의 기본 방향으로 설정하고 문화 교류, 인적 교류, 소통 확대 등 소프트 파워를 통해 국제적 공감대 형성과 지지를 확대시켜 나갈 것이다. 통일한국은 동북아의 평화 번영 촉진자로서의 역할은 물론 동북아에서 해양세력과 대륙세력의 충돌을 방지하는 완충국가로서의 역할을 수행할 수 있을 것이다.

경제적인 측면에서 통일 한반도는 성장과 분배가 조화롭게 이루어지면서 풍요로운 국가가 될 것이며, 남북 간 경제공동체를 완성해 남한 지역의 자본과 기술, 북한 지역의 자원과 노동이 통합되어 기능적으로 발전을 촉진시켜 경제적 결실을 누릴 수 있을 것이다. 분단으로 인한 대륙 진출의 기회를 갖지 못했던 인공의 섬을 벗어나 동북아의 거대한 시장을 연결하는 중심적 위치에서 공동의 번영에 핵심적인 역할을 수행할 것이다.

마지막으로 사회·문화적 측면에서 복합문화의 모델과 동아시아 사회 문화 교류를 촉진시키는 편익을 가져올 것이다. 통일 한반도는 창조적 문화 국가의 역량을 발휘해 문화 강국으로서 발전될 것이고 문화, 가치, 기술 등 복합문화는 하드 파워와 소프트 파워, 국가조정 능력, 국제연대망 형성 등을 배양해 동아시아의 사회 문화 교류를 촉진시키고, 공통의 세계관과 인식에 기반한 인식공동체를 형성하는 데 기여할 것이다.

〈도표 0-7〉 **G7국가+중국 · 남북한 인구 및 GDP**

구분	미국	일본	독일	영국	프랑스	이탈리아	캐나다	중국	한국	북한	남북한
인구 (명)	3억 874만	1억 2670만	8072만	6443만	6883만	6200만	3536만	13억 1331만	5092만	2522만	7614만
GDP ($)	19조 3900억	4조 8400억	3조 4950억	2조 6500억	2조 4800억	1조 8520억	1조 5382억	12조 2400억	1조 4900억	267억	1조 5167억

출처 : CIA, *World Factbook 2018* 외[29].

남북한이 통일되었을 때 G7 국가 중 인구 면에서도 독일에 이어 통일 한국이 4위가 될 것이며, GDP 측면에서 독일, 영국, 프랑스, 이탈리아에 이어 우리가 세계 8위가 될 것이다.

남북한 분야별 국력 통합이 승수효과를 발휘하기 위해서는 통합의 저해 요소인 갈등 구조를 통합 구조로 전환시키는 노력과 함께 통일비용 충당을 전략적으로 추진해야 할 것이다. 또한 민족의 자주와 자존감은 그 어떠한 요소보다 국력을 통합하는 데 기여할 것이다.

03 한반도의 지정학 · 지경학적 **재조명**

한반도에 대한 인식

지정학이란 "어떤 점에서 공간적 요소들이 정책 또는 정치에 영향을 끼치는가? 그리고 왜, 어떻게 정치가 공간에 활용되는가?"라는 질문에 대한 답으로서 존재하는 견해를 의미한다. 이러한 의미에서 지정학적 의미는 특정 시기에 특정 지역을 둘러싼 세력 관계가 불변해 보이는 때에는 영원히 변화하지 않을 것 같이 생각되지만, 그 지역을 둘러싼 국제관계와 그 지역 내부의 정치적, 경제적 구조의 변화에 따라서 결국에는 시대에 따라 다른 내용으로 채워진다.[30] 고구려와 발해와 같이 한반도와 동해에 걸친 영토를 가지면서 대륙의 강대국과 세력을 다투던 시대에서는 한반도와 만주 일대를 대륙과 해양을 연결 짓는 교통의 요지이자 중심지로서 사고할 수 있었으며, 내부적으로는 황제국임을 자임하기도 했었다.

현재까지 이어지는 한반도에 대한 이해는 한반도가 대륙세력과 해양세력의 충돌 지역, 두 세력 간의 완충지대라는 것이다.[31] 19세기 중반 서구세력의 동진까지 한반도는 중국을 중심으로 한 대륙 지역의 한 부분으로 자리 잡고 있었으며, 삼국시대 이후 고려와 조선이 그러했듯이 해양으로의 정치적, 군사적 진출에 큰 관심을 가지고 있지 않았다. 비록 임진왜란과 정유재란 같이 일본세력이 한반도를 대륙 진출의 관문으로 주목한 시기가 있었으나, 이는 동아시아 전통 국제정치 질서에서 흔했던 일은 아니다. 오히려 조선은 대륙과 연결되어 있다는 점을 선진문화 흡수에 있어 이점을 가지는 요소로 생각했고, 해양세력과의 연결은 조선통신사에서 보여주듯이 시혜적, 선린적인 관점에서 인식되기도 했다. 한편 이러한 사대자소(事大字小)의 지정학적 관점이 변화된 것은 서세동점이 이루어지던 19세기 말부터였다. 서구문명을 토대로 일본이 근대국가체제를 성공적으로 구축하면서 한반도가 대륙 진출의 관문으로 주목되었던 것이다. 6·25전쟁을 계기로 한반도는 공산주의의 팽창으로부터 일본 등 동아시아의 산업기지를 보호하기 위한 전진기지로서 주목되었다. 지금도 이러한 인식은 어느 정도 지속되고 있으며, 한반도는 미·중·일·러 주변 4국이 각자의 영향력을 주장하면서 팽팽히 서로를 견제하는 지역으로 이해되기도 한다. 주변 세력이 한민족 세력에 비해 너무나 강력하다는 점으로부터 유라시아 동안(東岸)과 태평양을 연결하는 곳이라는 한반도의 지정학적 의미가 상정되어왔던 것이다.

이러한 지정학적 이해에서 한반도의 주된 정책적 과제는 강대국에 둘러싸여 있는 나라로서 겪는 지정학적 비극으로부터 어떻게 국가의 생존, 민족의 생존을 보장할 것이냐는 문제였다. 구한말 망국의 역사는 강대국 경쟁의 희생물이 되었다는 점을 끊임없이 상기시켜왔던 것이다. 1895년 청일전쟁에서 승리한 일본이 조선의 자주외교를 견제하기 위해 명성황후를 시해한 역사는 한국인들의 마음속에 국치로 남아 있다. 1904~1905년 러일전쟁의 결과 조선은 일본의 보호국으로 전락하는 을 사늑약을 강요받아야 했다. 1941~1945년 태평양전쟁의 결과로 미소 양대 진영이 따로 지지하는 대한민국과 북한으로 분단되기까지 해야 했다. 전쟁도, 승전도, 패전도 강대국이 하더라도 그 피해는 어떻게든 한민족이 받아야 하는 패턴을 경험해왔던 것이다.[32] 전쟁이라는 것은 승자가 누가 되든 강대국 간의 세력 균형을 무너뜨림으로써 한반도의 정치체제에 막강한 영향력을 발휘하는 패자(覇者)를 등장시켜왔다. 냉전기에는 미국이 지배적인 영향력을 확보하게 되는 과정 속에서 대한민국에 민주주의가 뿌리를 내리도록 하는 후견국의 역할을 수행하기도 했다. 기실 애치슨 선언에 이르기까지 한반도는 그 전략적 중요성이 부각되던 지역은 아니었으나 6·25전쟁으로 공산세력의 동진을 저지하기 위한 전방기지로서의 중요성이 부여되었던 것이다.

한반도의 지경학적 위치에 대한 견해들도 지정학적 위치에 대한 비관적 견해들에 비추어 그다지 희망적이지 않았다. 식민지 시기와 냉전기에 지경학적 중심은 백인들의 주거 지역, 구미로 상정되었고, 그러한 논리의 연장에서 한국은 주변부로, 오지로 규정되었던 것이다. 지식의 생산에 있어서도 서구에서 생산된 철학, 정치학, 경제학, 물리학을 일방적으로 흡수하기에 급급했다. 경제발전 과정에서도 일본을 선두로 하는 아시아의 생산사슬에 한국은 후발국가의 하나로 편입되어 있었다. 한국은 일본 내부에서 경쟁력을 잃고 해외로 이전되어야 할 사양산업에 진출하는 방식으로 시장을 개척해왔던 것이다. 동아시아 신흥국가들의 경제발전을 설명하는 안행형 성장 모델(Flying Geese Model)은 일본 경제가 첨단산업으로 이동하는 과정에서 사양산업으로 규정되어간 중공업 등 경제 부문에 한국, 대만 등 신흥공업국가들이 진출하면서 동아시아의 경제발전이 이루어져왔다고 주장했다.

한국의 지경학적 위치에 대한 견해들은 또한 지정학적인 주변 강대국들의 경쟁 구도라는 요소로부터 지경학적 협력관계의 구축 노력이 자유로울 수 없다는 데 초점을 맞추고 있기도 하다. 2015년 10월 한국의 박근혜 정부는 유라시아 이니셔티브를 중국의 일대일로와 협력적으로 추진한다는 양해각서를 맺기도 했으나, 당시 부상해가던 사드 문제로 인해 결국 중국의 다소 노골적이라고 할 경제 제재를 받게 되었다. 대륙과 해양을 연결하는 한국의 지경학적 가교 역할은 평화에 토대를 두고 있다고 여겨졌기 때문에, 사드 문제로 불거진 강대국 간 경쟁은 그러한 가교 역할에 의문을 던지게 되었던 것이다. 지정학적 외부 변수에 따라 한반도의 지경학적 개방성에도 한계가 노정되는 양상이 있다. 한편, 최근에는 미중 무역 분쟁 구도하에서 중국 기업 화웨이와의 거래에 있어 한국 기업들이 주의해야 한다는 부담감이 확대되고 있다. 이는 한반도의 지경학적 개방성에 영향을 주는 요소로 지정학적 경쟁 관계만이 아니라 지경학적 경쟁 관계도 존재한다는 점을 일깨워주고 있다.

한반도에 대한 지정학적 재조명

오늘날 한반도의 지정학적 위치를 다시금 생각해볼 수 있는 배경은 다양하다. 한반도 주변 4강에서 주변 4국 또는 주변국으로의 용어 변경과 지정학에 대한 인식 조정이 필요하다. 지정학적으로 주변 4강이 한반도의 운명을 결정해왔으며 숙명적으로 강대국의 틈바구니에서 희생양일 수밖에 없다는 인식이 존재해왔다. 19세기까지 대륙에 복속된 반도 국가였으며, 해양세력이 결국 한반도를 식민통치해왔고, 제2차 세계대전 종전과 더불어 강대국 정치에 의해 한반도가 분단되었으며, 세계 공산주의 확산 전략의 일환으로 소련의 사주를 받은 북한이 한반도 적화통일을 위한 6 · 25전쟁을 감행해 민족 간 내전이 있었다. 글로벌 · 지역 차원의 세력전이 발생할 때마다 한반도는 전쟁터가 되었다. 청일전쟁과 러일전쟁, 6 · 25전쟁은 이를 단적으로 입증해주고 있다. 한반도 분단으로 민족 에너지가 소모되고 있을 뿐 아니라 분단된 한반도는 지역 내 분쟁과 갈등의 진원지가 되었고 동북아의 평화와 안정, 공동번영을 이루지 못하는 지역으로 작동되어 왔다. 인공섬이 된 대한민국이 대륙 진출이 차단되고 미국 등 해양세력과 연대해 국력을 신장시킬 수 있었다.

그러나 외부의 도전에 대해 반도를 발판으로 응전해 문명을 발전시킨 사례는 인류역사상에 많다. 희랍문명의 본산지인 그리스가 희랍문명을, 이탈리아가 팍스 로마나를 구가했는가 하면 반도 국가였던 스페인과 포르투갈이 아세아로 중남미로 세력을 확장했으며, 수많은 외침을 당하면서 프랑스, 일본, 미국, 중국 등 강국의 침략에 맞서 승리해 결국 독립을 지키고 통일을 이룩한 베트남은 우리에게 반면교사가 아닐 수 없다.

한반도는 분단을 극복해 민족적 갈등을 용해하고 하나로 거듭나 대륙세력과 해양세력의 교량 역할을 수행하면서 갈등 구조를 극복하고, 주변국의 강점을 활용해 국세를 떨쳐 동북아 지역 내 국가 간 협력과 교류, 공동번영의 중심에 설 수 있다. 한국의 선진국 대열 합류와 그로 인한 한국 국제정치의 변화 때문이다.

대한민국 정부 수립 당시 우리 국민의 1인당 국민소득은 50불에 불과했으나, 2018년 한국은 1인당 국민소득 3만 불을 돌파했다. 교역 규모도 세계 6위를 차지하고 있으며, GDP 총액으로도 세계 10위권의 경제 대국이다. 한국의 국제정치적 과제는 국가 주권의 보호를 넘어서 세계평화와 국제질서의 유지에 기여하고 있다. 이점은 한국이 G20의 일원이자 핵안보정상회의(2012)를 개최한 나라이며 유엔사무총장을 배출했다는 점에서도 방증되고 있다.

군사적인 측면에서도 한국의 군사력은 창군 당시 10만 명에 불과한 병력을 무장시킬 무기와 장비도 미국의 군사 원조로 겨우 확보할 수 있었던 약소국적 조건에서 벗어난 지 오래이며, 국방 예산 측면에서도 2020년 세계에서 열 번째 규모인 50조 1,527억 원으로 편성되어 430억 달러를 지출하고 있어 일본의 2019년도 예산 60조 원, 510억 달러와 격차도 크지 않다. 또 다른 4강의 일원인 러시아의 국방 예산은 72조원, 600억 달러 선이나, 러시아의 군사력이 유럽과 극동으로 분산되어 있다는 점을 감안할 때 한반도 주변 지역에 대한 한국의 군사적 투자는 전략 무기를 제외한다면 러시아보다 뒤처진다고도 하기 어려울 것이다. 물론 군사 부문에 751조 원을 국방비로 투입하는 미국과 한국, 그리고 289조 원을 투자하는 중국과 한국의 격차는 상당하다. 그럼에도 불구하고 통상전력만으로 보면 한국과 주변 강대국의 관계는 과거의 청일전쟁, 러일전쟁 이후의 국면에서처럼 새로운 부상국과 한국의 충돌 시 한국이 일방적으로 패배할 수밖에 없는 구도가 형성될 성질의 것은 아니다.

〈도표 0-8〉 한 · 일 · 러 국방 예산 비교(1992~2018)

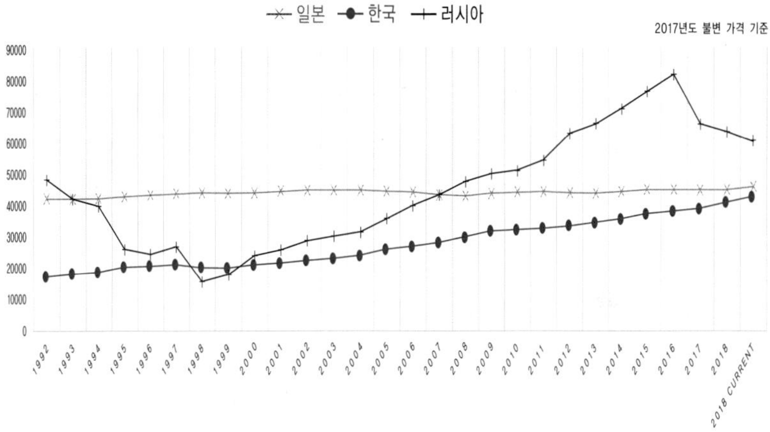

출처 : "2018 SIPRI Military Expenditure Database" https://www.sipri.org/ databases/milex, (검색일: 2019. 6. 12).

이러한 상황에서 한반도의 지정학적 위치를 강대국 간에 끼인 지역이라는 조건을 중심으로 규정하기는 어렵다. 전술했듯이, 대한민국 정부 수립 이후 지난 70년간 한국과 주변 강대국 간의 격차는 축소되어 왔으며, 북한은 종합국력상 1약(弱)이라고 할 수 있으나 핵무기 때문에 주변 강대국이 일방적으로 간섭하기 어려운 체제를 구축하고 있다. 한국은 정권의 생존을 위해 핵개발까지도 감수한 북한을 억제하기 위해 고도의 군사적 대비태세를 추구하지 않을 수 없었고, 결과적으로 남북한 모두 주변국보다 군사적 측면에서 일방적으로 취약한 상태로 노출되어 있지는 않다.

이제 한반도는 강대국 경쟁의 희생물보다는 강대국 경쟁의 변수 혹은 무풍지대로 자리매김해야 한다. 오늘날 한반도는 강대국들이 자국에 대한 피해 없이 제한전을 벌일 수 있는 무대로 상정할 수 있는 장소가 되기 어렵게 되었다. 주변 강대국들이 자국 수도 혹은 지역 중심지의 기능 마비를 감수하지 않고 전쟁을 한반도에서 벌일 수 있는 시대도 아니다. 게다가 한국군만이 아니라 평택을 중심으로 동북아의 안정 유지에 기여하는 주한미군도 주둔하고 있다. 다른 지역에서의 갈등과 충돌로 한반도를 둘러싼 강대국 간의 세력 균형을 변화시키더라도, 한국 자체의 국력이 상당하기 때문에 그러한 충돌로 인해 국력을 소진한 상태에서 강대국들이 한반도에 대해서 자신들의 의사를 강요할 수 있으리라고는 상상하기도 어려울 것이다. 이처럼 오늘날의 한반도는 주변 여러 강대국들이 지역적 우위를 확보하기 위해 직접적 각축을 벌이기 어려운 무대가 되어 있다.

다만, 한국의 지위와 국력 상승에도 불구하고 남북한 간의 대결 구도는 한반도와 주변 강대국 간의 관계에 있어 주변 강대국들의 이익을 위해 이용될 수 있는 여지를 주었다. 이러한 남북한 간의 대결 구도를 극복하고 화해와 협력이 정착된다면, 한반도는 주변 4국과 더불어 지정학적 중심의 하나로 자리매김하게 될 것이다. 분단 이래 남북한은 정치, 경제, 군사의 여러 측면에서 상대방에 대한 체제 우위를 확보하기 위한 경쟁을 벌여왔으며, 그러한 경쟁에서 한국 혹은 북한이 주변 강대국의 지지를 필요로 한다는 점을 인식한 강대국들은 남북한 각각과의 관계에서 유리한 협상의 고지를 점해왔다. 남북 간의 화해와 협력을 정착시키기 위한 노력 역시 강대국들의 지원과 협조가 필요한 사안이었다. 그럼에도 불구하고 남북관계 전환을 위한 과도기가 지나고 북핵문제의 평화적 해결을 통해 남북한 간의 안정적인 협력관계가 정착되는 경우에는, 한국의 강대국 협상도 현재의 불리함을 해소하게 될 것이다.

한반도에 대한 지경학적 재조명

대립의 지정학적 측면보다 교류협력의 지경학적 측면을 살려야 한다. 폴란드와 한반도는 분쟁 가능성이 높은 지역이었다. 지정학적으로 반도는 대립, 위기, 분쟁을 특징으로 하고 있으나 지경학적 측면에서 반도는 기회, 교류, 협력의 성격을 갖고 있다.

한반도의 지경학적 특징을 살리면 동북아의 해양과 대륙세력을 잇고 상호 교류협력하며 지역 내의 평화와 공동 발전에 결정적으로 기여할 수 있을 것이다. 중국의 일대일로 사업과 한국의 지경학적 구상은 밀접하게 연계되어 왔다. 박근혜 정부 당시에도 중국의 일대일로 사업과 유라시아 이니셔티브는 연계되어 있었으며, 문재인 정부에 들어와서도 이러한 특성은 유지되고 있다. 해양세력을 중심으로 한 지경학적 구조에 편입되어 있는 한국은 대륙세력과의 지경학적 연계를 통해 대륙시장과 해양시장을 연계하는 허브 위치를 완성하고자 했던 것이다. 문재인 정부는 한반도 신경제 구상과 더불어 신북방정책을 적극적으로 추진하고 있으며, 한중 양국이 중국 측의 일대일로 사업과 한국 측의 신남방·신북방정책을 연계해 추진할 것을 합의한 바 있다.[33] 이러한 한국의 새로운 지경학 허브 구상이 실현되기 위해서는 한반도 내부의 지경학적 변화도 필요하다. 2015년 8월 15일 광복 70주년 연설을 통해 당시 문재인 새정치민주연합(현 더불어민주당) 대표가 제시했던 한반도 신경제지도 구상은 한반도를 유라시아와 태평양을 연결하는 교량 지역으로 발전시키기 위해 남북경제공동체를 우선 구축하고 남북경제공동체를 대륙과 해양으로 확산시킨다는 것을 내용으로 했던 것이다.[34]

2018년 8 · 15 경축사를 통해서도 문재인 대통령은 '동아시아 철도공동체 구상'을 제안했다. 이는 남 · 북 · 중 혹은 남 · 북 · 러 3각 협력을 전제하는 것으로서 한반도종단철도와 중국횡단철도, 시베리아횡단철도를 연결한다는 구상에 입각했다.[35] 이는 한반도 신경제지도 구상과 관련 있는 것이기도 했다. 한반도 신경제지도 구상에서는 한반도를 H자로 연결하는 3대 벨트를 제시했다. 그 첫 번째 벨트는 동해안의 에너지 · 자원 벨트였으며, 두 번째는 서해안 산업 · 물류 · 교통 벨트였고, 세 번째는 비무장지대 환경 · 관광 벨트였다. 2018년 6월 7일 한국이 국제철도협력기구(OSJD, Organization for Cooperation of Railways)에 정회원으로 가입한 것은 동아시아 철도공동체 제안을 실현하기 위한 첫 조치로 주목되었다. 국제철도협력기구가 구소련과 동유럽을 포괄하는 것으로서 1950년대 중반에 설립된 기구라는 점에서, 이러한 행보는 한국의 동아시아 철도공동체 구상이 한반도 신경제를 토대로 한반도 종단철도를 대륙철도 네트워크에 접속시키는 데 방점을 두고 있는 것임을 보여주고 있다.

동아시아 철도공동체가 형성될 경우 한반도는 어떠한 잠재적 이점을 향유할 수 있을까. 무엇보다 그 잠재적 이점은 한국이 중국의 동북 3성과 러시아의 극동 지역으로 대북방 경제협력의 기회를 확대시킬 수 있다는 데 있다.[36] 남북경제공동체는 그 자체로 인구 7,500만 명의 내수시장을 형성하며, 이것을 북방경제와 연결하는 동아시아 철도공동체 구상은 2억 명의 인구, GDP 3조 7,000억 달러의 지역 시장을 창출할 수 있다. 동아시아 철도공동체는 서울에서 동북 3성의 물류 운송 시간을 기존보다 33~54퍼센트까지 단축하게 할 것이며, 한반도의 대륙시장에 대한 접근성도 더욱 개선할 것이다. 한반도종단철도와 대륙의 중국 방면, 러시아 방면 철도가 연결되는 경우, 북한의 GDP만 해도 지금보다 90퍼센트 성장할 것으로 전망된다. 이미 경제 규모가 작지 않은 한국은 GDP의 9퍼센트, 동북 3성은 GDP의 20퍼센트가 성장하는 혜택을 입을 수 있다.

다만, 이러한 지경학적 연결성을 실현하기 위해서는 북핵문제의 평화적 해결과 제재 완화 과정이 필요하다. 한반도 신경제지도의 추진과 관련해서도, 이 사업이 일대일로와 연계하여 대북 제재의 과정에서 단계적으로 추진되어야 한다는 주장이 제기되어왔다.[37] 현재의 대북 제재 조건하에서는 우선 단동-선양, 훈춘-장춘 등 중국 측 일대일로 사업의 일부 구간에 한국이 적극적으로 참여함으로써 대륙철도 운행에 대한 노하우를 먼저 습득할 수 있다. 이를 바탕으로 대북 제재 완화 시에는 개성공단, 금강산 관광을 통해 남북 접경지역을 발전시키고 단동과 신의주, 훈춘과 나진·선봉을 연결시키며, 마지막 단계인 대북 제재 해제 시에는 한반도를 가로지르는 H형의 남북 접경, 동해안, 서해안 벨트를 완성한다는 것이다. 이 결과로 한반도와 대륙을 연결하는 동아시아 철도 네트워크는 출현한다.

지정학적·지경학적 재설계

한반도가 강대국으로 둘러싸인 약소국의 처지를 벗어나 동북아시아의 지정학적 중심 중 하나가 될 내부적 요건은 성숙되어 있다. 한국은 세계 10위권의 국력을 자랑하는 나라로서 청일전쟁, 러일전쟁 이후의 국면과 현재 한반도 국제정치의 국면은 판이하다. 남북한 간의 화해와 협력 역시 남북한 각각이 서로에 대한 경쟁에서 벗어날 수 있게 하며, 동북아시아의 평화만이 아니라 한반도 주변 질서의 평화적 변화를 위해서도 더 큰 영향력을 발휘할 수 있게 할 것이다.

한국의 한반도 신경제 구상 및 신북방정책과 중국의 일대일로 연계와 동시에 한국의 신남방정책과 미국 주도의 인도-태평양 전략의 연계성에 대한 논의가 필요하다. 또한 화웨이 사태에서 보듯 안보적 성격과 경제적 측면을 종합적으로 고려한 국가의 전략 제시가 요구된다.

또한 남북한의 화해 협력과 더불어 한반도는 구미 중심 지경학적 구조의 주변부 위치에서 벗어나 유라시아와 태평양을 잇고 해양세력의 시장과 대륙세력의 시장을 잇는 관문이라는 새로운 정체성을 얻을 수 있다. 이러한 접근법은 한국의 여러 정부가 그 잠재성에 주목해온 방안이다. 이명박 정부는 남북관계가 교착되자 글로벌 외교 차원으로 한국의 대외활동을 넓혀가는 데 관심을 가졌으며 한러정상회담을 통해 북한을 가로지르는 파이프라인 천연가스(Pipe-Line Natural Gas) 건설에도 강한 관심을 보였던 바 있다. 뿐만 아니라 노무현, 박근혜, 문재인 정부는 한반도와 유라시아의 연결을 위해 정책적 노력을 기울여왔다. 북핵문제의 평화적 해결 과정에서 문재인 정부가 제시한 한반도 신경제 구상과 동아시아 철도공동체 제안이 현실화될 경우, 유라시아와 태평양의 가교라는 한반도의 특성은 지정학적 측면보다도 지경학적 측면에서 더욱 주목받게 될 것이다.

04 통일국가 건설을 위한 **대전략**

한반도 중심축 국가 대전략은 통일, 번영, 평화 등 한반도 차원의 공동이익을 달성하기 위해 가용한 물적, 조직적 자원을 활용하는 방법 등을 의미한다. 이러한 한반도 안보 대전략은 한반도 내부에 대한 대북 통일 전략과 한반도 외부 안보에 대한 동맹 및 군사 전략의 각 차원으로 나누어 살펴볼 수 있다.

민족공동체 복원과 남북경제공동체 형성

민족공동체 복원 : 해방 이후 국가 건설이 미완의 상태에서 그쳐졌을 뿐 아니라 6·25전쟁에 의해 분단이 고착화된 한반도에서 통일문제의 해결 없이 남북한 간의 소모적인 경쟁은 극복되기 어렵다. 이에, 분단 문제에 대한 해법으로서 '한민족공동체 통일방안'은 1989년 9월 11일 노태우 대통령의 국회 연설에서 제시되었고, 김영삼 대통령 시기에는 '한민족공동체 건설을 위한 3단계 통일 방안'으로 계승되었

다.[38] 이 방안은 남북연합(Korea Commonwealth)의 방식을 통해 남북한이 서로의 내정문제에 대한 간섭을 최대한 자제하고 각자 외교, 군사, 내치의 권한을 유지할 수 있도록 했다. 이러한 통일 방안은 한반도에 두 체제가 존재한다는 현실을 인정한 기초 위에서 국가연합제를 도입하고, 그를 통해 민족적 동질성 회복 및 정치경제적 통합을 이룩함으로써 통일을 달성한다는 접근법을 담고 있었다.[39] 비록 한국의 이러한 한민족공동체 통일방안은 그보다 앞서 1980년에 발표되었던 북한의 연방제 통일방안과 다소 거리가 있기는 했으나, 정치적 통합의 궁극적 수단으로 민족공동체의 복원을 꼽는 데 특성을 두고 있었다. 한민족공동체 통일방안은 남북한 교류와 협력이라는 점진적 과정을 통해 1국가 2체제의 연합정부 상태를 뛰어넘을 동력을 마련하는 방안이라는 것이다.[40]

민족공동체의 형성과 관련해서, 남북한은 당장 통일하지 않더라도 평화적으로 공존하면서 양측이 공유한 하나의 정체성을 통해 경제적, 문화적 공동체를 먼저 이룩하는 데 노력을 집중할 수 있다. 해방 직후 민족국가 건설의 국면에서 북한이 유엔임시위원단 관할하의 총선거를 거부하면서 남북한이 독자 정부수립으로 나아간 이래 전쟁까지도 동반한 체제 경쟁을 경험했다. 이는 1947년 이래 미소 간 냉전이 격화되기 시작한 데 따른 결과이기도 했다. 이제는 냉전도 끝난 지 30년이 경과한 만큼 남북한이 체제 경쟁에서 탈피할 때다. 이미 남북한 간의 국력 차는 일방이 타방의 수십 배에 달하고 있어,[41] 국내체제의 우위를 둘러싼 남북한 간의 경쟁이란 의미를 잃어버린 지 오래다. 6·25전쟁은 전쟁을 통한 통일 방안은 배제되어야 한다는 교훈도 남겼다.

민족공동체는 정서, 생활, 복지 면에서의 일반적인 경험을 공유하는 사람들의 공동체로서 남북한이 이러한 관계를 회복하기 위해서는 단계적 접근이 필수적이다. 21세기의 민족공동체는 단순히 혈연의 공통성에 기초하지 않는 개방성을 지니면서도, 구성원 모두의 자아실현에 기여할 수 있어야 한다.[42] 한민족공동체 개념은 민족의 폐쇄성을 강조하는 것이 아니라 남북한 간의 화해 필요성과 그 당위성을 강조하는 것이다. 남북한은 1948년 수립 당시 두 체제 중 하나만이 정통성을 갖는다는 경쟁적인 관계에서 시작했기 때문에, 그 이후 70년이 지난 지금까지도 치열한 경쟁을 계속해오고 있다. 이를 극복하기 위한 방법으로 '공동체성의 회복'이 필요하며, 통일신라(676-935), 고려(918-1392), 조선(1392-1910)의 약 1200년 단일국가 전통을 공유하는 남북한에게 민족적 공동체성은 이념적 대립의 약화, 소멸시킬 수 있는 최고의 자원이기도 하다. 민족공동체는 '정서, 생활, 복지를 공유하는 사람들의 공동체'로 규정되는데, 이는 구성원의 민족의식이 생활과 복지의 공유를 통해 강화되고 유지되는 공동체를 의미한다.[43]

이러한 민족공동체의 복원을 위한 단계적 추진 노력은 다양한 분야에 적용될 수 있다. 이와 관련해서는 김영삼 정부가 제시했던 민족공동체 건설의 3단계 통일 방안이 일반적으로 추진 프레임을 제시해주고 있는 것으로 생각된다. 교류협력 단계, 남북연합 단계, 통일국가 완성 단계라는 세 가지의 틀에 따라 일반적으로 민족공동체 형성 노력은 신뢰와 협력 기반 조성, 제도적 기반 조성, 사회통합의 안정화 등으로 구분된다. 그에 따라 1단계에서는 교류협력의 확대가 이루어지며, 2단계에서는 통합추진기구 등이 운영되고, 3단계에서는 미래국가 전략이나 국가 정체성 형성이 논의되는 것으로 생각되어왔다.[44] 이러한 단계적 추진 전략은 이산가족, 언어이질화 극복, 공통역사관 정립, 문화적 공감, 기본 인권 보장, 교육 및 학제통합 등 주요 분야에 적용될 수 있다. 남북관계의 발전에 따라서는, 민족공동체 회복 차원에서 이산가족, 언어이질화 극복 등 각각의 분야에서 교류협력, 통합적 추진, 국가 전략적 지원이 이뤄져갈 것이라는 의미다.

남북경제공동체 형성 : 오늘날 한반도의 평화체제를 구축하기 위해서는 상호의존을 확대시키고 경제공동체를 형성할 필요가 커지고 있다. 북한은 2018년 4월 20일 7기 3차 전원회의에서 경제건설 총력 집중 노선을 채택했다. 경제건설이 최대 과제라는 데 노동당의 총의가 모인 것으로 보인다. 비록 2019년 들어 북한은 개성공단, 금강산 관광이 아직 재개되지 못하고 있는 것에 대해 불만을 표출하고 있지만, 비핵화 합의 이후 심화될 남북한 간의 상호의존성은 남북 간의 분쟁을 완화시키고 북한의 경제력을 끌어올리는 요인이 될 수 있다. 경제공동체란 '일반적으로 지리적으로 인접한 2국 혹은 그 이상의 국가가 무역, 재정, 통화 등 상호협력을 도모'하는 관계를 의미한다.[45] 개별국가들이 이러한 경제공동체를 이루는 주요한 이유는 거대한 공동시장을 형성함으로써 소위 경제적 도약이나 경제 성장 유지에 필요한 규모의 경제를 이루기 위한 데 있다. 이는 문재인 대통령이 2019년 광복절 경축사에서 언급한 현재 수준을 뛰어넘는 한반도의 경제 강국 건설을 위한 8,000만 단일시장 형성의 주장과도 일맥상통한다.[46]

다만, 남북 경제공동체 형성에는 몇 가지 난제가 존재한다. 첫째, 남북 경제공동체 추진을 위해서는 북미 비핵화 협상이 타결되는 것은 물론 북한의 핵심적 비핵화 조치가 이루어지는 과정에서 미국과 국제사회의 대북 제재가 단계적으로 해제되는 과정을 예상해야 한다. 둘째, 남북한의 경제체제는 자본주의 대 사회주의의 차이를 노정하고 있기 때문에 관세의 철폐, 생산 요소의 자유로운 이동을 보장하는 접근 이상의 경제적 이질성 해소를 위한 해법이 필요하다. 셋째, 경제공동체 형성 과정에서 남북한 간의 제도적 이질성을 해소하기 위한 노력은 대내적 주권에 대한 부분적 침해라는 북한의 불만도 초래할 수 있다. 넷째, 남북한의 경제체제는 경제 수준과 규모 면에서 현격한 차이가 이루어져 있어 경제공동체 형성에서 북한이 한국의 경제에 종속되는 결과가 초래될 가능성이 높다.

이러한 추진 과정의 문제들을 고려할 때, 남북한 경제공동체 형성 과정은 상당 기간 정치, 군사적 불안정의 영향을 관리하며 추진해야 할 과제라고 할 수 있다. 비핵, 평화체제 구축을 위한 로드맵 혹은 추진 전략 안에서 남북한 경제공동체 수립을 고민해야 한다. 일단은 북한의 비핵화를 촉진하기 위해 미국이 국교정상화 로드맵의 일환으로 점진적으로 경제적 기회를 제공해갈 것으로 상정된다. 미국은 베트남과의 국교 수립 과정에서처럼 상대방의 일회적 협조만으로 제재를 전면 해제하기보다는, 비핵화와 평화체제 구축을 둘러싼 근본적 쟁점이 해소된 이후에야 점진적으로 단계적 로드맵을 실행해갈 것이다. 기업의 투자도 그 과정에서 허용할 것이다. 이 과정에서 미국은 국제금융기구의 일부 대북지원을 허용하고 다국적 자본이 북한의 에너지, 인프라, 농업 부문에 투자하는 것을 허가할 수 있다. 한국은 이러한 미국의 대북정책 변화 과정에서 남북 경제공동체 형성에 유리한 여건을 확보하도록 노력해야 한다. 예를 들어, 북한이 경제개발 과정에서 철도, 통신 등의 주요 인프라 부문에서 한국의 표준 방식을 도입하도록 유도해야 할 것이다. 남북한 경제공동체 형성은 비핵화 협상 및 이행 상황, 남북관계 발전 수준을 고려해 추진 단계를 설정하고 각 단계별로 협력 수준을 결정하는 방식으로 추진되어야 할 것이다.[47] 남북한 경제공동체 형성을 위한 단기, 중기, 장기 방안 중에서, 최근에는 남북관계 개선에 따라 보다 단기적인 프레임의 경제공동체 형성 방안의 추진에 무게가 실릴 것으로 보인다. 다만, 조바심을 내기보다는 북한의 체제 안전을 고려해서 점진적이고 제한적인 개방부터 시작될 것임을 인식해야 한다. 이에 한국은 중기적인 경제공동체 형성 방안으로 단일경제 건설을 준비해가는 것이 바람직하다.[48]

한미동맹과 다자안보 전략

한미동맹은 한국의 국력 상승을 배경으로 보다 대칭적 동맹관계로 재조정되고 있다. 과거에는 정책적 자율성에서 양보하여 미국 일변도의 정책을 추진하는 대신 굳건한 안보 공약과 군사 지원을 제공받는 것이 한미관계였다면, 오늘날의 한미관계는 한국의 대내외 정책상 자율성에 대한 요구가 강화되고, 미국도 국내 경제적 여건을 생각해 일방적으로 한국의 안보를 지원해주는 관계는 지양하고 있는 것이다. 이러한 동맹관계의 변화는 한국의 전시작전통제권 전환, 자주외교 노력과 미국의 방위비 분담금 인상 및 해외 파병 요구 등에서 단적으로 드러나고 있다. 한미관계는 안보-자율성 교환의 비대칭적 모습을 벗어나 상호 협력의 개념에 입각해 비대칭성이 완화된 동맹의 모습을 갖춰가고 있는 것이다. 전시작전통제권 전환에 따라 북한의 위협에는 한국이 주도적으로 대처하되, 동북아의 안정과 평화에 대한 도전에 대해서는 한미동맹 차원에서 미국과 공동으로 대처하는 동맹정책을 추구해갈 것으로 여겨진다. 평택 캠프 험프리스(Camp Humphreys)로의 주한미군사령부 이전은 북한 위협에 대해 한국이 주도한다는 의미가 이미 반영되어 있다.

동시에 앞으로도 한국의 동맹관계는 한미동맹을 중심으로 하는 모습을 띨 것이다. 국가적 대외 전략이 과거의 형태에 꼭 얽매일 필요는 없으나, 미래 한국의 대외 전략으로 탈동맹 전략의 선택지를 검토해보아도 한미동맹의 유용성을 대체할 만한 구도는 드물다. 한국은 동맹 중심의 대외 전략을 선택하지 않고 대외적 고립, 영세 중립, 적극적 중립(평화·중립주의, 전략적 독립) 등을 모색할 수도 있으나,[49] 이러한 전략은 주변 강대국 간의 관계가 협력주의에 의해 추동될 때에야 성립될 수 있으며, 자칫 한반도의 고립을 초래할 수도 있다. 한반도의 영세중립은 주변 4강의 적극적인 합의에 의해서 가능한 옵션이며, 평화·중립주의 전략도 동아시아의 국제질서가 탈냉전기 유럽처럼 긴장 완화와 경제협력, 신뢰구축과 군축을 향해 나아갈 때 효과적인 대외 전략으로 주목될 수 있다. 당분간 강대국의 전략적 경쟁이 지속되는 주변 정세가 펼쳐질 것으로 가정했을 때, 한국의 대외 전략은 동맹관계를 중심으로 전개될 것으로 상정하지 않을 수 없다는 것이다. 물론, 한국의 동맹대상국 선정은 안보 위협에 대한 판단과 상대국의 국가이익에 대한 판단에 기초하지 않을 수 없다. 민족공동체 형성의 추진과 남북경제공동체를 만들어가는 과정에서 남북 간의 협력관계를 상정한다면, 중국과 일본 등 역내 강대국이 한국에 대한 위협을 야기하는 행위자로 상정될 수 있다. 그리고 이 모든 경우 미국은 최적의 동맹대상국이 될 수 있는데, 부상 과정의 중국을 견제할 수 있는 역내 행위자가 미국 이외에는 존재하지 않는다는 점과 일본을 견제하기 위한 지원도 한미동맹관계의 틀에서 얻어내는 것이 가장 용이하다는 점 때문에 그러하다.[50]

나아가 미중 간의 경쟁이 무역, 군사 등 전면적인 대외관계로 확대되는 작금의 추세 속에서 한미동맹과 다자안보협력의 병행 추진을 통해 지역적 안정을 지지할 필요는 확대되고 있다. 동맹과 다자안보협력 병행 추진 전략은 분단 관리 이상의 한반도 통일을, 도발의 억제를 넘어 분쟁의 해소에 기여할 수 있다는 데 장점이 있다.[51] 다만, 다자안보협력체를 형성하기로 주변국들의 공감대가 마련되는 경우, 미국과 중국은 다시 동북아시아의 다자안보협력기구에서 어느 측이 주도권을 확보할 것인가를 두고 또다시 치열하게 경쟁하게 될 가능성도 있다. 이 때문에 다자안보협력체의 형성을 위한 이니셔티브는 다자안보 체제의 구축 과정을 단계화하고 그 목적을 장기적인 것으로 상정함으로써 미중 경쟁의 영향을 차단하는 데 방점을 둘 필요가 있다.

다자안보협력의 초기 조치로서 한국과 동북아 국가들은 원자력 안전, 재난구조 등 비전통 안보 분야에서의 협력을 도모할 수 있다. 향후 한국의 안보에 대한 위협은 영토의 침탈이나 분쟁 해결을 위한 군사력 사용보다도 국제관계의 원칙을 둘러싼 정치적 일방주의의 위협이 될 가능성이 높다. 식민, 탈식민, 냉전을 거치며 동북아 국가들이 모두 합의하는 국제정치의 원칙을 도출하지 못하고, 그를 통한 역내 분쟁의 해소도 충분히 이루어지지 못했던 것이다. 즉, 국력의 부상을 배경으로 중국이 자신이 제시한 국제관계의 원칙을 한국을 포함한 지역 국가들에게 강요하고자 할 수 있고, 이러한 형태의 압박이 한국의 국가이익을 침해할 수도 있다는 것이다. 미국의 영향력이 약해진 동북아시아에서 미국의 중재 없이 한·중·일 혹은 한일 간의 역사, 영토 문제를 관리해나가야 한다는 점도 미래 한국이 맞닥뜨릴 부담의 하나다. 이러한 정치적 위협에 대해서는 북대서양조약기구 식의 군사적 집단 방위가 아니더라도 아세안(ASEAN) 식의 다자안보협력이 유용할 수 있다. 특정 국가가 강요하려는 원칙에 대해서 지역 국가들이 공동의 입장을 제시해 대응할 수 있으며, 역사와 영토 문제에 대한 성찰 없는 특정 국가의 태도에 관해 지역 국가들이 규범적 비판을 가할 수도 있다. 이러한 동북아 다자안보협력체의 접근 방식은 아세안처럼 예방 외교에 방점을 두는 것이 될 수 있다. 향후 여건이 성숙할 때에 보다 제도적인 형태의 조직으로 발전되어야 한다.

전략적 억제와 조국 수호

민족공동체, 남북경제공동체의 형성 자체도 쉬운 문제가 아니지만, 남북관계의 근본적 변화가 이루어지더라도 주변국의 대립과 경쟁이 심화되는 추세는 한국 안보의 주요한 도전이 되고 있다. 미국은 중거리핵전력조약(INF, Intermediate-Range Nuclear Forces Treaty)을 2019년 8월 2일 탈퇴하고, 새로운 중거리미사일의 개발을 추진하는 것은 물론 한국과 일본에 중거리미사일 배치를 타진할 수도 있음을 시사하고 있다. 중국은 미국이 경계하는 중거리미사일 전력의 강화에서 보여지듯 반 접근 지역거부(A2AD, Anti-Access, Area Denial) 전략을 통한 능력을 지속적으로 발전시키고 있다. 최근에는 러시아와의 연합훈련 등을 전개하며 동해안의 한국 측 방공식별 구역까지 침범했다. 일본은 자주국방의 필요성을 염두에 두고 대중국 공중우세 등을 확보하기 위한 군사력 강화 정책을 추진하고 있다.

한국과 주변국 간에는 잠재적 갈등도 존재한다. 중국과는 서해에서 배타적 경제구역(EEZ, Economic Exclusive Zone)과 이어도를 둘러싼 이견이 존재하며, 일본과는 산업경쟁과 더불어 독도, 역사 교과서 문제 등이 있고, 러시아와는 직접적 대립은 없으나 미국과의 전략적 경쟁을 배경으로 한미동맹을 러시아가 경계하고 있다. 이러한 대립은 당장 고강도 분쟁을 초래할 원인은 되지 않을 수 있으나, 주변국들이 서로를 경계하는 가운데 동해와 서해에서의 정찰활동 등 군사활동을 활발히 벌일 경우, 서로의 의도에 대한 오판과 과잉 대응을 초래할 불씨는 될 수 있다. 이는 동북아 다자안보협력체가 필요한 이유이기도 하다.

이에 주변 강대국과의 충돌에 대비해 전략적 억제 능력을 갖출 필요도 있다. 이는 남북민족공동체, 경제공동체 형성의 전제 조건이 북한의 완전한 비핵화라는 점에서 핵개발이 대안이 될 수는 없다. 주변 지역에 미국, 러시아, 중국 등 핵강국이 존재하는 조건에서 핵개발은 오히려 안보 위협을 확대시킬 뿐더러 불법적 핵개발에 대한 국제사회의 응징을 초래하고 고립을 자초하는 길이다. 북한이 실제로 이러한 후폭풍을 체험하고 있다. 그럼에도 불구하고 한국은 제한적 방어 충분성(Limited Defense Sufficiency)의 개념을 통해 가상적국이 한반도 침략 시 이익보다 비용이 더욱 크다는 점을 인식시키고자 노력할 수 있다. 이를 위해서는 4차 산업혁명의 기술을 이용한 첨단전력의 구비와 더불어 대주변국 군사력의 확보가 긴요하다. 최근 우리 국방부는 정찰위성 5기를 2023년까지 전력화하고 5차원 전장 환경에 맞춰 정전탄(停電彈), 전자기펄스탄을 개발하며, 다목적 대형수송함을 도입한다는 내용 등을 담은 국방중기계획을 발표하기도 했다.[52] 또한 남북한 간의 군비통제 시에도 향후 남북한 군사통합 시 대주변국 위협 대처가 가능한지도 고려해 단계적 군축의 대상무기와 하한선을 상정해가야 한다.

05 한반도 중심축 국가로서의 **국민 인식**

평화와 공동번영을 위하여

한반도 중심축 국가로서의 안보 대전략을 추진하기 위해서는 민족공동체 개념에 대한 국민 인식의 정립이 필요하다. 다민족국가를 지향해야 한다는 주장이 존재할 만큼 대한민국의 인구 구성도 다양해졌다. 그러나 한반도의 지정학적 조건에서 근대 민족국가 형성의 과제를 마무리하지 않고 미래로 나아갈 수는 없다. 이에 남북한 두 체제가 각자 내정과 외치를 담당하되 문화적 정체성의 고양과 보존을 위해서는 서로 협력하는 민족공동체의 형성을 통해 민족국가 형성의 과제를 해결하고 미래로 도약하기 위한 토대를 마련하는 작업을 진행해야 할 것이다. 이때 민족의 기준은 혈연적, 종족적인 것보다는 문화적, 서사적 정체성에 입각한 것으로 상정함으로써 열린 민족주의를 지향해나갈 필요가 있다. 고구려도 예맥과 한(韓) 등 한민족을 중심으로 하면서도 거란, 선비, 한족(漢族)을 포괄하는 다문화 사회라는 특성을 지니고 있었다.

민족공동체 형성을 위한 국민적 인식 정립은 하향식 사회 변화라기보다는 국민들의 민족공동체, 통일, 미래 비전에 대한 의견을 수렴하는 상향식 과정과 분리될 수 없다. 우리가 만들어가야 할 중심축 국가로서 국민들의 정체성은 통일 여론, 통합 과제 관련 여론, 민족 미래 비전 관련 국민들의 의견을 수렴한 결과에 기초해야 한다는 것이다. 국민적 의견과 시각을 반영하지 않은 대전략은 외부와 내부의 작은 반발과 저항에도 돌발적으로 철회되고 재검토되며 중단될 수 있기 때문이다. 통일문제는 대한민국의 국가 건설 시기에 생겨난 정치적 균열의 하나로서, 통일의 방식을 둘러싸고 다양한 시각이 존재한다. 통일한국의 정치적 형태는 한반도의 유일 합법 정부인 남한 단독 정부의 이념과 체제가 확대된 것이 되어야 한다는 시각과 이념적 대립을 넘어 통일국가의 건설을 중시하는 시각으로 구분되어 있는 것이다.[53] 이승만과 김구의 노선 차이로 대변되는 이러한 정치적 균열은 오늘날 남남갈등에서도 보이고 있다. 이에, 향후 통일 시 통일한국의 이념을 둘러싸고 다시 많은 논쟁이 이루어질 것으로 보인다. 즉, 통일문제를 어떻게 할 것인가, 남북한 겨레가 하나의 생활을 공유하기 위해 추진해야 할 통합 정책은 무엇인가, 겨레의 구성원 모두가 꿈의 완성을 향해 나아가고 행복감을 누리도록 하기 위해 민족공동체가 구성원들에게 요구해야 할 미덕은 무엇인가 등 여러 문제에 대한 국민들의 여론 수렴이 필요하다.

이러한 국론 수렴의 방편으로 최근에는 국민 참여형 '통일국민협약'이 주목받고 있다. 합의가 용이한 부분부터 시작해 통일에 대한 사회적 합의를 만들어가는 것이다. 대북문제에 대한 국론 분열은 한국의 대외적 주도권을 약화시키고 주변국의 영향력만을 확대시키는 결과를 초래할 뿐만 아니라, 대북정책 추진 과정에서 사회적 혼란과 경제적, 정치적 비용을 수반한다는 지적이 제기되어 왔다.[54] 이러한 문제점을 극복하기 위해서는 행정부 위주의 대북정책 수립을 지양하고 국회와 시민사회를 중심으로 하는 '사회협약'형 통일정책이 필요하다. 그에 따르면, 국회에 통일정책 수립 특위를 마련하고 '통일국민협약'의 수립 방안을 마련해볼 수 있다. 이와 유사한 사례로 민주시민교육의 사회적 입장차를 해소하기 위한 최소 합의를 마련한 독일의 '보이텔스바흐협약(Beutelsbacher Konsens)'이 있다.

물론, 이러한 민족공동체의 정체성 중 핵심적인 내용은 민족공동체가 동북아의 평화와 안정에도 기여한다는 것을 강조하는 것에서부터 출발해야 할 것이다. 민족공동체의 형성은 주변국과 국제사회의 지지 없이 이루어지기 어렵다는 것은 전통적 시각이다. 동시에 한국의 국력이 성장한 지금은 민족공동체의 형성에 필요한 동북아시아의 지정학적·지경학적 질서를 변화시키려는 우리의 노력 자체도 강조될 수 있다. 오늘날 민족공동체 형성에는 주변 강대국의 정책과 함께 동북아 평화를 만들어나가는 한국의 주체적 역할이 함께 주목된다는 것이다. 1945년 미국과 소련의 이해관계에 따라 한반도가 38선 이남과 이북으로 분할 점령되었듯이, 강대국의 이해관계만으로는 한반도의 현상 유지가 남북한 간의 통일보다 나을 수 있다.[55] 강대국 간의 전략적 거래를 통해 또는 담합을 통해 그들 간의 세력 균형을 유지할 수 있기 때문이다. 이에 민족공동체를 형성하려는 노력은 강대국의 이해관계를 극복하거나 변화시키려는 방책을 수반하지 않을 수 없을 것이다. 민족공동체 형성은 동북아 내의 평화, 공동번영의 구조가 만들어져야 가능한 일이며,[56] 북한의 비핵화도 북한의 체제 안전을 보장하기 위한 안전보장 아키텍처가 한반도와 동북아에 구축된다는 전망하에서 가능하다. 이점에서 한반도의 비핵화, 민족공동체를 실현하려는 한국은 동북아시아의 평화협력의 주요한 지지자가 될 수밖에 없다. 따라서 민족공동체의 동북아 평화에 대한 긍정적인 역할에 대한 국민적 인식의 형성 과정은 비핵화, 남북협력 과정에서 촉진되고 공고화되어갈 것으로 생각된다.

또한 한반도의 공동번영을 위한 남북경제공동체도 동북아의 개발과 발전을 촉진해갈 것이다. 남북경제공동체는 남북한의 성장 동력인 동시에 균형 발전을 도모하게 해주는 수단적 목표다. 아울러 남북경제공동체는 북한을 거치는 교통로가 끊겨 있다는 한계를 가지고 있던 동북아 국가 간의 상호의존을 증대시킬 것이다. 남북경제공동체 형성에 따라, 동북아시아의 평화와 경제적 상호의존의 심화로 인한 관련국 공동의 이익이 확대되어갈 것으로 예상되는 것이다. 남북관계의 부침에도 불구하고 2018년 5월 문재인 대통령과 김정은 국무위원장 간의 2차 정상회담 이후 북한의 동의로 한국은 유라시아 국제철도협력기구에 가입한 바 있다. 이는 남북 간의 협력을 통해 동북아 내 경제협력과 사회적 통합을 촉진하려는 한국의 정책이 가속화될 수 있음을 보여주는 단적인 예다. 남북경제공동체 형성을 통해 한국은 주변국과의 협력을 더욱 강화하고 남북 철도연결 사업을 동아시아 철도공동체로 확대시켜간다는 구상을 가지고 있다. 덧붙여, 이것은 우리 국민들에게 민족 정체성만이 아니라 지역 정체성을 강화시키는 효과도 낳을 것이다.

남북경제공동체를 통해 동북아 경제통합이 새로운 단계에서 모색될 것으로 보이는 만큼, 이러한 변화 속에서 한반도는 지역 공동의 발전을 추동하는 중심적 행위자로 자리매김할 것으로 전망된다. 경제공동체를 통해 한국이 남북한만의 발전이 아니라 지역 공동의 이익을 창출하고 동북아의 평화를 지탱하고 있음이 강조될 필요가 있다.

한민족의 위대함과 자긍심

민족공동체, 남북경제공동체의 구축 과정에서 실제로 한반도는 대륙과의 연결성이 복원됨에 따라 민족의 위상에 대해서도 새로운 인식을 얻게 될 것이다. 한반도종단철도는 시베리아횡단철도, 중국횡단철도와 연결되면서 연변의 조선족들과는 물론, 몽골과 중앙아시아의 몽골리안 인구, 그리고 멀리는 터키에 이르기까지 광범위한 지역 국가와 한국의 접촉을 증대시킬 것이다. 이러한 접촉은 한민족, 예맥족의 고대사에 대한 인식이 확대되고, 한민족이 고대로부터 동북아시아의 하나의 문명축이었다는 인식을 확인시키고 그로 인한 자긍심도 고양시키는 결과를 가져올 것이다. 이것은 서세동점의 구한말 이래 우리 민족에게 부과된 변방의식을 탈피하게 하고, 한민족은 고대 이래 유라시아 심장부에서 문명교류의 중심적 역할을 해왔다는 정체성을 강화시킨다. 또한 그러한 한민족공동체, 범 한민족공동체 속에서도 한국은 경제 규모나 문화력, 군사력 분야에서도 가장 성공적인 나라로 꼽힐 수밖에 없다. 이는 보다 확대된 한민족의 문화적 정체성은 한국의 국제적 영향력의 토대로 활용될 수 있음을 일깨워준다.

동시에 한국은 민족공동체와 경제공동체의 형성과 동북아시아의 공동이익 증진을 추구하면서, 한반도가 미중경쟁의 무대로 전락할 가능성도 방지할 수 있다. 오늘날 미중경쟁은 남중국해, 동중국해는 물론 인도양에서 한반도에 이르는 광범위한 지대에서 전개되고 있다. 만약 북한의 비핵화, 평화체제 구축 노력과 한국의 민족공동체, 경제공동체 형성 노력이 맞닿아 한반도 내 평화 · 번영체제가 이룩된다면 미국과 중국은 전략 경쟁의 무대로 한반도를 선택하기 어렵게 된다. 자신들의 전략 경쟁이 한반도의 비핵화, 평화체제 구축 노력을 중단시키게 된다면, 오히려 자국의 평화와 번영에 부정적인 안보 환경이 초래되기 때문이다. 통제할 수 없는 긴장 고조가 재현될 수 있다. 이에 따라 한반도 평화체제와 민족·경제공동체는 동북아시아에서의 패권 경쟁을 방지할 수 있다.

이러한 결과를 통해 한반도는 세계평화에 기여하는 독립변수의 하나로 인식될 수 있을 것이다. 남북한의 노력은 일본, 러시아 극동은 물론 중국의 평화와 발전을 공유하는 데 방점을 두고 있다. 이는 한반도가 강대국 정치의 희생물이 아니라 동북아 국제정치를 변화시킬 수 있는 저력이 있는 독립변수라는 인식을 확대시킬 것이다. 이를 위하여 필수적인 한민족공동체의 정체성 확립 노력은 남북한 내 시민사회 조직의 뒷받침을 통해서도 확대될 수 있다.[57] 노르딕 공동체 형성에도 노르딕 협회(Nordic Association)의 적극적 활동이 기여한 바 있다. 이러한 인식은 어느 한 사건에 의해 갑자기 형성되는 것이라기보다는 한반도 안보 환경, 정책 환경의 변화에 따라 서서히 점진적으로 형성되어가는 특성을 갖는다.

한반도가 국제정치의 독립 변수라는 인식은 한반도가 약소국이 아니라 대외적 영향력이 강한 나라라는 인식을 낳을 수 있다. 주변 지역의 국제정치 질서를 변화시키는 나라는 조국수호 이상의 목적을 가지고 있는 것이다. 중추적 국가라는 개념은 그 지정학적 위치 때문이건 강대국에 대한 전략적 가치 때문이건 주변국에 대한 영향력을 행사할 수 있음을 전제하고 있다. 물론, 전쟁과 가난을 겪은 대한민국의 국민들에게는 이 세대의 성장 경험상 한국과 주변국의 격차는 막대한 것으로 인식될 수도 있다. 비록 오늘날의 한국이 선진국 반열의 국가라는 점을 부정하지 않더라도 과거의 태도나 인식이 깨어지지 않고 유지되고 있을 수 있다. 이로부터 동북아 중심축 국가로서의 국민 인식 정립을 위해서는 한국이 최빈국에서 어떻게 선진국이 되었는가를 명확하고 알기 쉽게 정리될 필요가 있기도 한 것이다.

덧붙여 한국은 식민지, 최빈국이었다는 경험을 통해 약소국의 평화와 번영을 존중하고 고무해야 한다는 역사적 교훈을 잊어서는 안 된다. 과거에 국권을 잃은 식민지였으며 전쟁의 참상을 겪은 최빈국이었다가 선진국 반열에 오른 국가는 대한민국이 유일하다. 따라서 작고 약한 나라들의 이익에 부합하는 방향에서 대외적 영향력을 행사하는 나라로 자리매김해갈 필요가 있다.

제 1 장

한미동맹과 다자안보 병행 전략

한반도 중심축 통일국가를 건설하기 위해서는 어떠한 주변국도 통일을 반대하지 않도록 협력관계를 구축해야 한다. 우호적인 안보 환경 조성은 외교안보전략을 통해서 가능하다. 동맹에 과도하게 의존하는 것도, 동맹을 외면하고 다자안보협력만을 추구하는 것도 바람직한 전략이 못 된다. 한미동맹과 다자안보협력을 병행 추진하는 전략이 절실한 이유다.

따라서 이 장에서는 한미동맹과 다자안보 병행 전략에 대한 추진 목표와 기조, 상호연계성과 승수효과를 논의한 후 이론적 고찰과 함께 북대서양조약기구와 유럽안보협력기구에 대한 사례 연구를 통해 시사점을 도출하고자 한다. 이어서 한미동맹 공과(功過)를 평가한 후 남북한 군비통제, 전작권 전환, 주한미군과 유엔사의 미래를 살펴볼 것이다. 또한 지역 및 글로벌 차원에서 동맹의 미래 비전을 모색하려 한다.

한편 다자안보협력 실태와 추진 전략으로 한반도 평화협정에 대해서 논의한 후, 소다자주의 협력 방안을 기술하고자 한다. 이어서 미래 전략 환경을 조망하면서 인도-태평양 전략 참가 시 장단점을 분석해 참가 여부를 판단할 것이다. 마지막으로 동북아 안보공동체 구축을 위한 한국의 역할을 강구하고자 한다.

01 추진 목표와 **이론적 고찰**

추진 목표와 기조

한미동맹과 다자안보 추진 목표는 한반도 평화체제 구축과 지역안정, 그리고 평화에 기여하는 데 있다. 한미동맹은 분단 관리를 넘어서 한반도 통일에 기여하는 동맹으로 거듭나야 한다.

동북아 안보 레짐은 갈등과 분쟁의 냉전적 질서를 상호 존중과 평화의 협력적 질서로 전환하는 것을 목표로 한다. 이를 위해 재해 재난, 원자력 안전, 테러, 환경오염 등 비정치, 비군사 분야부터 대화를 통해 신뢰를 쌓아 공동대처하고, 인권, 군비통제, 영토분쟁 등을 협의해나가는 안보협력체를 구축한다.[1]

동북아 다자안보협력체를 구축하기 위한 추진 기조는, 다자안보협력을 통해 기존의 한미동맹을 보완하는 데 있다. 한미동맹과 미일동맹은 물론 북중동맹도 새롭게 구축될 평화협력 레짐과 함께 존속하며, 특정 국가나 블록을 공동의 위협으로 상정하지 않는다.

따라서 다자간 연습 훈련도 전통적인 군사위협에 대비하는 연습을 배제하고 테러, 전염성 질병, 해적, 재해 재난, 수색구조훈련(SAREX, Search and Rescue Exercise), 비전투원후송작전(NEO, Non-combatant Evacuation Operations) 등 비군사 시나리오에 입각해서 실시되어야 하며, 레짐은 다자간 협력에 주안을 두기 때문에 쌍무 간 갈등 및 분쟁 이슈를 포함시키지 않는다.

한미동맹 · 다자안보 추진 전략과 승수효과

한미동맹은 다자안보협력체 발전에 기여할 뿐 아니라 상호보완적이며 나아가 상호 승수효과를 기대할 수 있다. 동맹외교를 중시했던 한국이 다자안보를 병행하는 것은 상호 충돌하는 측면이 있어 동맹외교가 훼손되는 것이 아닌가 하는 우려를 초래할 수도 있다. 그러나 이어서 논의할 유럽연합은 동맹체제인 북대서양조약기구와 다자안보체제인 유럽안보협력기구가 함께 공존하는 데서 볼 수 있듯이 상호 연계되어 있음을 알 수 있다.

특히 북한의 군사위협이 소멸되지 않는 한 동맹은 국가 생존 차원에서 지속되어야 하며, 한반도 통일 이후에도 주변국의 위협에 대비하기 위해 존속되어야 한다. 한편 재해 재난이나 테러, 해적, 대량살상무기 확산 등 초국가적인 위협을 단독으로 해결할 수 없다. 단일국가로는 역부족이기 때문에 지역 내 관련 국가가 공동으로 대처해야 해결할 수 있다. 다자안보협력체 구축이 절실한 이유다. 특히 주변국과의 안보협력 메커니즘을 구축해 나간다면 갈등과 대립의 냉전 구조를 상호 존중과 평화의 협력 구조로 변환시키는 데 기여할 것이다.

한국이 동맹과 다자안보협력을 병행 추진할 때 군사적 · 비군사적 위협에 동시에 대처해, 지역 안정과 초국가적 위협으로부터 안전을 보장받음으로써 승수효과를 발휘할 수 있을 것이다. 또한 동북아 다자안보협력체를 구축해 안정되고 유리한 전략 환경을 조성함으로써 한반도 통일을 이루는 데도 기여할 것이다.

이론적 고찰과 사례 연구

군사동맹 : 국가안보를 위해 국방력을 강화하는 데는 크게 두 가지 방법이 있다. 하나는 스스로 군비를 증강시키는 것으로, 이는 자주국방이다. 다른 하나는 자국의 능력만으로는 외부로부터의 위협을 막지 못할 때, 외부의 도움을 받아 방어력을 높이는 것이다. 이를 위해 외교적 행위가 필요하며, 가장 대표적인 것이 다른 나라와 동맹을 맺는 것이다.[2]

동맹이란 "두 개 이상의 자주국가들 간의 안보협력을 위한 공식적 또는 비공식적 협정"이다.[3] 동맹은 방위조약뿐만 아니라 중립협약, 불가침협정(Non-Aggression Pact), 협상, 그리고 제휴도 포함된다.

공고한 동맹이 되기 위한 몇 가지 원칙을 제시하면 첫째, 이념 · 가치 · 문화의 동질성이 요구된다. 둘째, 상호 비슷한 이익을 줄 수 있다면 더욱 공고한 동맹이 될 수 있다. 셋째, 위협 인식을 공유할 때 동맹이 공고화된다. 넷째, 동맹 체결을 위한 협정 시 의무 발생 조건과 절차를 규정하는 등 지원 의무가 있을 때 지속성이 높다.[4]

동맹을 추진하는 데 따른 동맹의 딜레마로 자율성-안보교환(Autonomy-Security Trade-off)의 딜레마와 방기와 연루의 딜레마

(Abandonment and Entrapment Dilemma)가 있다.

자율성-안보교환의 딜레마는 강대국이 약소국에게 유·무상 군사 원조, 군사 기술 이전 등을 제공해줄 뿐만 아니라, 군대를 주둔시켜 안보 공약을 보장해주는 시혜(施惠)의 측면이 있는가 하면 강대국은 약소국에게 비대칭적인 동맹관계를 형성함으로써 약소국의 외교·군사정책은 물론 경제정책 결정에 영향력을 행사해 자율성을 제약할 수 있다. 이때 약소국은 자율성의 갈등을 겪게 되는데 이것이 약소국이 가지는 동맹관계의 딜레마다.

후자인 방기와 연루의 딜레마는 동맹을 맺은 국가가 상대방에게 두려움을 갖게 될 경우 상대방이 동맹을 방기하거나 또는 자신이 원하지 않는데도 상대방의 이익 때문에 분쟁에 연루될 때다.[5]

동맹의 강화는 자율성의 제약을 심화시키고 동맹국의 분쟁과 지역 분쟁에 휘말릴 가능성이 있음을 고려할 때 동맹의 진화를 위해서는 동맹국의 안보자립화를 추진하는 것이 무엇보다 요구된다.

다자안보 : 각 국가는 안정되고 유리한 안보 환경을 조성함으로써 자국의 안보를 보장받기 위해 협력안보를 추구한다. 제2차 세계대전 이후 국제정치학자들은 안보를 외부 군사위협에 대한 국가의 방어 능력으로 해석하는 경향이 있었다.[6] 이에 안보 차원에서 현실주의 학파들의 인식이 냉전 기간 동서안보 구도의 근간을 이루었다. 이러한 현상은 군사력, 핵억제, 군비경쟁으로 나타났다. 그러나 탈냉전기에는 전통적인 안보 개념에 의한 고전적인 시각은 불충분하다고 인식되었다.[7]

협력안보의 개념은 이러한 상황에서 최초 공동안보로부터 나왔다. 안보를 확실하게 할 수 있는 보다 효과적인 방법은 평화와 군축을 이끌어내도록 적극적인 과정을 창출하는 것이다. 전쟁의 위험을 최소화시킬 수 있는 노력을 총체적으로 제시할 수 있는 원칙을 세우는 것으로서 공동안보는 협력을 통해 이해 갈등관계를 해결하는 적합한 방법으로 인식되고 있다.[8]

이러한 개념은 적대 세력에 대해 대결하는 안보와 차별화되는 함께하는 안보 개념을 중시한다. 특히 게임 이론은 협력안보의 고찰에서 유용한 시사점을 준다. 대결하는 안보의 경우 상대방의 동기에 대해 확신을 갖지 않는 2개국은 안보 관계가 본질적으로 제로섬 게임이라는 가정하에 행동하게 된다. 이들은 어떤 행동의 결과로 얻는 이익과 상대가 잃는 손실이 개략적으로 일치할 것이라는 계산으로 행동한다. 이러한 경우 안보를 개선한다는 정책은 필연적으로 타국 안보의 희생에 의해서만 가능하다.[9]

그러나 협력안보의 개념은 현재 양국이 안보가 불안한 상태에 있다는 것을 같이 겪고 있을 때, 양국이 자국의 안보를 함께 개선할 수 있다는 관점에서 양국이 승자가 되는 전략이다.

세계의 많은 나라들은 자국의 안보를 보장받고 회원국 상호 간 이익을 도모하기 위해 협력안보라는 초국가적 메커니즘에 참여한다. 힘의 균형이나 국제협력을 통해서 전쟁을 예방하고 평화와 안정을 확립하기 위해 각국은 평화와 안정에 필요한 조치를 규정하는 규범과 규칙, 원칙, 의사결정 절차를 공유해 상호의존적인 안보협력관계를 구축하는 것이다.[10]

안보협력기구들 간의 역학관계

유럽의 주요 국가들은 북대서양조약기구, 유럽연합, 유럽안보협력기구 등 안보협력기구들을 상호 연계해 유럽 차원에서 안보 위협에 대응하고 있다.[11]

먼저 북대서양조약기구는 회원 29개국으로 확장됐으며, 유럽과 북미 간 대서양 동맹으로서 국방 · 안보협력, 국제위기관리 작전을 수행하고 있다. 2019년 1월 1일 북대서양조약기구의 신속 대응 특수임무부대에 독일군 장성이 지휘관에 취임했다.[12]

유럽연합은 회원 28개국이며 공동안보국방정책을 추진하면서 6만 명의 유럽신속대응군을 창설했고, 유럽위기관리훈련센터와 유럽 민 · 군 에라스무스관리센터를 설립했다.

유럽안보협력기구는 회원 57개국으로서 군비통제, 국경 관리, 인신매매 퇴치, 대테러, 분쟁 예방 및 관리, 사이버 안보, 민주화, 안보 분야 개혁 및 협력, 인권 등을 관장한다.

탈냉전 이후 유럽의 국제관계는 브렉시트 이전까지 유럽연합 틀 속에서 통합이 심화되고 동부로 확산되는 추세였다. 크림반도 병합과 동부우크라이나 사태로 서방 진영과 러시아 간에 갈등이 심화되었다.

구소련 해체 이후 북대서양조약기구의 동진은 미국 주도의 재편이었으며, 기존 북대서양조약기구 회원국과 새로 가입한 회원국 간 이익이 충돌했다.

유럽안보협력회의(CSCE, Council for Security and Cooperation in Europe)로부터 출발한 유럽안보협력기구는 북대서양조약기구가 유럽 전체의 평화와 안보에 적극적인 역할을 하는 데 별다른 관심을 갖지 않게 되어 그 역할을 대행하는 추세다. 유럽연합과 북대서양조약기구의 동진(東進)은 동전의 양면이 아닌 서로 각자의 논리와 이해관계가 얽혀 제 갈 길을 가는 형국이다. 유럽연합 동진을 통한 확장은 소련 해체 이후 통합·해체 과정을 통해 심대한 영향을 미치고 있다.

북대서양조약기구의 동진 확장과 동유럽에서의 군사 활동은 유럽의 분할된 안보 상황을 보여주고 있다. 미국 주도의 북대서양조약기구와 독일·프랑스 주도의 유럽연합 간 경쟁 관계가 형성되고 있다. 인권, 민주주의, 시장경제를 모태로 유럽경제공동체, 유럽공동체, 유럽연합으로 발전했다. 유럽연합 회원으로 가입하기 위한 조건은 민주 헌법 질서인 정치체제, 소수자 보호 인권, 경제·유로화폐·시장경제 규범 준수다.

두 차례 세계대전의 전범국가로서의 이미지와 경제 강국인 독일의 영향력, 잠식해 들어오는 중국의 영향력으로 인해 정치공동체로서의 유럽연합의 결집력에 부정적인 영향을 미치고 있다. 쉬망(Robert Schuman) 계획과 모네(Jean Monnet) 사상에 기초해 태동된 유럽석탄철강공동체(ECSC, European Coal Steel Community)는 독일과 프랑스의 철강과 석탄 생산에 직간접적으로 영향을 받은 룩셈부르크 3국과 이탈리아가 합세해 결국 정치공동체로 성장하게 되었다. 평화 창출을 통해 외교안보 영역으로 확장되어 유럽연합이 창설되었다.

바르샤바조약기구(WTO, Warsaw Treaty Organization)의 종식이 북대서양조약기구 해체를 수반하지는 않았다. 북대서양조약기구는 상이한 과제와 국제 분쟁에 개입하는 기구로 재조형되었다. 탈냉전 후 부시 대통령은 독일 통일 후에도 북대서양조약기구가 존속할 것이라는 약속, 유럽에 러시아 세력이 떠나고 여전히 미국이 유럽의 패권을 유지하며, 독일을 통제한다는 새로운 질서를 주창했다. 2018년 현재 독일 3만 8,000

여 명, 이탈리아 1만 1,000여 명, 영국 9,000여 명 등 10만여 명의 미군이 유럽에 주둔하고 있다.[13]

1999년 워싱턴에서 개최된 북대서양조약기구 50주년 정상회의에서 회원국들은 대량살상무기, 테러리즘, 국제범죄, 난민 등을 새로운 북대서양조약기구의 위협으로 재정의했으며, 이에 공동대처하는 선언을 채택했다.

오늘날 유럽은 러시아에 대한 심각한 안보 위협의 재부상, 미국우선주의에 따른 북대서양조약기구 회원국의 책임 및 역할 증대, 미국과 러시아 간 핵 군비경쟁 귀환으로 유럽의 대응이 필요하다는 데 인식을 같이하고 있다.

또한 포스트 브렉시트의 유럽 안보 정세는 영국의 유럽연합 탈퇴 합의에 따른 이행 과정에서의 상호 갈등이 예상된다. 유럽연합의 집단적 방위 능력이 약화되는 측면과 영국의 거부권으로부터 자유로워져 유럽연합 방위 통합의 촉매로 작용하는 양면성을 보여주고 있다.

트럼프 행정부 시대의 안보 환경 변화, 2019년 2월 1일 미국의 중거리핵전력조약(INF, Intermediate Nuclear Forces Treaty) 탈퇴 결정[14]과 8월 2일 탈퇴로 핵군비경쟁 시대가 부활했다. 범세계적 민족주의 강화와 군사과학 기술의 진보로 재래식 군비경쟁이 심화되고 있는 추세다.

유럽의 사례와 시사점

유럽연합은 독자적인 공동방위안보정책에 따라 유럽의 질서 유지를 위한 단일화된 다자적 집단안보체제를 추진하고 있다. 미국의 유럽에 대한 독단적인 안보 행보와 러시아의 위협에 적극적으로 대처하기 위한 유럽연합군 창설의 필요성이 증대되고 있다.

2014년 러시아 크림반도 병합 시 미국과 북대서양조약기구가 제대로 제어하지 못해 유럽의 독자 방위태세 강화를 촉구하고 있는 형국이다.

동서 양극체제가 심화되어가던 1970년대 태동된 유럽안보협력회의가 새로운 시대와 안보 환경 변화에 대처하기 위해 유럽안보협력기구로 제도화되면서 핵시대에서 전쟁과 평화, 평화 공존과 적극적 평화, 군비 제한과 군축, 비핵지대화 추진, 비무장 안보와 포괄적 안보 추진, 상호 공격을 하지 못하도록 하는 완충구역 설정, 전략적 충분성과 방어의 합리적 적합성 등 유럽의 평화와 안보, 협력의 틀을 구체화했다.

평화 창출 기능으로서 유럽안보협력기구는 갈등과 대립의 냉전적 질서가 여전히 존재하는 한반도는 물론 동북아에 시사점이 크다.

02 한미동맹의 평가와 조정

한미동맹의 공헌

1953년 10월 1일 한미상호방위조약이 체결된 후 지난 67년 동안 한미동맹은 한반도에서 전쟁을 억제하고 평화를 유지하는 데 결정적으로 기여했다. 앞서 6·25전쟁 당시 미군은 연인원 485만 여명(육군 283만, 해군 160만, 공군 42만)이 참전했고, 전사자 5만 4,246명, 부상자 46만 8,659명이 희생을 치르면서 공산주의 확산을 차단하고 한국에서 민주주의의 가치를 지켜냈다.[15]

6·25전쟁으로 잿더미가 된 한국은 미국의 전후복구 재정 지원과 수많은 엘리트 요원이 미국에 유학해 선진학문과 과학기술을 학습하고 귀국해 국가 발전에 기여했을 뿐 아니라, 그동안 미군이 주둔함으로써 국방비 절약 효과는 물론 최빈국인 한국이 경제발전을 거듭해 제2차 세계대전 이후 도움을 받은 나라에서 도움을 주는 나라로 성장할 수 있었다. 미국은 해방 이후부터 1999년까지 한국에 원조액 1조 3,976만 달러 중 5,542만 달러를 공여했던 것이다.[16] 한미동맹의 경제적 가치는 오늘날에

도 주한미군의 장비 가치의 측면에서 약 17~31조 원, 주한미군의 대체 비용 측면에서 한국 국방비의 2배로 추정된다.[17]

미국이 한국의 군사정권을 비호하면서 민주화를 저해했던 것으로 평가하는 경우도 있다. 그러나 오히려 미국은 직간접적인 개입정책을 통해 독재정권 견제, 언론의 자유와 인권, 법치주의가 한국사회에 뿌리내리게 하는 데 기여했다. 종교의 자유가 보장되고 기회는 균등하게 주어지나 노력한 만큼 사회적 신분 상승이 가능한 역동적인 사회로 발전했다. 동맹외교를 주축으로 국제사회와 협력외교를 전개할 수 있었으며, 폐쇄된 사회로부터 미국과의 교류를 통해 열린 문화로 성장하게 되었다.

군사적인 측면에서 한미동맹은 한국군의 성장과 발전에 결정적으로 기여했다. 그중에 빼놓을 수 없는 것이 한국군 간부의 도미 유학 프로그램이다. 6·25전쟁 중이던 1951년 8군사령관 밴 플리트(James Van Fleet) 대장은 한국군 장교들의 전투기량 제고를 위해 미 보병학교에 150명, 미 포병학교에 100명을 순차적으로 입교시켜 미군의 전술과 교리를 습득, 귀국 후 곧바로 전선에 투입되도록 했으며 이는 북한군 및 중국군과 싸워 승리하는 데 결정적인 역할을 담당했다.

미 육·해·공군 지휘참모대학 위탁교육은 1951년도부터 국무총리를 역임한 정일권 장군을 필두로 정래혁, 백선엽, 강영훈, 채명신 등을 포함해 330여 명, 그리고 미 육·해·공군 대학 과정에도 200여 명이, 국방대학교에도 100여 명이 이수했다.

한미동맹은 한국군의 전쟁 기획 및 전쟁 수행 능력을 제고시키는 데도 크게 기여했다. 한미 제1군단으로부터 이어져온 한미야전사령부는 물론 미 7공군과 공군작전사가 위치한 오산기지, 1978년 창설된 연합사에서 정책과 전략, 전쟁계획을 발전시키는 데 중추적인 역할을 담당했다. 6·25전쟁 이후 정보통신에 혁신을 가져오는 데 주역을 담당했던 오명 전 과학기술부 장관처럼 4,000여 명의 한국군 장교들이 미국 민간 대학교에서 석·박사 학위를 받은 후 군 발전은 물론 국가 발전에도 헌신했다.

또한 한미동맹은 주한미군, 연합사, 한미협의체를 통해서 전쟁억제 기능을 수행해왔다. 주한미군이 주둔함으로써 미국은 북한의 무력남침을 미국과의 전쟁으로 간주, 개입을 보장함으로써 전쟁억제에 기여했다. 한미연합사는 전시 대비 작전계획을 발전시키고, 다양한 한미연합 연습을 실시했다. 유사시 미 증원 전력의 한반도 전개 능력을 과시함으로써 전쟁억제에 기여해왔다. 또한 한미협의체로서 한미 국방장관 간 안보협의회의(SCM, Security Consultative Meeting)와 양국 합참의장 간 군사위원회회의(MCM, Military Committee Meeting)를 연례적으로 개최해, 한반도 안보평가와 위협 관리를 통해서 한반도의 전쟁을 억제하는 데 기여했다.[18]

탈냉전기에도 북핵 위협을 억지하는 데에 핵심적인 역할을 수행해왔다. 북한의 핵개발은 1994년 11월 제네바합의 이후 핵분열 물질이 봉인되면서 상당 기간 중단되었지만, 금창리 의혹과 같이 북한의 핵개발이 지속되고 있다는 의심을 한미 양국은 완전히 거둘 수 없었다. 이에 북핵 1차 위기 이후에도 연합전시증원연습(RSOI, Reception, Staging, Onward Movement, and Integration)을 통해 미국의 대한 안보 공약을 확인하고 한국은 유사시 미군을 수용하기 위한 절차를 숙달해왔다. 그럼에도 북핵 2차, 3차 위기가 2000년대 들어 이어지자, 한미동맹은 북한의 핵개발 위협 혹은 전략 도발에 대응하는 중심적 역할을 수행했다. 2008년 연합전시증원 연습이 키리졸브(KR, Key Resolve) 연습으로 명칭을 바꿔 매년 봄 진행되기 시작했으며, 2012년 북한이 오바마 행정부와 체결했던 2·29 합의를 파기하고 광명성 3호를 발사하자 한미 양국은 북한 핵 위협에 단계별로 압박, 선제타격, 단호한 대응으로 맞서는 맞춤형 억제 전략(TDS, Tailored Deterrence Strategy)을 구상하고, 2013년 제45차 안보협의회의에서 그 내용을 확정했다. 2016년 연중 북한이 4차, 5차 핵실험을 진행함에 따라 대북 핵억제의 틀에서 한미 양국은 미 전략자산 전개 및 특수작전 훈련으로 분명한 대응 의지를 발휘했다. 2017년 11월 ICBM급인 화성 15호를 발사하여 한반도의 긴장이 고조될 때 확장억제전략을 시현하는 등 북핵 위기관리를 해왔다.

한미동맹의 역기능

한편 한미동맹은 한국군과 대한민국이 발전과 성장을 거듭해왔음에도 불구하고 미군 주도의 한미연합 방위체제에서 동맹에 과도히 의존하는 안보의식, 한국군의 정체성 혼란, 군사력 운용의 자율성 제한, 전력 증강의 미국 무기 편중 심화 등 부정적인 영향을 미쳐왔다. 한미동맹은 1950년대 초강대국과 약소국 간의 동맹으로부터 시작되었기에, 약소국이 강대국으로부터 안보를 보장받는 대신 정책적 자율성을 희생하는 안보-자율성 교환(Security-Autonomy Trade-off)이라는 동맹의 특징이 뚜렷이 나타났다.[19] 한미동맹의 역기능은 이러한 동맹관계의 특수성에서 파생된 심리적, 제도적 문제점으로 볼 수 있다.

이를 좀 더 구체적으로 살펴보면 첫째로 동맹에 과도하게 의존하는 안보의식은 정리되어야 할 유산이다. 일부 국민들은 미국의 도움이 없으면

이 나라를 지킬 수 없으며 유사시 함께 싸우지 않으면 승리할 수 없을 것이라는 의식을 갖고 있다. 그리고 이러한 의식은 심지어 일부 군인들에게까지 스며들어갔다.

둘째로 한국군의 정체성 문제다. 전쟁의 승패가 군사 전략과 군사 사상, 의지로 무장된 군대가 아닌 첨단무기와 물량전에 의해 좌우된다는 인식을 갖게 했고, 우리가 주도적으로 싸워 이기는 군대를 육성하기 위한 노력을 소홀히 했다.

셋째로 북한이 끊임없이 무력도발과 테러를 자행해왔는데도 왜 우리 군은 이렇다 할 응징 보복을 못하는 무기력한 군이었나 하는 문제다. 이는 우리 군이 군사력 운용의 자율성을 제한받아온 데 기인한다. 전평 시 지휘체제의 이원화와 정전 시 유엔사 교전규칙의 비례성의 원칙 등으로 인해 한국군의 군사력 운용이 제한을 받을 수밖에 없는 구조다. 이는 정상으로 바로잡아야 한다.

넷째로 전력 증강사업의 미국 편중 현상이다. 미국산 무기 획득은 한미연합작전의 상호 운용성 측면에서 이해할 수는 있다. 한국은 2006년부터 2015년까지 10년간 미국산 무기 구매국 중 1등 국가로 무기 도입에 무려 36조 360억 원을 투자[20]했지만 비대칭전력에서 북한군보다 우위에 있지 못하다. 사실상 북한은 한반도 남단은 물론 괌, 미 본토까지 위협을 주는 장거리탄도미사일을 개발하고 있음에도 미사일기술통제체제 등에 의해 미국은 한국의 미사일체계 개발을 통제해왔다.[21] 미국 무기체계에 의존하는 한 자주국방은 요원하다. 한반도 작전 지역과 한국군 교리에 부합되는 무기체계를 개발해 싸워 이길 수 있는 군대로 무장시켜야 한다. 방산무기 개발을 위한 군사과학기술인력 확보와 예산의 뒷받침이 절실한 이유다.

다섯째로 2018년 6월 29일 주한미군사령부가 평택 캠프 험프리스로 이전함으로써 73년의 용산시대를 마감하고 평택시대를 맞이하게 되었다. 이는 주한미군이 북한 위협관리 외에 인도-태평양 지역의 우발사태에 대처하는 기능으로 확장되었음을 의미한다. 이로부터 파생되는 우려는 역내 미중 간 전략 경쟁이 치열해짐에 따라 미중 간의 갈등에 한국이 연루될 수 있다는 데 있다. 오늘날 두드러지는 한미동맹의 부정적 측면은 미국의 분쟁에 대한 한국의 연루라는 것이다. 아시아 재균형과 더불어 2010년대 초반 미국은 아시아에서의 핵심적 이익을 지키기 위해 전략자산들을 대서양에서 태평양으로 이동시키겠다는 입장을 밝혔다. 2020년까지 대서양과 태평양의 해군 자산 비율을 50대 50에서 60대 40으로 바꿀 것이라는 입장을 레온 파네타(Leon Panetta) 국방부장관이 2012년 6월 샹그릴라 회의에서 천명했던 것이다.

〈도표 1-1〉 주한미군 기지 재배치에 따라 확장된 캠프 험프리스

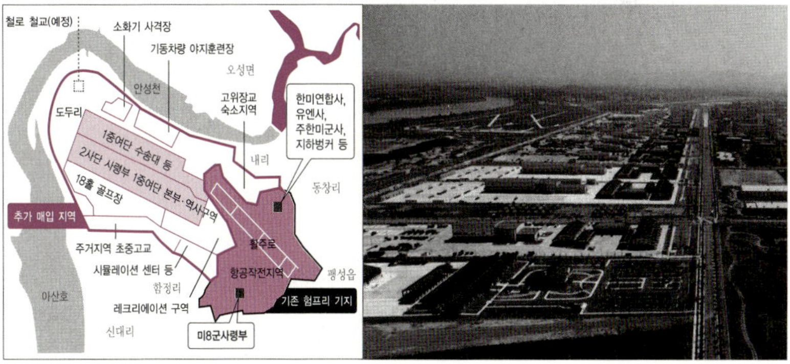

▶ 캠프 험프리스 전경(출처 : "Aerial tour shows progress, sore spots at sprawling Camp Humphreys," *U.S. Stars & Stripes* , Sep 14, 2017).

▶ 유엔군사령부 · 주한미군사령부 전경
(출처 :《헤럴드 타임즈》, 2018년 6월 29일.
http://www.heraldtimes.co.kr/news/articleView.html?idxno=31809).

▶ 미8군사령부 전경 (출처 : 국방부).
주 : 2019년 6월 10일 서울에서 개최된 한미 국방부장관 회담에서 연합사가 국방부 역내 이전토록 한 계획을 평택 캠프 험프리스로 이전하기로 합의

태평양 지역에 추가 배치된 전략 자산으로 인해 한미동맹은 북한의 핵 개발에 대한 강력한 대응이 가능했다. 그럼에도 불구하고 미국의 전략자산 전방 전개가 사드(THAAD) 배치로까지 구현되면서 한중관계는 정치적 역풍으로 제약되었다. 통일을 위해 주변국들의 고른 지지가 필요한 한국의 이해와 다소 다른 방향으로 한국 정부의 대외관계가 변화되는 것이 불가피했던 것이다.

한미동맹의 역할과 방향

한미동맹은 한반도 차원에서 분단을 극복하고 평화통일에 기여할 수 있도록 작동되어야 한다. 기존의 동맹 역할이 미국이 주도하는 연합방위태세를 통해 한반도에서 전쟁을 억제하는 데 기여해왔다면, 앞으로 한미동맹은 전작권 전환을 통해서 한국이 주도하는 연합방위체제로 북한의 위협을 관리하고, 군비통제를 통해서 무력충돌이 없는 평화의 터전을 조

성시키는 역할을 수행하며, 평화협정이 제대로 이행될 수 있도록 해야 할 것이다. 평화협정 체결 시 주한미군과 유엔사 문제도 논의되지 않을 수 없다.

한미동맹의 조정은 1953년 한미상호방위조약 체결 이후 이뤄진 한국의 성장의 결과이기도 하다. 2020년도 한국의 국방 예산은 50조 원에 달하며,[22] 무역규모 면에서 세계 6위의 경제강국이 되었고, 여러 차례의 아시안게임, 1988 하계올림픽 및 2018 동계올림픽과 2002 월드컵을 개최하여 국제적 위상을 증명해왔으며, 국민소득도 2018년 3만 불을 돌파했다.

그럼에도 불구하고 한미동맹의 조정이 지연된 이유는 북핵 위기에서 찾을 수 있다. 1989년 넌-워너 수정안에 따른 주한미군 3단계 감축안 중 1단계 조치로 주한미군이 4만 4,000명 규모에서 3만 7,000명 규모로 축소되었으나, 북핵 1차 위기(1993~1994)로 인해 이러한 동맹의 조정 과정은 중단되었다. 또한 2006년 8월 이후 한국 정부에 의해 결정된 전작권 전환 재추진 방침도 북한의 도발과 지속적 핵개발로 2012년 4월 17일로, 다시 2015년 12월 1일부로, 또 조건이 충족된 언젠가의 시점으로 계속 연기되었던 것이다.[23]

전시작전통제권 전환의 의미

전시작전통제권 전환은 대한민국 국가안보의 기본 틀이 바뀌는 것으로 다음의 중대한 의의와 목적이 있다.[24]

첫째로 전작권 전환은 이 땅의 주인인 대한민국이 조국 강토와 민주주의를 수호하겠다는 결기를 나타낸다.

둘째로 국군에 대한 전작권 행사는 국방의 정체성을 회복하고 군사력 운용의 자율권을 복원한다는 의미가 있다.

셋째로 무력적화통일을 위한 전략적 수단으로서 북한의 핵전략을 직시할 때, 재앙적 핵전쟁에 대비하고, 전작권 전환을 통해서 전쟁을 주도할 수 있는 나라를 건설하는 데 있다.

넷째로 전작권 행사는 전·평시 통일 전략을 추진하는 데 필수적이다. 군비통제가 이루어져야 평화협정 체결과 함께 한반도에 평화체제를 구축할 수 있다. 유사시 한국이 주도하는 전쟁에서 중국의 개입 명분을 차단시켜 온전한 통일을 보장할 수 있다.

다섯째로 전작권 전환은 한미동맹에 힘입어 경제 성장과 정치 발전에 이어 자립 안보까지 이루어냄으로써 동맹의 모델로 평가, 칭송받게 될 것이다.

마지막으로 전작권 전환은 한국의 작전 지역과 군사 전략에 부합하는 무기를 개발해 싸워 이기는 군대 육성은 물론, 방위산업을 진흥시켜 수많은 일자리 창출과 방산수출에 활력이 넘쳐 국익 증진에 기여하게 될 것이다.

한편 한미 국방부장관은 2018년 10월 워싱턴에서 개최된 제50차 한미안보협의회의를 통해서 조건에 기초한 전작권 전환 계획에 따라 조기에 전작권 전환을 추진하고, 사령관을 한국군 4성 장군, 부사령관을 미군 4성 장군으로 하는 새로운 연합사의 지휘 구조에 합의했다.[25]

전작권 전환 이후 연합방위 및 위기관리체제를 규정하는 근거 문서와 이를 관련 약정과 전략 지시에 반영하는 문제, 전작권 전환 이후 동맹위기관리 합의각서를 작성할 계획이다. 2019년 후반기 한미연합지휘소연습을 통해서 제1단계 기본운용능력(IOC, InitialOperationalCapability)을 평가한 데 이어, 2020년 제2단계 완전운용능력(FOC, FullOperational Capability)을 평가할 계획이며, 제3단계 완전임무수행능력(FMC, Final MissionCapability) 평가를 거쳐 전작권을 전환할 예정이다.

전시작전통제권 전환 이후의 모습

주권국가로서 자주국방 실현 : 전작권이 전환되는 순간, 주권국가로서 자주국방을 실현하게 된다. 한국 주도의 연합방위체제로 전환하게 되고, 제 나라 군대다운 군대를 보유하게 되어 대한민국이 정상국가로서 올바로 서게 되는 역사적인 계기가 될 것이다. 국민도 이제 우리 스스로 이 나라를 지키게 되었다는 인식이 확산될 것이다.

우리 군은 주도적인 역할[26]을 함에 따라 대한민국의 주권을 지키고 영토와 국민의 생명을 수호하는 군의 본분을 다할 것이다. 어떠한 안보 도전에 대해서 주도적으로 책임의식을 갖고 대처할 수 있을 것이다. 평화를 지키는 것뿐만 아니라 평화창출을 통해서 한반도 평화체제 구축을 위해 역할을 다할 것이고, 그리고 유사시 전쟁에 승리하여 자유민주 통일을 성취하는 데 결정적으로 기여할 것이다.[27]

한국 주도의 미래연합사 출범 : 기존의 한미안보 협의체는 변함이 없다. 양국 국방장관으로 구성된 안보협의회의(SCM)와 양국 합참의장, 미 인도 · 태평양사령관, 미래연합사령관, 한국 합참의장으로 편성된 군사위원회의(MCM)에서 미래연합사에 전략지시 및 작전지침을 하달하는 데는 기존과 같다.

한국군 대장이 사령관, 미군 대장이 부사령관으로 미래연합사령부가 출범하게 될 것이다.

참모조직으로 참모장은 미군, 부참모장은 한국군, 한반도 지상작전의 중요성을 고려하여 작전참모부장은 한국군 장성이, 기획참모부장은 증원전력 전개, 장차계획과 종심작전계획 발전을 위해 유관부서와의 협조를 고려 시 미군 장성이, 정보참모부장은 한국군 장성이 맡아 편성하는 안을 검토할 수 있다. 또한 지상구성군사령관은 한국군 지상작전사령관이 수행하고, 미 증원 항공전력 등을 고려하여 공군구성군사령관은 미7공군사령관이, 해군구성군사령관은 항공모함을 포함 전개전력 등을 고려하여 미7함대사령관이, 연합특수전사령관은 한국 특전사령관이, 연합해병대사령관은 미해병기동군사령관이 수행할 수 있을 것이다.

전평시 합참과 원활한 지휘체제를 구축하기 위해 합참에 미래연합사 전방지휘소를 운용하여 사령관과 부사령관은 물론 참모들도 2교대 근무하여 통합된 임무수행이 가능하도록 해야 할 것이다.

새롭게 거듭나는 유엔사 : 전작권 전환과 평화협정 문제가 대두되면서 미국 측에서 유엔사를 강화하고 있다. 유엔사의 정전시, 전시 및 급변사태 시 기능과 미래연합군사령부와의 지휘관계를 정립할 필요가 있다.[28]

먼저 정전관리 임무를 수행하는 DMZ일대에서 북한의 국지도발을 감행할 경우 유엔사령관이 병력 요청 시 미래연합사령부는 이에 부응해야 할 것이다. 기타지역에서 북한의 국지도발 시 2013년 합참의장과 유엔군사령관이 서명한 「한미 국지도발 공동대비계획」에 의거 대응한다.[29] 북한군의 국지도발 시 한국군은 즉각적이고 과감하게 응징하고 동시에 유엔사측은 연합전력을 한반도에 즉각 전개하여 확전을 방지하도록 한다.

전시 미래연합사와 유엔사와의 지휘관계는 협조 · 지원관계로 미래연합사가 전쟁지휘사령부이며 유엔사는 전력제공 역할을 수행한다.[30] 미 증원전력은 물론 추가 파병국 전투부대도 전방집결지로 전개되었을 때 미래연합군사령부로 전술통제를 전환한다. 유엔사는 정전시 정전협정 관리, 전시 전력제공 임무에 국한한다.

북한에 급변사태 즉 지진 또는 백두산 화산폭발 등 천재지변이 발생하여 유엔안보리 결의 또는 북한 당국 요청에 의해 미래연합사가 개입할 경우, 민족자결주의 원칙에 의한 독일 통일사례, 한반도 전체를 대한민국 영토로 한다는 헌법, 남북관계는 독립된 국가 간의 관계가 아닌 통일을 지향하는 특수관계라는 남북기본합의서, 언어, 작전지역에 정통한 미래연합군사령관 통제하에 작전을 실시한다.

국민 정부 군 3위 일체에 의한 자주국방 : 전작권 전환은 국민, 정부, 군이 3위일체가 되어 추진해야 한다. 국민의 자주국방과 안보의식 고취 캠페인을 전개하고 정부 차원에서 국가안보회의 기능을 강화하고, 핵대응 TF를 운용하며, 전쟁지도체제를 확립하고, GDP대비 2.4퍼센트의 국방비를 3퍼센트로 증액하여 군사력 증강 등을 통해 자주국방역량을 강화해 나간다. 우리 군은 전비태세를 확립하면서 군사전략과 전쟁지휘, 작전기획과 정보판단 등 전쟁수행능력을 함양하여 전쟁을 억제하고, 억제 실패

시 전쟁을 주도하여 승리를 한다.

전작권이 전환될 때 대한민국은 막강하고 당당한 나라로 거듭나, 북한이나 주변국이 감히 넘나볼 수 없을 것이다.

〈도표 1-2〉 미래연합군사령부 지휘 구조

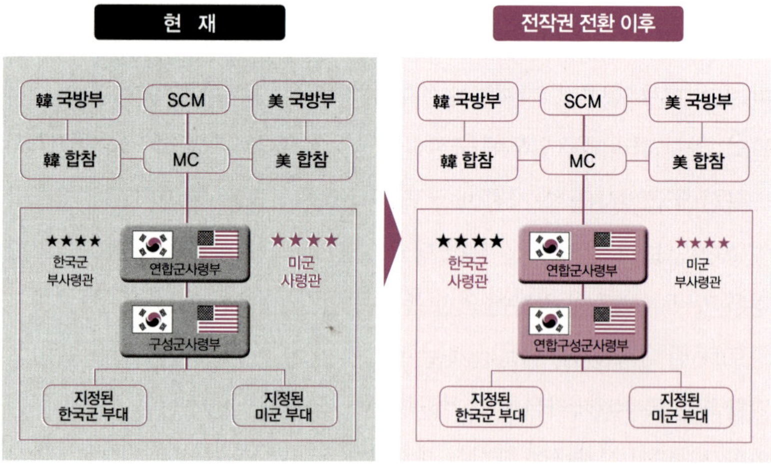

출처: "미래연합사 지휘구조," https://www.segye.com/newsView/20171012005674, (검색일: 2019. 8 29).

군사적 신뢰구축과 군비통제

군의 존재 목적은 전쟁을 억제하는 데 있으나 궁극적으로 통일을 달성하는 데 있다. 통일은 전쟁에서 승리함으로 이루는 방안과 군이 평화통일에 기여하는 길이 있다. 피를 흘리지 않는 후자의 통일 전략 추진을 소홀히 할 수 없는 이유다. 통일로 가기 위해서는 한반도 평화체제 구축이 선결되어야 하며, 남북한 군사적 신뢰구축과 군비통제가 이루어지지 않는 상태에서 평화협정은 사문화될 수 있다.[31]

남북군사합의의 이행과 향후 군비통제를 추진하기 위해서는 분명한 원칙과 전략이 있어야 한다. 이를 살펴보면 ①남북군사공동위원회 구성을 통해 비핵화 진전에 따라 초보적 단계의 군사적 신뢰구축으로부터 운용적 군비통제, 구조적 군비통제 방안을 협의해 추진한다. ②남북 군비통제는 상호주의 원칙을 준수한다. ③유엔사 및 주한미군사와 사전 긴밀한 협의하에 남북 군비통제를 추진한다. ④차기 단계로 가기 전에 남북군사합의서에 대한 이행 평가 후 점진적으로 추진한다. ⑤남과 북, 유엔사, 중립국감시위원회가 남북 군비통제 합의사항에 대한 이행을 감시, 검증한다.[32]

향후 군비통제 추진 방향은 다음과 같다. 추가적인 군사적 신뢰구축으로 그동안 실시된 남북장성급회담, 군사실무회담을 정례화하고 남북국방장관회담도 개최해 이를 제도화하여 현안에 대해 지속적으로 협의한다.

운용적 군비통제 분야로 사이버 공간에서의 적대 행위를 중지하며, 대규모 군사활동과 군사훈련을 제한하고, 해상에서 공동수색 및 구조훈련, 지진·폭설·홍수·산불 등 자연재해 관리 협력, 장사정 포병의 후방으로 재배치를 추진한다.

구조적 군비통제 방안으로 북핵 폐기와 생화학무기 폐기 및 중단거리 미사일을 제한시킨다. 남북한군의 병력 감축으로 2022년까지 한국군 50만, 북한군 80만 명으로 감축을 추진한다.

군비통제 관련 주한미군의 규모는 2만 8,500명 이하로 감축을 제한하는 미국의 2020년 국방수권법을 준수하면서 평화체제 구축기에 군사도발을 억제하고 평화체제를 정착시키는 역할을 한다.[33] 이를 위해 주한미군도 긴장고조 요인을 제공하지 않도록 스스로 제약하는 방향으로 나아가고 있다. 북한의 핵실험 유예와 비핵화 협상을 고무하기 위해 2018년 키리졸브, 독수리 훈련이 전략자산의 전개 없이 진행되었고, 훈련 기간도 8주에서 4주로 줄어들었다. 나아가 2019년 한미연합 군사훈련의 명칭은 키리졸브 훈련 대신 '동맹'으로 변경되었고, 독수리 훈련도 연중 대대급 이하 실기동훈련으로 대체되었다. 2019년 을지포커스가디안연습 또는 동맹연습 19-2명칭 대신 2019년 후반기 연합지휘소연습으로 전작권 전환 검증을 위한 연습을 실시했다.

평화협정 체결과 주한미군의 미래

한국은 한반도 비핵화와 함께 평화협정 체결을 추진하고 있다.[34] 그리고 평화협정 체결 시 주한미군 장래 문제가 한미 측에서 제기되고 있다.

주한미군 지위는 정전협정이 아닌 한미상호방위조약에 근거하고 있어 평화협정과 무관하다. 한미상호방위조약 제3조에 따르면 "양국은 각 당사국의 행정 지배하에 있는 영토를 위협하는 태평양 지역에서의 무력공격을 자국의 평화와 안전을 위협하는 것이라고 간주하고 공통의 위험에 대처"하기 위해 주둔하고 있기 때문에 주한미군 주둔 명분이 사라질 것이라는 주장은 타당하지 않다.

평화협정 체결 시 주한미군의 미래 관련 유관국의 입장은 어떠할까. 미국의 입장에서 수정주의 세력인 중국과 러시아[35]를 견제하기 위해 주한미군의 전략적 가치는 더욱 증대될 것이다. 북한은 미국과 수교 시 주한미군 철수를 원치 않는다는 내밀한 입장과 통일에 최대 장애물로 철수를 주장하는 양면전략을 구사해왔다. 중국은 미국이 중국을 포위하고 있다는 피포위의식이 강하며, 주한미군 철수를 주장할 것이다. 일본은 자국 안보의 방패막이 역할을 했던 주한미군 철수를 원치 않을 것으로 판단된다.

한국의 역대 정부는 진보, 보수 정부를 떠나 국가안보에서 한미동맹의 중요성과 주한미군의 지속 주둔에 대한 인식에 크게 차이가 없다.

한미 양국은 북한의 비핵화뿐만 아니라 평화통일 추진 과정에서 실질적인 군사적 안정과 평화 여건을 조성해야 한다. 주한미군은 기본적으로 한반도에서 전쟁을 억제하고 평화체제와 통일 추진 과정에서의 무력충돌을 예방하며, 주변국의 군사 개입을 차단하고, 통일 이후에는 지역안보체제의 균형자로 진화할 수 있을 것이다.[36]

평화협정 체결과 유엔사의 미래

평화협정 체결 시 유엔사의 존폐 관련 상반된 입장이 충돌한다. 유엔사가 해체되어야 한다는 입장은 정전협정 관리의 주체인 유엔사가 평화협정으로 교체 시 더 이상 존속할 법적 근거가 소멸된다는 주장이다.[37]

한편 유엔사 존속을 주장하는 입장에서는 유엔사 창설은 정전협정이 아닌 유엔 안보리 결의 83, 84호에 입각하기 때문에 평화협정에 영향을 받지 않는다는 것이다. 1950년 10월 7일 유엔총회에서 결의한 통일 민주 한국 정부의 수립을 위한 임무를 다하기 위해 존속될 수 있다고 주장한다.[38]

유엔 안보리 상임이사국인 미국과 중국의 유엔사 관련 입장도 충돌한다. 미국은 유엔사 해체를 원치 않으며, 유엔사 후방기지 해체 시 미군을 포함한 유엔사의 일원으로 전개되는 전력 증원에 차질을 초래해 한반도 전쟁 수행에 심대한 타격을 줄 것이며, 유엔사는 단순한 한반도 차원뿐 아니라 동북아 지역에서 사태 발생 시 대처할 수 있은 기제로서 작동할 수 있다고 본다.[39]

중국은 유엔사 해체를 강력히 주장하고 있다. 서방 세력이 참여하는 유엔사는 중국을 견제하는 기구로서 중국의 안보에 위협이 된다고 판단하기 때문이다. 한반도 평화협정이 체결되면 더 이상 존속할 명분도 법적 근거도 없다는 입장이다.

북한은 유엔사 해체를 일관되게 주장해왔다. 북한과 공산권 국가 주도로 1975년 제30차 유엔총회에서 한반도의 평화와 안보를 확보하기 위해 유엔사의 해체를 요구하는 결의안을 채택했으며, 2018년 제73차 유엔총회에서 북한은 "유엔사는 유엔의 이름을 악용하는 유엔 헌장의 목적에 반하는 괴물 같은 조직으로 조기에 해체되어야 한다"고 주장한 데서 알 수 있다.

한편, 유엔사 해체 시 문제점은[40] 첫째, 군비통제 합의나 평화협정 이행 감시를 위한 남북군사공동위원회가 평화협정 위반 시 제어 기능을 제대로 수행할 수 있을 것인가에 의문이 있다. 베트남전쟁 종전과 함께 파리평화협정이 발효되었으나 국제감시기구 부재로 인하여 북베트남은 평화협정을 위반하고 남베트남을 무력 점령했다. 둘째, 유엔사 해체 시 1953년 7월 27일 유엔 참전 16개국이 한반도 전쟁 재발 시 재참전하겠다는 결의가 무의미하게 된다. 셋째, 한반도 유사시 유엔 안보리에서 유엔 회원국의 참전 결의안이 채택될 가능성은 중국과 러시아의 비토로 희박하다. 넷째, 유엔사 후방기지 사용 권한을 상실하게 된다. 유엔사 해체 시 유엔사와 일본정부 간 체결된 주일미군 주둔군지위협정(SOFA)이 무효화됨에 따라 주일 유엔사 후방기지를 운용하여 병력과 무기, 보급물자 등을 지원할 수 없게 될 것이다.

끝으로 향후 한미동맹의 조정 시 유엔사 해체가 한국 국민의 안보 불안감을 증폭시킬 수 있다는 점은 가장 큰 문제점이다. 이러한 안보 불안은 새로운 안보 환경에 대한 적절한 대응을 둔화시킬 수 있기 때문이다.

1950년대에서 1970년대에 성장기를 보낸 세대들은 주한미군을 안보의 수단으로 강하게 지지하는 경향이 있기에,[41] 미국의 대한방위공약의 상징인 유엔사 해체에서 심각한 불안을 경험할 수 있다. 이에 한미동맹 조정 과정에서 국민들의 심리적 불안을 덜어주기 위해서라도 한미동맹 재강화에 필요한 유엔사의 제도적 틀은 존속될 필요가 있다. 따라서 한미동맹 조정 시에도 한국 정부는 유엔사가 평화협정 이행을 감시하도록 하는 방식으로 유엔사를 존속시키는 것이 바람직할 것이다.[42]

미래 한미동맹의 진화와 비전

향후 한미동맹 조정 시 한미동맹은 비대칭성이 완화된 동맹관계로 진화될 것이다. 미래 한미동맹은 미국에 한국이 안보를 의존하는 형태가 아닌, 초강대국 미국과 중견국 한국이 자국 안보 및 국제안보의 증진을 위해 서로 협력하는 모습에 가까워질 것이라는 의미다.

한국주도의 연합방위체제로 한반도에서 전쟁을 억제하고, 억제 실패 시 전쟁에서 승리하여 자유민주통일 정부를 수립한다. 동시에 평화 창출을 통해 한반도 평화체제 구축에 기여한다.

이러한 차원에서 태풍, 지진, 화산폭발, 폭설 등으로 인한 인도적 지원 및 재난구조작전(HA & DR, Humanitarian Assistance and Disaster Relief Operations)에 한미 간 함께 참여할 수 있을 것이며, 여객선 침몰 시 한미 간 해상공동구조작전을 그리고 해로 보호를 위한 해양안보협력을 추진할 수 있다.

또한 한미는 증대되는 사이버 안보 위협을 고려해 동맹의 사이버 역량을 강화하기 위해 협력할 수 있다. 향후 사이버 안보 분야 협력 증진을 위해 양국 사이버사령부의 조직 개편에 대해 서로 정보를 공유한다. 또한 한국군의 우주 역량 강화 및 우주 분야 동맹 협력을 증진하기로 합의, 공동의 우주작전 능력을 향상하기 위해 양자 및 다자 연습 참여 기회를 지속 모색하고 임무 수행 보장을 위한 능력을 구축해나갈 수 있을 것이다.

글로벌 차원에서는 해적, 지구온난화, 국제테러리즘 확산, 대량살상무기 확산, 불량·실패한 국가의 전횡 등 광범위한 범세계적 안보 도전에 대처하기 위한 협력을 지속 및 증진해나갈 수 있을 것이다. 또한 아덴만 등에서 해적퇴치활동,[43] ISIS 대응 등 국제테러리즘에 한미 간 공조, 대량살상무기 확산방지구상(PSI, WMD Proliferation Security Initiative) 등 동맹의 연합 대응 능력을 강화할 수 있을 것이다. 평화유지, 빈곤퇴치, 인권개선 등 글로벌 안보협력을 지속 추진해나갈 수도 있을 것이다.[44] 또한 아덴만에서 임무를 수행해온 청해부대의 작전지역을 호르무즈해협까지 확대하도록 결정한 것은 한국 석유 수입의 85퍼센트 이상이 페르시아만을 경유해서 들어오기 때문에 국익 차원은 물론 한미동맹 기여 분담 차원에서 바람직하다.

03 다자안보협력 실태 평가

통일을 위해서는 남북관계 발전은 물론 안정되고 평화로운 전략 환경 조성이 요구된다. 동북아 대립의 냉전적 질서를 평화협력의 질서로 전환하는 것이 필요한 이유다.

동북아 지역의 특수한 안보 환경과 북핵 미사일 위협, 중일 간 지역패권 경쟁, 영토분쟁 등의 이슈를 집중적으로 협의하고 해결할 수 있는 동북아 평화협의체의 제도화가 절실해 보인다.

여기에서는 동북아 지역 다자안보협력을 제한하는 요소는 무엇이며 촉진 요소는 무엇인지를 살펴보고, 동북아 국가별 다자안보협력에 대한 인식을 고찰해보도록 할 것이다. 이어서 한국의 외교부와 국방부에서 주관하는 안보협력 실태를 평가하려 한다.

다자안보협력의 제한 요소

동북아에서 다자안보협력을 추진하는 데 있어서의 제한적 요소로는 이질적인 이데올로기, 군비경쟁, 영토 및 자원 분쟁, 상이한 역사 인식에서 비롯된 적대적 민족주의, 지역 분쟁 가능성 등을 들 수 있다.

먼저 이질적인 이데올로기로 미국의 의회 견제와 여론을 중시하는 대통령제 민주주의, 중국의 제한된 시장경제체제와 중화사상에 기초한 사회주의, 일본의 천황제 정치문화와 집단의식이 강한 민주주의, 러시아의 초기 단계의 권위주의적 민주주의, 한국의 다양한 이익집단이 참여하는 민주주의, 북한의 주체사상과 핵무력 및 경제건설 병진정책의 공산주의 등 동북아 각국이 채택하고 있는 정치 이데올로기는 좀처럼 화합할 수 없는 이질성을 내포하고 있다.

둘째로 동북아는 강대국이 집중되어 있다. 최대 군비경쟁 지역으로 미국, 중국, 일본, 독일, 영국, 인도, 프랑스 등 세계 7대 경제 강국 중 3개국이 집중되어 있고 미국, 러시아, 중국, 영국, 일본, 북한 등 6대 군사강국 중 5개국이 집중되어 있으며, 핵보유 4개국,[45] 무기 5대 수출국 중 3개국, 수입 2개국이 집중되어 있다.[46] 이는 협력의 메커니즘 구축을 어렵게 하고 있다.

셋째로 동북아 국가별 GDP 및 1인당 국민소득 등 국력의 격차는 극심해 협력을 어렵게 하는 요소로 작용한다.

넷째로 동북아 다자안보협력을 제한하는 또 다른 요소로 영토 및 자원 분쟁을 들 수 있다. 남북 간 북방한계선(NLL), 한일 간 독도/다케시마, 한중 간 이어도/쑤엔자오와 북중 간 간도 · 백두산 정계비, 북러 간 연해주와 녹둔도, 중일 간 댜오위다오/센카쿠열도, 일러 간 쿠릴열도/북해4도가 그 예다. 또 자원 분쟁으로서 중국, 대만, 일본 간 동중국해의 대륙붕 석유자원 분쟁, 배타적 경제수역(EEZ)의 어업 및 천연자원 분쟁, 남북한 및 중국 간 서해상에서의 어로조업 문제 등을 들 수 있다.[47]

다섯째로 상이한 역사 인식에서 비롯된 배타적 민족주의는 지역 내 안보협력을 저해하고 있다. 일본 제국주의에서 비롯된 역사 인식과 왜곡된 역사 교과서, 야스쿠니 신사참배, 중국의 동북공정을 들 수 있다. 일본은 우익보수화를 통한 군사대국화 기도, 중국의 동북공정은 중화사상 확대와 한국의 통일을 견제하기 위한 것으로 보인다.

여섯째로 글로벌 패권을 둘러싼 미중 간 경쟁이 격화되고 있고, 동북아 지역 패권을 둘러싼 중일 간 경쟁과 갈등관계도 증폭되고 있다. 일본은 이를 군사 대국화의 명분으로 활용하고 있으며, 군비경쟁을 가속화시켜 분쟁 가능성이 상존한다. 특히 미국은 주도적으로 일본과 호주, 인도와 연대체제를 구축하고, 인도-태평양 전략과 북대서양조약기구와 협력체제를 동아시아로 확장시켜 중국과 러시아를 견제하고 있다. 이에 대해 중국, 러시아, 카자흐스탄, 키르기스스탄, 타지키스탄, 우즈베키스탄은 상하이협력기구를 구축해 대항하고 일대일로전략으로 맞서고 있는 형국이다.

이 모든 요소들이 상승작용을 일으켜 동북아 안보협력을 어렵게 하고 있다.

다자안보협력의 촉진 요소

동북아 안보협력을 촉진시키는 요소는 제한 요소를 압도할 정도로 크다. 역내 국가 간 무역과 해외직접투자, 다국적기업 등의 경제적 상호의존성 심화, 미중 간 경쟁과 협력관계, 유학생 상호 파견, 활발한 문화적 교류 및 여행, 세계 최고의 인터넷 보급률, 초국가적 위협 등을 들 수 있다.

먼저 동아시아 무역 의존도는 2016년 58.7퍼센트로 세계 평균 45.5퍼센트에 비해 높고, 일본의 26퍼센트를 제외하면 중국 65퍼센트, 한국 85퍼센트로 매우 높다. 동북아 역내 국가 중 일본의 첨단기술과 자본, 한국의 생산기술과 개발 경험, 중국의 풍부한 노동력과 천연자원 등 3국 간 경제협력의 강점은 상호 이익에 기여하고 있다. 여기에 해외직접투자와 다국적기업 등으로 엮어진 경제 구조는 동북아의 안정과 평화가 지속되어야 이루어질 수 있다.

둘째로 미중 간 경쟁과 갈등국면이 존재하는 것은 분명하나 미중 협력 및 공조체제를 강화해오고 있다. 미중 간 안보 고위급대화 이후 2005년 8월부터 미중 전략 경제대화를 실시해왔으며 트럼프 출범 후에도 미중 외교+안보대화를 이어오고 있다. 무역 분쟁 속에서 미중무역협상 1단계 합의를 통해 알 수 있듯이 대화를 통해 해결하겠다는 측면이 있다. 미소 냉전시대에는 시장분할을 둘러싸고 두 개의 적대 진영으로 분열되어 봉쇄전략이 가능했으나, 중국이 시장경제에 편입되어 미중 관계는 경제적 상호의존성 심화로 협조가 불가피한 상황이다.

셋째로 동북아 역내 국가들은 유학생 상호 교류, 활발한 문화적 교류 및 여행은 물론 세계 최고의 인터넷 보급률, 유튜브, 카카오톡을 포함한 SNS 등에 의한 소통으로 동북아 국가 간 벽을 허무는 네트워크 사회로 급속도로 발전하고 있다.

넷째로 동북아 국가들은 한국의 사례에서 보듯이 다문화 시대로 변화하고 있다. 중국은 56개 민족으로 구성되어 있으며 소수민족에 대한 우대정책을 추진하고 있다. 한국에 체류하는 외국인은 218만 498명[48]으로 기존의 타문화, 타민족에 대한 배타적 의식으로는 사회통합을 할 수 없다는 차원에서 타문화를 포용하는 다문화 시대로 전환되고 있다. 이러한 타문화를 존중하는 현상은 동북아 역내 국가 간 상호 존중과 화합과 협력에 순기능적으로 작용할 수 있다.

다섯째로 전염성 질병, 재해재난 등 초국가적 위협에 대한 지역내 국가간 공동대처의 필요성이다.

여섯째로 2010년 제주도에서 개최된 한·중·일 정상회담 합의에 따라 2011년 9월 서울에 한·중·일 3국협력사무국을 개설함으로써 역내 협력을 강화시키기 위한 제도화의 거보를 내딛게 된 것은 동북아 다자안보협력을 위한 의미 있는 조치가 아닐 수 없다.

이러한 제반 요소는 동북아 안보협력을 촉진하는 것으로 각 요소가 상승작용을 일으킬 때 제한 요소를 압도하여 지역 내 안보협력체 구축에 긍정적인 영향을 미칠 것으로 판단된다.

국가별 다자안보협력에 대한 인식

역내 국가들의 안보협력에 대한 인식은 다자안보협력체를 구축하는 데 지대한 영향을 미치게 된다. 먼저 미국은 2000년 이전에는 한미·미일동맹 등 쌍무동맹으로 역내 안보질서를 주도하는 것이 다자간 안보협력보다 동북아 안보전략 구도를 훨씬 유리하게 전개시킬 수 있다고 생각했다. 그러나 2000년 이후 다자안보협력은 대량살상무기의 확산을 방지하는 데 효과적인 수단이 되며, 관련국의 협조를 필요로 하기 때문에 유효한 전략으로 인식하게 되었다. 다자안보협력이 일방적 외교·안보정책에 대해 부정적 시각을 갖고 있는 국가들의 적대적인 인식을 완화시킬 수 있다고 판단했으며, 동북아 안보 이슈에 대해 쌍무동맹(Hub-Spoke, 축-바퀴살)을 보완하는 기제로서 동북아 다자안보협력체 구축이 필요하다고 보았다.[49] 미국은 쌍무동맹 전략과 인도-태평양 전략 구축을 통해 동아시아에 적극 개입 정책을 추진하고 있다.[50]

중국은 탈냉전 이전 구소련과 불편한 역사적 경험에 비춰 다자주의 안보협력에 대해 부정적 시각을 견지했으며, 다자안보포럼이 중국을 성토하는 장으로 이용되고 있다고 우려했다. 그러나 탈냉전 이후에는 다자안보협력에 대한 인식의 변화가 일기 시작해 중국과 러시아의 국경 문제가 해결되는 등 양국 관계가 밀접하게 발전했다. 중국이 동북아 안보 레짐 구축에 긍정적인 시각을 갖게 된 배경은 성공적인 경제 성장을 위해서는 안정된 안보 환경이 절대적으로 요구되며, 다자안보협력이 지역 내 일본의 군사적 역할 확대를 견제하는 중국의 안보전략에도 기여한다고 판단했기 때문이다. 특히 중국은 다자안보협력체가 쌍무동맹체제를 운용하며 지역 내 패권을 유지하는 미국을 견제할 수 있는 기제로 보고 있다.

일본은 1990년대 이전 다자안보협력은 미일 안보동맹을 해칠 가능성이 있기 때문에 소극적이었다. 그러나 일본 역시 탈냉전 이후 다자안보협력에 적극적인 전략의 변화를 보이고 있다. 중국의 경제 성장에 힘입어 군사 강국으로 등장하는 것에 대해 우려를 하고 있는 일본은 인접국인 한국과 중국이 일본의 안보역할 확대에 대해 거부 반응을 보이기 때문에 다자안보 레짐의 장에 일본이 적극 참여함으로써 인접국의 부정적인 인식을 해소할 필요가 있으며, 지역안보 문제에 보다 적극 참여할 수 있는 계기가 된다고 보기 때문이다.

러시아가 다자안보협력에 가장 적극적이다. 구소련의 영광을 회복하기 위해서는 다자안보협력체를 구축하여 영향력을 행사할 필요가 있다고 인식한다. 동북아지역협력체 구축을 선호하는 이유 중 하나는 컨소시엄에 의해 시베리아 석유와 가스 개발에 유리하게 작용할 수 있기 때문이다.

한국은 탈냉전 이전부터 동북아 다자안보협력체 구상과 구축을 위해 지속적이고 일관된 입장을 견지해왔다. 한미동맹을 기본 축으로 하면서 동북아 안보대화 제안 등 한·미·일 3자 간 협력체제를 병행 추진하는 정책을 전개해왔다. 한반도의 냉전체제를 평화체제로 전환시키기 위해서는 주변국의 참여 없이는 한반도의 유리하고 안정된 안보 환경 조성이 불가능하다는 전략 인식에 근거하고 있다. 또한 동북아 안보 레짐 구축에 적극적인 이유는 한반도가 전략적인 요충지로서 발돋움하기 위해서는 동북아 다자안보협력체가 구축되지 않는 한 불가능하기 때문이다.

북한은 동북아 다자안보협력에 대해 지극히 소극적이고 비판적이었으나, 2000년 이후 아세안지역포럼 가입, 동북아협력대화(NEACD, Northeast Asia Cooperation Dialogue), 6자회담 등에 참여하게 된 데는 대내외적인 요소가 작용했을 것으로 추정된다. 한국이 북한의 동맹국이었던 러시아와 중국과 국교정상화를 하게 되자 북한은 국제사회로부터 더욱 고립되는 상황에서 북한의 운명이 자신들의 의지나 의사와 무관하게 동북아 역내 국가들에 의해서 재단되는 것을 방관할 수 없으며, 오히려 적극 참여하여 자기들의 이익을 주장하는 것이 낫다는 전략적 상황 인식을 했을 것이다. 대내적으로 경제적인 빈곤을 해결하고 통치를 강화하기 위해서 북핵문제 등 협상을 통해서 경제적 보상을 받아내고 강대국들과 당당히 맞서서 협상한다는 인식을 북한주민들에게 갖도록 함으로써 대내 통치를 강화하는 효과를 기대하고 있을 것이다.

요컨대 한국, 러시아가 미국, 중국, 일본, 북한보다 동북아 다자안보 레짐 구축에 보다 적극적인 시각을 갖고 있었으나, 미국과 중국이 대테러전과 6자회담, 금융위기를 통해서 예전보다 훨씬 적극적으로 다자안보협력에 대해서 진지한 입장 변화를 보이고 있다. 이러한 변화는 동북아 안보 레짐의 제도화에 긍정적인 여건이 조성되고 있는 것으로 평가된다. 특히, 미국은 트럼프 정부 출범 이후 미국 우선주의 정책과 환태평양경제동반자협정(TPP, Trans Pacific Partnership) 탈퇴 등 멀어져가고 있는 듯 하나 여전히 동아시아정상회담과 아태경제협력체에 적극 참여하고 있고, 미국-일본-호주-인도 다이아몬드형 인도-태평양 전략을 구사하는 것으로 볼 때 동북아 지역과 협력체제 구축을 외면할 것으로 판단하지 않는다. 또한 다자안보협력체로 발전될 수 있는 3자 간 협력체제 구축을 활발하게 전개하고 있는 것도 고무적인 현상이다. 북핵문제 해결을 위해 한·미·일 협력체제를 구축하고 있고, 한·중·일 3국은 경제협력 및 환경 악화 등에 공동대처하고 있기 때문이다.

동북아 지역 안보체제를 구축할 필요성은 절실하다. 동아시아 차원에서 안보협력기구로 아세안지역포럼과 상하이협력기구가 있으나 전자는 아세안에 치중한 협력기구로 동북아의 특수한 전략 환경과 이슈들을 다루는 데는 한계가 있고 후자는 사회주의 국가 간의 협력기구로서 동북아 이슈들을 협의하는 데 역시 한계가 있다.

따라서 지정학적으로 특수한 지역이자 이 지역의 안보 이슈들을 집중적으로 협의할 수 있는 지역안보협력체 창설은 절실하다.

외교부와 국방부의 다자안보협력

한국의 다자안보협력 실태를 고찰해보는 것은 동북아 지역과 글로벌 차원에서 다자안보협력 강화 방안을 강구할 수 있는 단서를 제공해준다는 차원에서 유의미하다.

먼저, 외교부가 주무부서인 다자안보협력을 살펴보면 동북아 차원에서 한·중·일 정상회담(BESETO Trilateral Summit), 한·미·일 외교국방장관회의(2+2회의), 미 캘리포니아대학 산하 세계분쟁연구소가 주관하는 동북아협력대화(NEACD, Northeast Asia Cooperation Dialogue), 동북아안보심포지엄(SNEAS, Symposium for Northeast Asia Security) 등이 있다.

특히 동북아 지역의 한·중·일 3자 간 대화체인 한·중·일 정상회담은 1999년부터 동남아국가연합(ASEAN, Association of Southeast Asian Nations) 정상회의 참석 기간에 3국 정상들의 회의(ASEAN+3)로 시작해, 2008년부터 3국 정상들은 순차적으로 돌아가면서 별도 회의체로 발전시켰다. 이는 3국 협력을 제도화한다는 측면에서 상징성이 높다.

아시아·인도·태평양 지역 차원에서는 미국과 러시아의 정상들도 합류하는 동아시아정상회의, 아세안 10개국 회원의 정상회담, 아세안지역포럼, 미 국무부와 인도·태평양사가 공동 주최하는 동아시아안보심포지엄(SEAS, Symposium for East Asia Security), 중국이 주도하는 아시아 교류.신뢰구축회의(CICA, Conference on Interaction and Confidence-Building Measures in Asia), 아태안보협의이사회(CSCAP, Council for Security Cooperation in the Asia- Pacific) 등이 있다.

한·중·일 협력사무국을 서울에서 운용하는 등 다자안보협력을 왕성하게 전개하고 있으나 동북아의 특수 환경을 고려한 지역협력 차원에서 기구의 설립이 필요하다.

한편 동북아 차원에서 한국의 국방부가 참여하는 대화체는 한·미·일 국방장관회의, 한·미·일 안보회의(DTT, Defense Trilateral Talks)이며,

한국이 제안한 대화체는 한국 합참 J-5, 미 합참 및 태평양사 J-5, 일본 통막 J-5간 실시하는 한 · 미 · 일 전략대화로서 재해 재난 등 공동대처 방안에 대해 협의해오고 있다. 또한 동북아 제한적 비핵지대화(LNWFZ-NEA, Limited Nuclear Free Zone-Northeast Asia) 회의를 운용해오고 있다.

아태지역 차원에서는 싱가포르에서 개최되는 동아시아국방장관회의(샹그릴라 회의), 미국 주도 아태지역 국가들이 순회하면서 공동 주최하여 안보협력방안을 협의하는 합참의장단회의인 아태지역 군고위급회의(CHOD, Chief of Defense), 한국이 주도하는 국방 차관급 안보대화인 서울안보대화,[51] 일본 방위성이 주관하는 동경방위포럼(TDF, Tokyo Defense Forum), 인도네시아가 주관하는 자카르타 국제국방회의 등이 있다.

글로벌 평화 증진을 위한 평화유지작전은 2019년 7월 31일 현재 14개 지역에서 122개국의 9만 9,542명이 참가하고 있다. 한국은 레바논의 동명부대와 남수단의 한빛부대 등에 625명을 파병해 세계 38위다.[52]

추가로 대 해적작전을 위해 다국적군의 일원으로 아덴만에 파병한 청해부대, 아랍에미리트에 국방 교류협력의 일환으로 파병된 아크부대, 개인 자격의 인원까지 포함하면 12개국 1,100여 명에 이른다. 그러나 해외 파병부대는 비전투병 위주로 편성해 가급적 안전한 지역을 골라서 소규모로, 그것도 군 위주로 이루어져 왔다.

다자간에는 태평양 연안 국가들이 참가하는 환태평양 합동연습과 한 · 미 · 일 미사일경보훈련 및 대잠수함전훈련, 재해 재난 대비 다자간 다국적기획증원팀(MPAT, Multilateral Planning Augmentation Team) 연습, 태국에서 실시하는 코브라골드(Cobra Gold) 훈련, 해사 생도 4학년 대상으로 매년 실시하는 원양 항해훈련인 순항훈련, 서태평양

기뢰대항전훈련 등에 우리 군이 참가하고 있다. 또한 주한미군 전력이 참가해 필리핀군과 실시하는 발리카탄(Balikatan) 훈련이 있다.

그러나 동북아 지역에서 발생하는 재해 재난 등 초국가적 위협에 공동으로 대처할 수 있는 제도나 신속대응군은 현재까지 운용되고 있지 않다.

04 인도-태평양 전략 참가 **여부 판단**

반화웨이 · 친화웨이 캠페인은 미중 간 기술패권 경쟁이 격렬하게 전개되고 있는 상징적 사건이다. 미중의 향방에 따라 그리고 한국의 전략적 선택에 따라 우리의 미래 운명은 지대한 영향을 받을 것이다. 미국은 2019년 6월 1일 「인도-태평양 전략보고서」에서 중국을 수정주의 세력으로 규정하면서 억압과 힘에 의해서 국제규범과 기존질서에 도전하는 세력으로 인식하고 중국을 견제해야 할 세력으로 판단하고 있다.[53] 2019년 6월 30일 한미정상회담에서 양국 정상은 개방성, 포용성, 투명성이라는 역내 협력 원칙에 따라 한국의 신남방정책과 미국의 인도태평양 정책 간 조화로운 협력을 추진하기로 했다.[54] 이를 한국의 인도-태평양 전략 참가로 등식화하는 데는 무리가 따른다.

이러한 전략 인식과 문제의식 아래 먼저 미중 관계를 보는 시각과 전망을 논의하고자 한다. 이어서 트럼프 행정부의 국가안보전략과 인도-태평양 전략에 대해 살펴보고, 시진핑 2기의 국가안보전략과 신형 국제관계 전략 및 일대일로 구상을 고찰하려 한다. 미중 간 첨예하게 대립하고 있는 미사일 방어(MD, Missile Defense)에 대한 논의와 미국의 전방위적 대중 압박과 중국의 대응에 대해 검토한 후 마지막으로 한국이 인도-태평양 전략에 참여할 것인가에 대해 미중관계 시나리오, 국가이익, 위협인식, 신남방정책과 인도-태평양 전략의 협력 차원에서 전략적 선택을 제안하고자 한다.[55]

미중관계에 대한 시각과 전망

미중관계 전망과 관련해 자유주의, 현실주의, 절충주의 등 3대 학파가 존재한다. 자유주의학파로서 조지프 나이(Joseph Nye)[56] 등은 경제적 상호의존관계 등을 고려할 때 서로 전략적 협력을 통해서 상호 윈윈하는 관계로 발전할 것이라는 시각이다. 이에 비해 존 미어샤이머(John Mearsheimer)[57] 등 현실주의학파는 서로 추구하는 이데올로기와 가치가 상이하고 상호 원칙을 양보할 수 없을 것이기 때문에 결국은 충돌할 수밖에 없을 것이라고 전망한다. 마지막으로 절충주의학파의 대표적인 학자인 그레이엄 엘리슨(Graham Ellison)[58]은 미중 강대국이 전쟁으로 나간다는 것은 서로 공멸할 것이 자명하기 때문에 화이부동의 자세로 서로 차이점을 인정하면서 상호 화합과 협력으로 나아갈 때 결국 양국의 국익에도 기여할 것이라고 전망한다.

미국과 중국의 정치외교력, 경제력, 군사력 등을 종합적으로 고려할 때 양국 간 국력의 균형 변화는 상당 기간 미국이 상대적 우위를 유지할 전망이다. 중국의 경제력이 지속 발전되고 미국 경제가 크게 호조되지 않을 경우 미중 국력 균형에 변화가 발생해 미중관계의 패러다임이 전환될 가능성을 배제할 수는 없다.

현재 미국의 경제가 호황을 누리고, 상대적으로 중국은 경제 침체가 장기화될 경우 2025년 경제 규모가 미국을 앞지를 것이라는 예측이 빗나갈 수 있을 것이다. 2050년이 될 때 경제 규모가 미국을 추월할 수도 있으나 군사력은 여전히 미국이 우위를 유지할 것이며, 중국이 국력의 우위를 달성한다고 했을 때 글로벌 리더십을 발휘할 수 있을 것인가는 미지수다.

〈도표 1-3〉 **미중 국력 비교**

국가	GDP/GNI($)	인구(명)	국방비($)	병력(명)
미국	21.43조 (1위)/ 65,110	308,740,000	7,500억	1,560,000 (육: 56.2만, 해병: 20.2만, 해: 32.3만, 공: 32.9만)
중국	14.14조 (2위)/ 10,100	1,313,313,000	2,500억	2,285,000 (육:160만, 해: 22.5만, 공: 30만, 전략미사일: 10만)

출처 : Global Fire Power, *2000 Military Power; IISS, 2019 Military Balance; IMF2019.*[59]

미국의 국가안보전략과 인도-태평양 전략

트럼프 행정부의 국가안보전략 : 트럼프 행정부는 2017년 12월 발표된 『국가안보전략서(NSS, National Security Strategy)』에서 대외정책의 기조를 미국 우선주의에 기반을 둔 글로벌 리더십 및 국익에 부합된 국제질서를 수립, 유지하고 주권 강화를 통해 미국의 국익을 수호하는 데 두고 있다. 강대국 간 전략적 경쟁은 본격적으로 진행되고 있는 것으로 인식하고 있다. 이에 따라 국방 전략 대응 차원에서 최우선순위를 수정주의 세력인 중국과 러시아로 보고 있으며, 인도-태평양 지역을 핵심 지역으로 인식하고, 중국의 역내 패권국의 부상을 저지하는 데 목적을 두고 있다.

국방 전략 목표는 미군의 군사적 우위를 유지 강화하면서 군사력 건설의 증강과 군사력의 규모를 강조하고 있다. 미국의 동맹 전략은 지정학적 경쟁 속에서 동맹·우방국과의 협력을 강화하고, 공동방어를 위한 공정하고 호혜적인 동맹은 물론 동맹국의 역할 증대와 비용 부담을 요구하고 있다. 핵전략은 강대국·불량국가의 제한핵 사용 가능성이 증대되고 있으며, 전술핵무기가 맞춤형 핵전략의 핵심이며, 북핵은 가장 시급하고 엄중한 확산 위협이라고 판단하고 있다. 미국의 국가안보전략의 함의는 미국 우선주의에 입각한 전략적 중심이 인도-태평양 지역으로 전환되고 있으며, 이를 통해 글로벌 패권을 지속 추구할 것이고, 핵전략을 중시하면서 동맹국의 역할과 책임의 증대를 요구하고 있다.

미국의 국가안보전략 및 국방 전략은 〈도표 1-3〉에서 보는 바와 같다.

〈도표 1-4〉 미국의 국가안보전략 및 국방 전략

구분	내 용
대외정책 기조	• 미국 우선주의에 기반을 둔 글로벌 리더십 및 국익에 부합된 국제질서 수립 • 주권 강화를 통한 미국의 국익 수호

구분	내 용
전략 환경 인식 및 국방 전략 우선순위	• 강대국 간 전략적 경쟁 본격적으로 실행 • 국방 전략 대응 최우선 순위가 수정주의 세력인 중국과 러시아 • 인도-태평양 지역을 핵심 지역으로 인식 • 중국의 역내 패권국 부상 저지
국방 전략 목표	• 미군의 군사적 우위 유지 및 강화 • 전력 건설의 증강, 군사력의 규모 강조
동맹 전략	• 지정학적 경쟁 속에서 동맹 · 우방국 협력 강화 • 공동방어를 위한 공정하고 호혜적인 동맹 • 동맹국의 역할 및 책임 증대에 대한 직접적 압박
핵전략	• 강대국 · 불량국가의 제한핵 사용 가능성 증대 • 전술핵무기 맞춤형 핵전략의 핵심 • 북핵은 가장 시급하고 엄중한 확산 위협
함의	• 미국 우선주의에 입각한 지전략적 중심이 인도-태평양 지역으로 확대되는 글로벌 패권 추구 → 핵 전략 중시 동맹의 역할 · 책임 증대

출처 : The White House, *2017 National Security Strategy* (Washington, D.C.: The White House, Dec 2017) 외.[60]

자유롭고 열린 인도-태평양 전략 : 자유롭고 열린 인도-태평양 전략은 힘에 기반한 평화와 안보 · 경제적 번영의 통합전략이다. 국제규범과 원칙, 자유경쟁이 지배하는 질서 등 가치를 공유하기 위한 국제전선을 구축한다. 자유질서 대 억압질서 간의 지정학적 경쟁 속에서 새로운 위협과 대량살상무기 확산에 대응하고, 인도-태평양에서 국제법 준수, 남중국해 항해 · 항공의 자유를 보장하기 위해 동맹국과 우호국가들과 연대하는 정책이다.[61]

인도-태평양 전략은 2018년 5월 30일부로 태평양사령부를 인도-태평양사령부로 개칭해 추진하고 있다. 1947년 1월 1일에 창설된 미 태평사령부는 1957년 7월 1일 극동사령부를 병합했다. 1958년 1월 1일부터는 태평양함대 사령관 직책이 분리됐다. 2008년 10월 1일에 창설된 아프리카사령부(AFRICOM)로 인도양과 아프리카의 동부 해안에 있는 코모로, 마다가스카르, 모리셔스, 레위니옹에 대한 관할 권한이 이양되었다.[62]

2012년 10월 3일, 제13공군이 태평양 공군으로 기능과 임무를 이양하고 해산했다. 2014년 10월 말, 북아메리카 통합 방위를 확립하기 위해 알래스카 사령부의 관할 통제가 미국 북부 사령부로 전환됐다. 2018년 5월 30일, 급격해지는 중국의 팽창을 견제하기 위해 책임 지역을 아시아-태평양에서 인도-태평양으로 확장하면서 인도-태평양사령부로 개칭했다.

〈도표 1-5〉 **인도-태평양사령부 책임 구역**

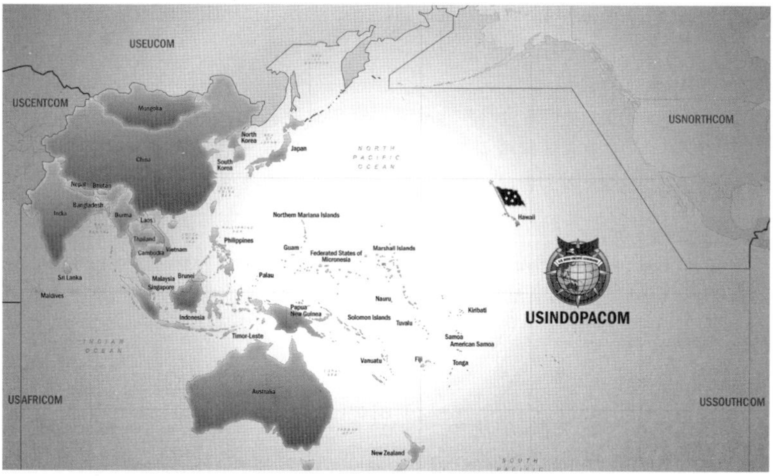

출처 : "Indo-Pacific Command" https://www.pacom.mil/About-USINDOPACOM/USPACOM-Area-of-Responsibility/(검색일: 2019. 7. 27).

인도-태평양사령부는 예하 구성군사령부로 육군 · 함대 · 공군 · 해병대 구성군사령부로 편성되어 있으며, 통합전투사령부로 주한미군 · 주일미군사령부와 사이버 · 수송 · 전략 · 특수작전사령부로 구성되어 있다.

미국은 〈도표 1-5〉 인도-태평양 전략 추진 방향에서 보는 바와 같이 지역 내 안정과 번영을 보장하기 위한 준비태세, 파트너십, 지역 네트워크 증진을 통해 미국의 안보 공약을 지켜나가겠다는 것이다.

〈도표 1-6〉 미국의 인도-태평양 전략 추진 방향

구분	내용
준비 태세	• 힘에 의한 평화 달성과 억제를 위해 분쟁 초기에 승리할 수 있는 강력한 합동군 요구. 해외 주둔 미군과 동맹군 · 동반자 국가와 연합 태세 유지, 치사율이 높은 전력 증강
동반자 관계	• 평화, 억제, 상호운용성을 위한 동맹국 · 동반자 국가들과 지역 네트워크 구축은 필수적. 지속적으로 주권, 공정 · 호혜 무역 및 법치국가와 새로운 동반자 관계 구축 추진
지역 네트워크 증진	• 국제규범에 근거한 질서 준수를 위해 동맹국과 동반자 국가와 지역 네트워크 체제 강화, 침략 억제, 안정 유지, 공동 영역에 자유로운 접근이 가능하도록 아시아 국가 간 안보협력 강화

출처 : The Department of Defense, *Indo-Pacific Strategy Report: Preparedness, Partnerships, and Promoting a Networked Region* (Washington, D.C.: DOD, June 1, 2019).

한국의 지위를 동북아의 평화와 번영에 필수적인 역할인 린치핀 국가로, 일본을 인도-태평양 지역의 평화와 번영의 주춧돌인 코너스톤(Cornerstone) 국가로 규정하고 있다. 대중국 견제를 위한 동맹 네트워크 강화 전략으로 볼 수 있다.

중국의 반접근지역거부(A2&AD, Anti-Access & Area Denial) 전략과 도련선 전략(Chain of Islands), 남중국해 군사기지화 등 해양대국화 전략을 차단하겠다는 것이다. 일대일로를 구상, 추진하는 도전 세력과 중러 전략적 협력 세력에 대해 미국, 일본, 호주, 인도 등 다이아몬드 동맹체제를 구축하고 동북아에서 한·미·일, 아세안에서 필리핀, 베트남, 인도네시아, 서남아시아에서 인도 등을 포함한 권역별 연방형 동맹체제를 구축해 나가겠다는 것이다. 이는 구체적으로 미국이 역내세력과 연대해서 중국의 남중국해의 군사화와 인도양 진출을 견제하는 데서 나타난다.

〈도표 1-7〉 **미국의 친밀도에 따른 유형별 국가군**

분류	국가
동맹국	일본, 한국, 호주, 필리핀, 태국
동반자 국가	싱가포르, 타이완, 뉴질랜드, 몽골
동반자 확대 국가	인도, 스리랑카, 말레이시아, 방글라데시, 네팔, 베트남, 인도네시아, 말레이
관여정책 대상국	브루나이, 라오스, 캄보디아, 남태평양군도 국가
역외 우방국	영국, 프랑스, 캐나다
다자간 협력	한·미·일, 미-아세안

출처 : "Indo-Pacific Strategy Report," https://media.defense. gov/2019/Jul/01/2002152311/-1/-1/1/DEPARTMENT-OF-DEFENSE-INDO-PACIFIC-STRATEGY-REPORT-2019.PDF. (검색일, 2020. 2. 1).

아태 지역에 들어오는 미국의 첨단 전력은 인도-태평양 전략을 힘으로 시현하겠다는 것으로 평가된다. 동북아에서 해공군력을 확장하기 위해 7함대의 모항인 요코스카에 신형항공모함인 로널드 레이건함을 전개하였고, 이와쿠니에 차세대 전투기 F-35기를 전진 배치했다. 괌에 정찰 및 종심타격 중추기지로서 MQ-4C 드레이던 무인정찰기와 글로벌 호크 무인정찰기를 배치했으며, 미 전략폭격기의 3총사로 불리는 B-1B, 스텔스 폭격기 B-2 전개, B-52H와 항공기 운용유지요원 300여 명을 증파했다. 또한 2,200여 명의 해병대 병력을 탑승한 강습상륙함(LHA 6)이 정박 중이다.

호주 북서부 다윈에 해병 병력의 순환배치, 필리핀 슈빅만 해군기지, 클라크 공군기지 등 5개 군사기지 재사용, 베트남과는 미 해군 함정의 캄란만 기지 사용과 대 베트남 무기 금수 해제, 싱가포르에 연안전투함(LCS)을 순환배치하고, 유사시 병력수송기지로 운용되고 있다.

뿐만 아니라 한국군과 동맹 연습 및 연합지휘소 훈련, 일본군과 야마사쿠라 연습, 주한미군전력 등이 재전개하여 필리핀군과 연례적으로 실시하는 발리카탄 훈련, 38회째를 맞았던 2018 코브라골드 훈련은 최대 규모로서 미국, 태국, 한국, 일본, 말레이시아, 싱가포르, 인도네시아, 인도 등 9개국이 훈련에 참가, 부상당한 전우의 후송훈련, 상륙훈련, 공중 전술전투훈련을 실시했다. 한국도 해군 209명과 해병대 249명 등 총 458명의 병력과 상륙함인 천자봉함이 파견됐다. 영국, 호주, 프랑스 등 20여 개국은 옵서버 자격으로 참가했다.[63] 2009년부터 몽골-미국이 중심이 되어 실시하는 해병신속기동훈련인 칸 퀘스트(Khaan Quest) 훈련 역시 중국을 포위하기 위한 훈련으로 판단된다.

특히 미 7함대는 대중국 견제훈련으로 2019년 5월 9일 미국, 인도, 일본, 호주, 필리핀 해군의 인도양 벵골만 일대에서 연합훈련을 실시했고, 5월 22일 미 해군 구축함 2척이 타이완 해협을 통과하는 항행의 자유작전을 실시했다. 5월 16~22일 미국, 일본, 호주, 프랑스가 인도양의 스마트라 열도 서쪽의 공해에서 대잠수함전과 탑재 헬기의 이착함 등 첫 대규모 4개국 연합해상훈련을 실시했다.[64] 이 훈련에 일본 자위대의 경함모급 헬기 탑재 호위함 이즈모를 보냈고 프랑스는 핵 추진 항모인 새를드골이 참가했다. 이러한 인도양 일원에서 상호 해군 간 연대를 강화하는 훈련을 한 것은 남중국해 등에서 국제법을 무시하고 인공섬을 조성해 군사기지화하는 등 해양 진출을 추구하는 중국을 견제할 목적으로 실시한 것으로 판단된다.

2019년 5월 23일부터 6일간 한국, 미국, 호주, 일본 해군이 최초로 그리고 11월 20일부터는 28일까지 서태평양 괌 부근에서 한·미·호주·캐나다 해군이 두 번째로 퍼시픽 뱅가드(Pacific Vanguard) 해상연합훈련을 실시했다. 인도-태평양전략 구현을 위해 가장 민감한 남중국해 가까운 괌 일대에서 연합 기동훈련과 실사격 훈련, 대공방어 훈련, 대잠수함 작전 등 다양한 훈련을 실시했다. 한국은 구축함 1척, 미군은 블루리지 지휘함 1척, 구축함 2척, 해상군수지원함 2척 및 해상초계기가 참여했다.[65]

한편, 해외주둔 미군의 권역별, 국가별 병력 규모를 고찰하면 미군이 어느 지역, 어느 나라에 전략적 중요성을 두고 있는가를 판단할 수 있다. 해외주둔 미군은 150여 개국 40여만 명으로 아태 지역 16만 334명(태평양 9만 1,397명, 동북아/동남아 6만 8,937명), 유럽 9만 7,113명, 서아시아/북아프리카 3만 9,870명, 중앙아시아 1만 3,556명, 서부-사하라/인도양 4,982명, 밝히지 않은 병력은 4만여 명이다. 중국을 에워싸기 위해 태평양의 하와이 인도-태평양사령부, 괌, 사모아, 호주를 포함한 해상에서 활동하고 있는 항모, 동북아의 한국과 일본, 동남아 국가의 필리핀, 싱가포르, 태국, 중앙아시아의 아프간, 인도양의 영국 속령, 수에즈 운하의 관문인 지부티에 상당수의 병력을 배치하고 있는 것은 전형적으로 중국의 인

도-태평양으로의 진출을 견제하기 위한 전력으로 평가된다.[66]

상당수 병력이 중동 지역에 주둔하고 있는 것은 석유자원 등 전략적 자산 보호를 포함한 중국과 러시아의 중동 지역으로의 진출을 차단하기 위한 것으로 판단된다. 또한 러시아의 동유럽 진출을 봉쇄하기 위해 상당수의 미군이 독일, 이탈리아, 영국, 스페인은 물론 구공산권 국가였던 폴란드, 헝가리, 루마니아 등 동유럽 국가들에 배치하고 있는 것도 주목을 요한다.

중국의 국가안보전략과 신형 국제관계

시진핑의 2기 국가안보전략 : 시진핑 주석이 2017년 10월 19차 당 대회를 통해 채택한 국가 목표는 중국몽으로서 세계적 사회주의 강대국을 건설하는 것이다.

〈도표 1-8〉 **시진핑 2기의 국가안보전략**

구분	내 용
국가 목표	• 중국몽, 세계적 사회주의 강대국 건설 – 2020년 소강사회 전면 건설 – 2035년 사회주의 현대화 달성 – 2049년 건국 100주년 사회주의 현대화 국가 건설
정치	• 시진핑 신시대 중국 특색 사회주의사상, 10년 임기 폐지 – 마오쩌둥 사상, 덩샤오핑 이론, 당 영도, 민족주의
외교	• 신형 국제관계, 일대일로, 인류운명공동체

구분	내 용
군사	• 강군몽, 적극 방어 전략, 대외 확장 전략 – 1단계 : 2020년까지 군의 기계화와 정보화 실현 – 2단계 : 2035년까지 군 현대화 달성 – 3단계 : 2049년까지 세계 일류 군대 건설
경제	• 사회주의 시장경제, 기술굴기 메이드인 차이나 2025, 빈곤 탈출
함의	• 언론 통제, 인권 제한, 힘으로 국제질서 변경, 글로벌 경제 좌우 및 미래산업 주도 시 → 자유민주주의와 시장경제 도전

출처 : 정경영, "신 국제질서 재편과 한국의 구심력 안보전략", 『군사논단』, 제193권(2018, 봄).

2020년까지 소강사회 전면 건설, 2035년까지 사회주의 현대화 달성, 2029년 건국 100주년을 맞아 사회주의 현대화 국가 건설을 완성하겠다는 것이다. 이를 구현하기 위해 정치적으로 마오쩌둥 사상, 덩샤오핑 이론, 당 영도, 민족주의와 함께 시진핑 시대 중국 특색의 사회주의 사상을 당헌에 삽입했다. 2018년 3월 전국인민대의원대회에서 연임인 10년 기한의 주석임기제를 철폐했다. 외교적으로는 신형 국제관계, 일대일로, 인류운명공동체를 주창하고 있다.

군사적으로 강군몽(强軍夢), 적극방어전략, 대외확장전략을 구현하기 위해 1단계로 2020년까지 군의 기계화와 정보화를 실현하며, 2단계로 2035년까지 군 현대화를 달성하고, 마지막 3단계로 2049년 세계 일류군대를 건설하는 것이다. 경제적으로 사회주의 시장경제, 기술굴기 메이드인 차이나 2025 등을 통해 인공지능, 사물인터넷, 자율주행 등 10대 기술 분야에서 패권을 장악하며, 완전한 빈곤 탈출에 주안을 두고 있다. 시진핑 시대 중국 특색의 사회주의 사상의 함의는 언론 통제와 인권을 제한하고 힘으로 국제질서 변경을 기도하며 글로벌 경제를 좌우하고 미래산업을 주도할 때 자유민주주의와 시장경제는 심대한 도전을 받게 될 것이다.

중국의 신형 국제관계와 일대일로 전략 : 중국의 신형 국제관계 전략은 중국의 경제력이 상승함에 따른 국제 영향력의 확대와 미국의 파리기후협정과 환태평양경제동반자협정 탈퇴 등으로 글로벌 리더십이 약화되는 틈새를 이용해 신형대국관계를 평가하고 중국 천하 복원의 꿈인 중국몽의 비전을 구현하겠다는 것이다. 세계적으로 중국식 사회주의 건설을 위한 전략으로 다자기구를 통한 세계질서 재편을 추구하고 있다. 파리기후협약, 일대일로 전략과 정상회담, 상하이협력기구, 중-아프리카정상회의 등을 통해 국제질서를 주도하겠다는 것이다. 또한 세계금융과 통상질서를 재편하기 위해 아시아인프라투자은행(AIIB, Asia Infra Investment Bank), 다보스포럼, 지역협력경제파트너십(RCEP, Regional Cooperation Economic Partnership), 위안화를 국제결제통화로 추진하고 있다.

중국의 2015년 군사개혁은 글로벌 패권국으로 영향력을 행사하기 위한 조치로 평가된다.[67] 군의 지휘통제체제는 군사력을 운용하는 기능인 군령권과 군사력을 건설, 유지, 관리하는 군정권으로 구분해볼 수 있다. 중국의 군사개혁은 군령 및 군정권 측면에서 지휘체계에 커다란 변화를 보이고 있다. 기존에 군령권을 행사했던 총참모부가 해체되었으며, 새로 등장한 연합참모부는 미 합동참모본부와 같이 순수한 참모조직으로서 예하부대의 작전을 지휘할 권한을 갖지 않는다. 중국군의 군령은 과거 중앙군사위원회·총참모부·7개 군구·예하부대로 이어지는 4단계 지휘체계에서 이제는 중앙군사위원회·5개 전구·예하부대를 잇는 3단계로 단축되었다.

군정권 군구조 개혁으로 육·해·공군, 로켓군, 그리고 전략지원부대의 5개 군종을 두게 되었다. 육군지도기구는 공군사령부나 해군사령부와 같이 육군사령부로서의 역할을 담당하는 기구다. 연합참모부 참모장의 역할을 축소함에 따라 육군의 군정권 및 군사력 건설을 담당할 육군사령부를 두었다. 로켓군은 과거 제2포병의 명칭을 바꾼 것으로 미일의 미사일 방어체계 강화 조치 및 미국과의 핵무기 경쟁에 적극 대처하겠다는 의지를 반영한 것이다. 비록 제2포병의 조직을 그대로 유지하면서 핵억제 및 핵반격이라는 기본 임무에는 변함이 없으나 타군과 동등한 위상을 확보함으로써 전략적 중요성 측면에서 상대적으로 비중이 커질 것으로 전망된다.

〈도표 1-9〉 **중국군 개혁 이후 지휘통제체계**

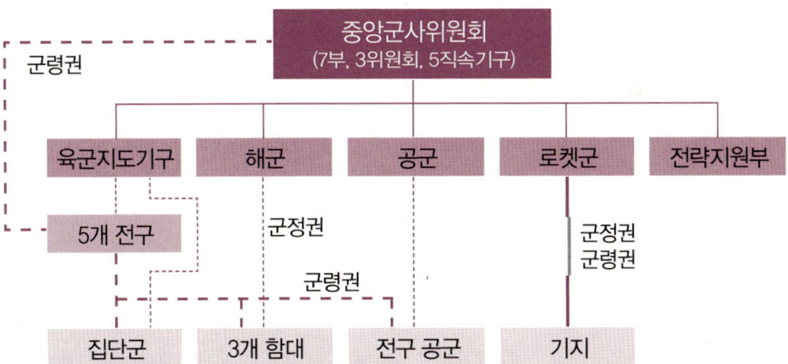

출처 : 「중국 군사개혁」 한국전략문제연구소 정책토론회 결과보고서 18-02(242호).

각 군구가 가졌던 인사 및 군수 기능이 각 군사령부로 흡수됨으로써 5개 전구사령부는 〈도표 1-8〉에서 보는 바와 같이 군정권 없이 군령권만 행사하게 되고, 역으로 각 군 사령부(육군 포함)는 과거 행사했던 군령권을 내려놓고 오직 군정권만을 갖게 되었다. 전략지원부대는 '신형 작전역량'으로서 "정보, 기술정찰, 전자전, 인터넷 공격방어, 그리고 심리전" 등 5대 영역을 아우르고 있다.

전구는 책임 지역 내 육·해·공군 및 로켓군 전력을 통합 운용함으로써 이른바 합동작전을 수행하되, 5개 유사(有事)시에 대비하는 형태로 배치된 것으로 평가된다. 5개 유사는 중앙아시아~인도(서부전구), 러시아~몽골~한반도(북부전구), 대만~일본(동부전구), 남중국해(남부전구) 및 전략적 예비(중부전구) 등이다.

한반도 사태에 대응하기 위해 운용될 북해함대사령부는 칭다오에 모항을 두고 있는 항공모함, 3척의 전술핵 잠수함, 25척의 재래잠수함, 8척의 구축함, 10척의 소형구축함, 11척의 수륙 양용함, 18척의 미사일 초계함, 6척의 소형 호위함을 보유하고 있다. 센카쿠/댜오위분쟁 등 동중국해 분쟁에 주안을 두고 운용될 동해함대사령부는 18척의 재래식 잠수함, 9척의 구축함, 22척의 소형구축함, 20척의 수륙 양용함, 30척의 미사일 초계정, 6척의 소형 호위함으로 편성되어 있다. 남중국해 분쟁에 운용될 남해함대사령부의 전략은 4척의 전략핵잠수함, 2척의 전술핵잠수함, 9척의 구축함, 20척의 소형구축함, 25척의 수륙 양용함, 38척의 미사일 초계정, 8척의 소형 호위함으로 구성되어 있다.

〈도표 1-10〉 중국군 전구사령부와 함대사령부의 증강된 전력

출처 : 황재호, "한반도 유사시 가장 먼저 투입될 중국군은…제39 집단군", 《중앙일보》, 2016년 3월 9일.

'일로(一路)'의 추구와 원해호위 전략을 추진하기 위해서 남중국해 영유권 확보는 물론, 인도양과 아덴만을 잇는 해상교통로의 안전을 확보하고 해양에서의 우세를 달성해야 한다. 이러한 측면에서 중국이 해군 출신을 남부사령관으로 임명한 것은 전략적 전선을 더 이상 대륙과 해안선, 남중국해에 한정하지 않고 원해로까지 확장하려는 의도를 담은 것으로 볼 수 있다. 중국은 미국과 인도, 북한 등을 견제하기 위해 서태평양과 인도양에 '해상기반 탄도미사일 방어망'을 구축할 예정이다.[68]

해양세력으로 위상을 확보하기 위해서는 "해군력, 상선단, 그리고 해

외기지"의 세 요소가 구축되어야 한다.[69] 해군력은 바다에서 안전한 항해를 보장하기 위한 제해권을 장악하기 위해 필요하다. 상선단은 바다를 이용한 교역을 통해 국가의 부를 창출하고 경제적 번영을 이루는 주요한 요소다. 마지막으로 해외기지는 해군력과 상선단을 운용하는 데 필요한 유류와 식량 등 보급을 지원하는 요소로서 이 세 요소 가운데 지금까지는 중국이 해군력을 키우고 상선단을 중심으로 경제교역을 확대해왔다면, 이제는 상대적으로 취약한 해외기지를 확보해야 하는 상황에 이른 것이다. 지부티는 2017년 7월 최초로 중국의 해병대 병력을 해외에 주둔시키는 기지다. 15세기 명나라 정화의 아프리카로 이어진 남해 원정이 21세기 중국이 추구하는 것으로 불과 몇 년 전까지도 상상하지 못했던 것이다.

〈도표 1-11〉 중국의 일대일로

출처 : "중국 언론 종합", 《연합뉴스》, https://namu.wiki/w/%EC%9D%BC%EB%8C%80%EC%9D%BC%EB%A1%9C, (검색일: 2019. 9. 19).

중국은 더 많은 해외 전초기지를 추가로 확보하기 위해 지역 국가들과 협상을 진행하고 있다. 지부티에 앞서 중국은 파키스탄의 페르시아만 초입에 있는 과다르에 자국무역항을 확보했고, 스리랑카에서도 콜롬보 항구 개발 프로젝트를 추진하고 있다. 또 방글라데시, 캄보디아, 몰디브, 예멘 등에서도 항만을 개발해 남아시아 및 아프리카로의 진출을 확대하고 있다. 현재 중국이 추가로 획득할 것으로 예상되는 해외기지의 유력한 예정지로는 오만의 살랄라 항, 세이셸 군도, 파키스탄의 카라치 항 등이 거론되고 있다.

중국의 신형 국제관계 전략은 미국의 인도-태평양 전략과 충돌이 예상된다. 보편적 가치를 추구하는 지역인 북미, 유럽, 한국 및 일본보다 동남아, 중동, 아프리카, 중남미 지역에 영향을 미칠 것으로 예상된다.

미중 패권전략의 충돌, 미사일 방어 대 반 미사일 방어 : 미국 중심의 국제질서 대 중러의 전략적 협력이 상징적으로 나타나는 것이 미국의 미사일 방어 대(對) 중국과 러시아의 반 미사일 방어 전선 구축이다.

유럽 지역에서 미국의 미사일 방어체계는 4단계로 구축된다. 1단계는 터키에 엑스밴드 레이더를 설치하고 스페인에 이지스함을 배치했으며, 2단계로 루마니아에 미사일 방어체계 구축, 3단계로 폴란드에 미사일 방어체계 구축, 마지막 4단계로 폴란드에 미사일 방어체계를 추가로 구축했다. 2018년도 독일에 지휘통제센터를 설립해 미국은 유럽 전역에 미사일 방어체계를 지휘할 수 있게 되었다.

2019년 8월 2일 중거리핵전력조약을 탈퇴한 후 16일 만에 중거리 순항미사일을 시험 발사했다. 한국, 일본, 호주, 필리핀 등 아시아 지역 국가들을 향해 중거리미사일 배치를 위한 미국의 의지를 보인 것으로 평가

된다. 중거리미사일 개발 배치를 위한 미국의 움직임이 빨라지면서 중거리미사일을 기반으로 한·미·중·러 등의 전술핵무기 경쟁이 심화될 전망이다.[70]

〈도표 1-12〉 미중의 동북아 군사 전략

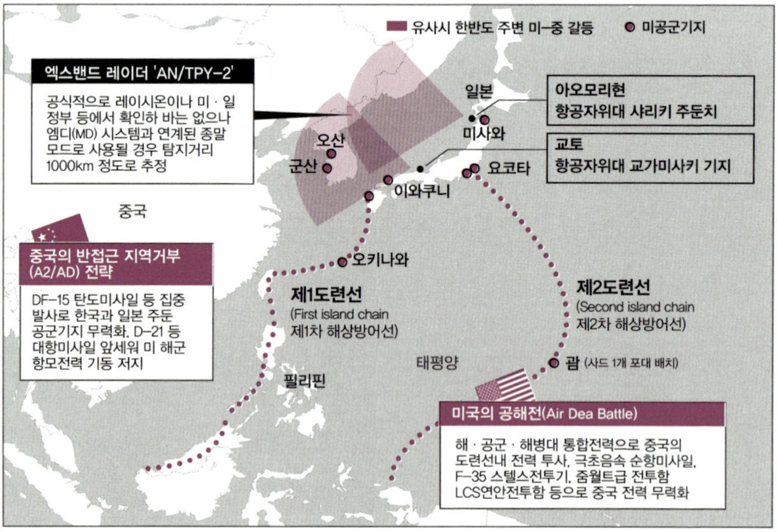

출처 : "미국-중국 '사드 갈등' 뒤엔…센카쿠 등 둘러싼 군사대결 구도" 《한겨레》, 2016년 3월 9일.

러시아는 이에 강력 반발해 영외 영토인 칼리닌그라드에 전술핵무기를 배치했다. 한편 미국은 동북아 한·미·일 미사일 방어 구축을 구상하고 있고, 한국은 한국형 미사일 방어(KAMD, Korea Air Missile Defense)를 추진하고 있다. 현재 미사일 방어와 반 미사일 방어, 유럽에서 북대서양조약기구와 러시아 간에 동아시아는 한국 사드배치로 미국과 중러 간 갈등을 보이고 있다. 미국 정부는 미사일 방어, 다중목표물 파괴요격체 시스템 구축, 모의 대륙간탄도미사일을 명중시킬 수 있는 능력을 보유하고 있다. 미국은 해공군 해병대 통합전력으로 중국의 도련선 내 전력을 투사해 극초음 순항미사일, F-35스텔스 전투기, 줌월트급 전투함, 연안전투함 등으로 중국 전력을 무력화하겠다는 것이다. 일본의 아오모리현 항공자위대 사리키 주둔지와 교토 항공자위대 교가미사키 기지에 AN/TPY-2 엑스밴드 레이더를, 괌과 한국에 사드 1개 포대를 배치 운용해 중국과 러시아, 북한의 미사일 위협에 대응하고 있다.

중국은 DF-15 탄도미사일 등을 집중 발사해 한국과 일본 주둔 공군기지를 무력화하고 D-21 등 대함미사일로 미 해군 항모전력의 기동을 저지하겠다고 나서고 있다.

인도-태평양 전략 참가 판단 기준

미중관계 시나리오 : '한국이 과연 인도-태평양 전략에 참여할 것인가'를 판단할 때 고려해보아야 할 사항들이 있다. 그 가운데 먼저 '미중관계 시나리오'에 따른 한국의 역할에 대해 살펴보자.

미중관계 시나리오에 따른 선택은 다분히 수동적인 전략이다. 미국과 중국의 정치외교력, 경제력, 군사력 등을 종합적으로 고려할 때 양국 간 국력의 균형 변화는 상당 기간 미국이 상대적 우위를 유지할 전망이다. 동시에 중국의 경제력이 지속되고 미국 경제가 크게 호조되지 않을 경우 미중 국력 균형에 변화가 발생, 미중관계의 패러다임이 전환될 가능성을 배제할 수 없을 것이다. 양극단의 상황이 전개되는 시나리오다.

〈도표 1-13〉 미래 한반도 및 동북아 안보 환경 전망

<table>
<tr><th colspan="2" rowspan="2">변수</th><th colspan="2">남북관계(비핵화)</th></tr>
<tr><th>개선(성공)</th><th>악화(실패)</th></tr>
<tr><td rowspan="2">미중관계</td><td>경쟁 · 견제</td><td>시나리오 → ①
• 한반도 : 안정성 유지
(북핵 · 재래식 위협)
• 동북아 : 불안정성 유지</td><td>시나리오 → ②
• 한반도 : 불안정성 심화
(북핵 · 재래식 위협)
• 동북아 : 안정성 심화</td></tr>
<tr><td>협력 · 관여</td><td>시나리오 → ③
• 한반도 : 안정성 유지
(북핵 · 재래식 위협)
• 동북아 : 안정성 강화</td><td>시나리오 → ④
• 한반도 : 불안정성 심화
(북핵 · 재래식 위협)
• 동북아 : 안정성 유지</td></tr>
</table>

출처 : 김기주, "안보 환경 변화와 한미동맹의 미래", 국방대 국가안전보장 문제연구소 및 한국국방정책학회 공동주최, 『21세기 국제안보 환경 변화와 한국의 국방정책』 세미나, 2018. 11. 29, 국방대 컨벤션센터.

미중관계 국력 균형을 전망할 때 다음 네 가지를 상정할 수 있을 것이다.

① 미 : 정치 · 외교 · 경제 · 군사 우위 지속
② 미 : 정치 · 외교 · 군사 우위, 중 : 경제 우위 지속
③ 미중 : 정치 · 외교 · 군사 대등, 중 : 경제 우위
④ 중 : 정치 · 외교 · 경제 · 군사 우위

한국의 국익에 부합하는 시나리오는 시나리오 ① > ② > ③ > ④가 될 것이다. 이러한 시나리오가 전개될 수 있도록 외교안보전략을 구사해야 될 것이다.

동시에 한국은 중견국가로서 호주, 아세안 국가 중 베트남, 인도네시

아, 말레이시아 등의 국가들과 연대체제를 구축해서 미국과 중국의 갈등을 완화시킬 수 있는 역할을 할 수 있을 것이다.

국가이익 : 한국의 국가이익은 국가의 안전보장, 자유민주주의와 시장경제, 인권과 법치주의 등 가치 수호, 경제적 번영이다.

국가안전 보장 측면에서 대한민국의 영토와 국민의 생명과 재산을 수호하는 데 안보 동맹국인 미국 또는 전략적 협력 동반자 관계인 중국 중 어느 나라를 선택할 것인가는 명확하다.

가치 수호 측면에서 가치를 공유하고 있는 미국과 공산당이 지배하는 집단지도체제에서 벗어나 시진핑이 지배하는 독재체제 국가가 중국이다.

경제적 번영 측면에서 한중무역이 2019년 전체 무역의 25.1퍼센트로 수출 1,362억 달러, 수입 935억 달러로 427억 흑자, 미국과의 무역은 13.3퍼센트 수출로 733억 달러, 수입 558억 달러로 175억 달러 적자를 기록했다.[71] 중국으로부터 무역흑자가 미국 흑자에 비해 크다. 사드와 화웨이 캠페인에서 볼 수 있듯이 중국이 남중국해와 동중국해를 완전 장악해서 해로를 차단하는 상황이 된다면 사드 제재와 비교할 수 없을 정도로 심각한 상황이 예상된다. 국익 차원에서 인도-태평양 전략 참여가 요구된다.

위협평가 : 지정학적으로 역사적으로 중국은 한반도 분쟁이 발생하거나 중국에서 왕조가 교체될 때마다 우군세력을 확보하기 위해 전쟁을 감행하곤 했다. 900여 회의 외침에서 일본 해상으로부터의 침략과는 비교

할 수 없을 정도로 대륙으로부터 침략에 시달려야 했다.

과연 앞으로 한반도에서 북한과 무력충돌이 있을 때 조중군사동맹을 맺고 있는 상황에서 중국이 한국 편에 서서 한국을 군사 지원해준다는 것은 상상할 수 없다. 미국과의 동맹을 파기하고 중국과의 군사동맹을 체결할 가능성은 더욱 없다. 특히 한반도 분쟁 시 서해에서 제해권 장악이 전쟁의 승패에 결정적으로 영향을 미쳤다. 임진왜란 시 이순신 장군이 남해에서 왜군 함정의 서해 진출을 차단했기 때문에 당시 한반도를 지킬 수 있었고, 청일 · 러일전쟁에서 일본군은 서해 제해권을 장악했기 때문에 승리를 거머쥘 수 있었다. 또한 6 · 25전쟁 시 인천상륙작전을 통해 서해 제해권을 장악한 유엔군이 한반도의 공산화를 차단할 수 있었다.

한미동맹이 해체되고 주한미군이 철수되는 상황이 발생된다면 한반도 전체는 중국 질서에 편입될 것이다. 이러한 상황을 예방하기 위해서는 인도-태평양 전략에 참여하는 것이 바람직하다.

한미상호방위조약에서 동맹의 성격이 태평양 지역에서 위협이 발생할 때 공동대처한다는 데서 알 수 있듯이 인도-태평양 지역에서 국제규범과 질서, 안정과 평화에 도전하는 세력이라면 어느 나라에 대해서도 대항해 공동대처한다는 기본 원칙을 세울 필요가 있다. 여기에는 중국은 물론, 러시아, 필요시 자유항행의 질서를 위협하는 세력이라면 다 해당된다. 따라서 중국이라는 특정 국가를 위협국가로 상정할 필요는 없다.

협력차원 안보 : 우리 정부의 동북아플랫폼 전략 구상은 동북아를 포함하고, 이를 넘어서는 지역 평화와 번영의 환경을 조성하는 것으로 한국판 중장기 생존 번영 전략이다. 공간적으로 동북아, 북방, 남방, 인도에 이르고, 이슈에 대해서도 안보, 경제, 사회 문화, 가치 및 공공외교를 포괄하고 있다.

한반도를 중심에 놓고 러시아, 몽골, 중앙아시아를 잇는 신북방정책과 아세안-인도를 연결하는 신남방정책이 번영을 통한 평화를 실현하는 축이다. 신북방정책과 신남방정책이 연결되는 동북아는 한반도를 중심으로 하는 평화의 축으로 설정된 동북아평화지대가 존재한다.

〈도표 1-14〉 **동북아플러스 책임공동체 기본 구조**

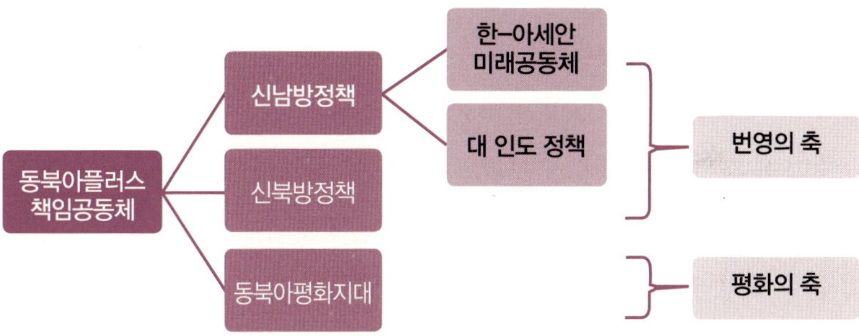

출처 : 이재현, "신남방정책이 아세안에서 성공하려면?", 아산정책연구원, 『이슈브리프』, 2018. 1. 24.

동북아플랫폼은 2011년 서울에 설립한 한·중·일 3국협력사무국을 모체로 외연을 확대해 미국과 러시아, 몽골이 참여하는 지역협의체로 제도화시킨다. 이를 통해 환경, 재난, 전염성 질병 이슈에 공동 대처하기 위한 신속대응군 창설을 추진하는 것이다.

신북방정책은 유라시아 국가와 교통물류 · 에너지 인프라를 연계해 성장 공간을 확보하고 대륙-해양 복합국가로서 일자리 창출과 지속 성장을 견인한다. 신북방협력위원회를 운영해 추진하고 남 · 북 · 러 3각 협력 민간협의체를 설치한다.

신남방정책은 역사적 앙금이 없는 아세안 · 인도와의 외교를 주변국 수준으로 격상시키고 현지 인적 협력 중심의 한국형 국제협력 모델을 발전시키는 것으로 전략적 입지를 확보하고, 신성장 동력을 발굴하며 쌍방향 문화 · 인적 교류를 한다.

상당 부분 인도-태평양 전략과 현 정부의 신남방정책은 협력할 수 있는 영역이 있고, 서로 윈윈할 수 있는 영역이 많다. 한국이 배제된 상태에서 동북아에서 미국이 패권적 질서를 유지하기가 어렵다. 아세안 국가 및 인도와 안보협력 없이 중국을 포함한 수정주의 세력이 남중국해와 인도양에서 자유항행을 위협할 때 우리의 무역선이 자유스럽게 통행할 수 없다.

최악의 경우 한국이 인도-태평양 전략에 참가하지 않을 경우 한반도가 신 애치슨 라인에서 배제되는 상황이 발생할 수도 있을 것이다. 이때 미국 주도의 국제질서에서 이탈되어 감당할 수 없는 재앙에 직면할 것이다.

동북아지역은 다자안보협력, 아세안과 인도지역은 신남방정책으로 인도 · 태평양전략에 참가한다.

05 안보공동체 구축을 위한 **한국의 역할**

앞서 다자안보협력을 저해하는 제한 요소와 촉진 요소를 고찰해보았다. 유럽 지역과 달리 여전히 냉전질서가 동북아에는 상존하고 있으나 역내 국가 간 무역, 직접투자, 다국적기업 등 경제교류협력, 유학생 상호교류 및 관광, 유교문화권이라는 동질성은 물론 초국가적 위협인 재해재난, 환경문제 등에 공동대처하기 위해 역내 국가 간 협력의 메커니즘이 구축되어야 한다는 것을 알 수 있었다.

여기에서는 동북아 차원에서 안보 레짐 설계를 하고 초국가적 위협에 공동대처할 수 있는 지역 신속대응군을 제안한다. 이어서 사안별로 한·미·일, 한·중·일, 한·미·중, 남·북·중·러 등 소다자주의에 대해 논의하고, 마지막으로 글로벌 차원에서 국제테러리즘에 국제협력, 자국민 안전과 권익 보호, 평화강제작전 참여 방안에 대해 고찰하고자 한다.

동북아 안보 레짐 설계

동북아 안보 레짐을 제도화하기 위한 아키텍처는 동북아 국가 정상회담, 장관급 협의체인 전략 · 경제대화, 산하에 안보경제협력위원회와 신뢰구축위원회를 두고, 사무국을 설치 운용한다. 동북아 안보 레짐은 유럽안보협력기구와 유사한 동북아판 다자안보협력기구다.

회원국은 남북한, 미 · 중 · 일 · 러 외에도 몽골을 포함하는 것이 바람직하다. 지역적으로 몽골은 동북아 역내 국가로 볼 수 있으며, 남북한과 국교 수립 등 역내 국가들과 통합의 승수효과를 기대할 수 있을 것이다. 동북아정상회담은 연 2회, 알파벳순으로 윤번제로 실시하고 의장국이 개최국이 된다. 의제는 안보와 경제의 역학관계를 고려, 안보이슈와 경제이슈를 어젠더로 협의한다.

〈도표 1-15〉 **동북아 안보 레짐 아키텍처**

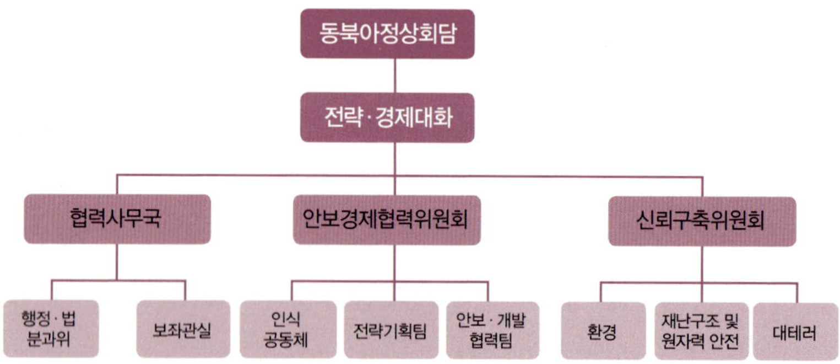

출처 : Chung Kyung-young, "Building a Military Security Regime in Northeast Asia: Feasibility and Design", Ph.D. Dissertation, The University of Maryland, 2005.

전략·경제 대화[72]는 외교·국방·재무장관으로 구성해 정상회담 전에 실시한다. 정상회담 어젠더 설정과 합의사항 실행 방안과 안보와 경제 이슈발생 시 미치는 파장을 종합적으로 고려해 협의하고 동북아의 평화와 안정을 위해 환경, 재난구조 및 원자력 안전, 테러 대응 등 초국가적인 위협 공동대처 방안을 논의해 해결책을 강구한다. 이를 통해 신뢰를 구축해 군축 문제, 영토 문제 등을 단계적으로 접근한다. 동북아 협력사무국은 2011년 서울에 설립한 한·중·일 3국협력사무국을 모체로 확대, 개편한다.[73]

먼저 인식공동체 구축을 위한 역내 국가 간 안보경제협력 강화 방안을 제시하면 다음과 같다. 국내적으로 정책입안자, 국회의원, 전문가, 기업인, 언론인 등으로 구성된 안보인식공동체를 구축해 군비경쟁이나 일방적 외교안보정책 추진보다 역내 국가들과 보다 차원이 높고 다층적인 협력안보를 추진하는 것이 국가안보를 보장하는 데 보다 효과적이며 재원이 적게 든다는 것을 인식할 수 있도록 공론화한다. 이어서 역내 국가들의 카운트파트들과 긴밀히 유대관계를 확대시켜나간다. 외교안보 분야 고위급 회의를 정례화하는 것으로 외교장관회의, 국회 외교통일위원회와 국방위원회, 재정위원회 간의 국회의원연맹 회의, 국방장관 회의와 한미 합참의장과 일본 통막의장 그리고 중국 연합참모부 참모장, 러시아·북한·몽골 총참모장 등이 참여하는 군고위급회담을 실시한다. 동시에 역내 국가 간 다자간 상호 방문을 정례화하는 것으로 초급장교 교환방문, 함정 상호방문, 안보포럼, 국가 간 군별 자매결연을 확대한다. 마지막으로 우발적인 사고가 무력충돌로 비화되지 않도록 하기 위해 역내 국가 간 핫라인을 구축하고 위험한 군사행동 방지협정을 체결한다.

전략기획팀은 외교국방장관회의의 의제로 초국가적 위협 공동대처 방안, 다자간 군사적 신뢰구축 방안, 군축, 안보이슈 발생 시 경제에 미치는 파장 등을 판단하여 대비하고, 공동안보 이슈에 대한 정책대안을 발전, 채택토록 한다. 초국가적인 위협에 공동 대응하기 위한 군사교리 발전과 다자간 군사 교류협력 방안을 모색한다.

또한 안보·개발협력팀은 안보 및 경제협력 이슈들을 공동으로 논의해 발전시키는 산실로서 활성화시킨다.

역내 재난구조작전을 위한 신속대응군 창설

한편, 동북아 평화와 안정을 위한 신뢰구축위원회는 환경오염 방지, 재난구조, 원자력 안전, 대테러로 활동을 관장한다. 관련 정보 공유와 전문가 육성을 위한 교육과정을 개설하고, 우발사태에 대처할 수 있도록 조기경보, 시뮬레이션 연습, 군인·경찰·비정부기구로 구성된 신속대응 TF(Task Forces)를 사전 지정해 운용한다.

특히 이러한 초국가적 위협에 공동대처하기 위한 훈련을 정례화하는 것으로 해로보호 및 해적퇴치 훈련, 재난구조훈련, 원자력 안전훈련, 대테러훈련을 실시한다. 초국가적 유형별 TF를 운용하고 사령관은 작전 경험과 능력을 고려해 선정하고 참가국 군대는 작전 기간에 국한해서 전술통제로 지휘관계를 맺고 작전임무 종료 시 해제하여 자국군으로 복귀한다. 예컨대 동북아 특정 지역에 지진이 발생할 때는 일본군 장군이 TF사령관을 맡고, 홍수 시는 중국군 장군이, 테러 발생 시는 한국군 장군이 다국적 신속대응군 사령관이 되어 작전을 지휘한다.

여기에서 한국의 역할로는 미2사단의 주력부대가 평택 캠프 험프리스로 재배치하고 210화력여단만 주둔하고 있는 동두천의 캠프 케이시를 재난구조·대테러·PKO훈련센터로 운용하는 안을 검토할 수 있을 것이다. 기존의 훈련장, 지휘통제통신C4I시설, 식당, 숙소 등을 활용할 수 있을 것이다. 동북아 역내 국가의 PKO 파병 전 교육, 대테러 훈련, 북한 급변사태를 포함하여 우발사태에 대비한 사전 훈련센터로 운용될 경우 지역 평화협력의 메카로서 한국의 위상을 제고시킬 수 있을 것이다.

한국은 한 · 중 · 일 협력사무국을 모체로 지역 차원의 다자안보협력기구로 확대하여, 초국가적 위협에 공동대처할 수 있는 신속대응체제를 제도화시키는 데 주도적인 역할을 수행할 수 있을 것이다.

한·미·일 군사공조체제 구축

한국은 사안의 성격에 따라 다양한 소다자주의(Mini-multilateralism) 형태의 중층외교를 전개할 필요가 있다. 먼저 한 · 미 · 일 군사공조체제 구축이 필요하다. 이는 비핵화 협상이 결렬되거나 무력 남침을 감행하는 상황에 대비해 유의미하다. 그러나 한 · 미 · 일 군사협력이 군사동맹으로 발전되어 중국위협에 대처하기 위한 것이 아닌가 하는 비판과 우려를 불식시킬 필요가 있다. 한국은 미국을 포함한 24개국과 정보공유협정을 체결한 바 있고, 중국과도 재난구조 시 상호군수지원을 위한 협정 체결을 추진 중이며, 특히 북한 핵과 미사일 위협에 한 · 미 · 일이 공동대처해야 한다는 차원에서 일본의 대북정찰 감시능력[74]을 활용하는 정보 공유는 중요한 의미가 있다. 이러한 관점에서 한일군사정보보호협정(GSOMIA, General Security of Military Agreement)을 연장하기로 한 것은 바람직한 결정이었다.

또한 한반도 유사시 증원되는 미군전력을 포함한 우방군의 중간기착지인 유엔사 후방기지로서의 일본의 중요성을 재인식하여, 공감대를 확산시킬 필요가 있다. 사실상 6·25전쟁 시 병참기지로서의 일본 해·공군기지를 활용할 수 없었다면 북한 공산주의의 침략을 저지할 수 없었을 것이다.

북핵 협상이 완전히 결렬되어 북한이 핵무기와 탄토미사일을 대량생산하고 전력화할 경우, 한·미·일 군사공조체제 구축은 절실하다. 한·미·일 간 한국 합참 전략기획본부, 미 합참 및 태평양사 J-5, 일본 통막 J-5 간 실시해온 한·미·일 전략대화를 통해서 북핵미사일 위협과 인도적 지원 및 재난구조작전 등 공동대처 방안을 제도화할 필요가 있다. 또한 한·미·일 해상공동구조 수색훈련, 미국 주도 환태평양연합연습에 한·미·일 해군 참여는 유사시 대비하여 중요하다. 한미·한미일 정상 간 위협 인식과 북한의 비핵화 또는 핵을 무력화시켜서 핵의 공포로부터 한미 및 우방국의 안보와 국민의 안전을 보호해야 한다는 인식의 공유가 중요하다. 이를 위해서는 한·미·일 정상 간 회담은 물론, 한·미·일 외교·국방부장관회의(2+2회의), 한·미·일 안보회의, 한미억제전략위원회(DSC, Deterrence Strategic Committee) 및 한미 고위급 확장억제전략위원회(EDSC, Extended Deterrence Strategic Committee) 등 협의체를 유기적으로 운용할 필요가 있다.[75] 또한 한·미·일 미사일경보훈련 및 대잠수함전훈련을 지속적으로 실시할 필요가 있다.

한·중·일 협력체제 구축

탈냉전 이후 한·중·일 3국 간 경제적 상호의존성의 증대를 고려할 때 경제협력의 제도화 및 정치 안보 분야의 협력체제 구축이 요구된다. 한·중·일 3국은 세계 경제력의 5분의 1을 점유하고 있는 경제권을 형성하고 있다. GDP 15조 3,050억 달러(20.7퍼센트), 인구 15억 3,800만 명(21.9퍼센트), 교역 6조 7,821억 달러(18.3퍼센트) 규모에 달한다. 또한 G20, 국제통화기금, 세계은행 등 주요 국제기구에서 3국의 영향력은 증가 일로에 있다.

지난 20여 년간 한·중·일 3국 간 경제활동 및 민간교류의 급증에도 불구하고 정치 안보 관련 다양한 갈등 요인이 존재했다. 이에 3국 간 이해관계의 충돌을 완화하고 상호 이익을 확대하기 위한 협력체제의 중요성이 커졌다.

특히 동북아 지역의 한·중·일 3자 간 대화체인 한·중·일 정상회담은 1999년부터 ASEAN+3 정상회의 참석 기간에 3국 정상들의 회의로 시작해 2008년부터 3국 정상들은 순차적으로 돌아가면서 별도 회의체로 발전시켰다. 이는 3국 협력을 제도화한다는 측면에서 상징성이 높다.

특히 2010년 5월 제주도에서 3차 한·중·일 정상회담이 개최되어 상설 사무국을 2011년에 한국에 설치하기로 합의했으며, 3국 협력 비전 2020을 채택했다. 4차 정상회담은 2011년 5월 22일 도쿄에서 개최되었으며, 후쿠시마 원자력발전소 폭발사고와 관련, 원전사고 시 세 나라 간에 정보 공유와 자연재해 대비 공동훈련 등 안전·재난관리 협력을 강화하기로 합의했다. 5차 한·중·일 정상회담이 2012년 북경에서 개최되었고, 제6차 3국 간 정상회담이 2013년 서울에서 개최될 예정이었으나 아베 정부의 수정주의적 퇴행적 역사관과 위안부 문제 등으로 중단되었다.

2015년 9월 한중 정상회담에서 중국 측이 회의 참가를 수락함으로써 제6차 한·중·일 회의 개최가 실현되었다. 2015년 11월 1일 서울에서 박근혜 대통령, 리커창 중국 총리, 아베 신조 일본 총리가 참석한 제6차 한·중·일 3국 정상회의를 개최, 3국 협력 진전과 발전 방향, 주요 지역 및 국제문제에 대해 의견을 교환했다. 3년 반 만에 개최된 이 회의의 최대 성과는 3국 정상회의의 재개 자체와 이를 통해 3국 협력의 추동력을 복원하고 제도적 기반을 강화하기로 합의했다는 점이다.[76]

2018년 5월 9일 도쿄에서 2년 반 만에 열린 제7차 한·중·일 정상회담은 문재인 대통령과 아베 신조 일본 총리, 리커창 중국 총리가 참석했다. 3국 정상은 한반도 평화체제 구축 방안에 대해 심도 있게 논의하고 한반도 비핵화 달성을 위해 노력하자는 데 의견을 모았다. 한·중·일 정상들은 당사국들의 추가 노력들이 역내 평화와 안전을 위해 당사국들의 우려들을 포괄적으로 해결하는 데 기여하기를 희망하는 공동성명을 채택했다.[77] 2019년 12월 24일 중국 청두에서 열린 제8차 한·중·일 정상회의에서 한반도 비핵화와 항구적 평화를 위해 긴밀히 협력하기로 합의했으며 환경, 보건, 고령화 분야까지 3국의 협력을 확대하는 '향후 10년 협력비전'도 공동으로 채택하였다.[78]

한·중·일 자유무역협정을 추진하는 것만으로 중장기적으로 동북아 지역의 평화와 안정에 긍정적인 파급효과를 가져올 것인가의 문제도 생각해봐야 한다. 역내 국가 간 안보·군사적 신뢰구축을 위한 제도화 노력이 없이는 동북아 경제협력이 실질적인 진전을 이룰 수 없다는 것이다. 한·중·일 3국 간의 안보적 이해관계의 충돌을 예방하고, 충돌이 발생했을 때 이를 완화·조정할 수 있는 매개수단으로 공통이익의 창출이 필요한 이유다.

한·미·중 전략대화 제도화

한 · 미 · 중 전략대화는 북한의 국지도발을 억제하고, 북한의 재해 재난 등 비군사적 분야의 격변사태에 공동대처하며, 북한을 개혁 · 개방으로 유도하고, 통일을 위한 평화체제 구축을 협의할 수 있다는 차원에서 보다 적극적으로 추진할 필요가 있다.[79]

한국은 한미군사동맹과 한중안보협력을 추진하는 데 있어서 근간이 되는 분명한 전략기조가 있어야 한다.

첫째, 대한민국의 생존과 번영, 발전을 위해 기여해야 하며 국민, 영토, 주권을 수호하는 한국의 국가존립에 추호도 위해(危害)가 없어야 한다.

둘째, 보편적 가치와 민족적 자존을 견지해야 한다. 대한민국을 받쳐주고 있고 누리고 있는 자유민주주의와 시장경제, 인권과 법치주의의 가치는 포기할 수 없으며, 대한민국의 자존을 전제로 한미군사동맹과 한중안보협력을 추진해야 한다.

셋째, 한미동맹이 국가안보의 기본축이며, 주변국 어느 나라와도 적대관계로 발전되지 않도록 안보협력을 강화해야 한다.

마지막으로 북한 위협을 전제로 발전된 한미동맹이 북한 위협 이외에 제3국을 공동의 적으로 상정하거나 한 · 미 · 일 3국 군사공조가 중국의 위협에 대처하기 위한 3국 군사동맹으로 발전되어서는 안 된다.

한국이 미국과 군사동맹을 존속시켜나가고 한중 안보협력을 추진하고자 하는 가장 큰 목적은 북한의 끊임없는 국지도발과 핵미사일 위협, 그리고 체제의 불안으로부터 야기될 수 있는 급변사태 등에 어떻게 공동대처할 것인가에 있다.

그동안 한 · 미 · 중 간 북한에 대한 위협인식의 불일치는 북한 관리에 많은 갈등을 빚어온 가장 큰 원인 중 하나였다. 향후 북한 위협 평가를 통해 북한의 무력도발 억제 등을 위해서 한반도 평화를 유지하기 위한 한·미·중 전략대화가 추진되어야 한다.[80]

정전협정 서명국으로서 중국은 한국군과 주한미군 간에 합의한 북한이 정전협정을 준수하지 않을 경우 즉각적이고 과감한 응징보복을 한다는 국지도발 한미공동대비계획을 직시해야 하며, 북한의 무모한 도발을 억제하도록 건설적 역할을 해야 한다.

한편, 북한의 핵과 미사일 능력 증가는 한반도 불안정은 물론 지역 내 안정과 평화를 깨트리고 일본과 한국, 대만까지 핵 도미노를 촉발시켜 동북아의 핵경쟁으로 치닫게 되어 중국에게도 치명적인 위협이 될 것이다.

중국은 미국이 한국에 핵우산을 제공하여 핵개발을 중단하게 했던 것처럼, 북한에게 핵우산을 제공함으로써 북한의 핵을 포기하게 해야 할 것이다. 한반도 유사시 한국에 미국의 전술핵무기를 재반입하여 핵은 핵으로 맞설 수밖에 없다는 카드를 중국에 제시하면서 북한의 핵 포기를 압박해야 할 것이다.[81]

또한 중국 정부도 북한의 비군사적 우발사태에 대한 한중협력방안에 대해 전향적인 입장 표명을 고려할 때 한·미·중 공동대처방안을 적극 검토해야 할 것이다.

한국은 미일 간 가쓰라-태프트 밀약처럼, 강대국 간 담합에 의해 우리의 의지와 의사와 무관하게 한반도의 운명이 희생되어서는 안 된다는 차원에서 한·미·중 전략대화체는 중요한 의미를 갖는다.

남·북·중·러 협력

남 · 북 · 중 · 러의 자원, 인력, 기술이 합쳐지는 지점인 두만강 유역 일대를 자유무역지대로 만드는 방안도 안보공동체 구축을 위한 고려 대상이다. 초국경 경제협력을 기반으로 북한을 동북아 역내 경제권으로 자연스럽게 통합시키면서 한국이 직간접적으로 참여해 남북한 경제협력을 이끌어내는 것이 남북관계 개선의 돌파구가 되고, 통일에 대비하는 신성장동력으로 작용할 것이다.[82] 한국의 신한반도 경제 구상, 중국의 일대일로 구상, 러시아의 신동방정책을 연결하는 남 · 북 · 중, 남 · 북 · 러 협력을 추진하는 것이다.

이를 위해서 첫째로 동북아 지역 다자간 정부협의체인 광역두만강개발계획(GTI, Greater Tumen Initiative)[83]의 프로젝트를 추진할 필요가 있다. 교통, 무역 · 투자, 관광, 에너지, 환경, 농업 등 6개 분야별 위원회가 활동을 한다. 2009년 탈퇴한 북한의 광역두만강개발계획 재가입을 추진한다. 이 지역은 인근국과의 연계 협력을 바탕으로 새로운 성장 공간으로 발전할 잠재력이 높은 지역이다. 신북방정책 등을 바탕으로 광역두만강개발계획을 적극 활용해 광역두만 지역에서의 경제협력을 강화하기 위해 적극 노력해나갈 필요가 있다.[84]

두 번째는 한국, 북한, 러시아, 중국, 몽골 등의 유라시아 지역 철도공동체를 구축하는 방안이다. 한반도종단철도-시베리아횡단철도, 한반도종단철도-중국횡단철도/만주횡단철도(TMR, Trans-Manchuria Railway) 구상으로 맥이 끊긴 유라시아 혈맥을 이어주는 인프라를 구축한다. 이를 구현하기 위해 남 · 북 · 중 · 러 · 몽 등의 유라시아 지역 철도대학들을 연결해 교환학생 방식으로 다른 국가의 철도산업 및 철도시스템을 학습함으로써 유라시아 철도전문가를 양성할 수 있다. 다가올 유라시아 대륙철도 통합운영에 대비한 사전 준비 작업을 하자는 측면뿐만 아니라, 북한을 대륙철도 파트너로 참여시켜 통일의 지렛대 역할을 활용하도록 하자는 방안이다.[85]

세 번째 방안은 자연재난 및 여객선 침몰 구조작전 등에 남북한은 물론 중국과 러시아가 참여하는 방안이다. 백두산 화산폭발 가능성에 대비해 공동으로 대처할 수 있도록 남북한은 물론 중국과 러시아가 시뮬레이션 게임에 참여하는 등 우발적 사태에 공동으로 대처할 수 있는 메커니즘을 구축하는 안이다. 또한 인천과 다롄을 오가는 여객선이 발해만 일대에서 또는 동해와 블라디보스토크를 왕래하는 여객선이 침몰하는 상황을 상정해서 남·북·중, 남·북·러가 해상공동구조 수색작전을 하는 모의훈련을 통해서 재난 발생 시 대비하는 것도 역내 국가 간 신뢰를 구축하고 궁극적으로 안보공동체를 제도화하는 데에 기여할 것이다.

남북한의 이해와 협력

평화협정 체결 시 주한미군은 더 이상 북한의 위협세력이 아니며, 주한미군 철수 시 한반도에 힘의 공백이 발생할 수 있다. 결국 한반도에 헤게모니를 장악하기 위한 주변국의 군사 개입 가능성을 배제할 수 없기 때문에 주한미군의 지속 주둔이 필요하다고 이해시킬 수 있을 것이다.

유엔사 역시 비무장지대를 평화지대로 설정해 남북한, 유엔안보리 상임이사국 5개국과 6·25전쟁 시 유엔 참전국으로 재편성해 평화협정 감시기구로 존속시킬 필요가 있음을 이해시킬 수 있다.

또한 해상에서 선박 침몰 시 남북한 군이 즉각 전개해 해상수색구조작전을 추진할 수 있을 것이다. 홍수, 코로나 바이러스, 아프리카돼지열병 퇴치 등에도 남북이 공동 TF를 구성해 대처할 수 있도록 하는 것이다.

글로벌 다자안보 협력

국제테러단체인 알카에다의 세력 약화와 ISIS의 중동 지역 패퇴에도 불구하고 이들과 연계되어 있거나 동조하는 세력이 여전히 전 세계를 위협하고 있다. 이들이 세계 각지로 흩어져 난민이나 근로자 등으로 위장 침투해 테러를 자행할 가능성도 커지고 있으며, 이들의 테러 수법과 활동 방식도 날로 지능화되고 있다.

국제 테러분자의 국내 침투를 차단하기 위한 국제연합, 인터폴 등 국제기구와 우방국 대테러기관과의 지속적인 정보협력이 확대되어야 한다.[86]

또한 정부는 외국에서 발생하는 우리 국민과 관련된 사건 사고에 대한 대응 능력을 강화하고 예방활동을 확대해야 한다. 안전정보 서비스 제공 등 해외 안전여행 홍보활동을 확대하고, 해외에 진출 및 체류하는 국민에 대해 편익을 증진하기 위한 영사 분야 협정을 지속적으로 확대하며, 피랍 등 안전에 위협을 받을 때 해당국의 경찰 보호를 받을 수 있는 대비책을 강구하고[87] 필요시 해외 파병된 한국군의 재난구조작전에 투입할 수 있는 우발사태 계획도 발전시켜 즉각 조치할 수 있도록 해야 할 것이다.

평화강제작전(PEO, Peace Enforcement Operations) 참여 방안에 대해서도 논의가 필요하다. 대한민국의 신장된 국력과 격상된 국제사회의 위상을 바탕으로 국제협력을 통해 안정과 평화 증진, 빈곤퇴치, 인권 신장 등 국제안보와 번영을 위해 글로벌 한국의 웅혼을 떨쳐야 할 것이다.[88]

한국은 1993년부터 2017년 6월 말 현재까지, 지난 4반세기 동안 총 4만 5,868명을 해외에 파병했다. 지난 25년간 한국의 파병 활동 성과는 군사적으로 다양한 전장 환경에서 실전과 같은 경험을 축적했으며, 국제정치적으로는 국가 위상에 걸맞은 기여를 했다.[89] 우리 군은 동티모르분쟁, 이라크 및 아프간 전쟁에 참여하고, 대 해적작전을 통해서 지휘체제, 정보 공유, 군수지원협조, 현지 정부와의 협력 등의 노하우를 축적해왔다.

그러나 파병부대는 비전투병 위주로 편성해 가급적 안전한 지역을 골라서 소규모로, 그것도 군위주로 이루어졌다. 최근 유엔의 국제평화활동 방향은 복합적 평화유지활동의 전략하에 작전 능력의 강화와 핵심임무 수행을 위한 병력공여국의 준비 상태를 강조해 분쟁 상황에 대한 효과적이고 시기적절한 대응을 요구하고 있다. 따라서 한국이 추진해야 할 향후의 파병 정책의 방향으로 첫째, 한국은 파병에 대한 지금까지의 패러다임을 전환하여 평화유지활동(PKO) 위주에서 평화강제작전 위주로, 규모와 성격 면에서도 독립대대급 이상의 전투부대 위주로, 그리고 분쟁의 후방 지역보다 핵심 지역에서, 인도적 지원보다는 전투 임무 위주로, 군인 위주에서 시너지효과를 발휘할 수 있도록 민·관·군·경 혼성으로 파병하도록 해야 할 것이다. 둘째, 이를 지지하고 지원할 수 있는 전략적 소통을 통해 국민적 공감대를 형성해야 할 것이다. 셋째, 국군의 해외 파병을 위한 법적·제도적 정비를 통해 파병업무 수행의 당위성과 절차를 보장할 수 있어야 할 것이다.

제 2 장

북핵 폐기 전략

2017년 북한의 지속적인 도발로 인해 한반도는 위기를 맞이했다. 북한과 미국의 말 폭탄과 함께 미국의 선제공격설이 대두되었으며, 사드 문제로 한중 갈등 또한 불거졌기 때문이다. 반면 2018년에는 반전의 시간이 다가와 평창올림픽과 함께 한반도 평화 프로세스가 작동하기 시작했고, 남북정상회담뿐만 아니라 북미정상회담까지 개최되었다.

2019년 2월 말 하노이 북미정상회담은 미국의 빅딜과 북한의 스몰딜이라는 견해 차이를 좁히지 못한 채 결렬되었으며, 이후 볼턴의 리비아식 모델과 같은 강경론이 재부상하게 된다. 하노이 북미정상회담의 결렬 이후 미국은 한국을 북한을 돕는 문제 국가로, 북한은 오지랖 넓은 중재자로 비난하면서 핵 협상에 대한 한국의 입지는 좁아졌으며 이후 북미 핵 협상이 재개되었지만 여전히 난항 중이다.

한국은 한반도 비핵화 문제의 당사자이면서도 현재 북미 비핵화 협상에 참가하지 못하고 있다. 하지만 이러한 난관 속에서도 비핵화를 위한 외교전은 추진되어야 한다.

따라서 이번 장에서는 비핵화의 정의 및 관련국들의 관점에 대해 살펴보고, 북한의 핵미사일 개발 배경과 비핵화 협상 과정 및 관련국 입장을 고찰해보고자 한다. 또한 ①협상에 의한 북핵 완전 폐기 ②핵 동결 및 핵 비확산으로 사실상 핵보유국 인정 ③핵 협상 완전 결렬 선언 핵미사일 대량생산 및 전력화라는 비핵화 시나리오를 상정해 분석한 다음, 각 시나리오에 대해 비핵화에 따른 한국의 역할을 고민하였다.

01 비핵화의 정의 및 **관련국 관점**

비핵화의 정의

'비핵화'의 사전적 의미는 핵무기를 폐기하는 것을 말한다. 핵 확산과 반대의 의미다. 비핵국의 핵발전소 보유는 평화적 이용의 비핵화라는 것이 통설이지만, 핵무장이라는 소수설도 존재한다. 소수설의 입장에서 본다면 다음과 같다. 1,000메가와트의 원자로가 연간 500파운드의 플루토늄을 생산한다. 핵폭탄 한 개를 제조하는 데는 10파운드의 플루토늄이 필요하다. 그러므로 핵발전소를 갖고 있는 비핵국가는 핵폭탄을 보유한 것이나 마찬가지라는 것이다. 이러한 '핵발전소 보유도 사실상 핵무장'이라는 소수설의 대표적 나라가 일본이다. 일본은 1960년대 서독 정부에 핵무기 개발을 동반 추진하자고 제의했으나 거절당했던 경험이 있다. 아베 신조 총리는 관방장관 당시 "일본이 원자탄을 갖는 것은 헌법상 아무 문제가 없다"면서 "결심하면 1주일 이내에 핵무기를 가질 수 있다"고 말했다.[1]

한반도 비핵화의 지역적 개념

2018년 4 · 27 판문점선언 제3조 제4항에서는 "완전한 비핵화를 통해 핵 없는 한반도를 실현한다", "북측이 취하고 있는 주동적인 조치들은 한반도 비핵화를 위해 의미 있고 중대한 조치다", "한반도 비핵화를 위한 국제사회의 지지와 협력을 위해 적극 노력한다"고 규정하고 있다.

또한 2018년 6월 12일 싱가포르 북미정상합의문에는 "북미 양국 간 상호 신뢰구축이 한반도 비핵화를 촉진할 수 있다", "조선민주주의인민공화국은 한반도의 완전한 비핵화를 추진할 것을 약속한다"고 되어 있다. 그리고 2018년 9월 19일 남북정상 간 평양공동선언 제5조에서는 "한반도를 핵무기와 핵 위협이 없는 평화의 터전으로 만들어나가야 한다"며 이를 위한 실질적 조치로서 ①동창리 엔진 시험장과 미사일 발사대를 유관국 전문가들의 참관하에 영구적으로 폐기 ②미국이 6 · 12 북미공동성명의 정신에 따라 상응 조치를 취하면 영변 핵시설의 영구적 폐기와 같은 추가 조치 ③한반도의 완전한 비핵화를 추진하는 과정에서 긴밀한 협력 등을 명시했다.

그러나 남북한 정상 간 및 북미 정상 간 합의문에서의 '한반도 비핵화' 개념은 그간 북한 측의 입장 표명에 비추어보면 매우 모호한 표현이었다. 김일성 주석은 1970년대 중반부터 '조선반도의 비핵지대화'를 주장하기 시작했다. 비핵화 구호를 내세워 미국과 중국의 의심을 사지 않으면서 핵무기를 개발한다는 전략이었다. 1980년에는 일본 사회당과 조선반도의 비핵화를 공동선언 형식으로 발표했다. 미국과 남한의 상황을 감안해 1985년 '조선반도 비핵화 평화지대화'를 계속 주장하면서 그해 12월에 핵확산금지조약에 서명했다. 북한은 미국을 잠시나마 안심시키면서 최대한 시간을 끌었고, 남북회담을 이용해 미국의 압력을 이완시키는 전술을 구사했다. 그 결과 1991년 7월 30일 남북 당사자에 의한 한반도 비핵화 방안이 발표됐고, 12월 31일 양측은 '한반도의 비핵화에 관한 공동선언문'에 합의했다. 1991년 말까지 남한에 배치한 미국의 핵무기는 완전히 철수되었던 것이다.

김정일 위원장도 2005년 6월 17일 정동영 통일부장관을 만나 "조선반도 비핵화는 김일성 주석의 유훈"이라고 말했고, 노무현 대통령과의 정상회담 때도 비핵화 유훈을 강조했다. 북한의 관영매체들은 한반도 비핵화를 '한반도 전역에서 모든 핵무기를 철거하는 것'이라고 정의했다. 북한의 비핵화 주장은 남한, 특히 주한미군 내 핵 의심시설 사찰이나 핵잠수함·항공모함의 기항 반대 등을 포함해 궁극적으로 주한미군 철수를 노린 것이었다.

1991년 9월 27일 부시 행정부의 전술핵무기 철수 선언과 1991년 12월 18일 노태우 대통령의 핵무기 부재 선언과 1992년 1월 20일 남북이 서명한 '한반도의 비핵화에 관한 공동선언' 후에도 북한은 주한미군이 핵무기를 갖고 있다고 주장해왔다. 2006년 1차 핵실험 직후에 강석주 외무부상이 중국 외교부장 리자오싱과 비밀리에 만났을 때 "조선반도 비핵화란 우리만의 비핵화가 아니라 남조선까지 포함한 전 조선반도의 비핵화를 뜻한다. 미국은 조선반도에서 핵전쟁 훈련을 계속하고 있고, 언제라도 핵무기를 끌어들일 수 있다. 이런 상황에서 조선반도는 결코 비핵화되지 않는다. 오직 우리의 핵으로 미국의 핵을 몰아내고 미국으로부터 핵 불사용 담보를 받아낼 때만이 가능하다"[2]고 언급했다. 결국 북한의 비핵화는 북한 보유 핵무기에 대한 사찰을 허용하고 폐기할 테니, 주한미군도 똑같이 행동하라는 것이었고 이러한 입장은 현재까지도 변하지 않고 있다.

도널드 트럼프 미국 대통령은 2018년 싱가포르 북미정상회담을 앞둔 상황에서 '북한 비핵화'가 아닌 '전체 한반도 비핵화(denuclearize that entire peninsula)'라는 표현을 썼다. 그는 5월 10일 워싱턴 인근의 앤드루스 공군기지에서 북한이 석방한 한국계 미국인 세 명을 맞는 자리에서 "나의 가장 자랑스러운 업적은 한반도 전체를 비핵화하는 때일 것"이라며 "아무도 우리가 이 길에 이렇게 빠른 속도로 올 줄을 생각하지 못했다"고 말했다.

이러한 발언은 5월 8일 존 볼턴 백악관 국가안보보좌관의 발언과 맞물려 의미심장하게 받아들여졌다. 볼튼 보좌관은 미국의 이란 핵협정(Joint Comprehensive Plan of Action) 탈퇴를 브리핑하면서 돌연 "마이크 폼페이오 국무장관이 북한에서 논의하게 될 것은 북한이 1992년 한반도 비핵화 공동선언으로 돌아가는 것"이라고 강조했다. 외교안보 전문가들 사이에선 트럼프 대통령의 발언을 두고 미국이 비핵화를 촉진하기 위해 북한이 주장해온 '한반도(조선반도) 비핵화'를 일부 수용한 것 아니냐는 분석이 제기됐다.

한반도의 완전한 비핵화

미국의 '빅딜'과 북한의 '단계적 동시적 해법' 간 간극이 좀처럼 좁혀지지 않고 있다. 가장 큰 간극은 미북 간 '한반도의 완전한 비핵화' 대상 범위와 최종 목표다. 한반도 비핵화에 대한 미국의 최종 목표는 유엔안보리 결의안에 제시되고 존 볼턴 미 백악관 국가안보회의(NSC) 보좌관이 주장해온 완전하고 검증 가능하며 불가역적인 폐기(CVID, Complete,

Verifiable and Irreversible Dismantlement)다. 트럼프 행정부에서 최종적이고 완전히 검증된 비핵화(FFVD, Final, Fully Verified Denuclearization)란 용어로 대체된 것 같지만 사실상 동일한 개념으로 볼 수 있다.

특히 비핵화와 관련해서 미국의 다섯 가지 핵심 사항을 살펴보면 첫째, 미국으로 핵물질 및 핵무기 이전, 둘째, 핵 프로그램에 대한 포괄적 신고 및 미국과 국제 사찰단에 대한 완전한 접근 허용, 셋째, 모든 관련 활동 및 새 시설물 건축 중단, 넷째, 모든 핵 인프라 제거, 다섯째, 모든 핵 프로그램 과학자 및 기술자들의 상업적 활동으로의 전환 등이다. 즉 미국이 염두에 두고 있는 비핵화의 최종 목표는 '완전하고 검증 가능하며 불가역적인 핵 폐기'이며 이행은 신고→동결→폐기의 단계적 수순이다.

반면 북한의 '조선반도의 비핵화' 개념은 한반도 역내뿐만 아니라 조선반도를 겨냥하고 있는 주변으로부터의 모든 핵 위협 요인 제거로 미국의 한반도 전략자산 전개 중단과 핵우산 제거를 의미한다. 북미정상회담과 실무회담에서 김정은 위원장을 비롯해 김영철, 리용호, 최선희는 완전한 비핵화의 구체적인 개념과 대상을 공개적으로 밝히지 않고 있다. 그러나 북한의 일관된 입장이 변했다고 속단할 수 없다.

미국은 한반도 비핵화에 대해 핵시설과 핵무기, 투발 수단, 생화학무기 등 대량살상무기 전체를 의미하는 데 비해, 북한은 핵시설 폐기와 핵실험 · 미사일 발사 영구 중단 등 핵 동결 자체에 미국의 상응하는 조치가 이루어져야 한다는 것이다. 무엇보다도 북한의 완전한 비핵화를 위해서는 전략자산의 한반도 전개 금지, 주한미군 문제를 포함한 안전을 담보하는 한반도 전체의 비핵화를 주장하고 있다. 비핵화의 최종 목표와 최종 상태가 합의되지 않은 상황에서 북한이 주장하는 '단계적 해법', '부분 동결과 부분 폐기'는 북한의 전체 비핵화 중에 어느 정도인지 알 수 없다.

이에 미국은 '잘못된 협상(wrong deal)'이 아니라 '올바른 협상(right deal)'을 강조하고 있다.[3]

한반도 비핵화의 지역적 개념과 대상 범위에 따른 개념이 명확하게 정리되지 않는 상태에서 비핵화 문제는 계속 공전될 개연성을 배제할 수 없고, 관련 협상도 크게 진전될 것으로 기대할 수 없다. 특히 대북 제재 해제 문제는 '완전한 비핵화 달성'과 '완전한 대북제재 해제'에 대한 현격한 입장 차이 때문에 쉽게 합의될 수 없다. 미국은 핵무기를 폐기하는 빅딜에 집중해야 한다며 대북 제재 해제 여부는 빅딜에 대한 최종 입장이 나온 이후 가능하다는 점을 시사했다. 반면 북한은 하노이 북미정상회담에서 대북 제재 결의안 11건 중에 2016~2017년까지 채택된 다섯 건의 민수경제와 인민생활과 관련된 항목들을 영변 핵단지를 폐기하는 대가로 우선적으로 해제해줄 것을 요구했다. 북측은 이를 '완전 해제'가 아니라 '부분적 대북제재 해제'라고 주장했다. 그러나 2016년 이전의 대북 제재 결의안들은 주로 무기를 포함해 대량살상무기와 관련된 특정 인물들과 이중용도 품목에 대한 통제와 감시 리스트 등으로 북한 주민들의 경제생활과 직접적인 관련이 없고 사실상 대북 제재의 실효성이 없음을 반증해주는 결의안이었다.

02 북한의 핵미사일 개발 배경

일본 본토에 투하된 핵폭탄의 위력

김일성은 천왕을 무릎 꿇게 만든 가공할 만한 신예무기의 정체가 궁금했다. 그는 일제의 병탐 이후 해방까지 거의 15년간 빨치산부대에서 항일전투를 했으나 빈번히 패퇴했다. 그런데 미국은 기껏 두 번 공격으로 일본을 굴복시켰다.[4] 그는 이 신비의 무기를 어떤 대가를 치르고서라도 개발하겠다는 강한 집념을 불태웠다. 비단 김일성만이 아니었다. 스탈린조차 1945년 7월 포츠담 회담에서 신형무기를 개발했다는 트루먼의 말을 이해하지 못했다. 히로시마와 나가사키 원폭 투하 사실을 접하고서야 미국의 핵개발 성공에 큰 충격을 받았다.[5]

최초의 고등교육기관인 김일성대가 1946년 설립되면서 핵개발의 이론적 기초를 다지는 물리수학부도 동반 개설됐다. 김일성대 설립위원인 도상록 교수가 초대 물리수학부 학부장을 맡았다. 그는 서울대 이공학부 학부장으로 재직 중이던 1946년 5월에 김일성의 자필 초대장을 받고 월북했다. 여기에 서울대 리승기 교수와 연세대 한인석 교수가 합류했다.

이들이 소위 북한 핵연구 1세대의 3인방이다.[6] 특히 도상록 교수는 과학원 원사로 추대되었던 1952년부터 1990년 사망 시까지 핵물리학과 원자력 부문의 전문가를 다수 배출하고 핵연구에 지대한 업적을 남긴 북한 핵개발의 태두였다. 한인석 교수는 1951년 5월부터 모스크바대에 가서 최신물리학을 공부하고 돌아와 김일성대에서 인재 양성에 혼신의 힘을 다했다. 리승기 박사는 세계 세 번째 합성섬유인 비날론을 개발해 1962년 레닌상을 수상했고, 4년 후에는 소련 과학아카데미 명예원사로 추천됐다. 그도 역시 모스크바대에서 핵물리학을 공부했고 1965년 6월 영변에 2메가와트 연구용 원자로를 가동시키면서 초대 원자력연구소 소장을 역임했다.[7]

미국의 핵무기 사용 계획

김일성은 종전 후에 발간된 「한국에서의 공중전」이라는 미 공군성 결산보고서에서 미국 지도부가 개전 초기에 북한군을 신속히 퇴각시키기 위해 핵무기 사용 가능성을 검토했다는 것에 대해 소스라치게 놀랐다. 사실상 미 국무부 정책기획국 보고서(1950. 7. 15)도 소련이나 중국이 한국전에 개입하면 원폭을 사용할 수 있다는 내용을 담고 있었다. 7월 30일 트루먼은 핵탄두를 탑재하지 않은 상태의 폭격기를 괌에 배치하는 것을 승인했다. 10월 중국이 한반도에 개입해 유엔군을 남쪽으로 밀어붙였을 때 트루먼 행정부는 맥아더 총사령관의 촉구 아래 북한 지역과 중국에 대한 핵무기 공격을 고려했다.[8]

6·25전쟁에서 미국의 원폭 사용 계획은 거기서 끝나지 않았다. 1951

년 9월과 10월에 '허드슨항 작전'이라는 이름으로 한국에서 원폭 사용을 준비하는 작전을 전개했다. 오키나와에 배치된 B-29 폭격기들을 북한에 보내 모의 원폭이나 대규모 TNT폭탄을 투하하는 훈련을 실시한 것이다.[9]

김일성은 '미국이 불가피한 상황에서는 언제든지 핵무기를 사용할 수 있다'는 것을 우려했다. 1954년에 인민군을 개편해 핵무기 방위부문을 설치하고 이듬해에 핵물리연구소를 창설했다. 1956년에는 소련과 '원자력의 평화적 이용 협력협정' 2건을 체결했고, 모스크바 인근 두브나 합동원자핵연구소(JINR)를 세울 때 창립 멤버로 참여했다. 북한 정부는 이곳에 김일성대 물리수학부 학생들을 주축으로 물리학자 30여 명을 파견하면서 '핵무기 개발을 염두에 두고 공부하라'는 지침을 받았다.[10] 북러 간 과학 협력이 중단된 1990년까지 약 30년간 북한 과학자 250여 명이 이곳을 거쳐 갔다.

소련의 태도와 중국의 핵실험 성공

1962년 10월 미국 정보기관이 쿠바에 소련의 핵미사일과 폭격기 배치 사실을 폭로하자, 쿠바의 소련군은 상당수 핵무기를 발사대로 옮기는 등 핵전쟁 준비를 완료했다. 쿠바 미사일 위기가 고조된 것이다. 카스트로는 흐루시초프에게 한밤중에 전화를 걸어 핵무기를 사용해달라고 눈물로 호소했다. 그러나 흐루시초프는 쿠바에서 소련 미사일들을 해체해 철거할 것이라는 공식성명을 발표했다. 미국도 11월 20일 쿠바에 대한 해상 봉쇄를 풀었다.[11] 이렇게 해서 결정적 고비는 넘겼지만, 북한 지도부는 소련이 자국의 안보를 위해 동맹국 쿠바를 충분히 지원하지 않았다고 판단했다.

중국은 1964년 10월 16일 핵실험에 성공하면서 핵보유국의 반열에 들어섰다. 김일성이 1975년 4월 18일 북경에서 마오쩌둥을 만나 핵개발 비용을 넌지시 물었을 때, 마오쩌둥은 "조선은 핵무기를 가질 꿈도 꾸지 말라. 중국이 독자적으로 핵개발하면서 소련과의 관계가 나빠지고 경제 악화로 수천만 명이 굶어 죽었다"고 강조했다. 김일성은 귀북길 열차 안에서 당 정치국 회의를 열고 "마오쩌둥이 나한테 이야기하는 걸 들었지? 앞으로 우리가 핵무기 만드는 데 가장 큰 적은 미국이 아니라 중국이다. 우리가 넘어야 할 가장 큰 산이 중국이라는 뜻이다. 그러니 우리는 중국을 옆에 끼고 나가야 한다"[12]고 말했다.

미국의 남한 내 전술핵 배치

미국의 아이젠하워 행정부는 남한에 1958년 1월부터 전술핵을 배치하기 시작해 1960년대 중반에는 거의 1,000기에 가까운 핵무기를 배치했다. 포드 행정부의 슐레징거 국방장관은 "북한이 남한을 침략할 경우 미국은 핵무기를 사용하거나 더 많은 지상군을 투입할 옵션을 갖고 있다"고 발언했다. 남한의 박정희 정부도 미국의 압력과 회유로 핵개발 계획을 접었지만, 미국의 핵우산 아래 남게 된 것이다. 1980년대 후반 중국이 개혁개방에 나서고 소련의 고르바초프 서기장이 취임한 후 신사고를 외치는 탈냉전 분위기 속에서도 미국의 대북 군사압박은 강화되고 한미연합군사훈련의 규모는 오히려 확대됐다.[13]

북한은 이 같은 미국과 남한의 상황을 감안해 1985년 '조선반도 비핵화 평화지대화'를 계속 주장하면서 그해 12월에 핵확산금지조약에 서명했다. 미국을 잠시나마 달래면서 최대한 시간을 끌었고, 남북회담을 이용해 미국의 압력을 이완시키는 전술을 구사했다. 그 결과 1991년 7월 30일 남북 당사자에 의한 한반도 비핵화 방안이 발표됐고, 12월 31일 양측은 '한반도의 비핵화에 관한 공동선언문'에 합의했다. 1991년 말까지 남한에 배치한 미국의 핵무기는 완전히 철수됐다.

미국과의 직접 대화 수단

소련이 서울올림픽 참가에 이어 한국과 수교하자 북한은 적잖은 충격에 휩싸였다. 1991년 4월부터는 대북교역 전반에 걸쳐 경화 결제를 요구했고, 대북지원 규모도 대폭 축소됐다. 사회주의 우호가격으로 공급하던 원유가 두 배나 비싼 국제가격으로 인상됐다. 소북 관계는 언제 깨어날지 모르는 긴긴 동면상태로 접어들었다. 북한은 특유의 중소 등거리외교의 관행에 따라 중국으로 고개를 돌렸다. 그러나 2년 뒤에 중국마저도 남한과 수교해버리자, 김정일은 아연실색했다. '정신적 원자탄인 주체사상과 물질적 원자탄에 의지할 수밖에 없다'는 입장으로 선회했다. 이러한 의지는 김일성보다 김정일이 더 강했다.[14]

소련의 국가보안위원회(KGB)는 1990년 공산당 중앙위원회에 제출한 보고서에서 "북한의 첫 핵무기 개발이 영변의 핵연구센터에서 완성됐다"고 밝혔다.[15] 또한 래리 닉시(Larry Niksch)는 1994년 상반기에 북한이 자신의 원자로에서 추출한 플루토늄 이외에도 러시아를 포함한 해외에서 플루토늄을 밀수해 더 갖고 있을 가능성을 지적했다.[16] 1994년 6월 소련 국가보안위원회 후신인 러시아 국내방첩부 부장도 "북한이 핵무기 생산 부품에 대한 밀수를 시도해 골치를 앓고 있다"고 발언했다.

북한은 미국을 상대로 본격적인 핵 협상과 관계 개선을 병행해서 추진했다. 1992년 1월 미국이 요구해왔던 핵안전협정에 서명했고 국제원자력기구의 임시사찰도 받았다. 그러나 영변의 두 개 핵시설에 대한 국제원자력기구의 특별사찰 요구를 거부하고 1993년 3월 핵확산금지조약 탈퇴를 선언했다. 이는 주변국 간 첨예한 대립 양상을 야기했으나 다른 한편으로는 미국과의 직접협상을 통한 해결 분위기를 조성했다. 미북 양측은 1994년 10월 제네바에서 미국의 대북 핵 불사용 보장과 경수로 지원, 북한의 핵확산금지조약 복귀, 양국 간 연락사무소 설치 및 무역·투자 장벽 완화 등을 주요 내용으로 하는 기본합의문을 채택했다. 결과적으로 북한은 핵문제를 미국과 직접 대화의 수단으로 이용했고, 자국이 목표했던 안보와 체제 보전, 경제 원조를 달성하려는 의지를 부분적으로 관철했다.

대미 항전을 위한 결속 수단

북한 당국은 항상 미국의 공격 가능성을 두려워했다. 1968년 1월 북한이 미 해군 소속 정찰함 푸에블로 호를 나포한 직후에 자녀들을 지방으로 소개하라는 상부 지시가 있었다. 그리고 1976년 8월 18일 판문점 도끼만행 사건 때는 김일성의 아들 김평일도 자원입대하고 모든 간부 자식들과 대부분의 대학생들이 군 복무에 들어갔다. 평양 시내는 매일 공습

경보가 울리고 주민들은 대피 훈련을 했다. 김정일은 핵무기로 남한 자체를 쓸어버려야 한다는 생존 전략과 통일 전략을 세워놓았다.[17]

북한은 아프간·이라크 전쟁 이후 미국의 공격을 더욱 두려워했다. 절대적 억지 수단은 핵무기뿐이며 핵무기를 포기하면 국제사회에 압력을 가할 수단이 없다고 판단했다. 신년 공동사설에서 "우리가 핵 억지력을 가지게 된 것은 그 누구도 건드릴 수 없는 불패의 국력을 갈망해온 우리 인민의 세기적 숙원을 실현한 것이다"고 밝혔다.[18] 북한 군부는 한미연합훈련 때마다 어쩔 수 없이 대응훈련을 해야 했다. 엄청난 전쟁 준비 물자가 소모됐다. 한미연합훈련 존재만으로도 북한의 전력을 약화시키는 요인이 되었던 것이다.

상기 북한의 핵개발 과정과 방법 및 동기 전체를 포괄하여 핵개발 내용을 종합해보면 첫째, 북한의 핵개발 과정은 정권출범 직후부터 장기간에 걸쳐 진행되었다. 핵개발 속도는 대내외 상황에 따라 다소 완급은 있었으나 해를 거듭할수록 가속도를 냈다. 소련 해체 전까지는 1차적으로 북소 간 과학기술 협력에 좌우되는 측면이 강했다. 김일성과 김정일 시대에는 천리마 운동의 기치에도 불구하고 비교적 완만하게 진행됐다. 그러나 김정은 시대로 접어들면서 2012년 핵무력 완성 목표를 향해 만리마운동 차원을 넘어 '십만리마운동'의 속도전에 돌입해 현재에 이르고 있다.

둘째, 북한의 핵개발 방법은 러시아의 지원하에 단계별로 주도면밀하게 이루어졌다. 초기 단계에서는 핵이론 연구 및 핵전문가 양성에 주력했다. 중기 단계에서는 핵의 평화적 이용을 위한 본격적인 실험·실습 단계로 진입했다. 소련 해체의 혼란기를 평화적 이용을 넘어 핵무기 개발로 전환하는 호기로 삼았다. 동맹국인 소련과 중국의 이탈로 정치 · 경제적으로는 위기에 처했지만, 핵개발을 위한 인원 · 물질 · 설비 등을 합법 · 불법적인 방법으로 취득함으로써 핵개발에 전력투구할 수 있었다.[19]

셋째, 북한의 핵개발 의도는 기본적으로 강대국(미국)의 공격에 대비한 자구책의 일환이었다. 김일성은 일본 본토에 투하된 핵폭탄의 위력에 주눅이 들었다. 그 당시 유일무이한 핵보유국인 미국에 대한 경계심은 6 · 25전쟁을 경험하면서 더욱 증폭됐다. 이라크 · 시리아 등 중동의 독재 정권이 무너지는 과정을 지켜보면서 미국에 대한 두려움은 더 커지고 유일한 방어 수단이 핵무기임을 절감했다. 북한 정부의 핵개발 의지는 해를 거듭할수록 강해졌다.

03 비핵화 협상 과정 및 관련국 입장

제1차 북핵 위기와 다자협력

1993년 3월 북한의 핵확산금지조약 탈퇴 선언으로 북핵문제가 마침내 국제문제로 비화됐다. 이는 주변국 간 첨예한 대립 양상을 가져왔으나 다른 한편으로는 미국과의 직접 협상을 통한 해결 분위기를 조성했다. 그해 7월 제네바에서 북미 고위급 회담이 열렸다. 김정일이 협상대표인 강석주에게 내린 지침은 "우리에게 필요한 건 시간이다. 시간을 벌어라"였다. 북한은 대외적으로 조선반도 비핵화를 선전해왔지만, 내부적으로는 무조건 핵을 가져야 한다는 것이 암묵적 지령이나 다름없었다. 제네바회담에서 김정일은 미국의 전쟁 강행 의지를 확인하고 불안에 떨었다. 이에 외무성 리용호는 "핵확산금지조약 탈퇴와 준전시 상태를 선언하고 전쟁 임박 상황으로 몰아가야 한다"고 주장했다. 그의 강경책이 성공해 1차 북핵 위기는 북한의 뜻대로 마무리됐다.[20] 김영삼이 클린턴의 외과수술식 타격(Surgical Strike) 안을 결사반대했고, 카터가 1994년 6월 김일성과 중재회담을 가졌다.

북미 양측은 1994년 10월 제네바에서 기본합의문을 채택했다. 북한은 지속적인 대미 협상을 위해 4자회담을 비롯해 연락사무소 개설 및 미사일 문제, 미군 유해 송환, 대북 식량지원 및 미국의 경제 제재 조치 완화 등 정치적 · 비정치적 사안들을 제기하면서 관계 증진을 모색했다. 결국 북한은 핵문제를 미국과 직접 대화의 수단으로 이용했고, 자국이 목표했던 안보와 체제 보전, 경제 원조를 달성하려는 의지를 부분적으로 관철했다. 그렇지만 4자회담은 아무런 결실을 맺지 못했고 북미관계는 부시 정권이 출범하면서 답보 상태에 빠졌다.

한편 남한은 1차 북핵 위기 상황에서 김영삼 정부가 클린턴 정부의 대북접촉을 견제하려다 오히려 통미봉남(通美封南)의 수모를 당했다. 북핵회담에는 참여하지도 않고 경수로 건설비용만 부담하게 된 것이다. 김 대통령은 야당 당수 시절인 1976년 1월 정부에 남북문제 해결을 위해 미 · 소 · 중 · 일이 참여하는 동북아 다자평화회담을 제의한 바 있다.[21] 다자회담이 정답이었다.

제2차 북핵 위기와 다자협력

2차 북핵 위기는 미국의 켈리 특사가 2002년 10월 방북 후 귀국해 "북한이 우라늄 농축에 의한 핵개발을 시인했다"고 발표함으로써 시작됐다. 이를 해결하기 위해 6자회담이 출범됐다. 러시아 수석대표 로슈코프(Лосюков А.П.) 외무차관은 2003년 1월 10일 일괄타결안을 중재안으로 제시했다. 북한의 완전한 핵개발 포기와 서방의 대북 안전보장 및 경제적 지원이 동시다발적으로 이루어져야 한다는 것이다. 하지만 미국은 '북한의 선 핵개발 포기 · 후 경제 지원 방안'에 대해 한 치의 양보도 할 수 없다는 입장을 고수했다. 일본도 마찬가지였다. 중국과 한국도 미국 눈치를 보았다.[22]

김정일은 후세인이 2003년 초 이라크 전쟁에서 맥없이 허물어진 것을 목격하면서 떨고 있었다. 미국의 공격을 피하는 유일한 방법은 유럽, 특히 영국을 이용하는 것이라고 판단했다. 영국과 수교에 성공하고 임지로 부임하는 리용호에게 강석주는 "몇 년만 시간을 벌어 주게. 2~3년이면 충분하네"라고 당부했다. 2003년 8월 베이징에서의 제1차 북핵 6자회담 후 수차례의 회담이 개최됐지만, 당사국 간 입장만 매번 확인하고 헤어졌다. 마침내 미국은 2005년 9월 마카오 소재 방코델타아시아(BDA) 은행의 북한 계좌 2,500만 달러를 동결시키면서 김정일의 백기 투항을 기다리고 있었다.

북핵 6자회담은 1년 이상 답보상태에 놓였다. 북한은 2006년 10월 9일 전격적으로 1차 핵실험을 감행했다. 주영 북한대사 리용호는 "2~3년이면 충분하네"의 의미를 이해할 수 있었다. 결국 북한의 요구를 수용해 방코델타아시아 은행의 예금동결을 해제했고 러시아가 송금의 중재역을 맡았다. 6자회담 당사국은 북한의 핵 포기에 대한 대가로 대북 안전 보장과 경제 지원을 약속했다. 김정일의 시간 끌기 기만극이 또다시 성공해 북한이 핵무기 개발에 성큼 다가서는 순간이었다.

제3차 북핵 위기와 다자협력

오바마 정권으로 바뀌면서 북미 간 협상은 진전이 없었다. 2009년 5월에 북한이 또 한 차례 핵실험을 단행했다. 유엔 안보리는 1차 핵실험 때보다 더 강경한 대북 제재 결의안 1874호를 채택했다. 남북한 관계도 갈수록 첨예해졌다. 2010년 천안함 피격사건에 이어 북한의 연평도 포격도발사건이 일어났다. 사실상 이것은 북한의 대남 도발에 의한 국부전쟁이나 다름없었다.

김정일은 2012년 김일성 탄생 100주년을 강성대국으로 진입하는 원년으로 선포하고 핵보유국 지위를 제도적으로 명문화하는 사업을 추진했다. 김정은은 권력 승계 후 2012년 4월 14일 최고인민회의를 열고 북한이 핵보유국임을 헌법에 명시했고, 2013년 3월 31일 당중앙위원회 전원회의에서 핵 경제 병진노선을 공식 선언했다. 그는 "핵무기를 완성하는 길은 쉽지 않을 것이다. 미국·중국 등 강국들이 별짓을 다해 막으려고 할 것이다"라는 원고에 없는 즉석발언을 했다.[23] 이 발언에서 러시아를 뺀 것은 다분히 의도적이었다고 평가할 수 있다.

북한은 핵무력 완성 시기를 2016년 하반기부터 2017년 말로 설정했다. 대선 후 미국과 한국의 정치적 공백 기간을 염두에 둔 것이다. 2016년 5월 노동당 7차대회 후 후속회의가 열렸다. 외무성 주관의 제44차 공관장회의에서 미국이 북한에 대한 군사적 공격을 가할 수 없을 것이라고 판단했다. 또한 이 회의에서 인도와 파키스탄 모델을 북한에 창조적으로 적용하자는 결론을 도출했다. 김정은은 2017년까지 핵무력 완성을 위해 더욱 속도를 낼 수밖에 없었다. 6차 핵실험과 대륙간탄도미사일 발사를 통해 미 본토 타격 능력을 보유하는 '핵 질주 계획'이 바로 그것이었다.[24]

북핵문제에 대한 북한의 입장

소련이 공식 해체되던 1991년 12월 25일에 김일성은 인민군 간부와 항일혁명투사들을 모아놓고 "만일 남조선과 미국이 조선을 공격해와서 우리가 진다면 어떻게 하겠는가"라고 질문했다. 이에 김정일이 벌떡 일어나 "수령님, 우리가 전쟁에서 지면 이 지구를 깨버리겠습니다"라고 답변했다. 김일성은 책상을 탁 치면서 "내가 듣고 싶었던 답변이 바로 그것이다. 우리가 지면 이 지구를 깨버려야 한다. 우리가 없는 지구는 필요 없다"고 만족해했다. 소련이 북한에 핵개발 기술을 전수할 때 '평화적 이용'이라는 전제가 있었으나, 북한은 소련해체의 혼란기를 틈타 핵무기로 전용하는 데 성공했다.

김일성은 그의 인생 마지막 30여 년간 핵미사일 개발에 적지 않은 의미를 부여했다. 그는 1970년대 중반부터 '조선반도의 비핵지대화'를 주장했다. 김정일도 노무현 대통령과의 정상회담 때 비핵화 유훈을 강조했다. 그러나 2006년 1차 핵실험 직후 강석주 외무부상이 중국 외교부장 리자오싱과 비밀리에 만났을 때 다음과 같이 말했다. "조선반도 비핵화란 우리만의 비핵화가 아니라 남조선까지 포함한 전 조선반도의 비핵화를 뜻한다. 미국은 조선반도에서 핵전쟁 훈련을 계속하고 있고, 언제라도 핵무기를 끌어들일 수 있다. 오직 우리의 핵으로 미국의 핵을 몰아내고 미국으로부터 핵 불사용 담보를 받아낼 때만이 가능하다."[25]

북한 지도층은 비핵화를 집단 자살로 생각한다. 핵개발은 북한의 전략적인 상황 및 엘리트 계층의 집단 이익과 직결된다. 세계 역사상 핵을 포기한 독재자는 리비아의 카다피뿐이었다. 그런데 그의 말로가 어떠했는가. 북한의 체제 보장에 대한 불안감은 일차적으로 미국의 약속 불이행

등 외부 공격 가능성에 연유한다.[26]

북핵문제에 대한 미국의 입장

미국의 대북정책은 1994년 1차 북핵 위기 이후 일관성이나 신뢰성을 결여했다. 민주당과 공화당은 다른 철학에 기초한 다른 대북정책을 내세웠다. 2005년 '9 · 19 공동성명'은 부시 행정부가 라이스 국무부 장관의 주도 아래 6자회담을 매개로 북한과 일괄협상을 수용한 결과였다. 그러나 2002년 때와 마찬가지로 부시 행정부의 주류를 형성하던 강경파가 방코델타아시아 사태를 주도하면서 한낱 휴지 조각으로 만들었다.

2017년 말 현재 세계 전체의 핵무기는 1만 4,550기에 달한다. 미국(6,600)과 러시아(6,800)가 93퍼센트를 보유하고 있다. 냉전이 종식되었지만 미국 국가안보정책의 주춧돌은 여전히 핵무기다. 2018년 2월 초 공개된 트럼프 행정부의 2018 〈핵태세 검토 보고서〉에서도 잠재적인 적들(러시아, 중국, 북한, 이란)이 오판하지 않도록 유럽과 아시아에서 핵 억지에 의한 전략적 안정을 추구할 것임을 밝혔다. 요컨대 트럼프 행정부에서도 핵무기는 미국의 군사안보전략에서 과거에 비해 더 큰 비중을 갖게 될 것이다.[27]

그러나 트럼프의 대북정책은 역대 대통령들과 비교해서 올바른 정책으로 평가받고 있다. 38노스 조엘 위트 대표는 한국 국회 초청 간담회에서 "저는 트럼프 대통령이 추진하고 있는 99퍼센트의 업무에 대해 지지하지 않는데, 기이하게도 북한에 대한 그의 직감은 맞아 떨어지고 있습니다. 이것은 미국 대통령 중에서도, 일반적인 미국 외교정책 주류에서도 드문 경우입니다"라고 강조했다.[28] '트럼프는 실용적인 관점에서 여러 가지 양보를 할 수도 있다. 장기간 충돌이 발생하지 않도록 사태를 조절할 수 있으며 남북 화해 과정을 지속하도록 기회를 줄 수 있고 점차적인 데탕트를 위한 조건을 조성할 수 있다.'[29] 하노이 2차 북미정상회담이 결렬되었지만 북한의 '벼랑 끝 버티기'와 미국의 '벼랑 끝 몰기'형 대치 구도가 접점을 찾아 2019년 6월 30일 전격적인 판문점 회동이 이루어졌다. 트럼프 입장에서 북핵문제는 재선가도를 달리는 데 소홀히 할 수 없는 카드다.

북핵문제에 대한 중국의 입장

김일성과 덩샤오핑 시절에는 북중 양국 지도부 관계가 '친척관계'로 표현될 만큼 밀접한 인적 유대를 맺고 있었다. 그러나 이 두 지도자의 퇴장은 곧 '양국 혁명 1세대의 퇴장'을 의미해 이후 북중 사이에는 '정의적 인맥 관계'는 존재하지 않았다.[30] 한중 수교 후 북한은 중국을 신뢰할 군사동맹국으로 더 이상 간주할 수 없었다.

중국은 1994년 6월 10일 유엔의 대북 제재에 반대한다는 견해를 밝혔지만, 북한에도 강력한 경고를 보냈다. 북한을 보호하지 않겠다는 뜻을 다양한 방식으로 전달했다. 대표적인 사례가 그해 6월 10일 국제원자력기구 이사회에서 중국이 취한 태도다. 국제원자력기구는 북한 원자력의 평화적 이용을 위해 지원했던 연간 50만 달러를 중단하는 안을 표결에 부쳤다. 중국은 반대표를 던지지 않고 기권을 선택했다.[31]

북한이 2006년 10월 9일 1차 핵실험을 단행했을 때, 가장 분노한 것은 미국이 아니라 중국이었다. 러시아에는 2시간 전에, 중국에는 20분 전에 통보해주었다. 북한의 핵실험은 중국의 뺨을 사정없이 후려친 것과 같았다. 핵실험 사흘 뒤인 10월 12일 중국 선양에서 중국 리자오싱 외교부장이 북한 외무성 강석주 제1부상을 비밀리에 만났다. 리자오싱은 "조선은 이번에 핵실험이라는 넘지 말아야 할 산을 넘었다. 이제라도 핵개발을 중지하고 경제건설에 전념하기 바란다"고 역정을 냈다.[32]

북한이 2009년 4월 미사일을 발사했을 때, 러시아는 유엔의 제재를 반대했으나 중국은 찬성했다. 2010년 천안함 피격사태와 북한의 연평도 포격도발 때도 마찬가지였다. 중국은 2017년 대북 세컨더리 보이콧에 동참하라는 트럼프의 요구를 수용했다.

중국 측은 "일정 기간 핵을 가지고 있어도 좋다. 하지만 조선의 장기적 목표가 비핵화에 있다는 것을 정책적으로 선언하고 비핵화를 위한 대화 마당으로 돌아와야 한다"고 북측을 설득했다. 그러나 북한은 "내정간섭이며 국제 공산주의 운동 원칙에도 위반된다"고 반응했다.[33] 중국은 북핵 해법으로 '쌍중단 쌍궤병행'을 제시하면서 러시아와 공조하고 있다. 지난 6월 오사카 G20회의 직전에 북한을 전격 방문해 우의를 과시했다. 북한을 대미 견제 카드로 관리해야 할 입장이다.

북핵문제에 대한 러시아의 입장

러시아는 북핵 위기의 근본에 미국의 대북 적대 시 정책이 놓여 있으며 북한은 체제 생존을 위해 핵 억지력을 추구할 수밖에 없다는 입장이다. 지나친 대북 제재는 그 효과가 크지 않을 뿐더러 북한에 인도적 재앙을 초래할 수 있기 때문에 한미 주도의 제재 강화 움직임에는 반대한다. 이 같은 러시아의 입장은 푸틴 대통령의 발언을 통해서도 확인할 수 있다. 2017년 9월 5일 중국 브릭스 정상회담에서 그는 "북한은 스스로가 안전하다고 느끼지 못할 경우 풀을 먹더라도 핵미사일 프로그램을 포기하지 않을 것"이라고 주장했다. 푸틴은 2001년 당시 김정일 국방위원장에게서 북한의 핵무기 보유 사실을 들었다면서 "북한을 궁지로 몰아서는 안 되며", "북한 체제가 마음에 들던, 들지 않던 북한이 주권국임을 잊지 말아야 한다"고 발언했다.

2017년 한 해만도 러시아의 대북 인도적 지원, 북러 간 화물수송선(만경봉호) 운항 개시 및 북한 인터넷망 개설 지원이 있었고, 북러 고위급 인사들의 상호 방문도 빈번했다. 북한은 악화일로로 치닫는 대중 관계의 대안으로 대러 접근을 강화했으며, 중국의 대북 송유가 어려워짐에 따라 러시아로부터의 석유 수입을 늘렸다. 2017년 1분기에만도 전년도 대비 130퍼센트 늘어난 3,000만 달러 상당의 석유 제품을 수입했다. 그러나 공식적인 루트를 통하지 않고 불법으로 유통되는 석유의 양은 더 많을 것이라는 것이 전문가들의 공통된 견해이며, 미 재무부는 그해 6월 1일 북한에 100만 달러 상당의 석유류를 공급한 혐의로 러시아의 석유회사 'IPC'를 비롯한 기업들을 제재 명단에 올렸다.[34]

'북한 감싸기'로도 보일 수 있는 러시아의 태도는 동북아에서 미국의 영향력 확대에 대한 견제이며, 러시아의 외교 전략 자산으로서 북한을 포기하지 않으려는 지정학적 계산도 반영된 것이다. 아울러 극동 지역 개발을 위해 북한 노동력 활용과 한반도의 안정이 필요하다는 판단도 작용했다. 러시아는 북한에서 급변 사태가 발생하기를 원하지 않으며, 한미 주도의 통일이 동북아에서 가져올 전략적 불균형을 우려했다.

러시아 정부는 북핵 해법으로 2003년 1월 6자회담 출범 직전 일괄타결안을 제시했고 2017년에는 '한반도 긴장 완화 로드맵' 제하 3단계 해법(1단계 쌍중단, 2단계 평화협정 체결과 비핵화 협상 진행, 3단계 동북아 다자안보협력체 구축과 관련국 간 외교관계 정상화)을 제안했다.[35] 한편 적극적인 중재 역할도 자임하고 있다.

북핵문제에 대한 일본의 입장

일본은 2018년 2월 평창올림픽 이후 북핵문제와 관련해 북한으로부터 철저하게 외면당해 왔다. 싱가포르 제1차 북미회담 직전인 5월 24일 풍계리 핵실험장 폭파 시에도 한국과 미국, 영국, 중국, 러시아 취재진만 초청받고 일본 기자단은 배제됐다. 일본은 지난 하노이 북미정상회담을 앞두고 북한에 억류된 재일교포들을 송환토록 미국 측에 요청했다. 현재도 미국 주도의 대북정책 노선에 공동보조를 맞추고 있다.

일본은 2014년 현재 분리 플루토늄을 4만 7,000킬로그램(47톤) 보유하고 있다. 핵 미보유국 중에서 현저히 높은 수치다. 플루토늄 8킬로그램이 원폭 한 개에 해당한다는 국제원자력기구의 공식 견해에 비추어 보면, 일본은 5,000개 이상 원폭 원료를 보유한 셈이다. 이를 원전 연료로 쓰는 전략을 유지해 플루토늄을 다량 보유하는 명분으로 삼고 있다. 일본은 각지의 원전에서 배출되는 사용 후 핵연료를 아오모리 현 롯가쇼촌의 핵 재처리 공장으로 보낸다. 이곳에서 사용 후 핵연료를 재처리함으로써 플루토늄을 만들어내고 이것을 우라늄과 섞어 다시 원전 연료로 쓴다는 발상이다. 이 재처리 공장은 현재 가동하지는 않으나 실제로 조업을 하게 되면 일본은 플루토늄 47톤 외에 연간 핵무기를 1,000개 만들 수 있는 무기급 핵물질을 추가로 해마다 생산하게 되는 것이다.[36]

일본의 입장에서는 북한의 핵개발 문제가 위기이자 기회 요인으로 작용한다. 북한이 핵보유국으로 공식 인정받는 순간에, 일본은 핵개발을 위한 명분을 확보할 수 있다. 한국뿐만 아니라 중국과 러시아가 우려할 수밖에 없다. 그래서 일본은 주변국들의 북핵 협상 상황을 관망하는 입장을 견지하고 있다.

04 비핵화 시나리오

북한의 비핵화 논의 배경

북한은 1993년 핵확산금지조약 탈퇴 선언으로 북핵 위기를 고조시킨 이후, 핵은 흥정의 대상이 아니라며 비핵화 논의 자체를 완강하게 부인해왔다.[37] 하지만 2018년 평창올림픽 이후 3월 대북특사단의 발표에 따르면 김정은 위원장이 "북한에 대한 군사적 위협이 해소되고 북한의 체제 안전이 보장되면 핵을 보유할 이유가 없다"[38]라고 비핵화에 대한 의지를 표명했는데, 이러한 점은 과거 핵보유국 지위를 확보하기 위해 고군분투해왔던 북한의 태도가 유연하게 돌변했음을 보여준다.

북한 비핵화에 대한 태도 변화는 북한 권력 승계 과정의 변화가 반영된 결과이기도 하다. 과거 김일성에서 김정일로 권력이 승계될 당시 마오쩌둥의 후계자로 낙점되어 있었던 류사오치는 문화대혁명으로 숙청당했다. 이러한 마오쩌둥의 후계 작업 실패를 눈앞에서 지켜본 김일성은 10여 년에 걸쳐 김정일이 당의 주요 부서에서 실무를 수행하며 지지기반을 구축하도록 했다.[39] 그러나 김정일에서 김정은으로의 권력 승계 작업은 김정은이 후계자로 사실상 확정됨과 동시에 당의 핵심 보직을 맡는 방식으로 권력 승계가 이루어져 저변에서의 지지기반을 확보할 수 없었고, 지속된 핵미사일 개발로 인한 경제 사정 악화, 냉전체제 붕괴로 인한 중국과 소련의 지원 약화 등 대내외적으로 불안한 배경 속에서 정권 구축 작업을 해야 했다.[40]

이러한 배경 속에서 김정은은 집권 초 김정일이 추진하던 핵 보유로 체제를 수호하면서 핵무기 개발을 완성했다. 2012년 첫 육성연설에서 주민들에게 배부른 삶과 사회주의 부귀영화를 약속하며 제시한 경제노선은 '경제건설과 핵무력건설 병진'이었다. 그러나 2016년 7월 당 대회 이후 핵미사일 개발로 고강도 대북 제재라는 난관에 부딪히게 되면서, 비핵화를 추진하지 않는다면 고강도 제재 등을 통해 인민생활이 피폐해지고, 경제 및 체제 붕괴 그리고 정권까지 붕괴될 가능성을 생각하게 되었을 것이다. 이에 김정은은 비핵화를 통해 미국으로부터 체제 안정을 보장받고, 경제개발을 통해 정권의 안정을 추구하는 것으로 판단된다.

전술한 김정은 정권의 비핵화 추진 배경을 볼 때, 김정은은 경제발전과 체제 안정, 국가위기 극복을 위해 비핵화를 택하고 있는 것으로 추정된다. 이러한 이유로 비핵화 과정도 유엔과 미국의 대북제재 해제나 경제협력과 맞물려 진행될 것으로 보인다. 하지만 현시점에서 지금까지 강화된 대북제재를 단번에 해제하기는 힘들 것으로 보이고, 북한이 진행할 비핵화 또한 완전한 비핵화가 아닌 '부분적'인 비핵화, 즉각적인 비핵화가 아닌 '단계적'인 비핵화가 될 가능성이 높다. 북한은 부분적이고 단계적인 비핵화를 통해 핵을 최대한 보유함으로써 미국과 국교수교를 통해 북한 체제를 보장받으려 할 것으로 보인다.

하지만 과거 사례를 볼 때 결과는 희망적이지만은 않다. 1994년 10월 제네바 합의는 북한의 고농축 우라늄(HEU, highly enriched uranium) 프로그램 개발이 밝혀지면서 무산되었으며, 2005년 9월 북한이 핵무기와 핵 계획을 포기하고 5개국(미국, 일본, 러시아, 중국, 남한)은 대북 에너지를 지원한다는 원칙을 담은 9 · 19 공동성명은 부시 행정부의 금융제재로 인해 좌초되었는데[41] 이는 북한과 미국 사이의 깊은 불신에 따른 결과였다. 이는 2019년 2월 하노이 북미정상회담의 결렬로 다시 되풀이되는 듯하다가 6월 북미 판문점정상회담에서 북핵 협상을 위한 양국 실무협상 재개가 논의되면서 비핵화 협상이 험난함을 예고해준다.

결국 북한 비핵화는 북한과 미국이 최소한의 신뢰구축을 바탕으로 합의를 타결하고 약속 이행에 대한 보장이 우선되어야 진행될 수 있다. 또한 북한의 핵물질과 핵개발 시설에 대한 검증 과정에서는 '검증 가능한'이 아닌 '사찰 가능한' 핵 폐기를 추진할 것으로 보인다. 트럼프 행정부의 '최종적이고 완전히 검증된 비핵화'에 의해 북한이 검증된 핵 폐기를 수용하면 핵의혹시설 및 관련 군사시설 모두에 대한 사찰을 허용해야 하는데, 이는 군사주권 포기로 간주되기 때문이다.

하노이 북미정상회담의 결렬과 교훈

2019년 2월 27~28일 하노이에서 개최된 북미정상회담은 북핵의 당사자인 한국의 존재감이 없는 비핵화 협상이었다. 북핵문제는 한국의 사활이 걸린 중대사로 남 · 북 · 미 정상이 만나 풀어나가야 할 시대적 최대과제가 아닐 수 없다.[42]

하노이 북미정상회담 당시 드러난 북한의 해법은 영변 핵시설 폐기와 이에 상응하는 미국의 제재 일부 면제였음을 알 수 있다.[43] 하지만 미국의 트럼프 대통령이 자리를 박차고 나오고 협상이 결렬되는 등 북미협상이 6월 12일 싱가포르 회담 단계로 돌아가면서 미국은 여전히 비핵화 없는 전면제재 해제라는 것은 있을 수 없다고 고수하고 있다.

하노이 북미정상회담 결렬 이후 북한의 리용호와 최선희는 기자회견을 통해 각 입장을 개진한 후, 남측에 대한 불만으로 개성남북공동연락사무소의 북측 인원을 철수했다.[44] 그리고 김정은은 4월 12일 최고인민회의 시정연설을 통해 더 이상 제재에 대해 요구하지 않을 것이며 새로운 길을 모색할 것을 표명함과 동시에 한미연합연습과 같은 대북 적대정책에 대한 중단을 촉구했고,[45] 트럼프는 이에 대해 4월 13일 트위터를 통해 김정은 위원장과의 관계를 'excellent'로 표현하면서 3차 정상회담의 필요성에 공감하게 된다.[46]

하노이 북미정상회담 결렬과 대북 제재 완화라는 자신의 패를 공개해 버린 북한으로서는 남한과 2018년 평양공동선언을 통해 한반도 비핵화를 약속했음에도 남한이 한반도 문제의 '당사자'가 아닌 '중재자'로서 역할만을 하는 것에 대해 불만이 있었던 것으로 보인다. 북한은 남한에 대해 "오지랖 넓은 중재자, 촉진자 행세를 할 것이 아니라 민족의 일원으로서 제정신을 가지고 할 소리는 당당히 해야 한다"[47]며 비판하고 있다.

결국 하노이 북미정상회담은 한반도 문제의 직접 당사자인 한국이 배제된 비핵화 협상이었다. 하지만 하노이 북미정상회담의 의미를 찾는다면 미국은 싱가포르정상회담에 이어 대화의 파트너로 상대 정상을 두 차례 만났고, 북한은 초강대국 지도자와 대좌했다는 데 의미를 찾을 수 있다. 또한 상호 비핵화의 실체를 확인하고 신뢰를 구축하는 초기 단계로서 차기 정상회담을 기대할 수 있었다는 데 의의가 있다.

그러나 미국과 북한은 비핵화와 관련해 현격한 입장 차이가 있었다. 미국은 핵시설, 핵무기, 투발 수단인 장거리탄도미사일, 생화학무기 등 대량살상무기 일체를 비핵화 범주에 포함시켜야 한다는 데 비해 북한은 영변 핵시설 폐기, 핵실험 · 미사일 발사 영구 중단이라는 제한적 비핵화와 '조선반도의 비핵화'를 망라해야 한다는 입장이었다. 이번 하노이 북미정상회담에서 영변 핵 영구 폐기 시 제재 해제에 합의했을 경우 북한을 사실상의 핵보유국으로 인정하는 결과를 초래할 수도 있었기에 북핵 협상 결렬은 불행 중 다행이었다고 본다. 험난한 비핵화 협상은 물론 북한의 안보 담보 관련 향후 협상 시 주한미군과 유엔사 문제도 예상되는 상황이었다.

제재 해제 관련 미국은 영변 핵시설+α 폐기 시 부분 해제를, 핵 완전 폐기 시 제재를 전면 해제한다는 입장인 데 비해 북한은 영변 핵시설 폐기만으로 경협 및 민생제재 해제를 요구했다. 북한은 제재에 대한 남다른 압박을 받고 있는 것으로 판단된다.

협상 전략과 관련해 보면, 미국은 트럼프 특유의 최대 압박을 가하면 상대방이 상당 부분 수용할 수밖에 없으리라고 판단했으나 북한은 여기에 쉽게 응하지 않았고, 북한 역시 미국의 탄핵소추 압박 등 국내 정치를 고려할 때 북한 측 요구 상당 부분을 수용할 것이라고 생각했으나 미국은 이를 수용하지 않았다. 북미 공히 협상의 한계를 드러낸 회담이었다.

마지막으로 탑다운 회담을 통해서 트럼프 리스크의 존재가 확인되었고, 김정은도 협상 결렬로 인해 최고지도자의 무오류성에 흠집이 난 회담이었다. 미국의 의회, 싱크탱크, 정보기관 등의 의사결정체계를 무시할 수 없으며 협상 교과서인 아래로부터 합의가 이루어지지 않은 상태에서 위로부터 결정이 이루어질 수 없다는 것이다.

지금까지 논의한 하노이 북미정상회담 분석 결과를 도식화하면 다음과 같다.

〈도표 2-1〉 하노이 북미정상회담 평가

구분	미국	북한	평가
의의	• 상대방 존중	• 초강대국 지도자와 대좌	• 상호 비핵화 실체 확인, 신뢰구축, 차기 정상회담 기대
비핵화	• 핵시설, 핵무기, 투발 수단, 생화학무기 등 WMD	• 핵시설 폐기, 핵실험 · 미사일 발사 영구 중단 • 조선반도의 비핵화 제한적 비핵화	• 합의 시 사실상 핵보유국 인정/험난한 비핵화 예고 • 안보담보 관련 향후 협상 시 주한미군, 유엔사 문제 예고
제제 해제	• 영변핵시설+α시 부분 해제 • 완전 핵 폐기 시 전면 해제	• 영변 핵시설 폐기만으로 경협 · 민생제재 해제 기대	• 현재 수준 강도 제재 시 향후 2년 이상 견디기 어려운 북한
협상 전략	• 트럼프 협상 전략 한계	• 미국의 국내정치 변수	• 쌍방 공히 한계
탑다운 회담	• 트럼프 리스크	• 최고지도자 무오류성 도전	• 미국 의사결정체계: 의회, 싱크탱크, 정보기관 • 협상교과서: 보텀 업

비핵화 협상 복원 조건

비핵화 협상 복원을 위해서는 비핵화 정의 및 최종 상태에 대한 합의가 선결되어야 할 것으로 보인다. 이른바 비핵화의 범위에 대해 북한의 비핵화인지 한반도 비핵화인지에 대한 비핵화의 범위 확정과 북핵 폐기와 평화협정 체결, 북미수교 등 최종 상태에 대한 합의가 필요하다.

또한 비핵화 조건이 북한의 체제 보장과 군사위협 제거인지 대북 적대시 정책 포기 및 한미연합훈련 중단인지에 대한 인식의 공유가 필요하다. 비핵화와 제재 완화 틀인지, 비핵화와 북한 안보담보의 틀인지에 대한 개념의 합치도 요구된다. 이는 북한 비핵화 진전에 따른 상응하는 제재 완화를 수반하는가에 대한 평가다.

북한 비핵화의 전제 조건이 전략자산 전개 금지에 국한하는 것인지, 주한미군 및 유엔사 문제까지를 포함하는지 하는 문제도 논란의 대상이다.

북한의 지속되는 단거리 탄도미사일 시험 발사에 대한 평가 문제와 추가도발 시 대응에 대한 문제도 있다. 대남 겁박인가, 북미협상의 압박 수단인가에 대한 논쟁도 있는데, 유럽 주요국이 유엔 안보리 결의 위반으로 보고 추가 제재를 논의하는 것과 달리 미국은 이에 소극적인 입장이다.

유형별 비핵화 시나리오

북한은 2012년 개정헌법 서문에서 '핵보유국'을 명시한 데 이어,[48] 2013년 '자위적 핵보유국의 지위를 더욱 공고히 할 데 대하여'를 제정하고,[49] 최고 국가노선으로 '경제건설과 핵무력 병진노선'을 채택했다. 2016년 7차 당 대회에서도 병진노선을 재확인해, 자신의 '핵보유국' 지위와 핵무장을 기정사실화한 바 있다. 이러한 사정들은 북한이 탈냉전기에 들어와 안보와 경제, 에너지 위기 등으로 인해 정권과 체제에 위기가 발생하자 이를 극복하기 위한 수단으로 핵무장을 추구해왔으며, 최근에는 핵무장을 법적으로 합리화하고 핵보유국 지위를 확보하려 하고 있다.

한편, 문재인 정부는 5대 국정 목표의 하나로 '평화와 번영의 한반도'를 제시하고, 이를 달성하기 위한 3대 국정 전략 중 하나로 '남북 간 화해 협력과 한반도 비핵화'를 제시한 바 있다.[50] 위 구상이 제시하는 한반도 항구평화 구축은 현재 북한에 대한 제재와 압박이 진행 중인 상황에서 남한이 대화를 견인하고 비핵화와 평화체제 구축을 위한 포괄적인 정책을 추진해 북핵문제를 주도적으로 해결한다는 것이다.

이러한 배경을 바탕으로 비핵화 시나리오를 ①협상에 의한 북핵 완전 폐기 ②핵 동결 및 핵 비확산으로 사실상 핵보유국 인정 ③핵 협상 완전 결렬 선언과 핵미사일 대량생산 및 전력화 시나리오를 상정해 고찰하고 이어서 각 시나리오에 따른 한국의 역할을 논의하고자 한다.[51]

〈도표 2-2〉 **비핵화 시나리오와 한국의 대응책**

시나리오	북한 핵	상응 조치	가능성과 과제
1	• 협상에 의한 북핵 완전 폐기	• 제재 전면 해제 • 평화협정 체결	• 가능성 2 • 비핵화 로드맵 • 한반도 평화체제
2	• 핵 동결/핵 비확산 • 사실상 핵보유국	• 플랜B	• 가능성 1 • 전술핵 재배치, NATO형 핵공유
3	• 핵 협상 완전 결렬 • 핵 · 미사일대량생산, 전력화	• 핵전쟁 대비	• 가능성 3 • 한국 핵무장 불가피

시나리오 1 : 비핵화 시나리오 1은 협상에 의해 북한이 핵을 완전 폐기하면 상응하는 조치로서 제재를 전면 해제하고 평화협정을 체결하는 시나리오로, 비핵화와 함께 한반도 평화체제를 추진할 수 있다.

〈도표 2-3〉 **비핵화 및 평화체제 추진 로드맵**

단계		북한 조치	한미 상응 조치	기간
1단계	최초 포괄적 합의	• 모든 핵미사일 활동 동결 • 핵심 WMD 신고: 영변 핵시설, ICBM 및 IRBM	• 평화 선언 • 부분적 제재 완화: 개성공단 재개 • 연락사무소 상호 개설	단기
2단계	핵심 위협 제거	• 핵무기 제거, 영변 핵시설 불능화 • IAEA 사찰	• 추가 경제 제재 해제, 석탄 및 철광석 수출, 근로자 해외파견 허용 • 평화협상 및 미북 수교 회담 • 북한 철도 현대화	중기
3단계	완전 핵 폐기	• 중거리탄도미사일 이상 모든 미사일 및 모든 핵 폐기 • 핵미사일 과학자 전환	• 모든 대북 제재해제 • 평화협정 체결 • 북미 수교	장기

비핵화 및 평화체제 추진 로드맵으로 1단계 비핵화의 정의와 최종 상태에 대한 포괄적인 합의 단계로서 북한은 모든 핵미사일 활동을 동결하고 영변 핵시설, 대륙간탄도미사일 및 중거리탄도미사일 등 핵심 대량살상무기를 신고하며, 남·북·미는 평화선언을 하며 개성공단 재개 등 부분

적인 제재 완화와 평양과 워싱턴에 연락사무소를 개설하는 단계다.

2단계 핵심 위협 제거에서는 북한은 핵무기를 제거하고 영변 핵시설을 불능화하며 국제원자력기구 요원이 입북해 사찰하는 단계로서 이때 한미는 상응하는 조치로서 석탄 및 철광석 수출, 근로자 해외파견 허용 등 추가적으로 경제 제재를 해제하며 남·북·미·중 간 평화협상과 미북 수교 회담을 개최하고 북한 철도 현대화 등의 조치를 하는 단계다.

3단계는 완전 핵 폐기 단계로 중거리탄도미사일 이상 모든 미사일과 핵을 폐기함과 동시에 핵미사일 과학자를 민간으로 전환할 때 대북 제재를 전면 해제하고 평화협정을 체결하며 북미 수교를 통해 한반도 평화체제가 완성되는 단계다.

시나리오 2 : 시나리오 2는 북한이 더 이상 핵실험과 탄도미사일 발사를 하지 않으며, 핵을 동결하고 핵기술과 핵무기를 제3국에 이전하지 않는다는 약속하에 미국은 제재를 해제하고 미국과 북한 간 수교를 하는 시나리오다.

본 시나리오는 실현 가능성이 높아 플랜 B를 추진할 필요가 있다. 진행 중인 북한 비핵화 협상을 촉진하며, 협상을 통한 비핵화가 실패할 경우, 핵 압박을 제거하고 핵전쟁을 예방하기 위해 적극 검토되어야 할 것이다. 대북 추가 경제 제재, 북한 정권 생존에 직접적 영향을 주는 정치, 외교, 인권, 군사 등 전방위 압박과 한미와 국제사회의 엄청난 압박정책에도 북한이 체제 붕괴의 위험을 인식해 완전한 핵 폐기의 길로 나오지 않는다면 중국 등 국제사회에 이해를 구하는 노력을 병행하면서 군사적 옵션을 선택하는 것도 불가피할 것이다.

한국군은 한국 안보에 최대 위협으로 인식, 북한의 핵미사일 위협에 능동적으로 대처할 수 있도록 전략적 타격체계와 한국형 미사일 방어체계로 구성된 핵 대량살상무기 대응체계를 발전시켜 나가고 있다. 전략적 타격은 미사일 발사 전후 억제 및 대응 개념으로 핵미사일 관련 시설과 이동식 발사대 등 주요 핵심 표적을 실시간 탐지 식별, 직접 타격해 공격 능력을 사전에 무력화하는 것이다. 한국형 미사일 방어는 원거리 탐지 및 다층방어능력으로 발사된 미사일을 공중에서 요격하는 방어체계로 장거리지대공미사일, 중거리미사일, 패트리어트미사일로 타격하는 것이다.

우리 군은 이러한 능력을 구비하기 위해 그동안 꾸준히 전력 증강을 해왔으며, 특히 2019년에 정부는 전년 대비 16.2퍼센트 증가한 5조 691억 원(50억 달러)을 전력 증강 예산으로 편성, 2019~2023년 국방중기계획에 전년 대비 31.1퍼센트 증가한 32.2조 원(270억 달러)을 편성했다. 전방위 위협 대비, 정보, 감시, 정찰, 타격 요격 능력을 확충시키고 있다.

또한 한미연합군 간 맞춤형 억제 전략과 4D(탐지, 교란, 파괴, 방어, Detect, Disrupt, Destroy, Defend) 체계에 의해 연합전비태세를 강화하고 있다.[52] 우리의 미사일 대응 능력은 북한이 2017년 11월 27일 대륙간탄도미사일 급 화성 15호를 발사한 6분 뒤, 한국 육군 탄도미사일 현무-2, 해군 함대지 미사일 이지스 해성-2, 공군 공대지 미사일 스파이스로 동해상의 가상표적에 통합정밀타격을 함으로써 우리의 대응 능력의 위력을 발휘한 바 있다.

동시에 1991년 철수한 전술핵무기를 재배치하여 핵억제 능력을 과시하고, 한미연합사 통제하에 포병부대 핵투발훈련 등으로 유사시 대비해야 할 것으로 보인다.

또한 북대서양조약기구형 핵공유를 추진하는 것으로 회원국인 네덜란드, 터키, 독일 등 5개국이 미국의 핵을 공유하는 것처럼 한 · 미 · 일 3국이 핵계획 그룹을 구성해 핵무기 정보와 관리, 운용, 사용에 관한 전략을 공유하고, 운반 및 투하 훈련도 함께 실시하며 최종적인 사용 권한은 미국이 행사하도록 하는 대안도 모색할 수 있다.

한편 북한의 분명한 핵미사일 공격 증후가 식별될 때 미군은 3개 항모전투단·전략폭격기를 전개하고, 트라이던트 미사일 W76-2 열핵무기로 적의 중심을 파괴, 확전을 통제하고 피해를 최소화하여 북한의 핵무기를 마비, 제거시킬 수 있을 것이다.[53]

시나리오 3 : 시나리오 3은 북한이 비핵화 협상에 대해 완전 결렬을 선언하고 핵미사일 대량생산과 전력화하는 시나리오로 실현 가능성은 낮지만, 이러한 상황에서 한국은 핵무장을 추진할 수밖에 없을 것이다. 물론 한국이 핵무장을 추진할 경우 감당할 수 없는 제재가 뒤따를 것이다. 대외무역 의존도가 높은 한국은 북한과는 비교가 안 될 정도로 경제가 심대한 도전을 받게 될 것으로 보인다.

그러나 최악의 시나리오를 상정하여 대비책을 강구할 수밖에 없을 것이다. 나라 전체가 위기에 빠지는 상황을 직시하지 않으면 안 된다. 예측불허의 호전적인 김정은이 통치하는 북한이 핵미사일을 대량생산하고 전력화했을 경우 우발적 사태를 대비할 수밖에 없는 절박한 상황이 전개될 것이다. 김정은이 한국 동부 지역을 전술 핵무기로 공격해 수십만을 피 흘리게 하고, 다양한 중거리탄도미사일, 잠수함발사탄도미사일로 한반도에 전력을 전개하기 위해 괌을 포함한 미국의 발진기지에 탄도미사일 공격으로 증원을 차단시키면서 남한이 항복하지 않으면 전략핵무기로 수도권을 쓸어버리겠다고 위협했을 때, 미국은 한국을 포기할 것이고, 한국은 북한에 항복해 순식간에 통일이 될 수도 있다.

우리는 결코 이러한 재앙을 초래하는 상황을 방관할 수 없다. 이러한 일이 일어나지 않도록 하기 위해서는 한국의 핵무장이 불가피하다.

핵무장은 적대국가의 핵으로부터 초유의 위협사태가 발생할 때 핵확산금지조약을 탈퇴할 수 있다는 핵확산금지조약 제10조를 근거로 NPT 탈퇴를 선언하고, 북한이 핵을 포기하면 한국도 핵개발을 중단한다는 전제하에 핵생산을 선포하는 것이다. 핵연료 재처리를 금지한 한미원자력협정의 족쇄를 풀게 되면 기술적으로 세계 최고의 원자력 기술을 보유하고 있는 한국은 6개월이면 핵실험 없이 핵무기 제조가 가능할 것이다. 한국은 북한보다 원자력 기술이 월등해 단기간 내 북한 핵능력을 초월하게 될 것이다.

핵무장 시 효과로서는 남북한 공히 상호확증파괴(MAD, Mutual Assurance Destruction)에 따른 핵 균형으로 한반도 안정이 이루어지게 될 것으로 보인다. 또한 인도-파키스탄 공동 핵보유에서 입증되듯이 미국은 한반도에 전략자산 전개 없이도 북핵 억제가 가능하고, 미국에게는 국방비 절약 효과를 기대할 수 있을 것이다. 한국이 일본과 동반 핵개발 시 동북아 핵 균형으로 지역 안정을 보장할 수도 있다. 핵무장한 한국과 일본이 중국과 러시아의 핵 위협을 억제할 때, 미국은 인도-태평양 전략을 용이하게 수행할 수 있을 것으로 보인다.

05 비핵화에 따른 **한국의 역할**

한반도 비핵화 문제를 해결하기 위해서는 북한 비핵화를 위한 한국의 역할을 분명히 한 남·북·미 3자 정상회담을 추진할 필요가 있다. 비핵화 협상을 통한 북한의 핵 폐기를 위해서 비핵화 정의와 최종 상태에 대한 포괄적인 합의와 실질적인 비핵화 진전에 따라 단계별 동시 상응 조치가 이루어지는 전반적인 로드맵에 남·북·미가 합의해 북핵 폐기를 추진해야 할 것이다.[54]

또한 비핵화를 견인하기 위해 북한의 실질적인 비핵화 진전 시 개성공단에 대한 제한적 제재 해제가 필요하다. 하노이 북미정상회담에서 북한이 요구한 민생 관련 제재인 북한의 해외근로자 지속 파견 허용, 석탄 수출 등 5개 분야 해제 시 북한 경제 효과가 30~100억 달러에 이르나 개성공단은 3억 달러의 경제 효과가 있는 것으로 판단된다. 전자는 대북 제재 전선에 구멍이 뚫리나 후자인 경우 일정 부분 통제가 가능하며, 다국적 기업 참여 시 북한의 비핵화를 견인하는 데 기여할 것이다,

뿐만 아니라 북한의 최룡해 국무위원회 제1부위원장을 대미 특사로

워싱턴에 초청하는 안을 제안하고자 한다. 클린턴 행정부 때 조명록 차수를 초청했던 것처럼, 총정치국장으로 군 개혁을 단행했고, 김수길 총정치국장을 통제할 수 있는 위치에 있는 최룡해를 초청하여 국무 및 국방부 장관은 물론 트럼프 대통령과 회동을 추진한다면 무게 있는 비핵화 방안을 조율할 수 있을 것으로 보인다.

또한 비핵화 전략로드맵 발전을 위한 한미공동위원회를 구성하는 방안도 필요하다. 한미 간 외교 · 국방 · 통일 · 경제정책 입안자와 핵 전문가 그룹으로 구성된 공동위원회를 운용해 비핵화 로드맵을 발전시킬 필요가 있는 것이다.

북핵 동결과 핵 비확산 시 제재 해제를 할 경우, 즉 북한을 사실상의 핵보유국으로 인정하는 시나리오가 현실화될 시에는 한미연합사의 통제하에 1991년 철수한 전술핵무기를 재배치하고, 핵투발 훈련 등을 통해서 한반도 유사시에 대비할 필요가 있다.

또한 북대서양조약기구형 핵공유로서 나토 회원국인 네덜란드, 터키, 독일, 이탈리아, 벨기에 5개국이 미국의 핵을 공유하는 것처럼 한 · 미 · 일 3국이 핵 계획 그룹을 구성해 핵무기 정보와 관리, 운용, 사용에 관한 전략을 공유하고, 운반 및 투하 훈련도 함께 실시하는 전략도 구상할 수 있다. 물론 핵에 대한 최종적인 사용권한은 미국이 행사하는 것이다.

북한이 비핵화 협상 완전결렬을 선언하고 핵미사일 대량생산과 전력화할 경우, 한국은 핵확산금지조약을 탈퇴해 북한이 완전 핵 폐기를 하는 순간 핵 생산을 중단한다는 전제하에 핵무장을 추진해야 할 것이다. 한국은 핵실험 없이도 6개월 이내 핵무장이 가능하며, 북한보다 원자력 기술이 월등하기 때문에 단기간 내 북한 핵능력을 초월할 수 있을 것으로 보인다.

북한이 핵 생산을 전력화할 경우 한국은 자국의 우라늄 농축과 사용 후 핵연료 재처리를 허용하도록 한미원자력협정을 개정해야 한다. 인도-파키스탄 공동 핵 보유에서 입증된 것처럼 한국의 핵무장은 남북한 상호확증파괴에 의한 핵 균형을 이루어 한반도의 안정이 가능하다. 미국은 한반도에 전략자산의 전개 없이도 북핵 억제가 가능할 것으로 보인다.

또한 한국과 일본의 동반 핵무장 시에는 한·미·일이 핵을 보유하게 되는데, 이는 핵무장한 북·중·러 간 핵 균형을 이룬다는 점에서 동북아 지역의 안정을 도모함은 물론, 핵무장한 한국과 일본이 중국과 러시아의 핵 위협을 억제하여 미국의 인도-태평양 전략 수행은 더욱 용이해질 수 있다.

제
3
장

남북경제공동체 구상

분단은 남과 북의 모든 영역에서 경쟁과 대결, 그리고 단절을 가져왔다. 남북은 정당성이 아닌 상대성의 논리로 서로를 적대하고 스스로를 고립시켜 왔다. 그렇게 분단은 서로를 옥죄는 멍에가 되었다. 한반도의 지경학적 이점에도 불구하고 남과 북은 대륙의 끝, 그리고 바다의 끝에 있는 외딴 섬과 같았다.

그렇게 서로를 고립시킨 역사의 어느 순간부터 남과 북은 남북경제공동체의 꿈을 꾸기 시작했다. 남은 대륙 진출의 꿈을, 북은 망망대해로의 항해를 꿈꿨다. 분단의 장벽을 허물기 위해 소떼가 북으로 갔고, 북한산 고사리와 석탄이 남으로 왔다. 휴전선을 지키던 군사지역에 공단이 건설되고 설악과 금강을 오가며 명산을 관광하는 꿈이 이루어졌다. 전후 굳게 닫힌 땅과 바다, 하늘의 길을 열기 위해 수많은 희생과 노력이 휴전선을 오가며 불타오르고 또 사그라졌다. 남북경제공동체는 남북의 경제협력을 통해 꿈꿔온 종착역이라 할 수 있다.

그렇다면 우리가 말하는 남북경제공동체는 어떻게 정의할 수 있을까?

공동체는 공동생활을 영위하는 일정 지역의 사람이나 국가들의 집단을 의미한다. 하나의 공동체는 같은 민족, 혹은 종교, 언어 등을 공유하거나 정치, 경제, 사회 문화, 역사적 동질성에 기반해 형성된다. 경제공동체는 이러한 공동체를 기반으로 일정한 지역에서 자본과 노동 등 생산 요소의 교류협력, 공동의 경제정책을 통해 경제적 통합을 이룬 집단 혹은 민족, 또는 국가들의 통합 단위 내지, 통합을 이루는 과정이라 할 수 있다.[1]

지금의 세계 경제에서 두 개 이상의 국가가 경제통합을 통해 지역경제공동체를 형성하는 것은 개별 국가 차원의 경제정책이 갖는 한계를 극복하기 위한 것으로, 냉전체제의 종식과 함께 지역별 자유무역화의 필요성이 대두되면서 확산되었다.[2]

결국, 남북경제공동체는 같은 민족이지만 전쟁을 통해 분단되어 있는 대한민국과 조선민주주의인민공화국이 경제적 교류협력을 통해 쌍방의 경제체제를 상호 통합하는 과정이며 이를 통해 한반도에서 형성된 단일 경제권을 의미한다.

남북경제공동체 구상은 한국 정부의 통일 방안과 대북 정책을 논의하는 과정에서 강조되어 왔다. 한국 정부의 '민족공동체통일방안'에서 남북경제공동체는 남북연합 단계의 한 구성 요소로 상정되어 있다.[3] 다만 남북연합 단계에서 남북경제공동체를 어떻게 완성할 것인지에 대한 우리 정부의 구체적인 비전은 제시되어 있지 않다. 남북경제공동체를 어떻게 구성할 것인지에 대한 대안은 연구 기관이나 개별연구자에 따라 상이한 모습을 보이고 있다.

현실에서 남북경제공동체의 꿈은 도전과 좌절로 점철된 역사라 할 수 있다. 수

많은 경제협력 구상과 사업이 시도되었고, 일부 성공했으나 분단의 한계를 넘어서지 못하고 중단되었다. 그렇게 남북의 경제협력이 멈춰선 지 2년 반의 시간이 흐르고 있다. 지금도 누군가 그 꿈을 꾸고 있을까? 어두운 터널과 같은 이 긴 암흑의 시간 속에 우리는 다시 경제공동체의 꿈을 이어갈 수 있을까?

이 장에서는 모든 것이 멈춰선 듯한 지금, 남북경제공동체의 이상과 현실을 다소 냉정하게 돌아보려 한다. 그리고 다시 그 꿈을 현실로 그려보기 위해 우리가 할 수 있는 일은 무엇인지 찾아보려 한다. 먼저 필자는 행위와 구조의 관점에서 남북경제공동체를 다시 평가하고 남북경제공동체로 가는 과정이라 할 수 있는 남북경협이 갖는 한계와 대안을 모색해보도록 하겠다.

01 남북경제공동체의 이상

남북경제공동체에 대한 관점

남북경제공동체는 남과 북이 남북의 화해와 협력, 그리고 통일을 구상하는 과정에서 끊임없이 회자되고, 강조되어 왔다. 그렇다면 현재의 시점에서 남북경제공동체는 남과 북이 공유하는 가치일까? 남북경제공동체 구상은 세계 경제의 흐름과 동북아 국제관계의 변화에 유동적으로 대응할 수 있는 비전으로 발전하고 있는가?

남북경제공동체 구상과 관련해 제기되는 세 가지 질문을 통해 새로운 관점에 대해 생각해볼 수 있다.

첫 번째 질문은 남북경제공동체의 당사자인 '남과 북은 남북경제공동체에 대해 어떤 관점과 의지를 갖고 있는가?' 하는 것이다.

남과 북은 1991년 남북기본합의서를 채택한 이후 남북 간 경제협력을 발전시키기 위해 노력해왔다. 특히, 2000년 6 · 15 남북공동선언과 2007년 10 · 4 남북정상선언을 통해 개성공단과 금강산 관광 등 경제협력사업은 남북경협의 핵심 사업으로 성장해왔다. 현재 남북관계가 전면 중단된 상황 속에서도 남북은 무엇보다도 경제협력사업을 재개하기 위해 노력하고 있다.

다만 남북의 경제협력에 대한 공감대가 남북경제공동체에 대한 비전의 공유를 의미하지는 않는다. 남과 북이 남북경제공동체에 대해 어떻게 이해하고 있는지 좀 더 구체적으로 알아보자.

한국의 경우, 1989년 한민족공동체 통일방안, 1994년 민족공동체 통일방안을 우리 정부의 통일 방안으로 채택한 이후 남북경제공동체는 '민족공동체' 형성의 일부로 강조되어 왔다.[4] 현재 문재인 정부가 추진하고 있는 남북 경제협력공동체[5], 한반도 신경제지도 구상[6] 또한, 남북경제공동체를 형성하기 위한 비전이자 정책이라 할 수 있다.

반면, 북한은 한국과 달리 남북경제공동체와 관련한 구체적인 비전이나 정책을 제시하고 있지 않다. 이는 북한의 통일 방안이 정치적 통합 방안에 초점이 맞춰져 있는 것과 무관하지 않다.[7] 또한, 한국이 추구하는 경제공동체 구상에 대해 남한 위주의 경제통합, 내지 흡수전략이란 의혹을 거두지 않는 것 또한 사실이다.[8]

그럼에도 불구하고, 북한이 남북경제공동체라는 구상, 또는 목표에 대해 일정한 입장을 표명하지 않았다는 점은 놀라울 수밖에 없다. 한국에서 진행되고 있는 남북경제공동체 형성에 대한 논의가 역설적으로 남북의 비전이 아닌 일방향의 구상이라는 점에서 그러하다.

남북경제공동체는 한국의 일방적 기대로 형성될 수 없다. 북한이라는 상대가 있다는 점에서 그들의 입장과 의지를 파악하고 공동의 비전을 마련해야 할 것이다.

두 번째는 남북의 서로 다른 경제체제와 경제발전의 격차가 존재하는 상황에서 남북경제공동체가 남북 모두에게 대안이 될 수 있는가 하는 질문이다.

해방 이후 한반도 남과 북에 등장한 두 개의 국가는 6.25전쟁을 경계로 독자적인 경제 성장 전략을 추진했고 그 결과 남북 간 경제체제의 이질성은 강화되었다. 한국은 시장경제에 기반한 자유무역체제를 정착시킨 반면, 북한은 계획경제 체제하에서 자립경제를 지속해왔다. 또한, 한국은 1인당 GNP 3만 달러의 경제발전을 달성한 반면, 북한은 동구 사회주의의 붕괴 이후 1990년대 중반 극심한 경제 위기를 겪으며 만성적인 경제 위기에 봉착해 있다.

경제통합의 일반적 사례를 볼 때, 남북의 경제 수준과 규모의 차이는 통합을 저해하는 요소가 될 수 있다. 또한, 북한의 산업 구조는 군수산업을 중심으로 비대해져 있으며 대도시와 농촌, 전략산업과 지방산업의 격차가 커 산업체계 전체의 효율성이 저하되어 있는 상황이다. 1차산업과 3차, 4차산업, 그리고 군수산업과 민생경제가 여전히 차단되어 있어 일면 원시경제와 4차산업이 공존하는 듯하다.

다만, 이와 같은 이질성과 격차가 경제공동체 형성의 단점으로만 작용하는 것은 아니다. 남북경제공동체의 형성은 남북 간 생산 요소의 상호보완적 협력을 통해 남북 양측에 경제적 이익을 제공할 수 있다. 경제통합 과정에서 상호보완적인 통합을 추진한다면 남북 모두에게 이익을 가져다줄 수 있다.[9]

3차산업을 넘어 4차산업에 진입하고 있는 한국은 중소기업의 위기를 북한 진출을 통해 극복하고 북한 개발을 통해 신 성장동력을 확보할 수 있다. 북한 또한 남한의 자본과 기술을 도입해 산업을 정상화하고 관광·서비스 분야를 발전시킬 수 있을 것이다.[10] 예를 들어, 통일의 실험실로 운영되었던 개성공단과 금강산 관광은 서로 다른 경제 상황을 결합해 시너지 효과를 발휘한 사례라 할 수 있다.

세 번째 질문은 세계 경제의 발전, 그리고 동북아 국제관계의 변화 속에서 '남북경제공동체는 능동적으로 대응할 수 있는 열린 비전이라 할 수 있는가?' 하는 것이다.

세계 경제는 자유무역을 강화하는 한편, 역설적으로 지역을 기반으로 경제블록을 강화하고 있다. 세계무역기구 체제하에서 세계 각국은 자유무역을 강화하기 위해 노력해왔다. 특히 한국은 자유무역을 선도해온 국가 중 하나다. 자유무역주의의 한 흐름은 지역경제통합이다. 세계는 유럽연합과 북미자유무역협정(NAFTA), 동남아국가연합 등 지역 단위의 자유무역체제를 강화해왔다. 동북아 또한 한·중·일의 자유무역체제를 강화하기 위한 논의가 지속되고 있다.

이와 같은 세계 경제의 흐름 속에 우리가 추구하는 남북경제공동체 구상은 발전적인 대안이라 할 수 있을까? 지금까지 논의된 남북경제공동체는 동북아 경제협력과 다소 단절되어 논의된 것이 사실이다. 남북의 배타적 경제공동체는 동북아 국가들에게 경제이익의 침해 내지, 경쟁 대상으로 인식될 가능성이 존재한다.

결국, 남북경제공동체는 동북아 경제협력을 강화하고 역내 국가들의 이익을 침해하는 것이 아닌, 공동의 이익을 보장하고 확대하는 열린 공동체로 설계되어야 한다.

남북경제공동체, 그 이상의 가치

한반도는 대륙과 해양을 연결하는 지경학적 이점에도 불구하고 분단으로 인해 정치, 경제, 문화적 발전에 제약을 받아왔다. 남북경제공동체의 건설은 단순히 경제적 이익의 문제를 넘어 정치, 군사안보의 문제와 불가피하게 연결되어 있으며 한반도를 가로지르는 사회적 규범의 형성이란 측면과도 연결되어 있다. 남북경제공동체는 경제적 이익 이상의 가치를 가지고 있다.

그렇다면 남북경제공동체가 가진 경제적 이익 그 이상의 가치는 무엇일까?

첫 번째로, 남북경제공동체의 형성은 '경제를 통한 평화', '평화를 통한 경제'라는 선순환을 가능케 한다. 남북경제공동체를 통해 상호 이익이 지속됨에 따라 정치·군사적 리스크를 감소시키게 되고, 남북의 정치·군사적 안정이 경제협력을 강화함으로써 선순환의 고리가 만들어지게 된다.[11]

지금까지 남북은 반도의 지경학적 이점을 살리지 못하고 남한은 대륙의 길을, 북한은 해양의 길을 개척하지 못함으로써 경제발전에 많은 어려움을 겪어 왔다. 한반도에서 평화를 정착시키고 남북의 끊어진 길과 철도, 하늘을 연결한다면 그 경제적 효과는 무한할 것이다. 또한, 남북경제의 상호의존은 군사적 대결로 인해 지속되어 온 한반도 경제 리스크를 해소하고 한반도 경제의 신용을 제고하는 효과가 기대된다.[12]

북한이 일정 수준의 시장경제로 이행된 상태에서 남북경제공동체가 이루어지면, 남북한 모두에게 엄청난 경제적 효과를 가져다줄 수 있을 것이다. IBK경제연구소 추정에 의하면, 한국은 매년 1.03퍼센트 추가 성장해 연평균 4.03퍼센트 경제 성장이 가능할 것으로 예측된다. 1인당 GDP는 2030년 5만 달러가 되며, 연평균 14만 5,000명의 신규 일자리가 창출되는 것으로 나타났다. 또한, 북한은 매년 10퍼센트 이상 경제 성장이 가능하고, 1인당 GDP는 2030년에 5,000달러가 될 수 있으며, 연평균 30만 명 신규 일자리가 생겨 개성공단 일자리의 6배 효과가 예상된다.

두 번째로, 남북경제공동체의 형성은 남북경제의 상호의존성 강화를 통해 분단비용을 해소하고 통일을 앞당기는 촉매제가 될 것이다.[13] 남북경제공동체는 남북의 정치 · 제도적 합의만으로도, 경제적 이익에 따른 기능적 통합만으로도 형성되기 어려운 한계를 안고 있다.

결국, 남북경제공동체의 형성은 정치 · 군사, 사회 문화적 통합과 함께 선순환 구조를 이룰 때 가능하며, 이와 같은 선순환 구조는 종국적으로 통일을 지향한다는 점에서 한반도 통일과 동북아의 평화를 촉진하게 될 것이다.

마지막으로, 남북경제공동체는 동북아 경제협력을 강화하는 역할을 담당할 수 있다. 세계 경제는 지역 단위의 자유무역 블럭을 강화하고 있다. 남북경제공동체가 지향하는 평화경제는 남북경제의 협력과 통합을 통해 한반도뿐만 아니라 동북아 평화를 지향함으로써 역내 경제협력을 강화할 수 있는 핵심적인 변수라 할 수 있다.[14]

남북경제공동체의 형성과 동북아 경제협력을 분리하기보다는 남북경제공동체 구상에서 동북아 경제협력을 함께 상정하고 세계 경제의 변화에 좀 더 능동적으로 대응할 수 있는 열린 공동체를 구상할 필요가 있다.

02 남북경제협력의 **현실**

남북경제공동체는 하나의 목표이자 과정이다. 그 과정은 남북 당국 간 협의를 통해 비전과 목표를 설정하고 구체적인 정책 과제를 이행함으로써 달성될 수 있다. 남북경제공동체를 형성해나가는 과정에서 남북경협은 우회할 수 없는 통과 절차라 할 수 있다. 남북은 경제협력사업을 통해 신뢰를 쌓고, 서로의 차이를 인식하고 수정하며 경제공동체를 구축하기 위한 실험을 하는 것이다.

결국, 남북경협의 성공 없이 남북경제공동체의 이상은 실현될 수 없다 해도 과언이 아니다. 그러나 남북경제공동체의 현재 모습이라 할 수 있는 남북경협은 전면 중단된 상태다. 남북경제공동체가 다소 먼 미래의 이상으로 느껴지는 것은 현재 남북경협이 중단되었을 뿐만 아니라 향후 남북관계가 정상화되더라도 극복해야 할 문제들이 산적해 있기 때문이다. 따라서 남북경제공동체를 구축하는 과정으로서 남북경협을 돌아보고, 그 한계와 대안을 모색해보고자 한다.

남북경협이 남긴 것

남북 간의 실질적인 경제협력은 햇볕정책을 표방한 김대중 정부가 2000년 남북정상회담을 성사시키며 구체화됐다. 김대중 정부와 노무현 정부로 이어지며 체결된 6 · 15 남북공동선언과 10 · 4 남북정상선언은 남북 간 경제협력을 다양한 형태로 진행하는 데 합의했다. 이 과정에서 남북경협은 크게 세 가지 형태, 즉 경제특구사업, 남북 교역, 그리고 남북경협의 제도화를 진전시키는 방식으로 발전해왔다.

이를 살펴보면, 첫째로 남북은 개성공단 건설과 금강산 관광을 경제협력의 핵심 사업으로 추진해왔다. 개성공단은 2000년 8월 현대아산과 북한의 아태 · 민경련이 「공업지구 건설 운영에 관한 합의서」를 체결하며 태동했다. 개성공단은 북측이 개성 지역에 토지와 노동력을 제공하고 남측의 현대아산과 당시 토지주택공사가 공단과 인프라를 건설하며 우리 중소기업이 투자함으로써 남북이 공동 운영하는 경제특구를 건설하는 사업이었다.[15]

출처 : 개성공업지구지원재단.

당시 현대아산은 3단계 개발을 공단 19.8제곱킬로미터(600만평), 배후 도시 9.9제곱킬로미터(300만평)를 건설한다는 계획을 수립했다.[16] 그러나 1단계 개발(100만평)이 완성되기도 전에 남북관계의 악화로 개발이 지연되었고 결국 2016년 2월 전면 중단되고 만다. 개성공단 중단 당시 입주 기업은 125개사였으며 북한 노동자는 5만 4,988명이 일하고 있었다. 개성공단의 누적생산액은 약 32억 달러에 달했다.[17]

금강산 관광 사업은 1998년 10월 현대아산이 북측과 「금강산 관광사업에 관한 합의서」를 체결하고 같은 해 11월 금강산 관광선 '금강호'가 출항하며 시작됐다.[18] 금강산 관광은 초창기 해로 관광을 시작으로 2003년 육로 관광이 진행된 이후 2008년까지 약 193만 명이 금강산을 관광했다.[19] 그러나 2008년 7월 박왕자 씨가 금강산에서 피격 사망한 이후 중단되었고 재개되지 못하고 있다.

출처 : 현대아산.

둘째로 남북 교역은 남북 양측이 다양한 품목을 육 · 해 · 공을 통해 상호 반출, 반입하는 방식으로 진행되었다. 1989년 이후 남북 교역 건수는 반출이 43만 2,589건에 반입 37만 7,187건을 기록했다. 교역 품목 수는 반입이 902개, 반출이 1,177개였다.[20]

1989년 이후 2018년까지 지속된 남북 간 교역 규모를 정리하면 아래 〈도표 3-1〉 과 같다.

〈도표 3-1〉 **남북 교역액 현황**

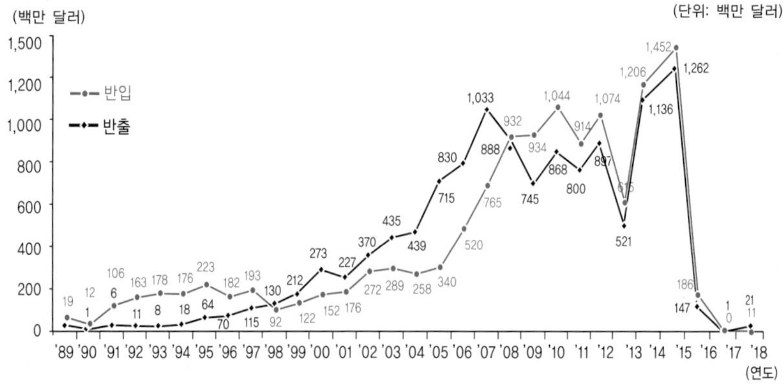

출처 : 통일부, 『2019 통일백서』, 통일부, 2019. p.342.

위의 그래프에서 볼 수 있듯이, 남북경제협력은 두 차례의 남북정상회담을 통해 실질적인 진전을 이루어왔다. 특히 개성공단과 금강산 관광사업은 2000년 이후 남북 간 물적, 인적 왕래를 획기적으로 증가시키는 시금석이 되었다. 남북 간 교역은 2018년 말 현재 반입 약 126억 달러,

반출 약 122억 달러 등 총 248억 8,000만 달러를 기록하고 있다.[21]

셋째로 남북은 남북합의와 국내 법제 제·개정을 통해 남북경협을 제도화하는 노력을 지속해왔다. 1971년 이후 2018년 말까지 총 667회의 남북회담을 개최했고, 262건의 남북합의서를 채택했다. 이 중 경제 분야 회담은 136회에 104건의 남북합의서가 채택됐다.[22] 경제협력 관련 남북합의는 4대 경제협력 합의서[23] 등 남북경협의 기본합의를 중심으로 통행, 통관, 통신 등 남북 교역을 보장하기 위한 합의, 개성공단과 금강산 등 특구 지역의 운영에 관한 합의에 초점이 맞춰져 있다.

남북합의서와 함께 남북은 남북경협을 지원하기 위한 각각의 국내 법률을 정비해왔다. 남북경협과 관련한 남과 북의 주요 법률을 정리하면 아래 표와 같다.

〈도표 3-2〉 **남북경협에 관한 남과 북의 주요 법률**

구분	주요 법률	제정일	최종 개정일
남측 법규정	남북교류협력에 관한 법률	1990년 8월 1일	2014년 3월 11일
	남북협력기금법	1990년 8월 1일	2010년 5월 17일
	남북관계 발전에 관한 법률	2005년 12월 29일	2018년 3월 13일
	개성공업지구 지원에 관한 법률	2007년 5월 25일	2018년 12월 31일
북측 법규정	금강산관광지구법[24]	2002년 11월 13일	2003년 4월 24일
	개성공업지구법	2002년 11월 20일	2003년 4월 24일
	북남경제협력법	2005년 7월 6일	·

출처 : 국가정보원 편, 『북한법령집』, 국가법령정보센터 www.law.go.kr 참조 후 재구성.

위의 표에서 정리한 바와 같이 남과 북은 경제협력에 관한 국내 법률을 제정함으로써 남북경협을 법제화하는 노력을 경주해왔다. 특히 개성공단의 경우 기업창설 · 운영 규정 등 16개의 별도 규정을 제정하는 등 남북 간 법제 분야 교류와 협력을 강화해왔다.[25]

그러나 2010년 5 · 24 조치로 남북관계가 단절된 이후 2016년 2월 마지막까지 생산을 이어오던 개성공단이 폐쇄되면서 남북경협은 현재까지 중단된 상황이다. 한 조사에 따르면 5 · 24 조치 이후 평양 등 북한 지역에서 경협사업을 진행하던 960여 개 업체 중, 2016년 9월 현재 377개가 폐업한 것으로 나타났다.[26]

우리는 남북경협공동체를 구상하기에 앞서 현재의 남북경협을 냉정하게 돌아볼 필요가 있다. 북한의 무력도발이 남북경협의 실패를 모두 설명해주지는 않기 때문이다.

남북경협의 문제점

남북경협의 태동과 진전, 그리고 위기와 중단까지의 상황을 복기할 때, 남북경협은 크게 세 가지, 즉 '제도의 불안정', '위기 대응 실패', '남북경협에 대한 남북의 이견과 폐쇄성'이라는 문제를 드러냈다.

첫째로 남북경협을 안정적으로 보장할 수 있는 제도적 환경을 구축하지 못했다. 앞서 논의한 바와 같이 남북은 남북경협과 관련한 합의를 도출하고 관련한 국내 법률을 제정하는 등 나름의 법제화를 진전시켜왔다. 그러나 여전히 남북합의서는 그 효력과 권한이 모호한 상태로 결과적으

로 정권 교체와 남북관계의 부침에 따라 무력화되었다.[27]

남북합의가 지켜지지 않는 상황에서 경제협력이 안정적으로 보장되기 어려운 것은 분명하다. 남북 정상의 합의라 하더라도 한반도 정세의 변화에 따라 이행되지 못하는 악순환이 반복될 수밖에 없다. 남북의 국내 법률 또한 '남북관계의 특수성'으로 인해 정지된 상태다.

둘째로 남북경협의 리스크, 즉 위기상황에 대한 대응시스템이 제대로 마련되지 않았다. 남북경협은 한반도 분단체제로 인한 리스크를 감수할 수밖에 없다. 결국, 위기에 어떻게 대응하느냐에 따라 남북경협의 위기를 극복할 수도, 악순환이 지속될 수도 있다.

예를 들어 2010년 발생한 천안함 사태 당시 이명박 정부는 '천안함 사태 관련 대북조치 발표문,' 즉 5.24 조치를 공포했다.[28] 동 조치는 5월 21일 긴급 국가안전보장회의의 결정사항들을 정리한 것[29]으로 개성공단을 제외한 남북경협이 전면 중단되는 결과를 가져왔다. 문제는 5 · 24 조치 이후 남북경협사업을 관리하고 재개하기 위한 프로세스가 없었다는 점이다.

'5 · 24 조치에 따른 남북경협의 중단조치가 정당했나?'라는 논쟁과는 별도로 남북경협의 중단과 재개, 피해 보상에 대한 프로세스가 마련되어 있지 않았던 점은 분명 시정되어야 한다. 리스크가 큰 만큼 대응방안 또한 준비돼야 했으나 그렇지 못했다.[30]

또한, 남북경협에서 발생한 분쟁이 신속하고 공정하게 해결되지 못하는 문제가 지속됐다.[31] 2000년 체결된 「남북 사이의 상사분쟁 해결 절차에 관한 합의서」 제2조에 따르면 "남과 북은 경제교류 · 협력 과정에서 생기는 상사분쟁을 해결하기 위하여 각각 위원장 1명, 위원 4명으로 남북 상사중재위원회(이하 '중재위원회'라 한다)를 구성"하도록 규정되어 있다.[32] 그러나 안타깝게도 남북상사중재위원회는 구성조차 되지 못한 상태다. 결국, 경협사업 중 발생하는 문제를 당사자 간 해결에 맡겨왔던 것이다.

마지막으로, 남북경협 관리체계의 혼란과 폐쇄성을 지적하고자 한다. 남북경협이 태동하는 단계에서 당국의 개입은 불가피하다. 경제협력의 순간순간이 새로운 경험이기 때문이다. 그러나 어느 정도 남북경협이 정착되고 관리체계가 안정화된 상황에서 남북 정부의 개입은 혼란을 가중시킬 수 있다.

개성공단의 경우, 남측의 관리위원회가 공단 운영을 주도하고 북측의 지도총국이 운영 파트너로 참여해왔다. 그러나 남북관계가 악화되는 상황에서 새로운 기구(남북공동관리위원회)가 등장하고 경제 논리가 아닌 정치 논리가 공단 운영에 관여함으로써 혼란이 가중되었다.

이와 관련해 남북경협, 특히 경제특구에서 한국의 배타적 개발권리가 지속된 점은 냉정히 돌아볼 필요가 있다. 개성공단과 금강산 관광 사업에서 현대아산이 독점적인 개발권을 보장받았으나 개발이 어느 정도 진행된 상황에서 제3국의 특구 참여를 좀 더 과감하게 추진했다면 특구의 안정성을 강화할 수 있었을 것이다.

남북경협 리셋을 위한 고려사항

남북경제공동체를 형성하는 과정에서 나타나는 문제들을 지금까지 진행된 남북경협을 통해 검토해봤다. 지금 남북경협에 나타나는 문제들을 어떻게 해결하느냐의 문제는 남북경제공동체가 가능하냐는 질문에 대한

답이 될 수 있다. 남북경협을 정상화하고 남북경제공동체의 비전을 현실화하기 위해서는 내부의 정치적 간섭, 그리고 외부의 정세변화로부터 최소한의 안정을 지속할 수 있는 남북의 강력한 정책 의지를 제도화해야 한다.

남북관계의 안정은 남북경협이 정상화되기 위한 최소한의 조건이다. 남북관계를 정치적 협상의 관계가 아닌 제도와 규범이 지배하는 관계로 발전시켜야 한다. 만약 남북관계가 불안정하다 하더라도 남북경협이 안정적으로 진행되고 위기의 상황에서도 사전에 합의된 프로세스에 따라 관리될 수 있어야 한다.

정치적 합의는 논외로 하더라도 경제협력과 관련된 합의는 훼손되지 않도록 남북이 합의할 필요가 있다. 남북경협의 일시 중단, 또는 잠정 중단의 상황이 발생한다 하더라도 이와 관련된 프로세스에 따라 문제가 해결될 수 있는 제도적 환경을 구축해야 한다.

이와 관련해 남북경협에 있어 정경분리의 원칙 아래 자유경쟁의 논리를 점차 확대해나갈 필요가 있다. 남북 당국은 남북경협의 공간, 특히 경제특구에 정치적 관여를 최대한 지양해나가야 한다. 경제특구의 관리위원회는 특구의 발전을 안정적으로 추진하기 위해 노력해야 하며, 기업의 경영을 지원하고 노동권을 보호하는 데 책임을 다해야 한다. 결국, 남북경협의 공간에서 자체의 법치경제가 안정적으로 작동할 수 있도록 정경분리의 규범을 정착시켜나가야 한다.

남북경협의 공간이 제도화되고 법치경제의 규범이 정착된다면 자연스럽게 제3국의 경제 주체가 참여를 원하는 개방적인 경제공동체로 발전할 수 있을 것이다. 다만, 남북경협의 법제화가 정착되기 이전이라도 제3국 경제 주체의 참여를 보장할 필요가 있다. 남북경협의 국제화는 중장기적으로 남북경제공동체의 폐쇄성을 해소하는 계기가 될 것이다.

추가적으로, 남북경협을 새롭게 설계하기 위해 북한의 경제를 제대로 파악하고 북한의 국가발전 전략이 남북경협과 상호 선순환 관계를 형성할 수 있도록 협력해야 한다. 북한은 제7차 당대회를 통해 '국가 경제발전 5개년 전략'을 제시하고 4대 선행부문(전력, 석탄, 금속, 철도·운수)과 기계 공업 등 기반 산업을 정상화하기 위해 노력하고 있다. 다만 2016년 이후 국제사회의 대북 제재가 강화되면서 북한 경제는 과거와 다른 굴절이 일어나고 있다. 남북경협이 재개된다면 남북경협이 북한 경제의 정상화에 도움이 될 수 있도록 중장기적인 비전을 가지고 접근할 필요가 있다.

03 새로운 남북경제공동체의 설계

북한은 1990년대 중반의 경제 위기 이후 체제 안보를 목적으로 핵개발을 본격적으로 추진했고, 현재까지 6차례의 핵실험을 통해 무기화에 다다른 것으로 판단된다.[33]

현재 북한의 무력도발에 대응해 국제사회의 강력한 대북 경제 제재가 지속되고 있는 상황에서 북핵문제 해결 없이 남북경협 재개는 불가능하다. 유엔 안전보장이사회의 대북 제재와 미국, 유럽연합, 한국 등이 추진하고 있는 독자 제재는 북한의 대외교역과 금융 거래, 노동자의 해외 취업 등을 엄격하게 금지하고 있다.[34]

결국, 북핵문제의 해결 없이 한반도경제공동체를 구축한다는 것은 불가능에 가깝다. 연장선상에서, 남북경제공동체를 추진하는 과정, 특히 기존의 남북경협사업과 교역이 정상화되는 단계에서 북핵문제는 상당 부분 해결될 것이라 가정하는 것이 합리적이다. 다만 남북이 통일되기 이전까지 한반도 분단 구조가 가져오는 안보 불안과 예기치 못한 위기상황이 발생할 가능성은 여전히 고려 대상이다.

남북경제공동체 추진 원칙

기본적으로 남북경제공동체는 '민족공동체 통일방안'이 추구하는 자주와 평화, 민주의 통일 원칙을 견지하며 남북의 공동번영과 한반도 통일을 지향해야 한다. 다만, 남북경제공동체는 그 목표를 달성하기 위한 과정의 중요성이 간과되어왔다. 한반도 분단, 그리고 남북의 서로 다른 정치, 경제체제와 상황이 반영된, 현실적으로 실현 가능한 원칙을 모색할 필요가 있다.

필자는 남북경제공동체라는 목표를 달성하기 위해 다음과 같은 세 가지 추진 원칙을 제시하고자 한다.

첫째로 남과 북이 공유할 수 있는 남북경제공동체를 구상해야 한다. 지금까지 남북은 몇 차례의 정상회담을 통해 남북경협을 추진해왔다. 그 결과로 개성공단이 건설되고 금강산 관광 사업이 시작되었다. 그러나 한국이 남북경제공동체 논의를 진전시켜온 반면 북한은 이와 관련해 미온적인 입장을 취해왔다. 지금까지의 논의는 한국의 다소 직선적인 구상에 가까운 것이 사실이다.

남북경제공동체는 말 그대로 상대가 있는 목표다. 아무리 한국이 아름다운 이상을 제시해도 북한이 이를 받아들이지 않는다면 실현될 수 없는 꿈일 뿐이다. 남북경협 또한 각각의 협력 사업을 추진하는 과정에서 크고 작은 입장 차이를 보였다. 남북경제공동체의 비전과 이를 추진하는 과정으로서 경제협력에 대해 남과 북이 협의하는 노력이 필요하다.

북한이 받아들일 수 있는 비전을 제시하는 것도 중요하지만 북한의 의견을 청취하는 것 또한 중요하다. 북한이 추진하는 경제발전의 비전이 무엇인지, 남북이 처한 경제적 상황에서 상호 이익을 보장하고 한반도 차원의 경제발전을 지속하는 방안은 무엇인지 함께 논의할 수 있어야 한다.

둘째로 남북경제공동체를 형성하는 과정에서 정경분리의 원칙하에 안정적인 경제협력을 제도화해야 한다.

우리는 지난 몇 년간 남북경협의 위기와 좌초를 목격했다. 남북경협사업에 투자했던 수많은 중소기업이 문을 닫는 모습을 보았다. 결국, 남북경협의 불안정성을 해소하지 않는다면 남북경제공동체의 미래는 위험한 모험이 되고 말 것이다.

무엇보다도 남북 당국은 남북경협에 대한 개입을 최소화하고 정경분리의 원칙하에 법치경제가 실현될 수 있도록 지원하는 역할을 담당해야 한다. 남북관계의 부침에도 경제협력 사업은 안정적으로 관리된다는 신뢰를 회복하고 이를 제도화해야 한다. 이를 위해 남북합의서에 대한 법적 효력을 명확히 규정하고 남북의 국내 법률을 상호성의 원칙에 따라 개정할 필요가 있다.

남북관계의 제도화는 분단체제하에서 여전히 어려운 과제다. 그러나 남북경협의 영역은 정치·안보의 영역으로부터 최소한의 보호를 받을 수 있도록 남북이 합의할 필요가 있다. 특히, 남북관계의 특수성으로 인해 발생 가능한 위기는 그 형태에 따라 준비 절차에 맞게 이행될 수 있도록 프로세스를 법제화해야 할 것이다.

셋째로 남북경제공동체는 동북아 경제협력의 축이 되는 열린 공동체이어야 한다.

지금까지 남북경제공동체에 대한 논의는 남과 북, 특히 한국의 시각에 초점이 맞춰져왔다. 그러나 남북경제공동체의 형성은 당사자인 남북뿐만 아니라 동북아 경제협력의 틀을 바꾸는 변수가 될 가능성이 높다. 만약 남북경제공동체가 폐쇄적인 이익 공동체로 인식된다면 동북아 주변국들은 이를 견제하려 할 것이다.

최근 세계 경제는 자유무역주의의 흐름 속에서 지역을 기반으로 경제블록을 강화하고 있다. 한국경제는 자유무역에 기반해 성장해왔다. 한반도 경제공동체는 동북아에서 유라시아 대륙과 태평양을 잇는 교두보로서 개방된 경제 공간이 될 필요가 있다.

이런 관점에서, 남북의 경제협력 또한 제3국의 경제 주체가 참여하는 열린 공간이 될 필요가 있다. 남북경협에 제3자가 참여하는 것은 경협사업의 투명성을 높이고 건전한 경쟁을 유도할 수 있으며 남북관계의 부침으로부터 경협사업의 안정성을 확보하는 안전장치로 작용할 수 있을 것이다.

남북경제공동체 정책 과제

여기서는 앞서 언급한 바와 같이 남북경제공동체의 원형을 상정하고 그에 맞는 프로세스를 제시하기보다는 앞서 제시한 세 가지 원칙을 이행하기 위해 필요한 정책적 과제를 모색하려고 한다.

이와 관련해 각각의 정책 과제를 단기, 중기, 장기로 나누어 제시해보겠다. 단기 과제로는 현재 대북 제재가 지속되는 상황에서 필요한 과제를 제시한다. 중기 과제에서는 한반도 비핵화의 진전으로 남북경협이 정상화된 상황을 상정해 필요한 과제를 제시해보겠다. 마지막으로, 장기적 과제를 통해 남북경협이 전면적으로 확산된 상황에서 남북연합 단계 이전에 필요한 정책 과제를 제시하도록 한다.

첫째로 남북이 공유할 수 있는 남북경제공동체를 만들기 위해 단기, 중기, 장기 과제를 제시하면 다음과 같다.

단기적으로, 남북경협이 중단된 상황에서 지금까지의 남북경협을 재평가하고 남북경제공동체를 구축하는 데 북한의 인식과 정책 의지를 면밀하게 검토해 새로운 논의의 구조를 준비할 필요가 있다. 북한의 경제발전 전략에 대한 이해를 바탕으로 남북이 어떤 경제공동체를 구상할 것인지 준비해야 한다.

중기적으로, 남북경협이 정상화되는 상황에서 남북이 남북경협의 새로운 전망을 협의할 필요가 있다. 또한, 남과 북이 남북경제공동체 구상에 대한 비전을 공유할 필요가 있다. 이를 위해 남북경협을 책임지는 정부부처 간 협의구조를 구축해야 할 것이다. 가동이 중단된 상사분쟁위원회를 가동하기 위한 남북의 합의가 이루어져야 하며 남북경협사업에 제기될 수 있는 리스크 관리를 위해 남북조정위원회를 구성하고 위기대응 프로세스를 남북이 함께 만드는 것이 바람직하다.

장기 과제로는, 남북경협이 전면화되는 상황에서 남북경제공동체를 건설하기 위한 구체적인 프로세스를 마련해야 할 것이다. 남북 당국과 지자체, 기업, 시민사회가 참여하는 남북경제공동체 추진협의체를 통해 경제공동체의 안정적 관리와 제도화 노력이 지속되어야 할 것이다.

둘째로 정경분리의 원칙하에 경제협력을 제도화하기 위해 필요한 단기, 중기, 장기 과제를 제시하면 다음과 같다.

단기적으로, 남북경협의 안정적인 발전을 보장하기 위해 필요한 제도적 개선 과제들을 도출해야 할 것이다. 특히 남북협상과 그로부터 생산된 남북합의서의 법적 효력을 명확히 규정하기 위한 방안을 마련해야 한다.

또한, 남과 북이 국내 법률을 통해 남북경협을 안정적으로 보장할 수 있는 개편안을 모색해야 할 것이다. 한국의 경우 「남북관계 발전에 관한 법률」 제23조가 담고 있는 남북합의서 정지에 관한 절차 규정이 실효적으로 이행될 수 있도록 개정할 필요가 있다.

중기적으로, 남북대화를 통해 남북경협의 제도화를 이행해야 한다. 주요 남북합의서의 경우 조약으로 체결하는 방안을 추진할 필요가 있으며, 남북경협사업을 지원하기 위한 남북의 법률 개정을 상호성의 원칙하에 추진해야 할 것이다. 개성공단과 같이 중요 경협사업의 경우 남과 북의 국내법으로 사업의 안정성을 지원할 필요가 있으며 주요 남북경협 합의서의 경우 (가칭)「남북 경제협력에 관한 기본합의서」와 같이 포괄적 합의를 추진할 필요가 있다. 만약 남북합의서의 법적 효력 문제가 지속된다면, 중요 합의서를 조약으로 체결함으로써 국내법과 같은 효력을 보장하는 방안도 논의될 수 있을 것이다.

이 과정에서 국회의 역할이 중요하다. 정부는 국회가 남북경협에 보다 책임 있는 행위자로 참여할 수 있도록 배려해야 한다. 국회의 역할이 강화될수록 정권 교체에 따라 남북경협이 부침을 거듭하는 문제도 상당 부분 해결할 수 있을 것이다. 정기적인 남북 의회회담이 필요한 이유다.

장기 과제로는, 남북연합 단계에서 남북경협이 전면 개방되고 동북아 주변국과 유기적인 경제협력이 가능하도록 법과 제도를 개정해나가야 할 것이다. 중장기적으로 남북경협의 제도화는 경제협력의 자율성을 보장함으로써 다양한 비즈니스 모델이 창출되는 토대가 되어야 한다. 다만, 남북경제공동체가 배타적 특혜로 인식되지 않도록 동북아 주변국과의 경제협력을 강화해나갈 필요가 있다. 이러한 과정을 통해 북한 지역의 경제특구를 역외가공지역으로 인정받는 등 지지를 얻어내야 할 것이다.

셋째로 열린 남북경협과 남북경제공동체를 구축하기 위해 필요한 단기, 중기, 장기 과제를 제시하면 다음과 같다.

단기적으로, 남북경협사업에서 제3국 행위자가 참여할 수 있는 방안을 모색할 필요가 있다. 예를 들어, 해외동포의 남북경협사업 참여를 통해 남북경협의 국제화를 모색할 수 있을 것이다.

기존의 남북경협사업뿐만 아니라 북한의 경제특구에서 3자협력을 모색할 필요가 있다. 예를 들어, 나선과 같이 다국적 협력이 가능한 지역에서 시범단지를 운영하는 방안을 사전에 검토해볼 수 있다.

중기적으로, 남북경협이 정상화된 상황에서 남북은 기존의 남북경협을 재평가하고 새로운 중장기 계획을 수립할 필요가 있다. 특히 개성공단과 금강산관광지구에서 제3국 경제 주체의 참여를 고려한 중장기 계획을 추진할 필요가 있다. 이 시기에 남북은 세계무역기구, 국제통화기금, 세계은행과 협력함으로써 북한 경제를 정상화하고 북한이 국제무역과 금융에 참여할 수 있도록 노력해야 한다.

또한, 남북과 중러가 협력할 수 있는 공동프로젝트를 적극적으로 추진할 필요가 있다. 예를 들어 광역두만강개발계획을 소다자 경제협력의 모델로 개발할 수 있을 것이다. 다만, 남북경제공동체의 비전을 남북이 공유한 상황에서 단계적인 국제화를 추진할 필요가 있다. 여건이 조성된다면 미국과 유럽연합, 그리고 일본의 참여도 보장할 수 있을 것이다.

장기 과제로는, 남북경협이 전면적으로 확대되고 남북연합을 추진하는 과정에서 한반도는 동북아 경제협력의 축이 되어야 한다. 한반도를 중심으로 동북아 경제협력을 강화해나가고 사회 문화적 인식의 동질성을 회복하는 과정에서 역내 자유무역지대를 건설해야 할 것이다.

동북아 경제협력은 대륙과 해양, 남방과 북방을 잇는 가교로서 한반도가 중심축이 되어 물류와 정보·기술, 사람과 문화를 연결하는 플랫폼을 건설하는 작업이 될 것이다. 이런 의미에서 열린 남북경제공동체 건설의 중요성이 강조될 필요가 있다.

한편, 남북한 경제공동체가 실현되기 위해서는 북한의 자세 변화가 무엇보다 중요하다. 북한은 진정한 비핵화 조치에 나설 뿐 아니라 개혁개방의 길을 선택해 경제발전에 집중해야 한다. 이를 통해 김정은 정권의 안정과 북한 번영을 이룰 수 있다.

북한은 내부적으로 많은 변화를 보이고 있다. 배급제가 무너지면서 주민들은 장마당에 절대적으로 의존하고 있다. 장마당의 공식적인 숫자는 500개에 육박하지만, 비공식 장마당까지 포함하면 1,000개에 달하며, 작은 골목장까지 포함하면 5,000여 개에 이른다. 휴대폰은 이미 600만대가 보급되어 더 이상 정보 차단이 무의미해졌다. 농업과 기업에서는 시장경제 요소와 자율경영체제가 확산되고 있다. 경제개발구는 22개가 지정됐다. 하지만, 대북 제재로 인해 투자유치가 어려워 진척되는 곳은 거의 없다.

향후 북한이 국제경제에 편입해 경제 번영으로 가기 위해서는 비핵화 이행을 국제사회에 보여주면서 대북 제재를 풀어내고, 이를 통해 대규모 외자유치를 이끌어내야 한다. 북한은 외자유치가 가능한 법과 제도를 갖추고, 국제관례와 기준이 적용되는 경제시스템을 갖추면 머지않은 시기에 놀라울 정도의 경제발전 성과를 실현할 것이다. 민족경제의 균형적 발전과 공동번영은 우리가 함께 만들어가야 할 일이다. 우리나라와 국제사회는 북한이 올바른 길을 선택하도록 적극적으로 유도해나가야 할 것이다.

신경제지도 구상과 남북경제공동체

현재 한국 정부의 대북정책 중 남북 경제와 관련한 핵심 국정 과제는 한반도 신경제지도 구상이다.

〈도표 3-3〉 **한반도 신경제지도 구상**

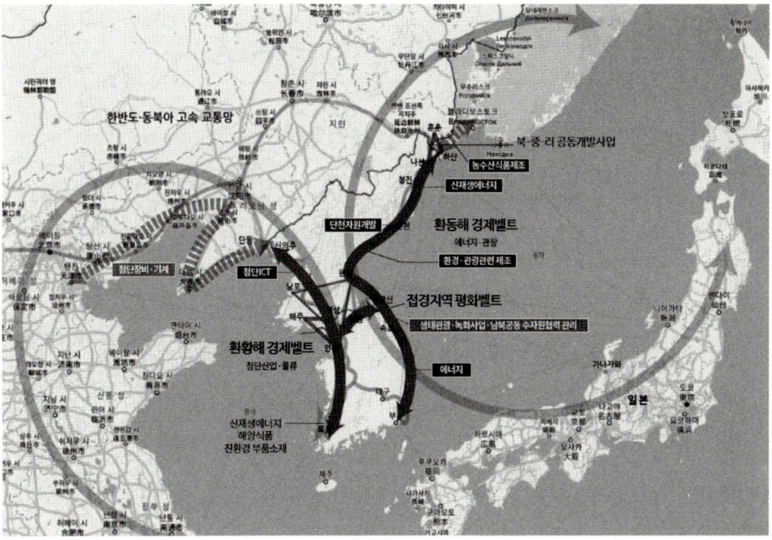

출처 : 조봉현, "한반도 신경제지도 구상과 과제", 비핵 · 평화번영을 위한 한반도 신경제지도 구상 학술회의 (2017.9.19), p.23.

한반도 신경제지도 구상은 환황해 경제벨트, 환동해 경제벨트, 접경지역 평화벨트 등 3대 벨트를 구축하고 한반도를 중심으로 남방경제와 북방경제를 연결하는 신경제지도를 그려나가겠다는 것이다.[35] 한반도 신경제지도에서 제시한 3대 벨트를 정리하면 〈도표 3-4〉와 같다.

〈도표 3-4〉 한반도 신경제지도 구상 – 3대 벨트

3대 벨트	주요 추진 구상
동해권 (에너지 · 지원벨트)	금강산, 원산 · 단천, 청진 · 나선을 남북이 공동개발 후 우리 동해안과 러시아를 연결
서해안 (산업 · 물류 · 교통벨트)	수도권, 개성공단, 평양 · 남포, 신의주를 연결하는 서해안 경협벨트 건설
DMZ (환경 · 관광벨트)	설악산, 금강산, 원산, 백두산을 잇는 관광벨트 구축 및 DMZ를 생태 · 평화안보 관광지구로 개발

출처 : 통일부, "한반도 신경제지도 구상 및 경제통일 구현" https://www.uni korea.go.kr/unikorea/policy/project/task/precisionmap (검색일: 2019.8.20).

정부는 또한, 한반도 신경제지도 구상과 함께 '하나의 시장'을 제시하고 있다. '하나의 시장' 정책은 "민관 협력 네트워크를 통해 남북한 하나의 시장협력 방안을 마련하고, 여건 조성 시 남북 시장협력을 단계적으로 실행해 생활공동체를 형성" 한다는 것이다.[36]

이와 관련해 문재인 대통령은 2018년 8월 광복절 경축사에서 동북아 철도공동체 구상을 제안한 바 있다. 이 구상은 "동북아 6개국과 미국이 함께하는 동아시아 철도공동체"를 통해 "우리의 경제 지평을 북방대륙까지 넓히고 동북아 상생번영의 대동맥이 되어 동아시아 에너지공동체와 경제공동체"로 확대하자는 것이다.[37]

현재 문재인 정부의 남북경협, 그리고 남북경제공동체 비전은 과거와 달리 남북경협의 폐쇄성을 극복하기 위해 노력하고 있으며 경제협력을 통해 한반도, 나아가 동북아의 협력을 지향한다는 점에서 발전적인 구상이 담겨 있다.

다만, 여전히 이와 같은 구상에 대해 북한과 어떠한 합의를 이루어내지는 못했으며, 남북경협의 제도화에 있어서도 구체적인 대안을 마련하지는 못한 것으로 판단된다.[38] 또한, 한반도 신경제지도 구상이 국가 단위의 협력 이상으로 남과 북, 제3국 경제 주체 간 협력을 제시하지는 못하고 있다는 점에서 그 개방의 성격이 여전히 제한적이라는 점에서 아쉬움이 남는다.

결국, 한반도 신경제지도 구상과 신북방정책을 추진함에 있어 북한의 정책 의지와 발전 전략을 반영할 필요가 있으며 열린 시각에서 관련국과의 협력과 참여를 보장하고 이를 제도화하기 위한 대안이 구체화될 때 비전과 구상이 현실이 될 수 있을 것이다.

04 동북아지역 지자체 간 **경제협력**

지자체 원칙과 협력 플랫폼

지방자치제도 운영 원칙은 '보완성의 원칙(The Principle of Subsidiarity)'[39]에 입각해 중앙과 지방정부 간의 역학관계를 규정한다. 이는 자치제도의 전통이 깊은 유럽연합에서 관계 설정의 근간이 되고 있다. 즉 중앙정부는 외교, 안보 등 지방정부가 할 수 없는 분야와 지방정부보다 더 잘할 수 있는 분야만 수행하고, 나머지는 전적으로 지방정부에 권한을 부여함으로써 상호보완적 역할의 수행을 의미한다.

유럽연합이 견고해짐과 더불어 유럽의 지방자치는 '지역화(Regionalization)'로 진화하면서, 특히 '소지역(Sub-region)'별로 권역화되고 있으며, 개별 국가의 리더십은 약화되는 반면 지방정부의 역할이 커지면서 '지방분권화(Decentralization)'는 자연스럽게 강화되고 있다. 분권화의 최고 모델은 스위스다. 보조의 원칙에 따라 연방은 모든 이슈에 대해 가장 낮은 수준에서 해결하며, 조세도 지자체 차원에서 부과되고 연방정부는 20퍼센트만 수취하는 것으로 제한되고 있다. 분권화가 활발한 유럽에서의 대표적인 지방정부 간 협력기구로는 유럽지방정부연합(AER)이 결성되어 있다[40].

지방분권화에는 중앙정부가 국가 사무를 지방에 위임해 중앙정부 감독 아래 수행토록 하는 '행정적 분권(위임 행정 : 독일, 프랑스 등)'과, 지방정부가 행정사무를 고유사무로 인식하고 자주적으로 수행하는 '자치적 분권(자치행정 : 영국 등)'이 있다.

동북아 지역에서의 지방분권화는 아직은 대부분이 자치 위임 정도가 낮은 행정적 분권형에 가까우며, 일본만은 자치적 분권형에 가깝다.

동북아 지역의 지방자치제도를 보면, 자치 측면에서 일본이 가장 앞서 있으며 한국이 뒤를 잇고 있다. 사회주의체제를 거쳤거나 유지하고 있는 러시아, 몽골, 중국, 북한 등은 지방자치 수준이 여전히 낮은 편이다.

지방자치에 대한 표현에도 국가별로 차이가 있다. 한국은 1991년 지방자치제도가 도입되면서 자치 주체를 '지방자치단체'라고 명시하고 있으나, 120여 년 전 현재의 지방자치제도가 도입된 일본은 '자치체'로 표현하고 있다. 중국, 러시아, 몽골, 북한에서는 '자치(自治)'라는 용어 사용에 거부감을 갖고 있다. 특히 중국은 정치적 이유로 '자치'라는 용어 사용에 매우 예민해 '지방(인민)정부'로 칭하며, 일부 소수민족 지역에 대해서만 예외적으로 '닝샤후이족(寧夏回族) 자치구' 등 '자치구(自治區)'를 사용하고 있을 뿐이다.

또한, 중국은 대외관계에서 '단일제'를 시행하기 때문에 지방정부는 대외관계에서 제한을 받는다[41]. 물론 지방정부의 자율적인 대외 교류·협력 활동이 명확히 금지되어 있지는 않으며 부분적인 보장하에 중앙의 정치, 외교적 대외정책 기조에 따라 지방정부의 자율성에 제한이 가해지는 것이다. 지난 2012년 중일 간 영토분쟁인 센카쿠(댜오위다오) 사태가 불거졌을 때, 중국 중앙정부는 지방정부들에게 동북아지역자치단체연합(NEAR, The Association of North East Asia Regional Governments)[42]과 같은 국제협력기구 내에서 이루어지는 일본 지방정부와의 교류협력까지도 중단시킨 사례에서 잘 나타난다.

한편, 아직은 동북아공동체가 형성되지 않고 있지만, 역내에는 국가별로 지방자치제의 발전 수준에서 차이가 있음에도 불구하고, 각 국가 간의 지방자치단체 '쌍방 또는 다자' 간의 협력 · 협정 체결을 통해 활발한 교류 · 협력을 해오고 있다.

쌍방 간의 교류 · 협력 현황을 보면 한 · 중 · 일 간 매우 활발한데, 한중 간에는 광역, 기초자치단체 간의 자매 · 우호협정이 518건 체결되어 있으며, 한일 간에는 187건, 일중 간에는 354건이 각각 체결되어 3국 간 총 1,059건이 체결되어 있다. 이외에도 한국과 몽골 간 32건, 한국과 러시아 사이에 44건이 각각 체결되어 있다.

역내에 다자간 교류 · 협력체도 다양하게 결성되어 있다. 대표적인 협력기구로 동북아지역자치단체연합이 결성되어 있으며, 다양한 경제권역별 '소지역' 협력체가 결성되어 있다. '환동해경제권'은 1994년에 결성되었는데 중국의 지린성, 러시아의 극동연안 지역과 일본의 돗토리 현이 참여했으며, 추후 몽골의 투브 아이막이 참여했다. '환황해경제권'은 2004년 한 · 중 · 일의 10개 자치단체가 참가해 산업 협력, 환경 보호, 문화 · 관광 분야의 교류 협력을 하고 있다.

이외에도 한 · 중 · 일 우호도시회의, 한 · 중 · 일 지방정부교류회의, 환동해 지사(知事) · 성장(省長) 회의, 환동해 주요도시회의가 각각 결성되어 있으며, 각각의 '회의체'에는 20개 내외의 지방자치단체들이 참여하고 있다. 2016년에는 한중 17개 지방정부(한국 7개 광역자치단체, 중국의 10개성 정부)가 참여해 양국 간의 긴급 현안인 '대기질 개선 협력' 등 환경 분야 협력 포럼을 격년제로 개최하고 있다. 2018년 11월에는 한국과 러시아의 광역자치단체 26개가 참여한 가운데 경제, 문화, 관광 분야의 교류 협력을 위한 '한러 지방협력포럼'이 출범했다. 이는 2017년 러시아 블라디보스토크에서 개최된 한러정상회담의 합의사항으로, 한국의 17개 광역시, 도와 러시아 극동연방관구 소속의 연해주 등 9개 주 정부와 지역의 상공인들이 참여해 결성되었다.

한편, 중앙정부 차원에서도 다양한 국제협력체가 결성되어 교류·협력 플랫폼이 구축되어 있다. 대표적으로는 한·중·일 정상회의 정례개최를 지원하는 협력체로서 한·중·일 3국협력사무국이 결성되어 있으며, 사무국이 한국에 소재하고 있다.

또한, 역내의 가장 상징적인 다자간 협력체로서 '광역두만강개발계획'이 결성되어 있다. 당초에는 유엔산업개발기구(UNIDO)가 중심이 되어 광역두만강개발계획을 위한 한국, 중국, 러시아, 몽골이 참여한 다자협의체로 출발했다. 이후 1992년 북·중·러 접경지역인 두만강 하류지역 개발과, 한국, 일본을 활용한 자유무역지대 육성을 통한 동북아의 역내 안정을 도모하기 위한 협력기구로 전환하면서, 한·중·일·러·몽·북 6개국이 공동출자를 하기로 했으나, 북한, 일본 등 회원국의 실질적인 참여가 부진함에 따라 설립 목적을 다시 중장기 교역 및 투자 환경 개선으로 수정하면서 '두만강개발계획(TRADP)' 협의체로 변경했다.

2005년 9월에는 사업 대상 지역을 한국, 일본을 포함한 동북아국가 간의 협력으로 확대하고 공동기금설립 등 추진체계를 강화하면서, 다시 광역두만강개발계획으로 개편되었다. 즉, 이전의 두만강개발계획은 대상지역을 북한의 나선특별시와 청진, 중국의 훈춘과 연길, 러시아의 포시에

트와 블라디보스토크로 하였으나, 광역두만강개발계획으로 개편하면서 중국의 동북 3성, 내몽골, 러시아의 연해주, 몽골의 동부지역, 북한의 나선특별시, 한국의 동해안 지역을 대상으로 광역화했다. 북한은 결성 초기에 직접 이해 당사국으로서 참여했으나, 2009년 국제사회의 대북 제재에 대한 항의로 탈퇴했다. 지리적으로 중심부에 위치한 북한의 탈퇴는 협의체 활성화에 결정적 장애 요소가 되었으며, 일본도 광역두만강개발계획으로 변경 시 옵서버로 참여했으나 현재는 참여 활동을 거의 중단한 상태다.

한편 광역두만강개발계획 산하에는 역내 12개 지방자치단체가 참여하는 '지역협력위원회(Local Cooperation Committee)'를 운영하고 있기도 하다. 구체적인 프로젝트로 북·중·러 삼각주 국제관광합작구 설립을 위해 중국의 훈춘-방천, 북한의 두만강리, 러시아의 하산을 연결하는 '환(環) 3국 국제관광코스'를 추진한 바 있으며, 합작구에는 비자 없이 외국인 관광을 허용하면서, 생태 관광, 하계 피서 휴양지, 동계 스포츠 등을 아우르는 관광구로 개발키로 했으나, 역시 북한 문제로 인해 실현되지 못하고 있다.

협력의 선결 과제, 북한 요인

전술한 대로 동북아 지역에는 1990년대 이래, 중앙정부 간은 물론 지방자치단체 간의 교류와 협력을 위한 다양한 플랫폼이 결성되어 있다. 그리고 어느 경우든 지리적으로 역내 중앙부에 위치한 북한의 참여가 항상 요구되었으며, 특히 낙후지역 개발전략을 추구함에 있어서의 북한은 이해 당사자로서 당연히 대상에 포함되어왔다. 따라서 지경학적 측면에서 중요한 위치에 있는 북한의 참여 여부는 협력의 구체적인 실현 가능성을 좌우하는 '요인(Factor)'이자 선결 과제가 되고 있다.

실제, 2000년대 이래 북한의 핵개발과 그에 연계된 국제사회의 대북 제재가 강화되면서, 북한 스스로 이 플랫폼에서 탈퇴하거나 활동을 중단함으로써 높은 기회비용을 치르고 있다. 동북아지역자치단체연합과 광역두만강개발계획에서의 북한의 행태가 대표적이며, 환동해경제권과 환황해경제권과 같은 '소지역 협력 · 협의체' 활동에서도 이해 당사자인 북한의 불참은 항상 한계성을 안겨주었으며, 특히 남 · 북 · 러 간의 에너지, 물류시스템 구축과 같은 미래지향적 협력 프로젝트의 구현에서 북한 문제는 결정적 장애 요소가 되어왔다.

그러나 역내 안보에 결정적인 장애 요소가 되어온 북핵문제가 해결되고, 북한이 현실주의적 인식을 바탕으로 한 대외개방노선을 취하면서 정상적인 국제사회의 일원이 된다면, 한반도를 중심으로 한 실질적인 경제협력공동체가 구축될 수 있으며, 한반도를 넘어 지역질서에 변화를 주게 될 것이다. 이 경우 지금까지의 장애 요소로서의 '북한 요인'이 오히려 지역화에 입각한 역내 자치단체 간의 협력체제 구축에 결정적인 플러스 요소가 될 것이다. 한반도를 놓고 볼 때에도 한반도의 새로운 경제지도 구축은 물론 남북경제공동체를 실현해나갈 수 있는 첩경이 될 것이다.

지방자치단체 간 협력 전략

동북아 지역에서의 지방자치단체 간, 소지역 간의 미래지향적 협력 프로세스를 구축하기 위해 인식의 전환이 필요하다.

동북아 지역은 지리적 특성상, '지정학'이 등장하면 경쟁과 전쟁을 낳았지만, '지경학'의 관점에서 접근하면 협력과 융합을 이루어 낼 수 있다. 지정학은 행위 주체가 국가이지만, 지경학은 국제경제 측면에서 국가나 지방자치단체, 기업 또는 개인 등 관련 행위자가 다양하다.

지경학은 공적인 경제 이익의 창출을 극대화하기 위해 공간과 거리를 어떻게 정책적으로 재편할 것인가를 다룬다. 도로나 철로, 운하의 건설, 산업클러스터, 하천과 해양, 그리고 국제적 공간의 활용 등과 관련한 정치경제학적 주제들이 포함되며, 국가나 국제적 지역공동체, 자치단체 등과 같은 특정의 공동체에 대한 경제이익에 초점을 맞추고 있다.

한반도는 근대 이후 지정학이 등장하면 늘 피해를 당했는데, 2010년대에 들어와 심화된 북핵 위기가 또다시 지정학을 불러들이고 있다. 이 지정학적 위기를 해소하기 위해서는 경제 중심의 지리적 이익을 추구하는 지경학적 인식으로의 전환이 필요하다. 이는 미북 협상에서 북한에 제시한 것처럼, 핵문제가 해결될 경우 북한은 엄청난 경제적 이득을 볼 수 있다는 지경학적 이점을 강조한 데서도 잘 나타나고 있다. 사실상 미북 정상회담 자체가 지경학적인 의미를 가지며, 실제로 지경학적 이행이 이루어지고 있다고 볼 수 있다.[43] 합의가 이루어지고 북한 철도망과의 연결이 이루어지면, 북한은 국제적으로 이미 글로벌 스탠더드에 편입하게 되는 효과가 있다. 따라서 지정학적 위기를 초래한 북한도 군사 안보 중심의 이익 추구에서, 경제 중심 이익 추구로의 인식 전환이 필요하다. 나아가 이러한 지경학적 접근은 동북아 지역과 한반도에서 국가 간은 물론이고 지방자치단체 간의 협력체제 구축을 위한 전략적 전제가 될 것이다.

두만강 델타 지역 개발 협력

유럽의 라인강 상류 지역인 스위스, 프랑스, 독일의 국경이 맞닿는 곳에 3국이 공동으로 이용하는 매우 특이한 바젤국제공항이 있다. 공항의 공식 명칭은 '유로 에어포트: 바젤-뮐루즈-프라이부르그(EuroAirport : Basel–Mulhouse–Freiburg)'이며, 바젤국제공항은 일반 명칭이다. 공항 명칭에 스위스의 바젤을 사용하지만, 위치한 곳은 프랑스 쪽의 생루이(Saint Louis) 지역이며, 운영 본사는 프랑스의 뮐루즈에 소재하고 있다.

유로 에어포트는 세계적으로 드물게 복수(複數)의 국가가 관리하는 공항으로서, 터미널에는 프랑스와 스위스의 세관 · 이민 검문소가 각각 있어 역외국 내방객들이 입출국 시 목적지에 따라 각각 이용하며, 스위스 쪽 공항 구역은 전용 도로에 의해 프랑스 측의 어떤 구역에도 닿지 않은 채 바젤로 직접 이어지게 되어 있다. 역내 내방객은 무비자, 세관 협정에 따라 세관이나 국경 통과 검사 없이 자유롭게 왕래가 가능하게 되어 있다. 또한 공항 이용객들은 각기 목적하는 방향으로의 교통 출입구 터미널을 통해 이동할 수 있는데, 스위스 바젤은 6킬로미터, 프랑스의 뮐루즈는 22킬로미터, 독일의 프라이부르크는 70킬로미터의 거리로 연결되는 유럽의 주요 허브 공항 중 하나로 운영되고 있다. 몇 차례 확장을 거쳐 지금은 연간 이용객이 400만 명에 달한다.

지리적으로 이와 매우 흡사한 기능을 할 수 있는 곳이 동북아 지역에도 있다. 바로 북한, 중국, 러시아 3개국이 국경을 맞대고 있는 두만강 하류 델타 지역이다.

이 지역에 '유로 에어포트'와 같은 (가칭)'극동 공항(Far East Airport) : 훈춘-나선-블라디보스토크'를 건설해 3개국이 공동으로 운용한다면 3

국 접경지역 발전의 획기적인 계기가 될 것이다. 북한 인접지든 중국 또는 러시아 쪽 어느 곳에 공항을 건설하든, 중국의 '일대일로' 프로그램의 적극 활용을 통해 건설하는 것이 가장 효율적이 될 것이다. 그리고 3국의 인접지역들이 공동 전략하에 통합적인 지역 발전을 촉진하는 계기가 될 것이므로 이의 구현을 위해서는 지역 내의 각국 지방자치단체가 당연히 앞장서야 할 것이다.

이 통합 공항은 중국 쪽은 훈춘을 중심으로 하면서 배후지로 연길과 이른바 '長 · 吉 · 圖' 지역까지 연계할 수 있을 것이며, 러시아 쪽은 하산 지역의 자루비노, 포시에트, 크라스키노를 중심으로 하고 배후지로 블라디보스토크까지 연계할 수 있을 것이며, 특히 교통 인프라가 열악한 북한 동북부 지역의 경우에는 나선특별시를 중심으로 하면서 배후지로 북한 제2도시 청진을 포함, 함경북도의 동해안 지역을 연계시킬 수 있을 것이며, 이에 대한 접근성을 획기적으로 제고할 수 있을 것이다.

〈도표 3–5〉 두만강 유역 북한–중국–러시아 국경 접경지역의 거점 도시

출처 : 이창주, 《변방이 중심이 되는 동북아 신 네트워크》, 산지니출판사.

동시에 이 지역은 상대적으로 낙후된 중국의 '동북 3성'이 추구하고 있는 인접국 항구를 빌려서라도 해양으로 진출하려는 '차항출해(借港出海)' 전략과도 이해관계가 맞아떨어지며, 3국 철도망의 상호 연결을 통해 국제 육상물류의 중심지가 되는 접점이 될 뿐 아니라, 러시아의 천연가스 · 전기 등을 한반도와 연계시키는 동북아의 광역 에너지망 구축의 접점이 될 수 있는 곳이기도 하다. 이것이 실현될 경우 두만강 델타 지역은 항공, 철도 · 도로, 항만을 아우르는 명실상부한 동북아 교통 · 물류의 중심이 될 것이다.

〈도표 3-6〉에서 보듯이 두만강 하류 지역은 개발 유망 지역임에도 불구하고 국제 항공 · 운송 인프라에서 완전히 소외되어 있다.

〈도표 3-6〉 한반도 주변의 항공기 이동 현황

출처 : http://www.flightradar24.com(2019년 6월 22일 12:30분 A.M).

제조업 벨트의 구축

북한 핵문제의 해소와 함께 일차적으로 한반도의 경제적 공동체 기반이 구축된다면, 남북한의 동해안 지역, 중국의 동북 3성, 러시아의 연해주, 일본의 서부 지역을 잇는 약 5,000여 킬로미터에 달하는 거대한 환동해 산업 · 경제벨트가 구축될 것이다. 특히 이의 중심부에 위치하면서도 늘 북한문제로 단절되었던 두만강 델타 지역과 그 인접 지역은, 남북 · 중 · 러 간의 자본과 기술, 노동력 등의 생산 요소 결합을 통한 제조업 기지로서의 새로운 요충지가 될 것이며, 환동해경제권 창출을 선도하는 지역으로 탈바꿈할 것이다.[44] 이를 위해서는 이해관계가 복잡한 국가 차원보다 지방정부 차원에서 실질적이고 경제 논리에 입각한 개발 전략을 우선적으로 내세워야 할 것이다.

환동해 경제벨트는 중국 동북 3성의 자동차, 기계, 석유화학, IT산업과 훈춘 지역의 수출입가공산업, 북한 동북부 지역의 제철, 조선, 관광, 물류, 수출입가공산업, 러시아 연해주의 에너지, 물류산업과 한국 동해안 지역의 제철, 석유화학, 조선, 물류, 관광산업과 일본 서해안의 기계, 설비, 부품 · 소재, 물류, 관광 산업이 결합하는 형태가 될 것이다.

두만강 델타 지역 개발을 위한 국제적인 협력은 역내 자치단체 간의 교류 · 협력에도 획기적인 전기를 가져다줄 것이며, 북한을 자연스럽게 국제사회로 이끌어내는 계기가 될 것이다. 북한이 경제벨트에 참여하는 순간, 북한의 가장 낙후된 동북부 지역의 자치단체는 지경학적 이점을 최대한 누리게 될 것이다. 경상북도, 울산광역시와 함경북도, 나선특별시는 지자체 간의 보완적 산업 · 경제협력 파트너로 적격이다. 북한 동북부 지역에는 북한 특유의 대규모 기업연합체인 '연합기업소'[45]가 다수 포진해 있는데, 한국의 조선, 철강, 석유화학기업과의 협력 채널 구축에 유력한 파트너가 될 것이다.

이러한 전략은 환황해 지역에서의 '소지역' 간, 지방자치단체 간의 협력에도 동일하게 적용될 수 있으며, 북한의 신의주 지역은 물론 남서해안 지역이 한·중·일을 아우르는 협력 플랫폼에 들어올 수 있을 것이다.

자치단체 협력 플랫폼의 활성화

한반도의 경제통합이 이루어지고 북한의 참여가 이루어질 경우에도 복잡한 이해관계로 국가 레벨의 협력에서는 지체가 예상되므로 보완적인 측면에서 기존에 다양하게 결성되어 있는 역내 지방자치단체 간의 교류·협력 플랫폼에 북한 자치단체의 참여를 적극 유도, 확대함으로써 활성화시킬 수 있을 것이다.

동북아 지역 최대의 지자체 간 협력 연합체인 동북아지역자치단체연합(NEAR)은 경제, 교육, 문화, 교육, 환경, 재해 분야에 이르기까지 교류협력이 활발한데, 북한의 나선특별시와 함경북도가 회원이지만 제재 이후 참여하지 않고 있는 만큼, 여건 변화 시 함경남도, 강원도, 양강도 등으로의 회원 확대는 물론이며 이들의 참여 활성화가 반드시 필요하다. 또한 다자간 협력체인 광역두만강개발계획(GTI)에도 북한의 참여가 이루어지는 순간 목적 실현성이 크게 높아질 것이다. 2017년 결성된 한국과 극동 러시아의 26개 지자체로 이루어진 '한러 지방협력포럼'에도 북한의 참여 유도는 필수적이며, 이를 통해 보다 구체적인 프로젝트를 구현할 수 있을 것이다.

북한은 김정은 시대에 들어와 기존의 평양 중심의 개발정책으로 인한 평양과 지방 간의 격차가 날로 커지고 있음을 감안하여 지방분권화를 통한 경제적 균형발전전략에도 적극 나서고 있다. 대표적으로 2013년에 '경제개발구법'을 제정하면서 시, 도에 각 지방의 산업적 특성을 살린 22개의 경제개발구를 지정하였다.[46] 이로써 별도의 중앙급개발구인 5개의 '경제특구'와 더불어 해외로부터의 투자유치에 체계적으로 나설 태세를 갖추게 되었다. 당연히 제재국면에서는 성과를 올리지 못하고 있지만, 향후 여건이 호전되면 이들 지역은 일차적으로 동북아지역 지자체와의 국제협력을 통해 지역 발전의 중심적인 역할을 하게 될 것이다.

05 동북아 경제협력 중심축으로서의 남북경제공동체

동북아 경제협력중심축으로서의 남북경제공동체

미래의 한반도는 지금까지 낮은 단계에서 이루어진 남북 간의 경제적 교류 · 협력 단계를 넘어 남북의 경제적 통합을 바탕으로 하는 남북경제공동체 형성으로 나아가야 하며, 궁극적으로 이는 남북통일로 가는 밑바탕이 되어야 한다. 동시에 한반도의 지정 · 지경학적인 이점을 최대한 살려 필연적으로 동북아 경제협력의 중심축 역할을 해야 할 것이다.

지난 20여 년간의 남북 경제협력을 보면, 초기에는 극심한 경제난에 빠졌던 북한에 대한 지원 차원에서 주로 이루어졌던 만큼, 당연히 제도화가 미흡할 수밖에 없었고 쌍방간의 이익을 창출하는 구조를 만들 수는 더더욱 없었다. 2000년대 중반 이후 북한이 경제난에서 점차 벗어나던 시기의 경제협력은 개성공단과 금강산 관광으로 대표되었으며, 대북 중소형 직접투자도 일부 이루어지는 등 경제 논리가 일정 부분 작동되기 시작했으나, 이후 북핵 문제와 함께 정치가 경제를 압도하면서 모든 것이 정지된 상태로 현재에 이르고 있다.

이 과정에서 한 가지 주목할 점은, 초보적 수준의 경제협력은 남북 간의 서로 다른 경제 체제하에서도 그나마 작동할 수 있었지만, 향후 남북의 '시장'이 하나가 되어갈 경제통합(integration), 즉, 경제공동체를 형성하려면 북한경제체제의 변화가 필요하며 여기에는 일정 부분의 개혁과 개방이 불가피하게 요구된다. 그리고 늘 그러했던 것처럼 쌍방의 정치적 속단이나 야합에 의존하지 않은, 정상적인 경제 논리에 입각한 경제통합 체계가 구축되어야만 지속 가능할 것이다. 그렇지 못할 경우 남북경제통합의 미래는 그 효과면에서 극히 제한적일 수밖에 없다.

실질적으로 남북경제공동체를 형성하는 것은 남북이 하나의 시장으로 진화하는 것을 의미하며, 통일로 가는 전 단계이긴 하지만, 이는 상당 기간 남북이 각각 독립적인 국가로서 공존하는 것을 의미하며, 이는 북한이 항상 우려하는 시장경제체제로의 흡수 통합을 배제하는 원천이 되는 것이다. 또한, 경제공동체는 북한 경제체제가 일정 부분 시장경제체제로 수렴되는 것을 전제로 하며, 중국과 홍콩의 '일국양제' 관계와 유사하게 남북이 상당 기간 유지되는 것을 의미하는데, 이때 남북은 반드시 동일한 경제체제가 아니어도 통합의 기제(integration mechanism)는 작동할 것이다.

이러한 그랜드 전략을 구현함에 있어서, 보장적 측면에서 한반도 경제공동체는 반드시 동북아 경제협력의 중심축 역할이 가능하도록 목표를 세우고 그것이 실현될 수 있도록 이에 대한 남북간의 합의와 인식의 공유가 절대적으로 필요하다.

대륙과 해양 경제 연결고리로서의 남북경제공동체

남북경제공동체 형성의 기저에는 한반도와 동북아, 유라시아까지 연계하는 인프라 구축전략이 우선적으로 필요하다. 큰 틀에서 대륙과 해양을 연결하는 고리로써 동북아와 유라시아를 연결하는 통로를 구축해야 하며, 동북아의 중심축으로서 린치핀이 되어야 한다.

남북 간의 극심한 경제적 격차 해소를 위해서는 우선적으로 남북 간의 심각한 인프라 불균형을 해소하는 데 주안을 두어야 한다.

정부가 제시하고 있는 한반도를 중심으로 한 유라시아 대륙을 연결하는 고리로서 '동북아철도공동체' 프로그램이 있다. 이는 철도 네트워크로 동북아를 한데 묶으면서 한반도가 대륙과 해양의 가교가 됨으로써 동북아의 평화와 동반 성장을 이끈다는 구상이다.

〈도표 3-7〉 동북아철도공동체와 신경제지도 구상

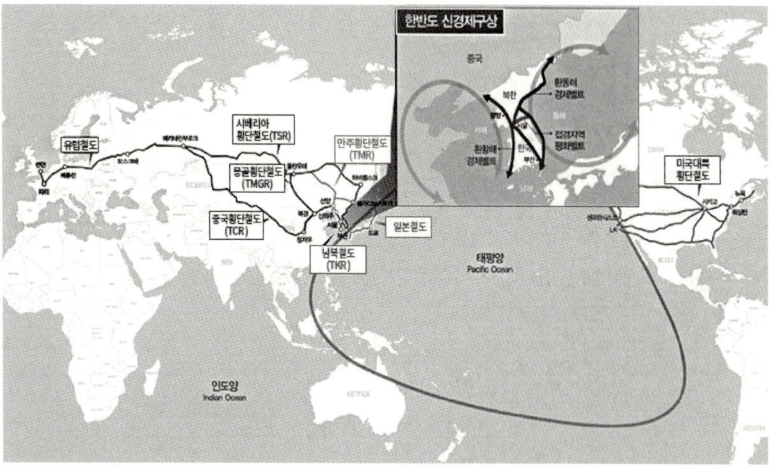

출처 : 한국철도기술연구원, "동북아철도공동체와 신경제지도 구상", https://www. krri.re.kr/html/kr(검색일: 2019.8.21).

유라시아를 연결하는 또 하나의 고리는 한반도의 경쟁력과 동북아 경제협력을 동시에 포괄하는, 그리하여 신 북방 · 신 남방 경제 네트워크를 구축해주는 21세기의 개방적이고 역동적인 '한반도 · 동북아 고속철 경제회랑' 구축에 있다. '닫힌 영토, 폐쇄적 영토'에서 '열린 영토'의 개념으로 발전시키면서, 각 노선의 지역 간 상호이동성 증가를 통한 인적 · 물적 교류를 확대시킴으로써 자연스럽게 '한반도 · 동북아 경제통합'을 이루어내는 것이다.

유럽에서의 광역 철도교통망 연계가 유럽 통합을 가속화 했던 것처럼, 동북아고속철 경제회랑 구축사업 또한 새로운 한반도 · 동북아 건설의 촉매로서 동북아지역을 하나의 경제공동체로 연결하면서, 지역 간의 협력 증진은 물론 역내의 신뢰와 평화를 구축하게 할 것이다.

이와 함께 해양 연결고리로서 새로이 떠오르는 동북아와 유라시아를 연결하는 '북극 항로'의 개척에도 남북은 적극 참여해야 한다. 북극 항로는 동북아의 국제 물류 패러다임에 획기적인 변화를 가져다줄 것이며, 한반도의 부산항은 최대의 환적장으로서 결정적인 중심(pivot)역할을 할 수 있기 때문이다.

또한 부산항은 터키 이스탄불에 이르는 아시안 하이웨이 1호선(AH1)의 실제적인 출발지이자 종착항이며, 장차 한일 간 해저터널 연결이 유력한 대단위 트라이포트(Tri-port) 국제무역항으로서 북극항로 개척과 함께 대륙과 해양을 잇는 동북아 광역물류교통망의 핵심도시 린치핀이 될 전망이다.

이와 같이 한반도가 갖는 지정 · 지경학적 특징이 큰데, 여기에는 손정의 소프트뱅크 회장이 추진하고 있는 동북아 슈퍼 그리드(Super Grid), 즉 전력공급자와 소비자가 양방향으로 실시간 정보교환을 통해 동북아 국가 간 전력거래를 가능케 하는 차세대 통합 전력망뿐만 아니라 노태우 정부 이래 수차례 거듭 논의해왔던 북한 경유 한·러시아 간 가스에너지망 건설이 남북한 협력을 통해 복합적으로 연결될 공산이 크다.

또한, 동북아 중심 국가들인 한국, 중국, 일본이 뜻을 합쳐 한·중·일 자유무역협정(FTA)이 성사되면 이를 통해 북한경제를 남한경제와 더불어 동북아 경제협력체의 일원으로 참여시키는 길을 열어가게 될 것이며, 박근혜 정부가 북한이 핵 개발을 포기하면 북한 경제개발을 지원하기 위해 주변국, 국제금융기관과 함께 설립하기로 했던 동북아개발은행(NEADB)과 중국 시진핑 정부가 설립 주도한 아시아인프라투자은행(AIIB)이 북한 인프라 건설에 참여할 경우, 국제금융협력을 통한 북한 경제개발 지원 사업은 장차 한반도 통합경제를 구축하는 데 크게 이바지할 것이다.

그리고, 남북 간의 격차 해소를 촉진하는 방안으로써, 우리가 개도국 지원정책으로 펼치고 있는 지식기반의 정책 공유시스템인 '경제발전경험(KSP, Knowledge Sharing Program)' 프로그램을 북한에도 선제적으로 제공해야 할 것이다.

남북 간 산업협력체계 구축에서도 한반도를 넘어서 동북아지역과 연계되어야 한다. 북한이 동북아 경제협력체계 속에서 새로운 '공급망(supply chain)'의 일원으로 역할할 수 있도록 유도해야 한다. 종래 북중 간에 형성된 초보적인 임가공 수준의 '하청 관계'는 반드시 극복되어야 하며, 이는 우리의 대북 경협 인식의 쇄신을 뜻한다.

또한, 북한은 비정상적으로 비대한 군수공업을 기반으로 한 편중된 산업구조를 가지고 있다. 불균형적 산업구조를 가진 북한은 경제발전을 추구함에 있어서 상대적으로 앞선 군사, 과학, 기술 분야를 타 산업 분야에 발전적으로 변환해나가는 전략을 추구하는 이른바 '단박도약(Quantum Leap)'을 도모하고 있다. 따라서 남북경제통합 시 북한의 이러한 산업 정책을 충족시켜주는 방향으로 협력체계를 구축해야 할 것이며, 나아가 4차 산업혁명 관련 신산업 분야에서의 협력에도 주안을 두어야 할 것이다. 가상현실, 사물인터넷, 빅데이터, 인공지능(AI) 분야와 블록체인, 드론, 전기자동차와 방산 분야 등에서 북한의 잠재력을 활용하거나 키우는 방향으로 실질적인 협력체제를 구축할 필요가 있으며, 이를 통해 북한으로 하여금 '후발의 이점'을 누릴 수 있는 방향으로 지원할 필요가 있다.

남북 간의 교역 확대도 중요한 이슈가 된다. 이 또한 내국 간 거래 확대를 넘어선 한반도와 중러를 아우르는 시장의 광역화를 바탕으로 설계되어야 한다. 이를 통해 무엇보다도 시급한 과제인 90퍼센트가 넘는 북한의 과도한 대중국 무역의존도를 해소해나가야 한다.

여기에는 냉전 시대의 좋은 사례가 있다. 핀란드는 강대국 소련과 접경하면서도 자유민주주의 체제를 유지하기 위한 불가피한 생존전략을 펼쳤다. 대소련 굴종 외교를 감수함과 동시에 과도한 대소련 경제 · 무역의존도를 파생시킨 이른바 '핀란드화(Finlandization)' 현상을 초래하였다. 당시 핀란드는 대소련 무역의존도를 30퍼센트 수준 이하로 유지하기 위한 처절한 투쟁을 전개했다.

북한의 높은 대중국 무역의존도는 핀란드보다 훨씬 심각해 강고한 '중국화'가 이미 구축되었는데, 이의 폐해에 대한 남북의 깊은 인식이 필요하다. 이는 남북경제공동체 형성을 통해 남북이 연합해 반드시 타파해야 할 과제이다. 무엇보다도 북한의 대중 무역의존도를 핀란드가 추구했던 30퍼센트 이하 수준으로 관리할 필요가 있으며, 개선에 따른 갭은 정상적인 경제 논리에 입각한 남북 간 교역의 확대와 동북아로의 시장 확대로 대체해나가야 할 것이다. 동시에 경화(hard currency)가 부족한 북한을 위해 남북 간 교역에서 일정 기간 청산계정방식이 적극 활용되어야 할 것이다. 또한, 북한이 정상적인 국가로서 경제발전을 추구함에는 대외무역의 획기적인 확대가 필수적인데, 역시 'KSP 프로그램' 차원에서 북한에게 종합적인 국가무역진흥기관을 육성할 수 있도록 정책적 제언을 적극 제공해야 할 것이다.

평화, 경제, 사회 문화의 선순환 고리 구축

우리가 지향하는 남북경제공동체는 정치 · 군사적 안정, 사회 문화적 이질성을 극복하는 과정에서 달성되어야 한다. 한반도의 평화와 경제협력, 사회 · 문화 분야의 과제들은 개별적으로 해결될 수 없을 뿐만 아니라 일정한 합의에 도달한다 해도 불안정할 수밖에 없다.

결국, 남북경제공동체의 건설은 동북아 경제협력을 기반으로 할 뿐 아니라 정치·군사, 사회 문화의 영역과 상호 조응하며 선순환 구조를 형성해야만 안정적으로 실현될 수 있다. 동북아는 2차 세계대전 이후 냉전의 극점으로 갈등이 지속되어 왔다. 특히 한반도는 여전히 분단체제가 지속되는 가운데 동북아에서 평화의 규범을 정착시키는 데 장애가 되어 왔다.

따라서 우리가 구상하는 남북경협과 경제공동체는 경제가 평화를 창출하고, 정치적 안정이 경제협력을 추동하며, 사회 문화적 공동 인식을 확대시켜 나가는 과정이어야 한다. 이로써 동북아에서 평화와 경제, 그리고 사회 문화의 선순환 구조를 정착시키는 계기가 될 것이다. 이는 우호와 평화의 규범이 이 지역에 정착됨을 의미한다.

이를 실현하기 위해서는 무엇보다 한국이 먼저 '초국경 공생사회'를 지향하는 인식과 의지 및 대안을 갖고 동북아 국제협력을 선도적으로 이끌어낼 수 있어야 한다.[47] 이런 과정에 북한을 국제사회의 우호적 일원으로 참여하도록 도와주는 일이 무엇보다 긴요하다. 다시 말해, 한민족의 기본사상인 '홍익인간'을 남북한 경제 · 사회적 가치로 공유해갈 수 있도록 지역 간, 산업 간에 '희망찬 공감대'를 형성하는 일이 참으로 중요하다.

전술(前述)한 바와 같이 각종 비즈니스 및 기업 간 경제협력뿐만 아니라 동북아지역의 최대 국제기구인 동북아지역자치단체연합(NEAR)을 적극 활용하여 국제사회에 한반도가 동북아 중심축 역할을 할 수밖에 없다는 당위성을 고양해야 할 것이다. 나아가 구체적 대안으로 동북아 고속철도, 광역물류교통망, 전력망, 에너지망과 같은 대륙과 해양을 잇는 초국가적 메가 프로젝트를 추진하여, 동북아 신경제지도의 첨단 인프라 동맥으로 연결하는 일에도 한국이 북한과 손잡고 남북한 경제협력을 통해 거대집단정신(Big Team Spirit)을 발현하는 일에 성공할 수 있어야 하겠다. 이러한 한민족 공동체의식이 남북경제공동체를 이루는 데 있어서 무엇보다 중요한 기반이 되어야 하며, 한반도의 평화, 경제, 사회 문화의 선순환 고리를 잇는 근간이 되어야 한다.

다시 말해, 인류사회를 발전시켜 온 '자유시장경제체제'가 북한의 미래사회를 이끌어가는 선진화 동력이 되어야 할 것이며, 장차 도래할 통일한반도를 예비하고 추동하는 한민족 역사 개조의 중심축이 되어야 할 것임에 틀림없다.

제
4
장

한반도 물류 중심축 경제발전 전략

2019년의 한반도는 100여 년 전 그랬던 것처럼 해양세력과 대륙세력이 충돌하면서 지정학적으로 심각한 긴장 상태를 보였다. 한반도의 지경학적 가치가 이러한 지정학적 리스크를 고조시키며 역사의 반복을 초래하고 있다.

현재 한반도의 갈등은 남북의 화해와 협력으로만 해결이 가능하고 이 시작점에 물류사업이 자리 잡고 있다. 남북이 화해 분위기에 있을 때 항상 철도 연결과 해운 항로 복원을 첫 번째 화두로 삼는 것은 이러한 지경학적 장점을 극대화하고자 하는 의미이고 열악한 물류 환경을 가지고 있는 북한의 경제발전 시작점이 물류 인프라 건설부터이기 때문이다.

한국은 북한에 비해 아주 우수한 물류 인프라를 가지고 있으나 남북의 단절로 인해 섬나라 형태로 완벽한 물류체계를 구축하지 못하고 있는 것이 현실이다. 한반도가 유라시아 대륙과 제대로 된 물류체계를 구축해 지경학적 장점을 극대화하기 위해서는 남북의 물류 연결, 한국의 물류 인프라뿐만 아니라 4차 산업혁명 기술 도입과 상용화 촉진, 북한의 물류 인프라 재건과 선진 운영체계 구축 등 해야 할 일들이 많다.

이러한 상황에서 한국이 직면한 물류 분야 4차 산업혁명 기술 적용에 대한 기득권층들의 저항을 완화시키고 선순환 구조를 만드는 방안으로 4차 산업혁명 기술의 테스트베드로 북한을 활용해보자는 방안을 본 장에서 논의해보고자 한다. 또한 한반도의 물류 인프라 현황을 조명하면서 남북한의 물류 인프라 격차를 어떻게 극복해야 할지 고민해볼 것이다. 먼저 최근 강풍처럼 불고 있는 4차 산업혁명 기술을 도입하는 데 한국이 가지고 있는 문제점들을 극복하는 대안으로 북한이 가지고 있는 장점들을 조명해본다. 한국의 문제점을 북한의 장점과 연계시켜 4차 산업혁명 기술 도입이 가장 빠르게 진전되고 있는 물류산업에서 남북한이 공생할 수 있는 방안을 제시해보겠다.

01 추진 목표와 기조

한반도는 해양세력과 대륙세력이 만나는 곳으로 양대 세력의 성쇠에 따라 한국의 국운이 좌우되곤 했다. 100여 년 전에는 구한말 대륙세력인 중국과 러시아, 해양세력인 미국과 일본의 충돌의 장이었고, 이러한 형국은 현재 한반도 상황과 크게 다르지 않다. 다른 점이 있다면 그때보다 한국의 경제력이 훨씬 나아졌다는 것이고 나빠진 게 있다면 민족이 분단되어 있다는 것이다. 과거와 비교해서 더 복잡해진 현 상황에서 한국이 독자적으로 지속가능한 성장과 번영을 추구하기 위해서는 한반도를 해양과 대륙세력의 충돌의 장이 아닌 화합과 융합의 장으로 만들어가야 한다는 것이다. 궁극적으로 한반도가 두 세력의 연결고리로 경제적으로 성장할 수 있는 방안을 모색해봐야 한다. 정부가 강조하는 평화경제란 이러한 배경하에 한반도의 지정학적 리스크를 평화로 승화시키고 지경학적 장점을 남북의 협력적 산업 구조로 만들어 경제적 성장을 도모하는 것이다.

따라서 한반도의 평화경제는 우선 남북관계의 개선이 선행되어야 하며, 남북관계 개선은 한반도에 걸쳐 있는 해양세력과 대륙세력의 이해와 협력을 통해서 이루어질 수밖에 없다. 현재 북미·북러·북중정상회담,

한러·한중정상회담 등이 한반도 평화경제 실현을 위한 노력의 일환이다. 한반도 평화경제 실현은 주변국들의 지원과 협력이 우선되어야 하며, 이를 배경으로 실질적인 한반도 경제 성장 전략을 만들어야 할 것이다. 우선 한반도 경제 성장에 필요한 사업은 한반도를 남북으로 연결하는 사업, 한반도가 유라시아 대륙과 연결되는 사업 그리고 한반도가 해양과 대륙을 연결하는 물류 기반과 물류 네트워크를 구축하는 사업이다. 지리적으로 한반도는 유라시아 대륙의 동쪽 시작점이고, 글로벌 주요 해운항로의 중심에 있으며, 유럽과 아시아를 연결하는 새로운 지름길로서 북극항로가 출발하는 곳이다.

남한과 북한, 한반도와 유라시아 대륙 그리고 태평양을 연결하기 위해서는 물류 인프라 연결이 필수적이고, 특히 복합물류 관점에서 장거리 운송 수단인 해운과 철도, 도로, 항공을 연결하는 방향으로 진행되어야 한다. 또한 물류 인프라가 열악하고 노후화된 북한의 여건을 고려해 단기, 중기, 장기로 나누어 실질적인 경제발전과 함께 물류 인프라도 단계적으로 발전시켜 나가는 방향으로 진행되어야 할 것이다.

한편, 한국의 물류산업 성장은 최근 부상하고 있는 4차 산업혁명 기술과 접목되어 진행 중이다. 항만, 철도, 도로 그리고 공항 등의 물류 거점과 선박, 기차, 자동차 등의 물류 수단까지 다양한 형태와 부문에서 4차 산업혁명 기술과 연결되고 있다. 무인 트럭, 스마트 항만, 무인 선박, 무인 물류센터, 드론 등의 운송수단뿐만 아니라 인공지능, 가상현실, 사물인터넷, 빅데이터, 블록체인 등의 디지털 기술까지 물류 분야에서 연결, 융합 그리고 지능화를 통해 진화하고 있다. 다만 강성 노조, 공공기관 등의 기득권 세력과 기존 아날로그 시스템, 투자 인프라 등이 물류산업과 4차 산업혁명 기술의 연결과 융합에 심각한 걸림돌이 되고 있다.

반면, 북한의 경우 물류산업에서 구축된 인프라, 시스템이 부재한 상황에서 '도약(leapfrog)' 전략을 통한 빠른 성장이 요구되고 있는 상황이다. 한국이 경제 성장하는 데 국가를 본격적으로 개방한 이후 거의 50여 년이 소요됐고, 중국은 30년, 베트남은 20년 정도 소요됐는데, 북한은 이보다 빠른 성장을 추구하고 있다. 2018년 4월 20일 개최된 북한 노동당 전원회의에서 김정은 위원장이 "인민경제의 주체화, 현대화, 정보화, 과학화를 높은 수준에서 실현하며 전체 인민들에게 남부럽지 않은 유복하고 문명한 생활을 마련"해주겠다고 경제발전에 총력을 기울여달라고 말한 부분에서 확인할 수 있다[1]. 북한이 도약 차원의 경제 성장을 하기 위해서는 물류 인프라와 시스템 부분에서 먼저 변화가 있어야 한다. 이와 함께 북한이 현대화, 정보화, 과학화라는 용어를 언급한 것처럼 자국의 발전을 4차 산업혁명 기술과의 접목을 통해 진행되기를 바라고 있다고 추측할 수 있다. 결국 북한의 주요 물류시설과 이를 운영하는 시스템에 초연결, 초융합 그리고 초지능화 개념을 도입한 발전에 한국의 지원과 참여가 필요할 것이다. 한반도를 중심으로 한 글로벌 물류 기반이 만들어지면 이를 기반으로 성장할 수 있는 소프트웨어로 4차 산업혁명 기술의 접목과 상용화가 남북한 모두 필요하기 때문이다. 4차 산업혁명 기술은 다양한 분야에 적용 가능하나 특히 물류산업에 적용과 상용화를 통한 시너지 효과가 큰 기술이다. 일반적으로 잘 알려진 드론, 무인수송기술, 빅데이터, 블록체인 등 대부분 4차 산업혁명 기술이 물류산업과 접목되어 우리들의 일상생활에 이용되고 있다.

또한 한반도를 새로운 길로 연결할 수 있는 북극항로의 경우 사람들이 직접 운항하거나 작업할 수 있는 여건을 가지고 있지 못하다. 북극의 영하 40도 이하의 기온, 엄청난 폭풍우, 수시로 변하는 풍향 등은 사람이 거주하거나 항해하는 데 많은 어려움을 준다. 이 역시 4차 산업혁명 기술의 접목을 통해 상용화를 당기고자 하고 있어 한반도가 4차 산업혁명 기술을 통해 유라시아와 태평양을 연결하는 물류 중심축으로 성장하는 촉진제 역할을 할 수 있을 것이다. 이를 위해 남북의 균형을 맞출 수 있는 물류 기술이 북한에 이식되어야 한다. 또한 한국이 물류산업에서 4차 산업혁명 기술 접목에 곤란한 기득권 세력과의 논의와 합의를 이끌어내기 위해서는 기술발전에 필요한 테스트베드가 필요할 것이다. 북한은 한국이 필요한 4차산업 물류 기술의 발전과 상용화에 필요한 역할을 해줄 수 있을 것이다. 또한 남한과 북한의 물류시설, 인프라 그리고 시스템의 표준화가 필요한데 4차 산업기술이 이러한 역할을 충분히 해줄 수 있는 연결고리가 될 수 있다는 점도 중요하다.

마지막으로 한반도의 지경학적 장점을 활용해서 물류 네트워크 기반과 4차 산업혁명 기술이라는 수단을 통해 남북의 균형적인 경제 성장을 이루기 위한 목표, 전략, 방안, 사업 등에 대한 논의가 필요하다. 국가는 다양한 산업과 사업 등을 통해 발전할 수 있으나, 본 장에서는 한반도가 가지고 있는 지경학적 장점을 최대한 활용해 4차 산업혁명 기술을 유라시아 물류네크워크와 접목시켜 한반도의 남북이 공동으로 경제적 성장을 이룰 수 있는 당위성과 방안을 논의하고자 한다.

02 한반도 중심축 **국제물류 추진 전략**

2003년 8월 참여정부는 '동북아 물류 중심 로드맵'을 발표하면서 물류산업을 타 산업을 지원하는 종속산업이 아니라 부가가치와 고용창출을 위한 독립적 산업으로 '동북아 물류 중심' 정책을 추진했다. 당시 업계, 학계, 정부 등 관련 전문가들 공동으로 한반도가 동북아의 물류 중심이 되는 데 필요한 항만, 공항 등과 같은 물류기반 시설들을 확충했다. 당시 만들어진 부산항(부산항 신항)과 인천공항은 명실상부한 글로벌 물류 중심 거점으로 현재까지 세계 5위권의 명품 인프라가 되었다[2].

그러나 정책 수행은 항상 '명과 암'이 있듯이 당시 추진한 '동북아 물류 중심' 정책 역시 한반도 전체를 유라시아 대륙과 아우르는 국제물류 정책으로 확장하는 개념을 갖지 못했다. 특히 북방 지역으로 확장해서 유라시아 대륙과 결합되는 세부 전략을 만들지 못했고, 실행도 하지 못했다. 여러 번의 시도[3]는 있었으나 국가 국제물류정책에 기반한 사업이라기보다 일회성 사업 추진에 불과했다고 할 수 있다. 한국 북방의 단절된 물류망으로 인해 제한된 수단 즉, 해상과 항공으로만 국제물류 네트워크를 연결해나갈 수밖에 없었고 한반도를 육해공으로 모두 연결하고 수단별로 다양한 형태의 연결을 통해 동서남북, 육해공으로 연결될 수 있는 복합 물류체계의 미흡으로 결국 원거리는 해상물류 중심, 국내는 도로물류 중심으로 발전 방향을 설정할 수밖에 없었다.

한국은 지금 새로운 전환기를 맞이하고 있다. 지난 10여 년간 교착상태에 있던 남북관계가 개선의 조짐을 보이고 있고 물류를 시작으로 남북한이 경제협력을 도모하고 있기 때문이다. 아직 남북한 간의 평화경제를 기반으로 하는 성장의 실타래는 주변 강국들로 인해 풀리지 않고 있지만 전체 물류체계에서 한반도를 중심으로 대양과 대륙을 연결하는 새로운 물류 정책과 비전 마련이 필요하다. 다만, 현 정부는 물류 측면에서 넓은 시야보다는 철도, 도로에 편중된 한반도 물류 네트워크 복원과 유라시아 대륙과의 연결에만 집중하고 있어 남북의 공동성장과 한반도가 유리사아와 태평양을 연결하는 융합과 번영의 공간으로 만드는 데 한계가 있다. 즉, 원대한 큰 그림을 기반으로 한반도를 유라시아와 대양을 연결하는 랜드브리지(Land Bridge) 개념으로 하드웨어와 소프트웨어가 동시에 구축된 미래지향적인 국제 물류체계 구축 방향과 추진 전략 마련이 필요하다.

따라서 한반도의 공동번영을 목표로 물류 최적화, 부가가치 창출, 친환경 도모 등을 수단으로 협의적으로는 한반도가 대양과 대륙 사이의 해상과 육상 등 모든 물류 수단을 아우르는 글로벌 해륙물류 연계 거점으로, 광의적으로는 동북아를 기반으로 한반도가 물류 중심축을 통해 경제 발전하기 위한 전략을 한반도 신국제물류와 4차 산업혁명 기술을 통해서 제안하고자 한다. 이는 한국 물류산업의 성장뿐만 아니라 북한의 물류 인프라와 시스템을 빠르게 성장시키고 한국 4차산업 물류 기술의 지속가능한 발전을 동시에 도모하여 한반도의 상생번영에 기여할 수 있을 것이다.

남북한 물류시설 현황

한국의 물류체계는 국제교역을 주로 담당하는 28개의 무역항과 이를 연결해주는 다수의 고속도로가 주요 물류 네트워크라 할 수 있다. 최근 남북 물류 연결을 위해 강조되는 철도는 중거리 물류 수단으로 2017년 기준 한국 국토의 좁은 면적으로 인해 국내 물류 분담에서 4.7퍼센트에 불과한 상황이다. 현재 한국 철도는 여객 수송에 치중하고 있으며, 국가 물류체계에서 수출입은 항만을 중심으로 해운이 99.6퍼센트를, 내수는 도로가 74.7퍼센트를 담당하고 있다. 해운 역시 장거리 수송의 특성으로 인해 분리된 한반도에서는 내수 물류분단 비중이 20.5퍼센트밖에 되지 못하고 있다. 이는 한반도가 남북으로 분단되어 있다 보니 철도 시설은 유라시아 대륙과 연결되지 못해 중장거리 물류 수단으로서의 기능을 못하고 있고, 이는 국제물류에서 해운의 역할이 매우 높아질 수밖에 없게 만든 기형적인 구조를 가지고 있다. 물론 한반도가 대륙으로 연결된다고 해서 물류 수단 특성상 철도 물류의 비중이 크게 늘어나지는 않겠지만 대략 유사한 형태의 물류체계를 가진 중국 14퍼센트, 독일 16.8퍼센트 정도 수준으로 늘어날 전망이 가능하다.[4]

북한 물류체계는 크게 철도운수, 자동차운수, 수상운수로 구분이 가능하다. 전체적으로 철도 의존형 물류체계이며 도로, 항만, 공항시설이 취약하고 수력 중심의 발전체계로 계절적 영향과 시설 노후로 안정적 철도 운행이 곤란한 상황이다. 독특한 점은 북한 다수 지역에 있는 지하자원 운송을 위해 특별히 3화 수송(삭도, 索道), 컨베이어 벨트 및 관(管)이 활성화되어 있다. 북한의 핵심 물류체계인 철도는 화물수송 90퍼센트, 여객수송 60퍼센트 이상을 담당하고 있다. 철도노선 98퍼센트가 단선이며,

보수·정비 미흡으로 철도 시설이 노후화되어 운행속도(30~50킬로미터)가 느려 운송 효율이 낮다. 2018년 12월 남북철도 조사단은 경의선이 시속 50킬로미터, 동해선이 30킬로미터 정도로 주행이 가능한 것으로 파악했고, 경의선-평라선을 연결한 구간은 속도는 낮으나 실제 사용이 용이한 것으로 조사되었다. 고속도로를 제외한 대부분의 도로는 포장률이 낮고(1급 도로 40퍼센트, 2급 도로 7퍼센트) 노후화 등으로 시속 50킬로미터 이상의 주행이 곤란하다. 북한은 동서해안 분리로 유기적인 해상연계 수송이 곤란해 항만수송 분담률이 2~3퍼센트에 불과하고 최근 대북 제재로 경제가 중국과 육상무역에 의존하다 보니 과거 20여 년 전 하역능력인 3,700만 톤으로 정체 상태다.[5]

남북한 물류시설 수단별 현황

남북한 물류체계는 70년 분단이라는 세월로 인해서 연계성뿐만 아니라 시설 수준 측면에서 상당한 격차와 구조적, 체계적 차이점을 가지고 있다. 한국은 도로 중심, 북한은 철도 중심의 물류체계를 가지고 있고 국제물류 부분은 한국은 해운 중심, 북한은 중국 의존형 철도와 도로 중심으로 물류시설이 발전해 있다. 특히 국제무역이 발달한 한국은 세계 수준의 항만을 다수 보유하고 있으며, 부산항의 경우 세계 5위권 항만[6]이다. 반면 북한은 자급 위주의 경제정책과 중국 의존형 국제교역으로 인해 항만의 기능이 지극히 열악한 상황이다. 항공 역시 인천공항의 경우 세계 5위 수준의 화물을 처리하며, 여객과 함께 글로벌 수준의 시설과 운영 능력을 가지고 있으나 북한은 항공을 통한 물류 기능은 거의 전무하다고 할 수 있다.

〈도표 4-1〉은 이러한 한국과 북한의 물류 인프라 현황을 비교한 내용이다. 특히 항만의 경우 북한은 한국의 4퍼센트 수준에 불과하고 고속도로의 경우 18퍼센트 수준에 불과한 상황이다. 이는 단순 양적인 비교의 수치이고 질적인 부분까지 따지면 더 큰 차이가 있을 것이다.

〈도표 4-1〉 남북한 주요 지표 비교

구 분	단위	한국(A)	북한(B)	비교(B/A)
항만하역능력	(만톤)	103,938	4,156	0.04
철도총연장	(㎞)	4,283	5,299	1.24
도로총연장	(㎞)	105,673	26,164	0.25
고속도로연장	(㎞)	4,139	729	0.18
공항 수/항로 수	(개소)	15/45	52/9	3.47/0.2
국제공항 수	(개소)	8	1	0.13

출처 : 통계청, "북한 주요통계지표 2015"(2014) 외.[7]

도표에서 보듯이 철도의 경우 양적인 측면에서 북한이 우위에 있으나 전철화, 복선화 등 질적인 측면에서는 한국이 압도적으로 우위에 있다. 결론적으로 남북한의 물류 연결을 위해 북한의 미흡한 인프라 개선이 필요한데 특히 육해공 물류 수단의 인프라 시설, 운영체계 개선 그리고 남북한 간 물류시설과 체계의 표준화가 필요한 상태다. 또한 한국과 북한의 불균형 상태의 물류시설과 체계를 개선하기 위해 한국 물류 네트워크에 대한 맞춤형 개선도 동시에 필요한 상황이다.

〈도표 4-2〉 남북철도 현황 비교

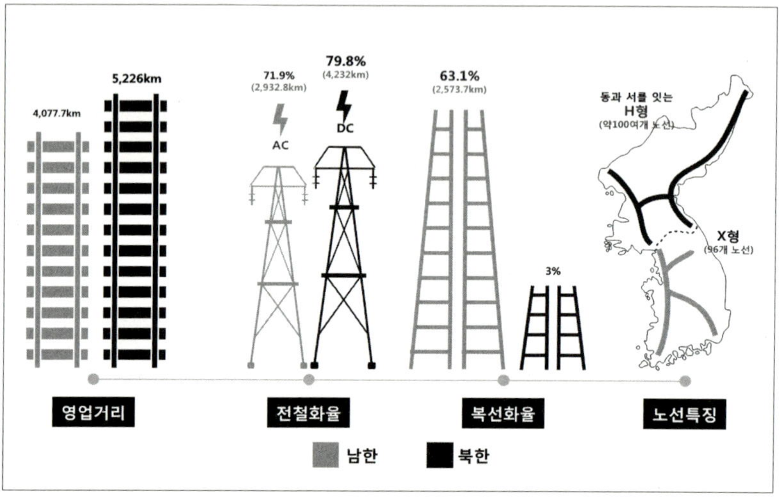

출처 : 코레일, 『경영통계』(2018. 1); 통계청, 『북한통계자료』(2017); 지용태, "한국-러시아 철도협력방안", 포항지방포럼, 2018. 11. 8. 재인용.

한반도 물류체계의 방향과 과제

일반적으로 물류는 화물을 신속, 저렴 그리고 안정적으로 운송하는 것을 목표로 한다. 물론 최근 이슈가 되고 있는 환경오염 최소화, 신속한 재해나 재난 대응 등도 추가적으로 요구되는 사항이다. 한편 물류산업을 단순한 서비스로 보는 것이 아니라 부가가치와 고용창출을 위한 미래산업으로 보고 있기 때문에 이에 대한 고민도 포함되어야 한다. 따라서 한반도 물류체계를 구성하기 위해서는 경제성, 신속성, 정시성, 안정성, 환경성, 대응성, 지속가능성 등을 고려한 남북 간, 한반도와 유라시아 대륙 간 그리고 한반도와 대양 간 복합 물류체계를 구축하는 것이 기본 방향이다. 남북 간 물류체계 연결은 현재 격차가 크고 단절되어 있으며, 비표준화 된 한반도 물류체계에 생명을 불어넣는 중요한 고려사항이자 신속히 추진되어야 할 부분이다.

한반도 복합 물류체계 구축은 단순히 북한 지역의 물류 인프라 개발만으로 완성될 수 없고 한반도를 대양과 대륙의 연결 공간으로 만들기 위한 관점에서 한국과 북한 전체 물류체계를 효율적으로 운영할 수 있는 방향에서 필요하다. 또한 글로벌 경제 환경 변화에 따라 물류산업이 부가가치와 고용 창출의 선도 산업으로 인식되어 이와 연계된 한반도 복합 물류체계 구축 과제들을 발굴하고 추진해야 할 것이다. 이를 위해 최근 물류산업에서 적극적으로 도입하고 있는 4차 산업혁명 기술이 큰 역할을 할 수 있을 것이다.

한국 물류체계 구축 과제

우선 한국이 한반도 복합 물류 네트워크 구축을 위해 해야 할 부분은 항만시설의 복합기능화, 연안항로 연계 피더부두(Feeder harbor)[8] 확충, 철도병목구간 용량 확대다.

항만은 태평양을 통해 한국의 항만들로 들어와 북한 혹은 유라시아 대륙으로 가는 화물, 반대로 대륙에서 해양으로 나가는 화물을 처리하는 기능을 담당할 것이다. 이렇게 될 경우 기존의 단거리 물류 수단인 트럭보다 기차에 의한 철도수송이 확대될 것이다. 그런데 현재 한국 항만들은 철도가 항만 배후까지만 인입이 되어 있고 터미널 안, 즉 화물을 내리는 크레인 아래까지 연결이 되어 있지 않다. 이는 결국 배에서 내리는 화물을 다시 내부 수송수단을 통해 기차로 실어야 하는 추가적인 작업과 비용이 발생한다. 결론적으로 비용과 시간 경쟁력이 낮아질 수밖에 없다는 것이다. 따라서 대양과 대륙의 주요 연결 기능을 가지게 될 부산, 광양, 인천항 등은 터미널 내 철도 시설이 인입된 전용부두가 필요하고, 중장기적으로 울산, 포항, 동해, 목포, 새만금, 군산, 평택항도 해당 시설이 추가되어야 할 것이다. 한편, 짧은 해안선으로 연안해운 수송 기능이 약했지만 남북교역이 확대될 경우 신의주와 나진 · 선봉에서 부산항 등 한국 항만으로 연안해운이 활성화될 가능성이 높아진다. 특히 초기 북한의 내륙 물류 인프라 복원 기간에는 남한의 생산품과 북한의 자원들의 교류가 해운을 통해 대부분 이루어질 수밖에 없다. 이러한 부분에 대비하여 한국 항만들의 피더부두 개발이나 정비가 필요하다.

철도는 한국 여객수송으로 인해 발생하는 병목구간[9]에 대한 투자가 필요하다. 기본적으로 철도 이용의 순서는 여객, 전략화물, 자국화물 그리고 제3국 통과화물이다. 현재 한국은 철도를 통해서 통과하는 화물이 없으나 남북 철도망의 연결로 한국 항만들을 통해 대륙과 해양을 오가는 화물[10]들이 철도를 이용할 가능성이 높다. 이 경우 해당 화물들을 유치하기 위해 현재 병목구간에 대한 투자가 병행되어야 여객수송 혹은 국내 화물수송과 충돌이 일어나지 않을 것이다.

추가로 동해선, 경원선 등 미연결 구간의 투자와 함께 부산, 광양, 인천항 등 주요 거점항만 배후에 유라시아 대륙철도와 연결을 위한 블록트레인(Block Train)[11] 허브 구축도 동시에 필요하다. 한반도 해륙 복합 물류체계 구축은 단순한 시설 연결만이 아니라 운영 및 제도적 측면에서도 그 연계성을 높여야 한다. 한국 항만에서 장거리, 고속, 대량화물 처리가 가능한 블록트레인을 중국과 러시아 협력하에 발차할 수 있다면 한국 물류산업뿐만 아니라 제조업의 경쟁력 제고에도 큰 기여를 할 수 있다. 따라서 정부는 단순한 항만과 철도시설 건설뿐만 아니라 이미 국제 표준화가 되어 있는 항만 이외에 철도와 도로 분야에서 중국과 러시아 정부와 국제협약 및 제도 마련을 통해 한국에서 자주적으로 복합물류 업무가 가능하도록 노력을 기울여야 한다.

북한 물류체계 구축 과제

북한 지역 물류체계 개선은 대규모 재원 조달이 필요한 인프라 개발이 우선되어야 한다. 북한의 경제발전과 남북 간 교역 확대를 위해 항만시설 건설이 필요하다. 북한의 수도권을 담당하는 남포항, 중국과 연결되는 청진항, 중국과 러시아 모두 연결이 되는 나진항 개발이 주요 대상일 것이다.

〈도표 4-3〉 북한 주요 항만 현황(남포, 나진항)

남포항

나진항

부두 개수 (개)	최대 수심 (m)	부두 길이 (m)	접안 톤수 (만t)	취급 척수(척)	처리 능력 (만t/년)	철도 인입선	취급 화물
3	12–15	2,515	0.7–2	13	680	있음	석탄,목재,잡화

출처 : 해양수산부, 『통일 한반도 시대의 북한 항만 물류체계 기본 구상 연구』 pp.305–400.

추가로 개성공단 지원, 해주경제특구 개발 등을 위해 인천항과 연계성 제고가 필요한 해주항의 셔틀[12]서비스 관련 부두개발도 고려해볼 필요가 있다. 북한은 초기 경제특구 중심의 거점형 항만개발을 진행시키고, 외국 자본의 유입이 용이하고 유라시아 대륙과 연결이 용이한 지역부터 항만 개발을 추진할 것이다. 이런 측면에서 북한 수도권을 지원하고 가장 산업화 된 남포항의 역할은 높아질 것이다. 나진항은 나선경제특구의 중심이자 이미 러시아의 광궤철도가 3부두[13]까지 연결되어 있어 대북 제재 이후 제일 빠른 개방과 경제활동이 가능한 곳이다. 청진항 역시 중국 연변 지역의 최단거리(66킬로미터)에 위치한 항만으로 동해로 나가고 싶어 하는 중국 동북 2성 지역의 중요한 물류 거점이 될 수 있다.

철도의 경우 우선 시설 상태가 좋고 투자비가 적게 드는 경의선을 통한 중국 연계 루트, 경의선과 평라선을 연계한 러시아 연계 루트에 투자가 필요하다. 해당 지역에 대한 조사 결과 경의선은 대략 시속 50킬로미터 전후, 동해선은 시속 30킬로미터 전후로 파악되고 있다. 따라서 초기 활용도가 높은 경의선을 중심으로 투자가 진행되고 점진적으로 평라선 그리고 동해선과 같은 블록트레인 허브시설을 추가로 건설해야 할 것이다. 한반도의 주요 무역항 중 철도와 연계가 가능한 항만들의 경우 이러한 복합물류기능 제고를 위한 시설이 필요하다.

한반도 연계 물류체계 구축 과제

과거 고려, 조선시대에는 연안해운이 발전해 있었다. 남북한이 연결되어 있어 물류 구간의 길이가 길었던 이유도 있지만 당시 육상 물류시설이 열악해 대부분 해상을 통해서 화물을 수송했다. 서해와 한강을 연결하는 구간이 가장 큰 물류 루트로 경상도, 전라도, 충청도, 황해도 등을 거슬러 한강으로 화물을 운송하는 체계였다. 특히 한강은 과거 왕조들의 중요한 조공 물류 루트였고 현재도 한강 주변에 양화, 서강, 송파나루 등의 흔적과 서강 뒤쪽의 광흥창[14]과 같은 창고 시설도 지명으로 남아 있다. 그러나 현재는 남북의 군사적 대치로 '북방한계선'이 설정되어 있고, 이 역시 불안정한 국제법적 지위로 물류 루트로 이용이 중단된 상태다. 만약 남북관계가 개선될 경우 상호 합의만 있으면 쉽게 개방이 가능한 물류 루트로 서울이 명실상부한 항만도시가 되는 기회를 가질 수 있다.

2012년 정부는 서울 여의도에 서울항을, 김포 지역에 경인항을 지정했고 경인항의 경우 시설 투자를 통해 운영 중에 있다. 한강하구의 물류 루트가 열리게 되면 기존 서울항에 대한 투자 그리고 한강하구 남북 접경지역에 신항만 건설이 가능하다. 이는 남북 접경지역 경제발전과 함께 친환경 대량운송 수단인 해운이 육운을 대체할 수 있어 수도권의 친환경 물류체계 구축에 기여할 수 있다15.

〈도표 4-4〉 한강 연계 경인권 물류체계 개선안

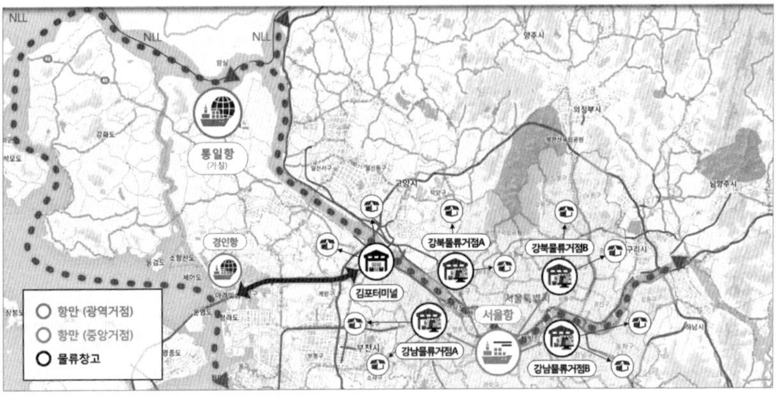

출처 : 이성우, “한강하구의 평화적 이용을 통한 서울 신물류체계 구상”, KDI, 『북한경제리뷰』, 2019년 8월호, p.61.

〈도표 4-5〉 남북철도 연결 구간 현황

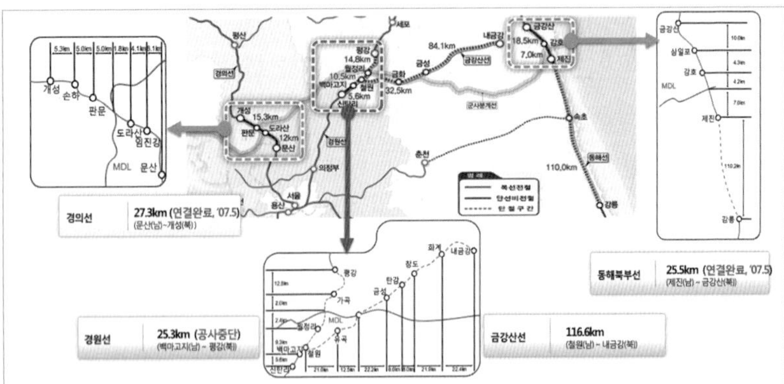

출처 : 지용태, “한국-러시아 철도협력방안”, 포항지방포럼, 2018. 11. 8..

〈도표 4-5〉에서 보는 바와 같이 경원선과 동해선 철도의 미연결 구간에 대한 남북협력을 통한 투자도 필요하다. 현재 경의선은 복구가 되어 있으나 경원선은 남측 구간만 건설되어 있고, 동해선은 한국의 강릉-제진 구간이 연결이 안 된 상태로 남아 있다.

한편 〈도표 4-6〉에서 보는 바와 같이, 인천항의 복합물류기능 강화와 개성공단, 해주경제특구의 발전을 위해 인천항과 개성공단 배후 경의선 간 전용 철도노선(70킬로미터 전후) 신설이 필요하다. 이는 인천신항의 물동량 확충, 한국 철도 병목노선 우회, 개성 및 해주 지역의 물류경쟁력 제고 측면에서 유효한 루트가 될 것이다.

〈도표 4-6〉 인천신항과 북한 지역 연계 철도 구상

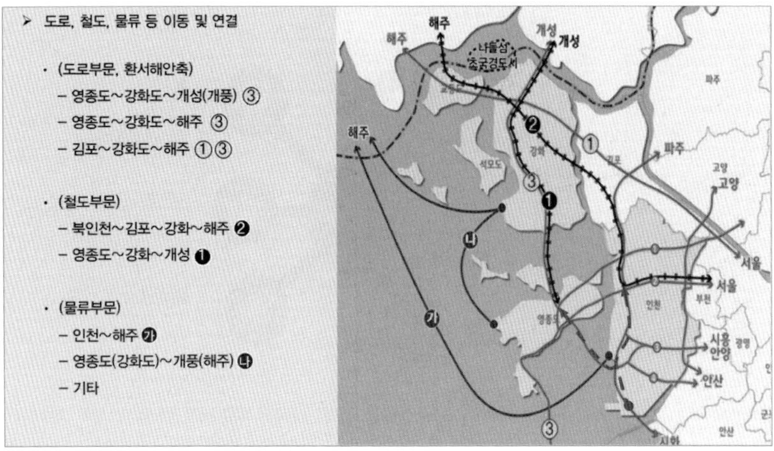

출처 : 이승우, "북한경제정책 변화와 인천도시 발전 방향", 2019.9월 수정 인용.

또한 북한 나진선봉, 중국 훈춘, 러시아 하산 지역을 연결한 초국경 평화협력 클러스터를 구축하고 이를 나진항과 연계한 철도, 도로망으로 묶는 사업도 필요하다. 해당 사업은 항만과 철도를 연계해 남북한뿐만 아니라 중국과 러시아까지 참여해 철도와 항만의 핵심 요소인 화물들이 발생할 수 있도록 산업단지, 물류단지, 농업단지 그리고 관광 기능까지 통합해서 발전시키는 개념이다. 북·중·러 접경 연결 공간에 다양한 산업과 관련 국가들이 모두 참여할 수 있어 정치적, 경제적 측면에서 리스크를 최소화하여 지속가능성을 높인 개념이라 할 수 있다. 결국 이 사업은 한반도를 넘어서 동북아에 평화경제가 자리 잡는 데 기여할 수 있을 것이다.

〈도표 4-7〉 동북아 초국경 평화 클러스트 제안

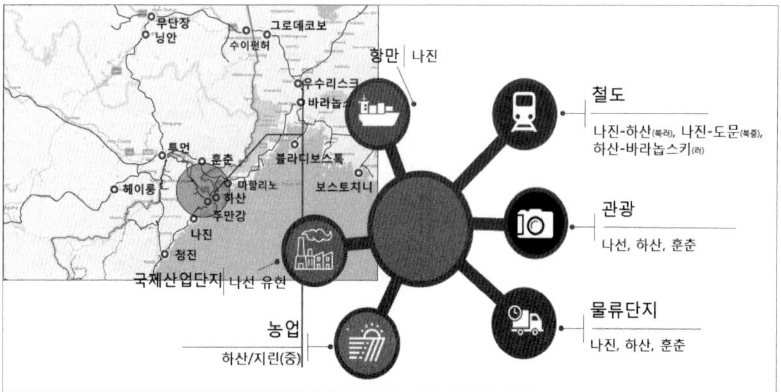

출처 : 이성우, "초국경 평화클러스터 제안", 제4차 동방경제포럼, 남북러 특별 세션, 블라디보스톡, 2018. 9.

마지막으로는 이러한 남북한 물류를 연계하고 나아가 중국과 러시아로 연결하기 위해서는 철도와 도로시설, 운영체계 등의 표준화가 필요하다.

〈도표 4-8〉 남북철도와 유라시아 철도 부분별 차이

구분	건축한계				차량한계		신호	전력	궤도	통신 및 관제
	너비	높이	승강장							
			저상	고상	높이	폭				
한국	4,200	6,450	500	1,150	4,500	3,400	ATC ATS CTC TVM	AC 25,000V 60Hz	1,435	VHF TRS-ASTRO TRS-TETRA
북한	4,200	6,000	300	1,200	4,700	3,400	기계 및 전자기식	DC3,000V	1,435	유선통신
중국	미상	미상	760/ 500/ 380	1,250	4,800	3,400	CTCS	AC25,000V 50Hz	1,435	GSM-R CTCS
러시아	미상	미상	1,100	500	5,300	3,750	ALSN OSJD 표준 색등신호	AC25,000V 50Hz	1,520	KLUB시리즈 ITARUS-ATC

출처 : 한국철도기술연구원, 『남북철도시스템 연계방안 연구』, 2004, pp.450-460; HIS, *Jane's World Railways*, 2001; РОССТАНДАРТГОСТ, ГОСТ 9238, 2013.

현재 철도의 경우 한국, 북한, 중국, 러시아의 전압, 전류, 역 시설, 신호체계, 통신수단 등이 모두 다른 상황으로 최적의 물류 네트워크 구축을 위해서는 세부적인 표준화 절차가 필요하다.

한반도와 유라시아 대륙 육상물류

한반도가 유라시아 대륙과 육상으로 물류가 연결되기 위해서는 북한과 중국, 북한과 러시아 간의 철도와 도로 인프라가 연결되어야 한다. 북한은 중국의 단동, 지안, 삼합, 개산툰, 투먼, 샤토자, 권하, 고성리, 난핑 세관과 연결되어 있고 단동, 투먼만 철도와 도로가 모두 연결되어 있는 곳이다. 중국은 신압록강대교를 신의주와 단동, 신두만강대교를 훈춘 권하-원정리 세관으로 연결하는 공사를 완료한 상태다. 현재는 대북 제재로 인해 북한의 육상물류가 활성화되지 않은 상태이나 재원과 시간이 소요되는 주요 교량 건설을 이미 끝낸 상태이므로 정치적 요소만 해결되면 북한과 중국 간의 물류 인프라 연결은 빠르게 진행될 수 있을 것으로 보인다. 다만, 북한의 통관시설이 열악한 상황으로 해당 시스템 개선을 위해서는 한국의 기술과 재정적 지원이 필요하다. 최소한 한국과 북한의 통관시스템이 통일될 수 있도록 사전에 노력을 기울일 필요가 있다.

러시아의 경우 양국의 짧은 국경선으로 인해 북한의 나진 · 선봉과 러시아 하산 지역만 연결되어 있다. 현재는 두만강 철교를 통해서 철도만 연결되어 있으나 러시아 측에서 도로를 위한 교량 타당성 조사를 진행 중에 있다. 지난 2013년 나진항과 하산 지역 철도 개선을 위한 복합궤도(표준궤와 광궤 병용) 54킬로미터가 이미 완공되어 도로통행이 가능한 교량이 연결될 경우 러시아와 북한 간의 교역이 증진될 수 있다. 다만, 큰 그림에서 나진항 이외 북한 지역과는 복합궤도가 연결되어 있지 않아서 두만강 역에서 대차방식을 통한 환적 혹은 환승이 필요한 상황이라 한반도종단철도가 시베리아횡단철도와 본격적으로 연결될 수 있는 방안은 숙제로 남아 있다. 이외 북한과 러시아 간 통관 시설이 노후하고 용량도 아주 적은 상태라 해당 시설 역시 한국의 기술과 재정 지원 등을 통해 시스템 건설이 동시 필요하다.

한반도와 해상 물류 네트워크

한반도가 유라시아 대륙과 해상으로 연결되기 위해서는 앞에서 언급했듯이 기본적으로 한국 연안해운 활성화가 선행되어야 한다. 예를 들면 동해의 경우 부산항에서 나진항으로 연안해운을 통해 이동한 화물은 바로 나진항 배후의 철도를 통해서 러시아 시베리아횡단철도를 통해 시베리아, 독립국가연합(CIS), 그리고 유럽 지역으로 화물이 이송될 수 있는 체계를 갖추게 되는 것이다. 서해의 경우도 광양, 목포, 군산항 등에서 연안해운을 통해 남포, 신의주항 등으로 연결되어 북한의 경의선 등을 타고 중국횡단철도로 연결이 될 수 있다.

추가로 단거리 국제해상항로(Short Sea Shipping) 활성화도 필요하다. 현재 서해를 중심으로 중국과 한국, 중국과 북한 간의 단거리 국제해상항로는 활성화되어 있으나 동해는 남북한의 분단, 극동러시아 경제개발 지연, 일본의 서부지역 저개발로 활로를 못 찾고 있는 상황이다. 만약 남북한 간 경제교류가 진행되고 연안해운이 활성화되면 남북한의 동해 지역 항만도시들과 극동러시아 항만도시의 교류가 확대될 수 있고 일본의 동해안권 개발도 병행되어 속도를 낼 수 있을 것이다. 다만, 극동러시아와 중국 동북 2성 간의 프리모리에(Primor'e) Ⅰ과 Ⅱ의 통관문제는 중러 간에 풀어야 할 숙제다.

해당 지역의 통관문제 개선을 위한 대안으로 한·중·러 간 트레일

러상호주행[16]과 같은 제도적인 방안으로 해결책을 찾아볼 수도 있을 것이다.

〈도표 4-9〉 한반도와 유라시아 해운 네트워크 발전 방향(동해권 예시)

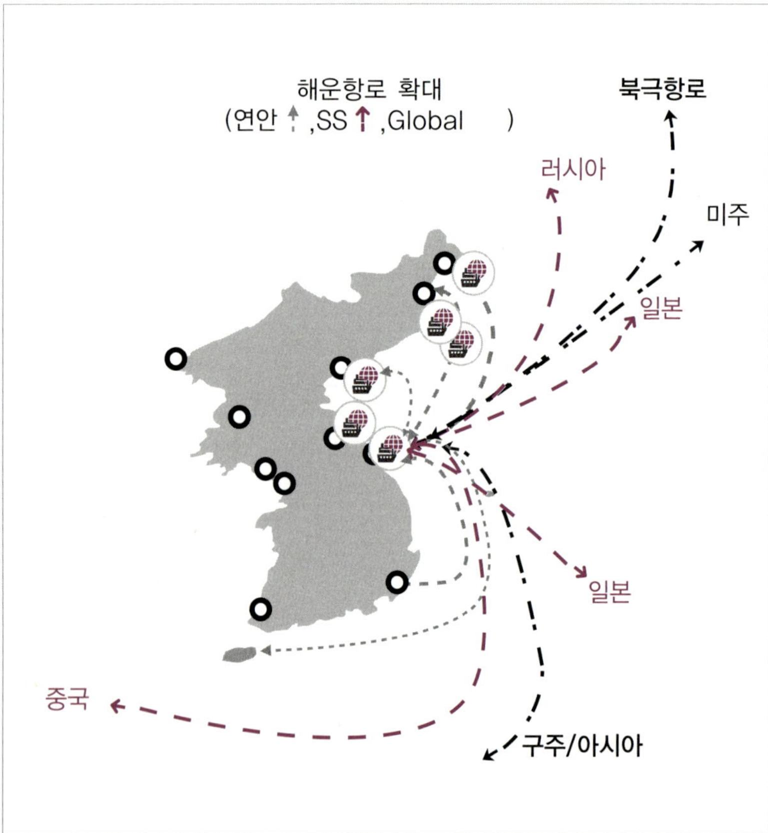

출처 : 김종진, "한반도 신경제지도 구상", 『국토』 제443호(2018).

남북한 간 연안해운이 활성화되고 황해와 동해를 통한 단거리 국제 해상운송이 발전하게 되면 충분한 물동량 확보가 가능하게 된다. 이렇게 되면 대형 선박들의 입출항이 가능하게 되고 기존 한국에서 미주, 구주로 가던 대형 선박들의 기항이 많아지게 될 것이다. 특히 〈도표 4-9〉에서 보는 바와 같이 지구온난화로 등장한 북극항로가 동해를 관통하게 되어 있어 남북한의 동해 지역 항만들 그리고 러시아 극동 지역 항만들이 글로벌 원양항로의 기항항만으로 선택받을 수도 있을 것이다.

현재 부산항이 동북아 주요 항만으로 자리매김하고 있으나 부산항이 더 큰 항만으로 성장함과 동시에 울산, 포항, 동해, 원산, 청진, 나진, 자루비노, 블라디보스토크, 보스토치니항 등이 미래의 글로벌 허브 항만으로 성장하기 위한 기회를 가질 수도 있다.

만약 연안해운, 단거리 국제해운과 장거리 국제해운이 한반도 남북을 연결할 경우 육상물류 인프라와 연계되어 다양한 형태의 복합물류 루트가 구축될 수 있을 것이다. 한반도와 유라시아 대륙을 연결하는 해상운송, 단일모드뿐만 아니라 부산/울산/포항/동해-청진(한국)-연길(중)-러시아/유럽, 부산/울산/포항/동해-나진-훈춘(중)/하산(러)-러시아/유럽, 부산/광양/목포/군산/평택/인천-남포-단동(중)-러시아/유럽, 부산/광양/목포/군산/평택/인천-해주-단동(중)-러시아/유럽으로 연결될 수 있는 다양한 복합물류 루트가 만들어질 수 있다. 이는 한반도뿐만 아니라 물류 네트워크가 연결된 유라시아 지역의 물류 거점들이 동반 성장할 수 있는 기반이 될 것이다.

〈도표 4-10〉 한반도와 유라시아 물류 연계 네트워크

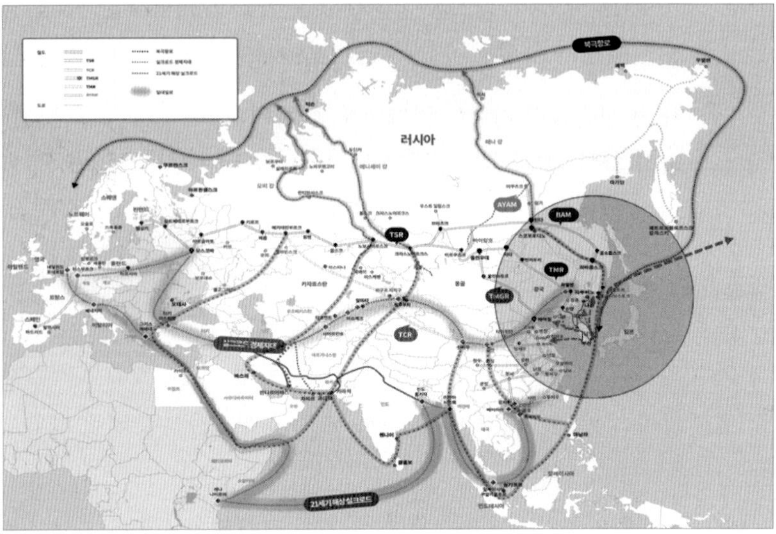

출처 : 이성우, "동북아평화협력클러스터", 한러 북방전략국제세미나, 모스크바, 2018.11.23.

03 4차 산업혁명과 물류 발전 전략

한국의 과제

한국은 다양한 분야에서 4차 산업혁명 기술 도입을 위한 유통 분야와 통합을 통해 4차 산업혁명 기술의 최대 수혜 분야로 주목받고 있다[17]. 최근 미국이 대중국 무역 제재에서 제일 먼저 지목한 회사가 화웨이다. 중국 국적의 통신기술 회사인 화웨이가 가지고 있는 원천기술들이 미국 입장에서는 매우 부담스러웠기 때문이다. 미국이 언급한 제재 이유를 보면 군사적 요인뿐만 아니라 미래 세계의 주도권이 기술에 있고, 중국이 이런 기술들을 집적시켜서 세계 경제주도권을 장악할 것이라는 두려움에서 시작된 공격이었다. 이외에도 일본의 한국 반도체 산업을 겨냥한 무역 제재 역시 한국 반도체가 가지고 있는 원천기술을 기반한 성장을 막아보자는 의도가 숨어 있는 것이다.

현재 한국은 동남아 시장을 우리의 저임금 생산 거점으로 보고 고급기술은 국내에서, 이를 적용한 생산품은 동남아에서 생산하고 있다. 반대로 선진국은 한국을 중임금 생산 거점으로 자국의 기술에 필요한 부품이나 반제품을 조달하고 있는 상황이다. 이러한 계층적 국제 분업체계에서 우위에 있기 위해서는 원천기술, 특히 4차 산업의 원천기술을 확보하는 것이 한국의 미래를 밝게 만들어가는 데 필수적인 상황인 것이다. 그러나 스위스금융그룹(UBS)이 2016년 다보스포럼을 준비하면서 발표한 「자동화와 연결성의 극단: 4차 산업혁명의 국제적, 지역적 투자의 함의」라는 보고서에서 한국 4차 산업혁명 기술의 준비 정도를 25위로 평가했다. 1위는 스위스, 싱가포르, 네덜란드 순이며, 미국 5위, 일본 12위, 중국 28위였다. 세부 항목별로 한국 순위를 살펴보면 〈도표 4-11〉에서 보는 바와 같이 기술순위(23위), 혁신순위(19위), 사회 인프라(20위) 항목에서 비교적 양호한 평가를 받았으나 노동시장 유연성(83위), 법적보호(62위) 항목에서 매우 나쁜 평가를 받았다. 결국 한국에서 4차 산업혁명 기술이 시장에 빠르게 도입되기 위해서는 기술개발 속도나 적용보다 이를 둘러싼 사회관계 부분의 합의와 제도 개선이 더 시급한 숙제인 것으로 보인다.

한국은 기존의 정보통신기술, 자동차, 화학 등 주력산업 의존도가 심하고 제조업 중심의 수출 주도 경제 구조를 가지고 있다. 이로 인해 4차 산업혁명 기술의 주요 사용처인 서비스업 비중이 낮고 제조업 고용자들이 주류를 이루는 강성노조와 기존 기득권 기업들이 투자해놓은 정보통신 인프라 시설들이 앞의 스위스 금융그룹 보고서의 평가처럼 4차 산업혁명 기술 도입과 발전에 큰 걸림돌이 되고 있다. 결국 한국의 물류산업이 한반도를 넘어 유라시아와 연결되기 위한 운영도구인 4차 산업혁명 기술이 초연결, 초융합, 초지능화의 효과를 보기 위해 사회적 합의가 우선되어야 하는 숙제가 남아 있는 것이다. 그러나 최근 일어난 택시업계와 정보플랫폼 기업 간의 충돌[18] 등을 보면 기득권층들의 생존권과 정부 당국의 법제도 한계, 기존 인프라 해체 문제, 중재력 부재 등으로 현재 가지고 있는 장점마저 사라질 위기에 놓여 있는 것이 현실이다.

〈도표 4-11〉 **한국의 4차 산업혁명 준비 정도 항목별 순위**

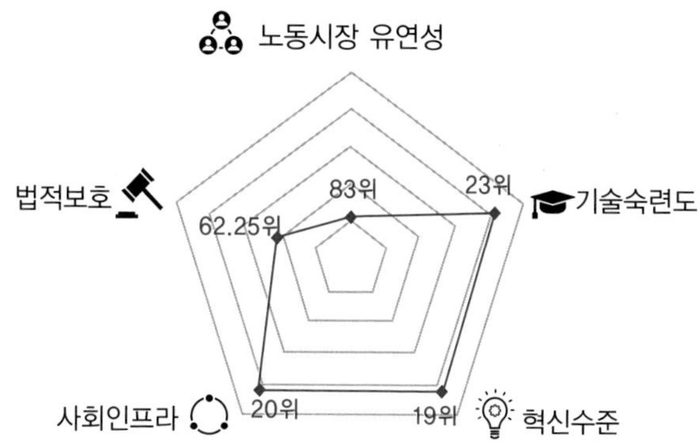

출처 : B. Baweja 외 "Extreme automation and connectivity: The global, regional, and investment implications of the Fourth Industrial Revolution", UBS White paper for World Economic Forum, Feb 2016. 2, p.23.

현재 한국이 처한 이러한 상황은 4차 산업혁명을 받아들이는 데도 시간이 걸릴 뿐만 아니라 4차 산업혁명의 원천기술을 조기에 확보하는 데도 한계가 발생할 수밖에 없다. 결국 이러한 장애물을 해결하기 위해서 새로운 대안이 필요하고 한국 입장에서 북한의 잠재력이 유용한 수단이 될 수도 있을 것이다.

북한의 과제

북한은 경제 강국들로 둘러싸여 있는 유일한 저개발국가다. 북한은 같은 민족인 한국뿐만 아니라 중국, 러시아, 일본 등 세계에서 정치, 경제적으로 우위를 점하는 국가들과 국경을 맞대고 있다. 이는 현재 불안정한 지정학적 상황에 놓여 있지만 이 부분이 해결되면 지경학적으로는 아주 유리한 입장으로 전환될 수도 있다. 주변국의 기술적, 재정적 지원이 용이하기 때문이다. 한국이 어느 정도 경제 성장을 하는 데 50년이 걸렸고 중국은 30년 그리고 베트남이 20년 정도 소요됐다. 그러나 북한도 한국과 중국 정도의 오랜 시간을 경제 발전에 소비할 것인가 하는 질문에 대부분의 전문가들은 아니라고 이야기하고 있다. 이런 맥락에서 앞에서 언급했듯이 북한은 '도약' 전략[19]을 추진할 것이고, 이에 제일 필요한 부분이 4차 산업혁명 기술이다. 한편 북한은 한국과 다르게 4차 산업혁명 기술을 도입하는 데 최적의 요건을 가지고 있다.

북한은 한국이 보유하고 있는 기존 시스템과 인프라를 '창조적 파괴'해야 하는 과정을 생략하고, 바로 '창조적 혁신'이 가능한 환경을 가지고 있다.[20] 북한은 첨단 인프라 구축의 효용가치가 높은 것이다. 이를 자세히 살펴보면 첫째, 북한은 인프라 수준이 매우 열악해 새롭게 인프라를 건설해야 하고 시스템을 구축해야 하는 상황이다. 즉 기존 인프라와 시스템과의 충돌이 없고, 해체를 위한 시간이 필요하지 않다. 둘째, 토지 보상과 건설비용이 거의 들지 않는다. 북한은 사유재산권이 없으므로 토지 수용이 용이하고 공사에 필요한 자재와 인력 부분에서도 한국보다 훨씬 수월하다. 기본적인 인건비가 낮아서 건설비 절감이 용이하고 최근 한국에서 이슈가 되고 있는 골재와 모래 조달 부분에서 북한은 유리한 입장이다. 북한의 강 하구에는 엄청난 토사가 쌓여 있어서 강과 바다 주변의 정비가 필요한 상황인데 이 부분은 건설 관점에서는 유용한 자원이 되는 것이다. 셋째, 시장과 산업 기득권의 저항이 없다는 점이다. 한국의 경우 새로운 기술이나 서비스가 적용되려면 기존 기술과 서비스와 경쟁을 해야 하는데 북한의 경우 기존에 구축된 기술과 서비스가 거의 없는 관계로 기득권층과 충돌이 미미할 수밖에 없기 때문이다. 마지막으로 신속하고 효율적인 정책 추진이 가능하다는 점이다. 북한은 1당 체재로 국가가 운영되고 있어서 정책의 방향이 설정될 경우 신속하게 추진될 수 있는 국가 운영체계를 가지고 있다. 따라서 4차 산업혁명 기술 도입에 필요한 다양한 법제도 수립과 지역 활동 등에 국가가 의사결정만 한다면 충돌, 협상, 중재, 도입, 실행 등의 과정을 거치지 않고 바로 실행할 수 있다는 장점을 가지고 있다[21].

04 유라시아 연계 한반도 물류 네트워크

한반도 물류 중심축 발전 방향

최근 북미관계 경색으로 한반도의 평화경제 실현이 잠시 숨고르기를 하고 있다. 그러나 한반도의 평화와 번영은 시간이 걸릴 뿐 언젠가는 올 것이고, 이를 실현하고 앞당기기 위해서는 한반도 전체를 아우르는 최적 물류체계 구축이 필요하다. 또한 한반도가 유라시아 대륙과 태평양을 넘어 오대양으로 연결되는 글로벌 물류 네트워크 마련도 필요하다. 지금부터 한반도라는 공간이나 특정 물류 수단에 국한되지 말고 동서남북, 대양과 대륙으로 크게 펼쳐나갈 수 있는 한반도와 글로벌 시장을 연결, 통합 및 융합하는 미래 지향적이고 효율적인 물류체계 구축이 필요하다.

과거 동북아 물류 중심 정책은 북한이라는 제한된 공간을 크게 고려하지 않고 글로벌 물류정책을 수립했던 한계가 있었다. 또한 지금의 한반도 신경제 구상과 신북방, 신남방정책 역시 일부 물류 수단에 치중할 경우 왜곡된 글로벌 물류체계 구상이 나올 수 있다.

따라서 국익의 극대화라는 부분과 물류의 특성을 최대한 결합시키는 합리적인 방향으로 한반도를 대양과 대륙으로 나아가고 들어오게 하는 유기적이고 통합적인 복합 물류체계 구축이 필요하다. 이를 실현하기 위해 제안된 과제들을 단계별, 지역별, 수단별, 주체별로 나누어 구체적인 전략, 방법 등에 의거해 남북 간, 주변국들 간 그리고 원거리 국가들과의 협력을 통해 실현해나가야 할 것이다.

본격적인 유라시아 물류 중심국가 실현을 위해 모든 물류 수단의 인프라, 제도, 운영 시스템, 표준화를 총괄하는 관점에서 언급된 물류체계와 사업들이 추진되어야 한다. 또한 한국 화주기업들의 글로벌 공급망 관리
22 체계 구축 등에 대한 수요조사를 병행해 대륙과 대양을 연결하는 한반도 물류 네트워크가 구축된다면 보다 실천력 있는 정부 정책으로 자리잡을 수 있을 것이다.

마지막으로 한반도와 유라시아 대륙이 물류로 연결되기 위해 인프라와 네트워크가 구비되는 것이 필수이지만 이를 운영하고 활성화시키는 부분에서 4차 산업혁명 기술의 중요성이 부각되고 있다. 4차 산업혁명 기술의 기본 개념인 초연결, 초융합, 초지능화는 물류산업이 추구하는 신속, 저렴, 안정 그리고 정확의 키워드를 구현할 수 있는 필수 요소다. 특히 한국 입장에서 경제가 성장하고 산업이 고도화될수록 제조업보다 서비스업을 기반으로 성장할 수밖에 없다. 그리고 미래의 서비스업은 4차 산업혁명 기술 없이는 시장을 제대로 주도할 수 없는 것이다. 따라서 현재 한국이 처한 4차 산업혁명 기술의 물류 분야 도입 상황의 우회전략으로 잠재력이 높은 북한과 러시아 극동 지역을 활용한 4차 산업혁명 기술의 활성화 방안을 국가 차원에서 수립하고 남북 간 혹은 남·북·러 간 협력 수단으로 적극 활용할 필요가 있다.

경제발전 접근 방안

한국은 수도권, 호남권, 동남권 중심으로 4차 산업의 원천기술 개발과 테스트를 통한 상용화 노력을 기울이고 있다. 그러나 앞에서 언급한 것처럼 많은 장애 요인들이 존재하고 있는 상황이다. 결국 4차 산업혁명 기술의 지속적인 개발과 발전을 위해서는 북한이 가지고 있는 잠재력, 즉 토지, 인력, 비용, 사회체제 등의 도움이 필요하고, 북한의 입장에서는 이미 기술 측면에서 앞서 나가 있는 한국의 능력과 재정적인 지원이 필요할 것이다. 결국 남북한이 4차 산업혁명 기술을 매개로 공동번영할 수 있는 중요한 기회를 잡을 수 있다는 것이다.

한반도가 물류 중심축을 기반으로 경제 발전하기 위해서는 4차 산업혁명 기술의 접목이 필요하고, 해당 성과를 도출하기 위해 한반도 거점별로 접근이 필요하다.

우선 한반도 권역별 물류 중심 연계 4차 산업혁명 기술이 가장 용이하고 효과가 있는 곳은 '범경기만권 벨트'다. 서울, 인천, 평택, 개성, 해주를 아우르는 남북한 연계 성장권역으로 북한의 개성과 한국의 강화도와 교동도를 중심으로 남북한의 인력과 기술이 결합될 수 있는 지리적 구조를 가지고 있다. 또한 우수한 인력, 글로벌 접근성, 집적된 기술과 서비스 클러스터가 이미 존재하고 있어 북한을 테스트베드로 활용해 단기간 성과를 도출할 수 있는 곳이다.

두 번째는 '강원권 벨트'로 한국의 동해, 속초, 북한의 원산, 함흥까지 연결해 관광과 물류산업을 연계한 4차 산업혁명 기술을 접목시킬 수 있다. 특히 북한이 대상 지역을 싱가포르와 같은 관광과 물류 거점으로 개발하고자 준비 중에 있어서 한국 강원권의 관광과 물류 거점들이 역할

분담을 할 경우 상생할 수 있는 기반을 조기 마련할 수 있을 것이다.

세 번째는 '평양-남포권역'으로 북한의 수도권이자 남포라는 항만을 보유하고 있어 인력 및 글로벌 접근성이 용이하다. 이미 북한에서 양성한 우수 IT인력의 다수가 거주하고 있고, 기존 기반 시설과 한국의 기술, 정보 그리고 재원이 지원된다면 소기의 성과를 거둘 수 있을 것이다.

네 번째는 '나진-훈춘-하산 클러스터'다. 이미 동북아 평화협력 클러스터라는 개념을 통해 물류(항만과 철도), 산업, 관광, 농업 등을 결합시켜 국제가공 물류 거점으로 육성하고자 사업이 제안된 상황이다. 이 부분에 4차 산업혁명 기술까지 접목되어 국제지식 가공 물류 거점으로 전 세계 모든 국가들이 자유롭게 투자하고 활동 및 생활할 수 있는 진정한 국제 자유항으로 만들 수 있는 곳이다.

마지막으로 〈도표 4-12〉에서 보는 바와 같이 '신의주-단동 벨트'로 북한과 중국의 무역이 현재 제일 많이 이루어지고 있고 한반도가 유라시아 대륙으로 가는 데 가장 가까운 곳으로 남·북·중의 기술, 인력 그리고 자본이 결합되어 새로운 형태의 국제지식 클러스터로 발전 가능한 곳이다.

한반도 물류 중심축 경제발전 전략을 위한 4차 산업혁명 기술은 현재는 구상 단계에 불과하다. 일부 전문가들이 한반도의 미래를 걱정하면서 가능한 대안으로 제시되고 있을 뿐이다. 그러나 현재 정치적 긴장관계가 해소된다면 과거 개성공단과 같은 저임금 중심의 전근대적인 국제 분업체계를 통한 남북한 간의 공생은 사실상 어렵다는 것이 일반적인 의견이다. 물론 일부는 이런 형태의 발전이 진행되겠지만 결국 남북한의 미래 지향적인 경제발전을 위해서는 기 언급된 물류축과 수단을 따라서 4차 산업혁명 기술이 접목된 벨트에서 진전될 가능성이 높다. 이런 측면에서 한국은 한반도 전체를 놓고 남북한이 공생할 수 있고, 한국이 글로벌 경쟁력에서 뒤처지지 않고 선도해나갈 수 있는 방향으로 4차 산업혁명 기술과 물류를 접목한 한반도 경제발전과 공간 계획을 동시에 준비할 수 있어야 할 것이다.

〈도표 4-12〉 **한반도 권역별 물류 중심 연계 4차 산업혁명 기술적용 구상**

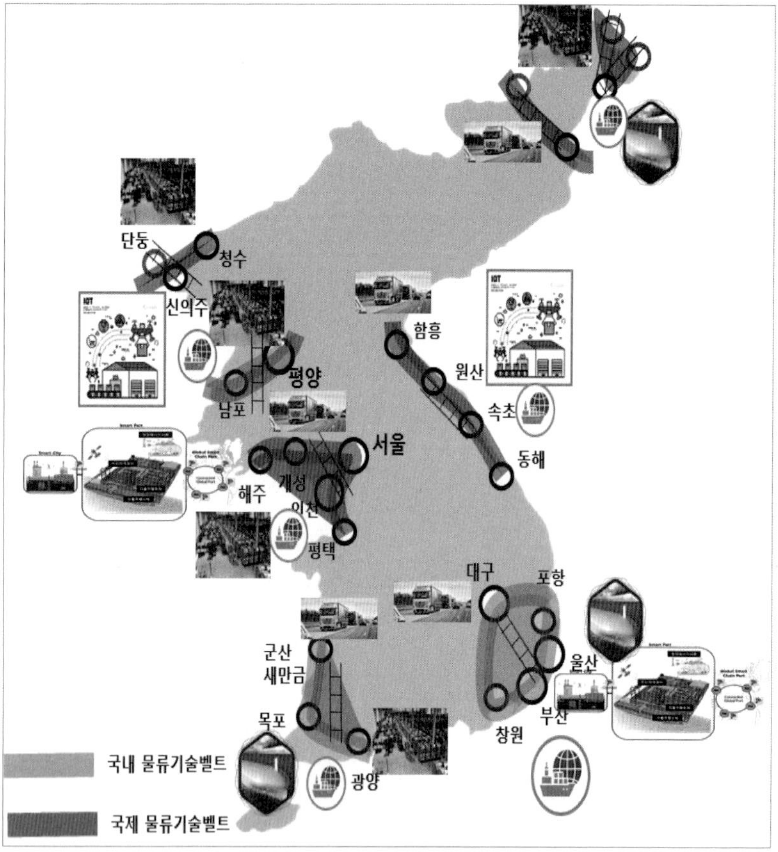

출처 : 이성우, "4차 산업 기술 테스트베드, 북한의 가능성", 『코리아쉬핑가제트』, 2019. 12월호.

05 유라시아 물류 중심축으로서의 **한국의 역할**

유라시아 물류 강국 통일한국

한국은 지경학적으로 물류 강국이 되기 위한 좋은 조건을 가지고 있다. 전 세계 화물의 80퍼센트를 처리하는 해상운송의 중요 간선항로인 아시아-구주(유럽), 아시아-미주 항로의 유라시아 시작점이자 종점에 위치하고 있다. 세계의 공장인 아시아에서 생산된 엄청난 양의 재화들이 선박을 통해서 주요 소비지인 미주로 갈 경우 한반도의 끝단인 부산항을 꼭 통과해야 한다. 그래서 세계 10대 컨테이너항만 중 대규모 배후지를 가진 중국 항만들을 제외하면 싱가포르항 2위, 부산항 5위권이 거의 유일하다. 이는 싱가포르가 가지는 지경학적 위치만큼이나 부산항의 입지적 조건이 좋다는 것이다. 이로 인해 두 항만이 세계 환적화물[23] 처리 1위와 2위를 차지하고 있다.

한편, 북극항로의 등장으로 이제 아시아-미주뿐만 아니라 아시아-구주항로에서도 부산항 이용 가능성이 높아질 것이다. 아직 북극항로의 상용화를 위해서는 시간이 더 필요하지만 부산항의 잠재력만큼은 더 높아진 게 분명하다. 수출입 화물의 양적인 측면에서 부산항이 부각된다면 수출입 화물의 질적인 측면에서는 인천공항의 위상 역시 세계적인 수준이다. 인천공항이 세계 여객과 화물처리에서 상위권에 있음은 우리가 아는 사실이다. 다만, 남북한의 단절로 인해서 한반도를 관통해서 화물들이 남북으로 이동할 수 없다는 부분이 한국이 물류 강국이 되고 한반도가 유라시아 물류 중심축이 되는 데 큰 장애물이라 할 수 있다.

한반도가 유라시아 물류 중심축이 되기 위해 우선 해결해야 하는 숙제는 남북의 물류망 연결이다. 육상을 통해 남북한의 철도와 도로가 연결되는 것과 해상을 통해 남북한의 연안해운 항로가 복원되는 것이 남아 있는 숙제다. 만약 남북한의 해륙복합 물류 네트워크가 연결된다면 한국은 유라시아와 태평양을 연결하는 물류 중심지에 놓이게 되고, 전진 배치된 부산항, 광양항, 울산항, 포항항, 목포항, 군산항, 평택항, 인천항, 동해항 등을 시종점으로 철도, 도로, 항만을 통해서 유라시아 대륙으로, 태평양으로 오고가는 화물들을 처리할 수 있는 유일무이한 국가가 될 것이다.

물론 이러한 흐름에 북한의 항만들도 동참할 것이고 한반도 전체가 항만을 매개로 전후방으로 해운, 철도, 도로 그리고 공항까지 연결되는 물류 강국으로 성장할 수 있을 것이다. 지금 한국은 이미 상당 수준의 물류 강국으로 성장해 있다. 그러나 한반도의 남북 물류체계가 연결된다면 한반도 전체가 유라시아 물류 중심축으로 성장할 수 있고, 이는 단순한 화물처리 국가가 아니라 사람들을 유인하는 비즈니스 공간으로 성장할 수 있다. 한국에서 최근 문제되고 있는 일자리 창출에 크게 기여하면서 남북한이 글로벌 경제 강국으로 상생 번영할 수 있는 기반을 제공할 수 있을 것이다.

이러한 관점에서 우선은 남북한 간 협력을 통한 상호 호혜 정신에 의

거해 물류 인프라 건설과 연결이 필요하다. 또한 단순한 남북 간 인프라 연결과 북한의 물류 인프라 건설만이 답이 아니라 운영 및 관리 시스템, 법제도 등의 표준화 혹은 호환성 제고가 병행되어야 한다. 이런 문제를 해결할 수 있는 대안으로 본 장에서는 4차 산업혁명 기술을 통한 북한 인프라와 운영체계 개선, 한국과 북한과의 4차 산업혁명 기술을 기반으로 한 권역별, 벨트별 공동 발전 방향을 제안한 것이다.

한반도 물류 중심축을 위한 협력 방안

유라시아 물류 강국을 위해 남북한이 제일 먼저 해야 할 일은 첫째로 한반도 물류체계를 연결하기 위한 「기본계획」을 수립하는 것이다. 물론 전체 상황은 남북한의 긴장관계가 해소되어야 하겠지만 이런 내용이 해결된다고 할 경우 분야별 접근이 아닌 전체적인 접근이 필요하다. 현재 한국은 국토부와 해양부가 공동으로 「국가물류기본계획」을 5년 단위로 수립하고 있다. 이러한 계획을 기본 틀로 해서 남북한 물류기본계획을 사전에 수립해야 한다. 현재 한국은 부처별로 북한의 물류 인프라 관련 개발계획을 수립해서 가지고 있다. 이 내용들을 통합한 북한 관련 물류 기본계획 안을 만들어서 북한 당국과 현지 전문가의 협조를 구해 해당 계획에 대한 의견을 반영해 가칭 「북한 물류기본계획」을 수립해야 할 것이다. 북한 물류기본계획은 북한의 항만, 철도, 도로, 공항, 물류 거점 등에 대한 개발계획뿐만 아니라 남북한 물류체계의 연결성, 표준화, 호환성 제고 등을 기반으로 한 운영계획, 관리계획 등이 동시에 포함되어야 한다. 또한 해당 계획은 한국 국가물류기본계획에도 반영되어야 하며, 북한이 접하고 있는 중국과 러시아 국경에 대한 국제물류 관련 내용도 반영되어야 한다. 그리고 해당 내용을 해결할 수 있는 주요 대안으로 4차 산업혁명 기술을 물류 분야별 건설계획, 운영계획, 관리계획 등에 반영될 수 있는 방안도 포함되어야 한다. 결론적으로 이 내용들을 다 포함한 남한과 북한 물류기본계획을 통합한 「한반도 통합물류기본계획」도 한반도 물류 중심축 실현을 위해 중장기적으로 만들어져야 할 것이다.

둘째로 한국의 북한에 대한 물류 인프라 건설은 민족 간 상호 공동번영에 기인한 정신에서 추진되어야 하지만 경제성에 바탕을 둔 기본 원칙이 분명히 계획에 반영되어야 한다. 한 예로 북한의 경제발전을 위해서는 철도 연결이 필수적이지만 철도는 공공재 성격을 가지고 있어서 경제성이 떨어진다. 결국 북한의 철도 건설 지원 시 낮은 경제성으로 인해 남남갈등의 시작점이 될 수 있다. 남북한 간의 화합은 우리의 민족이 분명히 가야 할 길이지만 남남갈등의 불씨는 최소화해야 남북 양측이 상생발전할 수 있는 시점을 조금이라도 당길 수 있다. 그래서 이러한 북한 철도 건설의 대안은 경제성이 높은 북한의 주요 항만인 남포, 청진, 나진, 원산항에 대한 개발과 운영권과 연동시켜서 병행 추진할 필요가 있다. 북한의 권역별 철도 건설을 지원하되 수익성이 보장되는 주요 항만, 도로, 물류센터 등에 대한 매칭 형태의 상호 투자자 방안을 마련할 필요가 있다. 물론 이를 위해서는 북한 당국에 대한 설득이 필요하고 적정한 경제성을 토대로 남북한이 동시에 이익을 제고할 수 있는 협상 가이드라인이나 투자 모델을 만들 필요가 있다. 이러한 협상의 방향과 틀이 한반도 통합물류기본계획에 포함되고 이 기본계획을 토대로 남북한 공동으로 한반도 물류체계를 새롭게 구축하고 서로 연결한다면 한반도가 유라시아 물류 중심축이 될 뿐만 아니라 한국의 물류 강국 실현과 북한의 경제재건과 발전도 동시에 도모할 수 있을 것이다. 별도로 남북한 공동으로 물류 분야 4차 산업혁명 기술 협력 방안이나 계획 수립도 동시에 진행될 필요가 있다. 효과적인 북한의 물류 운영체계와 시스템 구축과 한국의 4차 산업혁명 기술 개발과 상용화 증진을 위해 필요한 선결 사항이다.

셋째로 한반도가 유라시아 물류 중심축이 되기 위한 중요 수단인 4차 산업혁명 기술을 남북한의 특성에 맞추어 어떻게 잘 도입하고 발전시켜 나갈지가 중요한 숙제다. 남북한의 특성을 고려해 한국이 초기 기술 도입과 상용화에 마주한 문제점들을 북한이 가지고 있는 특성을 연계해서 해결할 수 있는 방안을 강구할 필요가 있다. 이를 위해 「남북 4차 산업혁명 기술협력계획」을 양국의 전문가들과 관련 정부 관계자들이 모여서 수립할 필요가 있다. 해당 계획이 수립되면 본문에서 언급한 지역을 광역 지역은 권역, 선형으로 이어지는 지역은 벨트, 그리고 좁고 고밀화 된 기능들이 모이는 곳은 클러스터 형태로 「남북 4차 산업혁명 기술협력계획」을 수립해야 할 것이다. 남북한 간의 협력으로 서로 공유할 수 있는 4차 산업혁명 기술들을 물류시설 집적지역에 도입하고 상용화를 통해 북한의 낙후한 물류 거점들의 개발과 함께 한국의 기술력을 제고하여 글로벌 경쟁력을 동시에 확보할 수 있을 것이다. 다만 이러한 상호 협력이 구체적이고 실효성 있게 진행되기 위해서는 남북한 전문가들의 상호 기술 수준 공개, 테스트베드 지역과 대상 지역의 물류시설 현황 조사, 양국의 4차 산업혁명 기술 관련 공동교육 및 법제도 표준화 등의 작업도 병행되어야 할 것이다.

넷째로 한국의 물류 관련 법제도와 북한의 물류 관련 법제도가 상이하고 사용하는 용어 역시 차이가 많이 난다. 이를 극복하기 위해 남북한 물류체계 통합이 필요하고 사전에 법제도, 용어, 교육체계 등에 대한 표준화와 통합뿐만 아니라 호환성 제고를 위한 방안 마련이 필요하다. 또한 남북한은 오랫동안 분리되어 물류 시설을 운영해 현재 운영 중인 물류시설 관련 운영체계, 지침과 법제도, 통신체계, 건축물 인허가 지침 등 많은 부분에서 표준화가 되어 있지 않다. 따라서 해당 부분에 대한 남북한 간 협력체계와 표준화 방안을 만들어서 남북한의 물류산업부터 표준화를 추진해나가야 할 것이다.

다섯째로 한국의 물류 거버넌스 통합이 필요하다. 현재 한국의 물류산업은 흩어진 기능별로 특화된 거버넌스 체계 아래 분산적으로 발전하고 있다. 해운, 항만 그리고 국제물류는 주로 해양수산부가, 철도, 도로, 항공과 내륙물류는 주로 국토교통부가 관리하고 있다. 또한 유통물류산업은 산업통상자원부가 물류에서 뗄 수 없는 통관은 관세청, 농축산물 물류는 농축산부, 의료의약품 관련한 사항은 보건복지부가 담당하고 있다. 즉 물류산업 전체가 상품별, 기능별, 공간별, 인프라별로 흩어져 있는 것이다. 그렇다고 복잡하게 얽혀 있는 한국 거버넌스 체계를 물류산업 중심으로 재편하자고 하는 것도 많은 문제를 발생시킬 수 있다. 한국 물류산업과 인프라가 통합적으로 관리되고 상생을 통한 발전 기반을 마련하기 위해서는 물류산업을 집중적으로 관리할 수 있는 대통령 직속 위원회 혹은 청와대 내 물류비서관 등의 신설이 필요하다. 한국 내부의 물류 관련 거버넌스 정비가 선행되어야 이를 기반으로 남북한 간 물류 분야 협력체계 구축이 용이할 것이다. 나아가 남북한의 물류산업이나 시설 관련한 거버넌스 체계도 점진적으로 통합 혹은 공동 운영이 필요하다. 이런 측면에서 시범사업 형태로 경기만권의 인천항과 해주항의 거버넌스 체계를 통합하는 남북한 통합항만공사 설립[24] 등의 전향적인 방향도 도입할 필요가 있다.

마지막으로 남북한 협력을 통해 북한 물류 인프라 개발을 위한 다양한 재원을 확보해야 한다. 북한 지역의 물류 인프라 개발, 4차 산업혁명 기술을 접목한 시설, 제도, 시스템 개선을 위해서는 충분한 예산 확보가 필요하다. 현재 통일부가 관리하고 있는 남북경협기금은 북한 물류 인프라 건설에 마중물 정도 수준의 예산 지원밖에는 되지 않을 것이다. 따라서 한반도 전체가 유라시아 물류 강국이 되기 위한 기반으로 다양한 형태의 재원 조달 방안을 강구할 필요가 있다. 현재 한국이 준비할 수 있는 북한 개발을 위한 자금조달 형태는 공기업 중심의 자금 조달, 풍부한 민간자금을 활용한 프로젝트파이낸싱(PF) 형태의 자금 조달, 국제기구와 연계한 자금 조달, 공적개발원조 성격의 자금 지원 등이 가능할 것이다. 대부분의 선결사항은 북한의 정책과 노력에 달려 있어 한국 자체적인 준비와 함께 남북한 협력을 통한 공동재원 마련 방안도 동시에 추진되어야 한다. 다만, 북한이 국제기구 등에서 금융조달을 할 경우 불합리한 조건에 자금을 확보하지 않도록 남북한 간의 협력체계 구축도 필요하다.

한반도의 통일은 장담할 수 없는 큰 숙제다. 그러나 한반도가 유라시아 물류 중심축으로 성장해 남북한이 공동으로 번영하기 위해서는 우선 남북한 간의 화해, 합의 그리고 협력이 있으면 가능하다. 이를 위해서는 앞에서 언급한 4차 산업혁명 기술을 매개로 한 남북한의 물류산업 상생 방안을 한반도 전체를 대상으로 함께 실현할 수 있는 기본계획 수립, 경제성 제고, 법제도 제정, 운영체계 표준화, 재원 조달, 거버넌스 구축 등의 다양한 협력방안들을 남한, 북한 그리고 남북한 공동으로 준비하고 추진해야 할 것이다. 마지막으로 언급된 내용이 구체화되기 위해서는 한반도가 유라시아 물류 중심축이 되기 위한 구체적인 전략, 방안, 세부사업 그리고 이를 담은 로드맵 마련이 정부 차원에서 추진될 필요가 있다.

제 5 장

한반도 평화협정 체결과 법체계 정비 방안

한반도에 평화를 공고화하는 데 있어 이를 뒷받침하는 법제도 개선은 그야말로 필수불가결한 요소다. 한반도 평화체제를 구축하고 이를 유지하는 것은 남북한의 법제가 이를 어떻게 설계하고 규범화하는가에 달려 있다고 본다.

이 중에서도 가장 시급한 과제 중 하나는 한반도 평화협정 체결이라고 할 수 있다. 평화협정을 체결함으로써 한반도 평화체제 로드맵을 그린다는 상징적 의미도 있을 뿐 아니라, 평화협정은 그 자체로도 한반도 비핵화를 위한 주요 수단으로 활용될 수 있기 때문이다.

따라서 본 장에서는 한반도 평화협정 체결과 법체계 정비 방안에 대해 알아보려고 한다. 한반도 평화협정이 왜 필요하며 어떤 특수성을 갖는지, 그리고 한반도 평화협정을 체결할 경우 고려해야 하는 법적 쟁점은 무엇이며 이를 어떻게 해결해야 하는지를 검토하고, 나아가 평화협정 체결 이후 한반도가 나아갈 방향에 대해 논하고자 한다.

본 장의 내용은 다음과 같다. 먼저 한반도 평화협정 체결의 필요성과 특수성 및 평화협정과 비핵화에 대한 북한의 입장을 살펴본 다음, 한반도 평화협정에 대한 주요 법적 쟁점과 해결 방향을 제시한다. 다음으로 한반도 평화협정 체결에 따른 남북한 법체계 정비 방안을 검토한다. 마지막으로 통일 이후 동북아의 중심축 국가로서 평화적 법질서 구축을 위한 선도적 역할을 할 통일한국의 미래상을 제시하고자 한다.

01 추진 목표와 기조

판문점 선언과 평화협정

남과 북은 2018년 4월 27일 남북정상회담에서 체결한 「한반도의 평화와 번영, 통일을 위한 판문점 선언」(이하, 판문점 선언) 제3조 제3항에서 "남과 북은 정전협정체결 65년이 되는 올해에 종전을 선언하고 정전협정을 평화협정으로 전환하며 항구적이고 공고한 평화체제 구축을 위한 남·북·미 3자 또는 남·북·미·중 4자회담 개최를 적극 추진해 나가기로 했다"라고 명시하여, 평화협정 체결에 대한 남북한의 의지를 천명했다.

이와 관련해 많은 사람이 궁금해 하는 질문이 있다. 정전협정과 평화협정은 무엇이 다르며 우리는 왜 평화협정을 체결해야 할까.

고전적 의미에서의 정전협정은 전쟁의 종료를 의미하는 것이 아니라 교전자 간에 전쟁행위를 임시로 중단하기 위해 체결되는 군사협정이며, 법적으로 한국은 여전히 전쟁 상태에 있다.[1] 따라서 공식적으로 6·25전쟁을 종식할 제도적 장치가 필요하며, 이와 같은 의미에서 거론되는 것이 평화협정인 것이다.

평화협정은 분쟁 당사자 간 무력 분쟁을 종결하고 화해와 공존을 제도화하며 향후 관련된 모든 당사자들이 평화를 보장하도록 하는 법적, 정치적 장치의 포괄적인 합의문을 뜻한다.[2] 단순히 평화협정을 체결한다고 해서 한반도 내 평화가 보장되는 것은 아니지만, 평화협정이 평화체제를 안착시키기 위한 주요 수단이라는 것은 부인할 수 없다.

정전협정 체결 이후 오랜 세월 동안 남북한은 여러 차례에 걸쳐 평화협정 체결을 모색해왔다. 그리고 양국 정상이 합의한 문서에서 처음으로 정전협정의 평화협정으로의 전환을 명문화한 것이 바로 판문점 선언이다.[3]

한반도 평화협정 체결을 위한 준비

우리는 한반도 평화협정을 체결하기 위하여 무엇을 준비해야 할까. 이를 논의하기에 앞서 먼저 한반도가 분단국으로서 갖는 특성에 대해 살펴볼 필요가 있다.

남북한은 냉전체제 아래 각기 다른 법질서를 형성해왔다. 이와 동시에 서로 상대방을 자국으로 인식해 남북한의 관계는 대내적인 것으로도, 대외적인 것으로도 볼 수 없는 상황에 놓이게 되었다. 이러한 분단국의 특성으로 인해 한반도 평화협정은 일반적인 평화협정과 다른 특수성을 지닌다. 따라서 한반도 평화협정에 대한 논의는 그 특수성에 대한 이해에서 출발해야 한다.

또한, 한반도 평화협정 체결과 관련해 그동안 논란이 된 수많은 법적 쟁점이 있다. 특히 평화협정의 체결 방식과 당사자 문제, 평화협정의 법적 성격, 평화협정에 따른 남북한 국가 승인 등의 문제는 면밀한 법적 검토를 필요로 한다.

한반도 평화협정에 포함되어야 할 내용에 대한 논의도 필요하다. 한반도 평화협정에는 전쟁 종식의 선언, 전쟁 책임과 전쟁 포로, 군사 부문 신뢰구축 등과 같이 일반적으로 평화협정에 포함되는 내용뿐 아니라 유엔군사령부 해체, 주한미군 주둔 및 철수, 전시작전통제권 전환 등과 같이 6·25전쟁 및 한반도 분단으로 인해 발생한 특수한 상황과 관련된 내용도 포함되어야 한다.

그리고 한반도 평화협정이 국내법에 미치는 영향을 고려해 평화협정 체결 이후 남북한의 헌법 및 법률을 어떻게 정비해야 하는지에 대한 검토 역시 간과해서는 안 된다.

한반도 평화협정 체결 이후 미래상

만약 한반도 평화협정이 실제로 체결된다면, 이후 우리는 무엇을 향하여 어떤 길을 걸어야 할까. 이는 한반도 중심축 통일국가 추진 로드맵을 구상하는 데 있어 빠뜨릴 수 없는 질문이다.

1949년에 동서 양쪽으로 독립된 정부가 들어서 분단이 공식화되었던 독일은 1990년에 하나의 국가로 통일되었다. 이후 2차 세계대전 패전국으로서의 상처를 말끔히 씻어내고 오늘날 유럽연합의 선도국으로 자리매김했다.

이러한 통일독일의 선례는 한반도가 평화협정을 체결한 이후 나아갈 길에 대해 일정한 시사점을 준다. 특히 한반도 내부뿐만 아니라 동북아 전체를 조망하면서 한반도가 동북아 법질서를 선도하기 위해 어떤 과정을 거쳐야 하며 무엇을 준비해야 할지 논의하는 데 통일독일과 유럽연합의 과거와 현재 모습은 시사하는 바가 적지 않다.

이를 참고해 한반도 평화협정 체결 이후 통일한국으로 향하는 과정에서 남북한이 함께 만들어 갈 미래상에 대해 장기적인 관점에서 고민할 필요가 있다.

추진 목표와 기조

본 장에서는 한반도 평화협정의 필요성 및 이를 체결하는 데 따르는 법적 쟁점, 그리고 체결 이후 한반도의 미래상에 대해 상세히 살펴보고자 한다.

본 장의 추진 목표는 법질서 안에서의 한반도 통합 및 기본 가치 지속에 있다. 한반도 평화체제 구축 및 통일비전 구상은 전적으로 법의 지배로써 이루어져야 하기 때문이다.

또한 본 기획 공저의 취지가 한반도를 동북아의 협력과 공동번영의 중심축으로 전환하기 위한 전략을 개발하는 데 있다는 점을 상기하여, 본 장에서도 역시 한반도 중심축 통일국가 추진 로드맵을 개발하는 기조를 유지하고자 한다.

이러한 추진 목표와 기조하에 본 장을 구성하는 내용이 한반도 평화 프로세스를 설계하고 이를 정착시키는 초석의 역할을 할 수 있기를 바란다.

02 한반도 평화협정의 필요성과 특수성

한반도 평화협정 논의 과정

남북한 간에 정전체제를 평화체제로 전환하기 위한 논의가 처음 시도된 것은 1954년 4월 26일부터 같은 해 6월 15일까지 진행된 제네바 정치회담이었다. 위 회담은 정전협정 제4조 제60항의 "한국 문제의 평화적 해결을 위하여 쌍방 군사령관은 쌍방의 관계 각국 정부에 정전협정이 조인되고 효력을 발생한 후 3개월 내에 각기 대표를 파견하여 쌍방의 한급 높은 정치회의를 소집하고 한국으로부터의 모든 외국 군대의 철수 및 한국 문제의 평화적 해결 문제들을 협의할 것을 이에 건의한다"는 규정에 근거한 것이다.

위 회담에서 우리 측 변영태 외무장관은 처음에 대한민국이 한반도의 유일 합법정부이므로 유엔 결의의 취지에 맞추어 북한 지역에서 유엔 감시하에 선거를 실시하고 비어 있는 국회 내 100석의 의석을 채울 것을 주장했다. 그러나 이후 이를 수정해 남북한이 동시에 총선거를 실시하며 선거는 대한민국 헌법질서에 따르고 중국군은 선거실시일 1개월 전에 철수를 완료해야 한다는 등을 내용으로 하는 14개항의 통일 방안을 제시했다. 그것은 북한체제의 존재를 부인하고 인구 비례에 의한 총선거를 실시해 입법기관을 구성하자는 취지였다. 이에 대해 북한은 최고인민회의 대의원과 남측의 국회의원들, 그리고 민주주의적 사회단체 대표들을 포함해 '전조선위원회'를 구성하고, 이 '전조선위원회'로 하여금 총선거를 준비하도록 하자고 주장했다. 이는 유엔을 배제하고 남북한이 대등한 비율로 연립하자는 것이었다. 또한 북한은 단시일 내 외국 군대를 철거하고, 1년 이내에 남북 병력을 10만 명 이내로 감군하며, 평화체제로의 전환 문제와 해당한 협정 체결을 논의하기 위해 남북 대표로 위원회를 구성하자고 제의했다. 제네바회담은 결국 양측의 입장 차이로 아무런 결론을 얻지 못하고 끝났다.[4]

이후에도 북한은 평화와 통일을 적극적으로 모색하면서 남북평화협정 또는 불가침조약 체결을 남한에 제안했고, 이러한 기조는 통일 3원칙인 자주-평화-민족대단결에 남북한이 합의를 도출한 1972년 7·4 남북공동성명에까지 이르렀다.[5]

그러나 평화체제 구축이나 평화협정 체결에 관하여 남한이 계속해서 소극적인 자세로 대응하자, 북한은 남북이 아닌 북미 간 평화협정 체결을 주장하기 시작했다. 북한은 남북 간에는 불가침 선언을, 북미 간에는 평화협정 체결을 모색하는 전략을 꾸준히 지속했고, 1991년 12월 13일 남북기본합의서가 체결되면서 남북한 간 불가침 선언이 채택되자 북한은 북미관계에 더욱 치중하게 되었다.[6] 1997년부터 1999년까지는 한반도에 항구적인 평화의 틀을 확립하기 위한 목적으로 한국, 북한, 미국, 중국 간에 '4자회담'을 진행했으나 평화협정 당사자, 평화체제와 동맹의 관계 등에 대한 관련국 사이의 입장 차이로 별다른 성과를 거두지 못했다.

2000년 6 · 15 남북공동선언에서는 남측의 연합 단계와 북측의 낮은 단계 연방 제안이 공통점이 있다며 이 방향에서 통일을 지향하기로 하는 등의 합의를 했으나 평화협정에 대한 구체적인 합의는 없었다.

이후 2003년 8월 제1차 6차 회담을 계기로 북핵문제는 물론 평화협정을 포함한 한반도 문제에 대한 다자간 논의가 진행되기 시작했고, 2007년 10월 평양에서 개최된 제2차 남북 정상회담에서 합의된 10 · 4 남북정상선언에서는 드디어 남북한 간 정전체제 종식 및 종전 선언에 대한 언급이 나오게 되었다.

그리고 앞서 언급한 2018년 판문점 선언에서 정전협정의 평화협정으로의 전환에 관하여 최초로 남북한이 합의하기에 이른 것이다. 남한과 북한은 판문점 선언을 통해 "한반도에서 비정상적인 현재의 정전상태를 종식시키고 확고한 평화체제를 수립하는 것은 더 이상 미룰 수 없는 역사적 과제"라는 데 합의를 이루고 이를 공식적으로 선언했다.

한반도 평화협정의 필요성

우리에게 과연 평화협정이 필요한가. 즉 규범의 영역을 떠나 사실의 문제로서 남북 간 교류와 협력을 확대해가면서 통일을 달성하는 데 반드시 '평화협정'이라는 국제조약의 틀이 필수불가결한 것인지에 대해 생각해볼 필요가 있다.[7] 한반도 평화체제를 구축하는 데 있어 기존 정전협정 체제를 유지하는 것만으로도 이미 충분하다고 생각할 수도 있고, 또는 평화협정이 아닌 다른 수단을 사용할 수도 있기 때문이다.

현재의 한반도 상황이 과연 궁극적이고 완전한 평화체제하에 있는지

되돌아볼 때 현재의 정전협정체제만으로 충분치 않다는 것은 쉽게 이해할 수 있을 것이다. 이는 애초에 정전협정이 항구적인 평화체제를 구축하기 위해 체결된 것이 아니라 전투행위를 잠정적으로 중지할 것을 선언한 문서에 불과하기 때문이다.

일각에서는 평화협정 체결이 아닌 다른 방안을 통해 한반도에 평화체제를 구축할 수 있다는 주장도 제기된다. 이를테면 남북기본합의서를 일부 개정해 평화협정의 핵심 내용을 포함시킴으로써 실질적인 평화체제를 구축할 수 있다는 것이다.[8] 그러나 이는 한반도 평화협정 체결이 불가능할 경우 이를 대체하기 위한 수단 중 하나일 뿐, 한반도 평화체제를 정착시키기 위한 직접적인 방안이라고 할 수 없다. 다만 남북기본합의서의 내용 중 상당 부분이 평화협정에 반영될 수는 있을 것이다.

평화협정의 체결은 '법률적으로 전쟁의 지속 상태'로부터 연유하는 긴장과 불안을 타파하고 '제3의 법적 상태'라는 과도기적 · 부동적인 상태를 안정화하기 위한 유일무이한 방법은 아닐지 몰라도, 가장 효율적이면서도 실효성이 확보될 수 있는 방안이라고 본다.[9]

한반도 평화협정의 특수성

한반도 평화협정을 체결해야 한다면 이를 위해 무엇을 먼저 살펴보아야 할까. 평화협정 체결에 따르는 법적 쟁점을 논하기에 앞서 검토해야 하는 것이 특수성의 문제다. 한반도 평화협정은 다른 국가들 간 체결되어 온 평화협정과는 다른 특수성을 띠고 있으며, 그 내용은 다음과 같다.[10]

첫 번째로 상대방의 국가성을 서로 부인하는 분단국의 평화협정이라는 것이다. 남한과 북한은 남북기본합의서 체결을 통해 "쌍방 사이의 관계가 나라와 나라 사이의 관계가 아닌 통일을 지향하는 과정에서 잠정적으로 형성되는 특수관계"라는 데 합의한 바 있다. 즉, 한반도 평화협정은 위와 같은 특수관계를 전제로 남북한 상호 간 대립과 긴장이 내재된 상태에서 통일과 관련된 미래지향적인 내용을 함께 다루어야 하는 어려움이 있다.

두 번째는 전쟁을 종식시키기 위해 체결하는 협정이 아니라 전쟁이 끝난 이후 오랜 기간 유지되어 온 정전협정을 대체하는 협정이라는 것이다. 대부분의 평화협정은 정전협정 직후 전쟁을 종식시키기 위한 군사적 목표를 갖지만, 한반도의 경우 군사적 성격보다는 정치적 성격이 강하다.[11] 또한 평화협정 체결과 동시에 기존의 정전협정이 폐기될 것이므로, 정전협정의 내용 중 평화협정 체결 이후에도 지속되어야 하는 것이 있다면 이를 검토해 새롭게 다루어야 한다.

세 번째는 한반도 평화협정이 비핵화의 결과물이어야 한다는 고정관념을 버리고, 평화협정이 비핵화를 끌어낼 유용한 수단이 될 수 있다는 점을 고려해야 한다는 것이다. 현재 한반도 비핵화 문제는 답보 상태로 미궁에 빠지고 있다. 이때 평화협정이 한반도 평화체제 구축을 위한 주요 수단이라는 점에 주목해 오히려 한반도 비핵화를 만들어내는 디딤돌로 활용하는 방안을 시도해볼 필요가 있다고 본다.

네 번째는 한반도 평화협정이 기존 남북한 법체계에 미칠 영향을 고려해야 한다는 것이다. 남한의 입장에서 북한은 기본적으로 국가보안법에 따른 반국가단체이며 다만 예외적으로 남북교류협력법의 적용 범위 내에서만 대화와 교류협력의 상대방이자 동반자로 인정된다. 마찬가지로 북한의 입장에서도 남한은 기본적으로 반정부단체이자 '온 사회 김일성·김정일주의화'의 대상이다. 현재 남북한 법체계는 이러한 인식하에 구축된 것이므로, 한반도 평화협정을 체결한 이후 남북한이 각자의 법체계를 어떻게 정비해나갈 것인지 미리 고민해야 할 것이다.

위와 같은 한반도 평화협정의 특수성은 평화협정 체결 방식, 당사자, 법적 성격과 같은 법적 쟁점뿐만 아니라 평화협정에 포함되어야 할 주요 내용을 검토할 때에도 고려되어야 한다. 즉, 기존 평화협정의 틀에서 벗어나 조금 더 유연하고 실용적인 측면에서 한반도 평화협정을 구상하는 것이 필요하다.

한반도 비핵화에 대한 북한의 입장

북한 문헌에 따르면, 정전협정은 어디까지나 적대적 군사 행동의 정지를 규제한 것이지 전쟁 상태의 법적 종결을 규제한 것이 아니므로 "조선반도에서 긴장 상태의 격화를 막고 공고한 평화를 보장하는 가장 합리적인 방도의 하나는 정전협정을 평화협정으로 바꾸는 것"이라고 본다.[12] 여기서 평화협정에 포함해야 할 기본내용으로는 6·25전쟁의 법적 종결의 공식 선포, 남한에서의 미군 철수, 무력증강과 군비경쟁 중지를 들고 있다.[13]

북한의 한반도 비핵화 및 평화협정 체결에 대한 입장은 북한『정치법률연구』에 게재된 최현철의 글에서 찾아볼 수 있다. 최현철은「조선반도 핵문제의 평화적 해결과 관련한 미국의 국제법적 의무」란 글에서 "조선반도의 현 위기를 타개하기 위한 최선의 방도는 우리와 미국이 대화와 협상을 통해 핵문제를 평화적으로 해결하는 것"이라는 김일성의 교시에 따라 한반도 핵문제의 평화적 해결을 위해 미국이 취해야 할 국제법적 의무 중 하나로 평화협정 체결의 필요성을 제기하고 있다.

북한이 주장하는 한반도 핵문제를 해결하기 위한 미국의 국제법적 의무란 '대북한 적대시 정책의 완전 포기', '정전체제의 평화체제로 전환 및 평화협정 체결', '북미 사이의 불가침조약 체결'의 세 가지를 의미한다. 정전협정은 싸움의 일시적 정지를 합의한 것으로 그것으로는 언제든지 전쟁이 다시 발발하지 않는다는 것을 보장하지 못하며, 평화협정 체결을 통해 한반도에 평화가 보장되어야만 핵문제도 원만히 해결될 수 있다고 한다. 북한은 북미 사이의 평화협정과 불가침조약이 체결되면 한반도에서 평화는 확고한 법적 담보를 가지게 될 것이며 그에 따라 한반도 핵문제는 원만히 평화적으로 해결될 것이라고 주장한다. 한편 북미 사이의 불가침조약 체결을 위해 남한에서의 미군 철수를 조건으로 요구하고 있다.[14]

결국, 북한이 원하는 한반도 비핵화는 남북한 전체의 비핵화를 의미하는 것이며, 그 절차는 미국의 대북 적대시 정책 포기, 평화협정 체결, 주한미군 철수, 북미 불가침조약 체결이라는 조건하에 이루어질 수 있다는 의미다.

북한의 이와 같은 입장은 김정은 체제에서도 여전히 유지되고 있다. 2016년 7월 6일 북한 당국이 조선중앙통신을 통해 발표한 성명을 보면 "명백히 하건대 우리가 주장하는 비핵화는 조선반도 전역의 비핵화다. 여기에는 남핵 폐기와 남조선주변(미국 지칭)의 비핵화가 포함되어 있다"고 밝히고 있다. 또한 한반도 비핵화의 조건으로 "첫째, 남조선에 끌어들여 놓고 시인도 부인도 하지 않는 미국의 핵무기들부터 모두 공개하여야 한다. 둘째, 남조선에서 모든 핵무기와 그 기지들을 철폐하고 세계 앞에 검증받아야 한다. 셋째, 미국이 조선반도와 그 주변에 수시로 전개하는 핵타격 수단들을 다시는 끌어들이지 않겠다는 것을 담보하여야 한다. 넷째, 그 어떤 경우에도 핵으로, 핵이 동원되는 전쟁 행위로 우리를 위협공갈하거나 우리 공화국을 반대하여 핵을 사용하지 않겠다는 것을 확약하여야 한다. 다섯째, 남조선에서 핵사용권을 쥐고 있는 미군의 철수를 선포하여야 한다"는 다섯 가지 사항을 제시했다.[15]

2018년 12월 20일 자 조선중앙통신 논평에서도 북한은 "6 · 12 북미 공동성명에는 '조선반도 비핵화'라고 명시돼 있지 '북 비핵화'라는 문구는 눈을 씻고 봐도 찾을 수 없다"라면서 "미국이 조선반도 비핵화를 '북 비핵화'로 어물쩍 간판을 바꾸고 있다"라고 비판한 바 있다.[16]

한편 2016년 이후 중국이 제시한 평화협정 체결과 비핵화를 병행 추진하자는 이른바 쌍궤병행(雙軌竝行) 방안에 대해서도 북핵문제를 희석시킬 위험성이 있으며, 북한의 핵개발에 대한 정당성 인정, 북한의 핵 보유 인정, 주한미군 철수의 명분 제공 등의 문제점을 지적하는 견해도 있다.[17] 이러한 지적과 더불어 북한이 말하는 한반도의 비핵화와 전제 조건을 보면 북한 비핵화를 전제로 하거나 비핵화와 동시이행을 조건으로 한 평화협정 체결은 판문점선언의 남북합의를 낙관적으로만 바라볼 수 없게 한다.[18]

북한이 강력하게 철수를 주장해오고 있는 주한미군은 한미상호방위조약에 법적 근거를 둔 것으로 정전협정을 평화협정으로 전환한다고 해서 직접적인 영향을 받는 것이 아니다. 평화협정이 체결되면 주한미군이 북한에 대한 위협세력이라 할 수도 없다. 주한미군 철수 시 한반도에 힘의 공백이 발생하게 되면 한반도에 대한 헤게모니를 장악하기 위한 주변국의 개입 가능성을 배제할 수 없는 상황이 될 수도 있다. 따라서 주한미군 문제는 평화협정 체결과 더불어 결정을 할 문제가 아니라 평화협정 체결 이후 구축되는 평화체제의 수준과 국제 정세를 고려해 장기적으로 해결해 나가야 할 과제라는 점을 북한이 인식하도록 설득할 필요가 있다.

한반도 비핵화 개념에 대한 남북한의 견해 차이도 향후 북한 비핵화 문제 해결 과정을 통해 일정 시점에서 이를 명확하게 규정하고 그에 따른 합의를 도출할 필요가 있다.

파리평화협정 사례와 시사점

한반도 평화협정은 평화협정 체결 자체가 목적이 아니라 한반도에 공고한 평화체제를 구축하는 것이 목적이다. 자칫 정치적 성과나 활용만을 목적으로 평화협정을 잘못했다가 제대로 이행이 안 될 경우 우리 안보에 커다란 위협만을 초래할 수도 있다.

잘못된 평화협정에 대한 역사적 경험은 베트남 전쟁을 종결짓는 과정에서 체결되었으며 통상 파리평화협정(Paris Peace Accords)으로 불리는 「베트남에서 종전과 평화 회복을 위한 합의(An Agreement on Ending the War and Restoring a Peace in Vietnam)」에서 찾아볼 수 있다.

1973년 1월 25일 미국은 베트남전쟁 종식 선언을 하고, 같은 해 1월 27일 파리에서 미국, 남베트남(베트남공화국), 북베트남(베트남민주공화국), 베트콩(남베트남임시혁명정부)은 파리평화협정을 체결했다.[19]

파리평화협정 주요 내용은 "①미국과 모든 관련국은 베트남의 독립, 주권과 영토를 존중한다. ②1973년 1월 27일 24:00시를 기해 현 위치에서 휴전을 하고, 미국은 군사 개입을 중단하며, 평화협정 체결 이후 50일 이내에 외국군을 철수한다. ③남베트남은 국제 감독하에 진정으로 자유롭고 민주적인 총선거를 통해 남베트남의 정치적 미래를 스스로 결정한다. ④평화적 수단에 의한 통일 원칙에 합의하고 북위 17도선을 잠재적인 영토 및 정치분계선으로 획정한다. ⑤평화협정의 국제적 보장을 위해 군사공동위원회, 국제감시통제위원회를 설치하고, 이와 관련한 국제회의를 개최한다"는 것이다.

평화협정 체결에 따라 미군이 베트남에서 철수한 지 2년 만에 베트남은 무력으로 적화통일이 되었다. 스스로 지킬 의지가 없었고 전략도 부재했으며, 부패한 남베트남 정권은 무너진 것이다. 국제통제감시위원회가 파리평화협정을 이행하는 감시기구였으나, 협정을 파기하고 공세작전을 전개하는 북베트남에 대해 전혀 효력을 발휘하지 못했다. 미 의회의 비준은 없었으며, 사실상 파리평화협정을 위반했을 때 미국이 개입할 수 있는 구속력이 부재했다.

닉슨 대통령과 티우 남베트남 대통령 간에 이면 합의를 통해서 남베트남이 북베트남에 대항해 자국을 방어하기 위해 남베트남에 장비 무기를 제공해줄 것을 약속했고, 북베트남이 침공 시 즉각적인 항공폭격을 제공해주겠다고 약속했다.[20]

1973년 6월 미 의회는 제임스 슐레진저 국방장관 인사청문회에서 "만일 북베트남이 파리평화협정을 어기고 무력으로 남베트남을 침공해온다면 미국은 어떻게 할 것인가"라고 질문했고, 슐레진저 국방장관 내정자는 당연히 군사 개입을 통해 저지해야 한다고 발언했으나 미 상원 의원들은 질타했다. 1973년 6월 미 하원에서는 미국의 베트남에 대한 향후 군사활동을 금지하는 수정안을 통과시켰고, 워터게이트 스캔들로 닉슨 대통령이 1974년 8월 8일 사임했다.[21] 대통령직을 승계한 포드 대통령은 1975년 초 북베트남군의 총공세가 있을 때 남베트남의 군사 지원 요청을 거부했다. 또한 공산월맹이 무력 침공 시 미국의 즉각적인 공군력 지원을 약속했으나 1975년 4월 30일 북베트남군 탱크가 사이공을 침공했을 때에도 수수방관했으며, 대통령 관저인 독립궁 철문을 돌파해 북베트남 깃발을 걸면서 남베트남은 지구상에서 소멸되었다. 티우 남베트남 대통령은 미국에 배신당했다는 TV 연설을 하고 사라져버렸다.

파리평화협정과 베트남 공산화 사례를 보면 평화협정이 반드시 평화를 보장하는 것이 아님을 알 수 있다. 또한 한반도 평화협정 체결 시 다음과 같은 점을 신중하게 검토해야만 한다는 것을 보여주고 있다. 첫째, 파리평화협정의 주된 주체는 미국과 북베트남이었고, 남베트남과 베트콩은 2차 주체였다는 것이다. 한반도 평화협정에서 일차적 주체는 남북이 되어야 하겠지만 미국과 중국이 어떤 지위에서 협정 체결에 참여하고 어떤 역할을 할 것인지를 신중하게 검토할 필요가 있다. 둘째, 파리평화협정에서 모든 외국군은 협정 체결일 기준 50일 이내 철수하도록 했고, 결과적으로 협정을 파기하고 사이공을 함락한 북베트남을 제지할 수 없었다. 한반도 평화협정 체결 시 주한미군 철수 문제와 관련해 파리평화협정의 사례를 반드시 기억해야 할 것이다. 셋째, 평화협정의 법적 규범력을 보장받기 위해 관련 당사국 모두가 의회 또는 국회의 비준 동의를 받아야 된다는 것이다. 넷째, 평화협정이 제대로 이행되는지를 감시하는 신뢰할 만한 객관적 기구가 있어야 한다는 점이다. 한반도 평화체제는 평화협정의 내용을 충실하게 이행하는 과정을 통해 구축되는 것이지 평화협정 자체가 평화체제를 보장하는 것이 아니기 때문이다.

03 한반도 평화협정에 관한 법적 쟁점과 내용

평화협정 체결의 당사자 문제

그동안 한반도 평화협정과 관련해 남북 간 의견 대립이 가장 심했던 사항 중 하나는 평화협정 체결 당사자 문제다. 이는 한국을 평화협정의 당사자로 포함시킬 수 있는지에 대한 견해의 대립에서 기인한다. 즉, 한국이 독자적 서명자로 포함되지 않은 정전협정의 당사자를 누구로 볼 것인지와 정전협정의 당사자와 평화협정의 당사자가 동일해야 하는지에 대한 것이다. 한국은 당사자 해결주의 원칙에 따라 남북한이 평화협정의 주체가 되어야 한다는 의견인 데 반해 북한은 6·25전쟁과 정전협정의 실질적 당사자는 북한과 미국이므로 북미 간 평화협정이 체결되어야 한다는 것이 기본적인 입장이었다.

그러나 이 문제는 판문점 선언에 의해 해결된 것으로 볼 수 있다. 판문점 선언 제3조 제3항에서는 이와 관련해 "남과 북은 정전협정체결 65년이 되는 올해에 종전을 선언하고 정전협정을 평화협정으로 전환하며 항구적이고 공고한 평화체제 구축을 위한 남·북·미 3자 또는 남·북·미·중 4자 회담 개최를 적극 추진해나가기로 했다"고 선언하고 있다. 한국이 평화협정 체결의 당사자로 참여해야 한다는 점에 대해 남북한 간 합의를 한 것이다.

따라서 이제 평화협정 체결의 당사자 문제에서 한국을 포함시킬 것인지 여부는 더 이상 논란의 대상이 아니며, 다만 남·북·미 3자 또는 남·북·미·중 4자 중에서 어느 방식을 택할 것인지에 관한 문제가 남는다.

평화협정의 법적 성격

남한에서는 '남북관계발전법' 제4장에서 남북합의서에 대해 헌법에서 규정하고 있는 조약의 체결·비준 절차에 준하여 남북합의서의 체결·비준(제21조), 공포(제22조), 효력(제23조)에 대해 별도로 규정함으로써 조약과 남북합의서를 구별하고 있다. 따라서 국내법적으로는 평화협정을 헌법상의 조약이라고 볼 것인지, 아니면 남북관계발전법에서 규정하고 있는 남북합의서로 볼 것인지가 문제된다. 특히 남북관계발전법의 남북합의서 관련 규정을 적용하면 평화협정은 국회의 비준 동의 대상이 아니다.[22]

이 점에 대해서는 남북합의서의 법적 성격과 관련된 복잡한 법 이론적 논란이 있으며, 이는 남북관계발전법이 조약과 남북합의서를 이원화했기 때문에 발생하는 문제다. 이 문제를 해결하기 위해서는 남북관계발전법의 남북합의서 관련 규정을 헌법의 조약 관련 규정에 대한 입법확인적 성격의 규정으로 보아야 한다. 그렇게 되면 평화협정은 헌법 제

60조 제1항에 규정된 국회의 비준 동의 대상인 강화조약에 해당하게 된다. 정책적 측면에서도 평화협정과 같은 중요한 남북합의서에 대해 국회의 비준 동의를 필요로 한다는 점에 대해서 별다른 이견이 없을 것으로 보인다.

한편, 북한에서는 한반도 평화협정의 법적 성격뿐만 아니라 그 효력 범위 또한 문제가 된다. 헌법 제6조 제1항에서 "헌법에 의하여 체결·공포된 조약과 일반적으로 승인된 국제법규는 국내법과 같은 효력을 가진다"고 규정하고 있는 남한과 달리, 북한에서는 조약의 법체계상 효력 순위를 일괄적으로 정하지 않고 남한의 '법률'에 해당하는 일부 개별 '부문법'에서 관련 조약의 효력에 관한 규정을 두고 있을 뿐이다.

따라서 한반도 평화협정 체결 이후 북한의 평화협정 이행 및 법적 안정성을 도모하기 위해서는 북한에서도 평화협정에 대하여 북한의 헌법과 조약법 제11조에 따른 비준 등의 법적 절차를 진행함으로써 평화협정의 법적 규범력을 보장하도록 해야 한다.

평화협정과 남북한의 국가 승인

평화협정 체결을 통해 북한을 별개의 국가로 승인하면 헌법 제3조의 영토조항을 위반하는 위헌 문제가 제기될 수 있다. 다만 이와 별도로 평화협정 체결이 상호 묵시적인 국가승인으로 해석될 여지가 있는지는 국제법적인 검토가 필요하다.

전통적으로 영구적 성격을 갖는 양자조약을 체결할 경우 이는 묵시적인 국가승인을 부여한 것으로 추정한다고 보고 있다. 하지만 분단국의 특수성을 고려한 국내에서는 평화조약을 체결한다고 해서 이것이 묵시적인 국가승인을 의미하는 것은 아니라고 보는 것이 다수의 견해다.

또한, 국가승인은 기본적으로 해당 국가의 의사가 우선한다. 즉 묵시적 승인 여부는 당사국의 명시적인 의사 표시가 없을 때 제기되는 해석의 문제다. 따라서 남북한이 평화협정 체결을 하더라도 상호 국가성을 부인하고 통일을 지향하는 분단국가의 특수성을 그대로 유지하기 위해서는 협정문 자체에 평화협정 체결이 남북한 상호 간 국가승인을 의미하는 것이 아니라는 점을 명시하는 것이 불필요한 논쟁을 차단할 수 있는 방법이다.

한편, 북한의 법적 지위와 관련해서 우리가 북한을 국가로 승인을 하지 않은 점을 주목하여 국가가 아닌 북한이 평화협정이라는 조약을 체결할 능력이 있는가에 대해 문제 제기하는 견해들도 있다.

북한은 우리와 함께 분단국을 구성하는 정치 실체의 하나로 분단 시절 동서독의 경우에서 보듯이 분단국 구성체도 이른바 국가 유사단체(State like organization)로서 조약체결 능력을 갖는다는 것이 오늘날의 통설이며, 국가 관행도 이를 뒷받침하고 있다. 1972년 12월 21일 체결된 동서독 기본조약이 그 대표적인 예다. 또한 2차 세계대전 이후 현대 국제법에서는 비국가적 실체와도 평화협정을 체결하는 일들이 나타나고 있다. 1973년 1월에 체결된 베트남 파리평화협정이 그 대표적인 예로 당사자는 미국, 북베트남, 남베트남, 베트콩이었고, 여기서 베트콩은 비국가적 실체였는데도 평화협정의 당사자로 등장했다.[23]

평화협정의 주요 내용 검토

한반도 평화협정의 주요 내용에 대해 기존의 연구를 종합해 살펴보면 다음과 같은 내용이 포함되어야 한다.[24]

전쟁 종식 선언 : 전쟁 종식의 선언은 평화협정의 기본이 되는 사항이다. 정전협정 체결 이후 사실상 전쟁 상태가 종결되고 장기화된 상황에 근거하면 현실적으로는 전쟁이 종결된 것으로 볼 수 있다. 하지만 법적인 측면에서는 현재의 정전체제가 전쟁의 완전한 종결을 의미하는 것이 아니다. 따라서 평화협정에는 전쟁 종식의 선언을 포함하는 것이 바람직하다.

국제규범과 기존 합의 존중 : 평화협정 자체에 모든 내용을 담기는 어려울 것이므로 국제사회의 정상적인 일원이 된다는 측면에서 유엔헌장과 국제규범 및 관행을 준수한다는 내용을 포함할 필요가 있다. 기존의 남북한 합의에 대해서도 평화협정의 내용과 모순되지 않는 합의에 대해서는 이를 존중하고 준수하도록 하는 내용을 포함하는 것이 바람직하다고 본다.

평화협정의 성격상 남북기본합의서를 비롯해 기존 남북합의서 중 상당 부분이 평화협정에 포함될 것이기 때문에, 기존 합의서와의 모순 방지 등을 위해 기존 합의서 중 평화협정으로 내용이 대체되는 합의서나 합의 내용을 명기해 그 해석과 관련된 분쟁을 차단할 필요가 있다.

전쟁 책임과 전쟁포로 및 실종자 문제 : 전통적 의미의 평화협정에는 기존의 전쟁 책임에 관한 사항이 포함되는 것이 일반적이다. 6·25전쟁의 경우 비록 북한의 남침에 따른 책임 문제가 있기는 하지만 이미 오랜 기간이 지났고, 승자와 패자를 구분하기도 어려우며, 이 문제를 거론할 경우 평화협정 체결 자체가 불가능하게 될 것이므로 미래지향적인 우호 관계를 수립한다는 내용 정도로 대체하는 것이 바람직할 것이다.

다만, 전쟁포로나 6·25전쟁 이후 납북자 문제 등 인도적인 문제를 해결하는 방안은 마련되어야 할 것으로 보인다. 사망자들에 대한 유해 발굴 사업이나 실종자 문제 등을 해결하기 위한 구체적 실천 방안에 대한 합의도 필요하다.

군사 부문의 신뢰구축 및 군비통제 조치 : 현재의 한반도 상황을 고려하면 군사 부문의 신뢰구축 및 군비통제는 평화협정의 핵심적인 사안 중 하나다. 군사적 신뢰구축, 운용적 군비통제, 구조적 군비통제를 통해 상호 군사적 긴장관계를 해소하고 한반도 평화체제를 구축해나가야 한다. 군사적 신뢰구축의 일환으로 남북한은 2018년 9월 18일 「역사적인 '판문점선언' 이행을 위한 군사 분야 합의서」를 체결한 바 있다. 평화협정에서는 이보다 훨씬 고차원의 군사적 신뢰관계 구축을 위한 합의를 도출할 필요가 있다. 운용적 군비통제와 관련해서는 해킹을 포함한 사이버 공격 중단, 대규모 훈련 중지, 장사정포의 후방으로 재배치 등에 대해, 구조적 군비통제와 관련해서는 공격용 무기의 배치 제한, 남북한 군사력의 감축 등에 대해 합의가 이루어져야 한다.

이와 관련해 북한은 주한미군, 한미연합사, 무기반입, 외국 군대와의 연합훈련 등에 대한 문제를 제기할 수 있을 것이다. 남한은 북한을 상대로 핵무기, 미사일, 생화학무기 등 대량살상무기와 관련된 각종 국제기구와 협약의 가입 및 관련 무기의 폐기에 관한 사항을 평화협정에 포함하도록 해야 할 것이다.

현실적으로 가장 어려운 과제는 북한의 핵 폐기와 평화협정 체결의 선후 문제다. 북한의 핵 폐기를 평화협정 체결의 선결 조건으로 한다면 북한 입장에서는 이를 받아들이려고 하지 않을 것이다. 그렇다고 북핵문제 해결에 충분한 진전이 없는 상태에서 평화협정을 체결하는 것도 우리나 미국의 입장에서 받아들이기 어렵다. 그나마 합리적인 방안으로는 북한의 핵 폐기와 평화협정 체결의 동시이행 방안일 것이다. 그러나 구체적으로 살펴보면 동시이행이라는 것이 간단한 문제가 아니다.

평화협정 체결은 서명과 발효가 동시에 이루어질 수도 있고, 발효를 위해 국회 비준 동의와 같은 내부적 절차가 필요하다고 해도 비교적 단기간 내에 이루어질 수 있다. 반면, 핵 폐기 문제는 기술적으로 상당한 시간과 단계가 필요하다. 동시이행이라 하더라도 세부적 절차 및 이행 과정에서 매우 다양한 방법과 견해차가 발생할 수밖에 없다. 평화협정 체결이 북한 핵문제 해결을 위한 유용한 수단이 되었다는 점에서 북한이 핵무기를 완성하기 이전 단계보다 훨씬 더 그 필요성이 커졌고, 그만큼 합리적인 합의안을 도출하기가 어려운 문제가 되었다.

이와 관련해 현재까지 북한 핵문제를 해결하기 위한 3자나 4자 또는 6자 회담과 같은 기존의 다자간 협의체제를 그대로 이용할 것인지에 대해서는 신중한 재검토가 필요하다고 본다. 이들 다자간 협의체제는 참여국이 모두 당사자이거나 이해 관련국이라는 점에서 서로의 입장을 고수하다 보면 모두가 동의할 만한 구체적이고 합리적인 방안을 마련하기가 쉽지 않을 것이다. 이미 북한의 핵문제는 남북한만의 문제가 아니다. 국제사회 전체의 문제이자 해결 과제가 되어버린 상태다. 이를 고려해 유엔 차원에서 북핵문제 해결을 위한 구체적인 평화협정안을 마련해 당사자들을 설득하고, 이행을 보장하는 방법을 통해 합의하는 해결 방법을 적극적으로 검토할 필요가 있다.

상호 감시 · 검증 절차 : 평화협정 내용의 이행과 관련된 상호 감시 및 검증 절차를 마련하고 이를 수행하기 위한 기구 설치가 필요하다. 업무를 수행하기 위한 기구는 당사자인 남북한이 합동으로 구성하는 형태보다는 평화협정 보장국이나 중립적 지위를 갖는 제3국 또는 국제기구 등에 위임하거나 남북한 당사자, 평화협정 보장국, 제3국, 국제기구 등 다자가 참여하는 방식으로 구성하는 것이 바람직하다고 본다. 대량살상무기 폐기와 관련해서는 해당 국제기구의 참여가 필수적으로 요구된다.

유엔 평화유지군에 의한 비무장지대 관리 : 남북한 간에 평화체제가 구축되더라도 통일이 될 때까지는 평화체제를 유지 관리할 기구가 필요하다. 이를 위해 비무장지대를 평화협력지대로 변경하고 이곳에 유엔 평화유지군이 상주하도록 하는 방안 등을 고려해볼 수 있을 것이다.

분쟁 지역을 감시하고 관찰하며 평화협정 이행을 위해 전투원을 지원하는 역할은 대표적인 평화유지군의 평화 유지 활동이다. 평화유지군에 유엔 안전보장이사회 상임이사국 모두가 참여하도록 한다면, 평화협정 체결에 대해 중국과 러시아의 협력을 받기도 수월할 것이다.

남북한 중간 지역에 이와 같은 평화유지군 관할의 완충지대를 둔다면 북한 입장에서 보더라도 남한 또는 한미연합군에 의한 북한 공격이나 진출에 대한 우려를 해소할 수 있다. 북한으로서는 북미 간 불가침조약이나 정상적 외교 관계 수립보다도 자신들의 체제를 더 확실하게 보장하는 것으로 생각할 수 있고, 북한 비핵화 실현 가능성도 커진다. 평화유지군이 들어올 경우 우리 입장에서는 주한미군 주둔의 필요성이 감소할 수 있으며, 북한의 주한미군 철수에 대한 강경한 입장도 완화될 수 있다.

평화유지군이 관리하는 비무장지대를 소극적으로 관리하기보다는 남북한이 합동으로 개발해 활용할 수 있도록 하는 내용의 합의도 추가할 필요가 있다. 남북관계 발전 정도에 따라 현재의 남북한 간 4킬로미터의 폭인 비무장지대를 그대로 유지할 필요도 없이 그 폭을 줄일 수도 있을 것이다. 남북 키프로스의 경우 유엔 완충지대에도 주민들이 거주하는 마을이 있음을 주목할 필요가 있다.

동해 및 서해 북방한계선의 평화적 이용 : 동해 및 서해 북방한계선의 경우에는 현실적으로 새로운 경계선에 대한 합의를 도출하기 어려울 것이다. 따라서 통일이 될 때까지 잠정적으로 현재의 동해와 서해 북방한계선을 그대로 유지하는 것이 가장 현실적인 방안이 될 것이며, 평화협정에서도 이를 명시할 필요가 있다. 다만 이들 지역에 대한 평화적 공동 이용에 관한 합의를 도출하고 이를 평화협정에 반영하는 것이 필요하다.

분쟁의 평화적 해결 방안과 협정 위반에 대한 제재 : 평화협정 체결 이후 협정문의 해석 및 이행 등과 관련해 발생하는 분쟁을 해결하기 위한 실효적인 해결 방안이 제시되어야 한다. 또한, 협정의 이행을 보장하기 위해 위반에 따른 제재 규정도 포함되어야 할 것이다.

평화협정 체결과 통일문제 : 평화협정을 통한 평화체제 구축으로 인해 발생할 수 있는 상호체제 인정 및 국가 승인, 군사분계선의 사실상 국경선으로의 변화 등 분단 고착화 현상이 발생하고, 그로 인해 통일을 포기하게 되는 것이 아니냐는 우려가 발생할 수 있다. 이 점에 대한 우려를 불식시키기 위해서는 평화협정을 통한 평화체제 구축이 남북한의 최종 목표가 아니라 평화통일로 나아가기 위한 과정임을 명시할 필요가 있다.

유엔 등록 문제 : 평화협정의 이행 보장 강화 차원에서 체결 당사국 모두가 평화협정을 유엔에 등록하도록 하고, 평화협정 체결 후 유엔 등록 문제를 가지고 분쟁이 발생하지 않도록 협정문 자체에 등록 의무에 관한 규정을 포함하는 것이 바람직하다.

평화협정에 관한 기타 문제들

이밖에 평화협정에 관한 문제들을 살펴보면 첫째로 유엔군사령부 존속 문제다. 법적인 측면에서 본다면 유엔군사령부가 평화협정 발효와 더불어 자동적으로 해체되는 것은 아니다. 다만, 정책적 측면까지 함께 고려한다면 평화협정이 체결되면 유엔군사령부는 해체되는 것이 상식이라고 보는 견해,[25] 유엔군사령부가 정전협정의 당사자가 아니며, 한국 측을 대표하여 정전협정의 준수 · 집행을 책임지는 하나의 행정기관으로서 정전협정의 존속과는 별개의 문제로 보는 견해,[26] 유엔군사령부를 해체하거나 아니면 그대로 존속시킬 경우 그 역할만을 변경하여 한반도 평화체제의 감시기구로 해야 한다는 견해,[27] 평화협정이 체결되면 해체되어야 하겠지만 그 대신 새로운 평화협정 관리기구의 설치를 모색해야 한다는 견해[28] 등이 있다.

유엔군사령부의 해체에 유엔 안전보장이사회의 해체 결의가 필요한지에 대한 문제는 유엔군사령부를 유엔헌장 제29조의 유엔 안전보장이사회 보조기관에 해당한다고 볼 것인지와 관련이 있다. 유엔군사령부를 유엔 안전보장이사회 보조기관으로 본다면 유엔 안전보장이사회의 해체 결의가 필요하다.

만약 평화협정을 통해 유엔 평화유지군이 남북한 비무장지대를 관리하도록 합의한다면 자연스럽게 유엔 안전보장이사회에서 유엔군사령부를 해체하고 평화유지군을 창설해 파견하는 결의를 하면 될 것이다.

둘째로 한미상호방위조약 및 조중우호조약 존속 여부의 문제다. 평화협정을 체결하더라도 남북한이 각자 제3국과 체결한 조약이 자동으로 영향을 받는 것은 아니다. 하지만 평화협정 체결 과정에서 북한으로서는 「한미상호방위조약」에 대해, 남한으로서는 「조중우호조약」에 대해 논의를 제기하게 될 여지가 있다.

미국과 중국이 평화협정의 당사국으로 참여하거나 이행 보장국으로 참여하게 되면 자연스럽게 그 존속 여부에 대해 논의를 하게 될 것이며, 평화협정을 통해 구축될 것으로 예상되는 평화체제의 정도, 특히 핵무기 폐기 등 군비축소 정도 등을 고려해 협상을 진행하면 될 것이다.

셋째로 한미연합사령부 존속 문제다. 법적인 측면에서는 한미연합사령부가 한국과 미국의 합의에 근거해 설치된 것으로 평화협정 체결로 인해 직접적인 영향을 받는 것은 아니다. 다만, 현실적으로는 평화협정 체결 과정에서 군비축소 등과 관련해 논의의 대상이 될 수는 있을 것이다.

넷째로 주한미군 주둔 및 철수 문제다. 평화협정 체결과 외국군 철수가 반드시 논리 · 필연적인 관계에 있는 것이 아니라는 점은 2차 세계대전 후의 여러 국가 관행에서도 잘 나타난다. 그러나 현실적으로는 북한이 평화협정 체결을 주장하는 가장 큰 이유가 주한미군의 철수에 있으므로 이 문제는 평화협정 체결 성사 여부와 직접 관련이 있다.

평화체제가 완전히 구축되기 전에 주한미군 철수를 결정하는 것도 위험할 수 있으므로 북한의 대량살상무기 및 군비 감축 등과 연계해 주한미군의 점진적인 철수 내지 역할 변경 등을 논의할 수 있을 것이다.

이와 관련해 과거 북한에서는 1992년 1월 김용순 비서가 북미 고위급회담에서 연방제 통일 이후에도 동아시아 안정을 위해 필요하다면 주한미군의 일부가 평화유지군으로 주둔할 수 있다는 입장을 밝혔고, 2000년 6월 1차 남북정상회담에서 김정일 국방위원장도 주한미군이 당장 철수할 필요는 없으며 통일된 후에도 평화유지를 위해 남는 것이 좋겠다는 입장을 표명하면서 북한의 지속적인 미군 철수 주장은 주민들의 감정을 달래기 위함이라고 언급한 바 있다.[29]

다섯 번째로 전시작전통제권 전환 문제다. 전시작전통제권 문제도 한국과 미국 간에 해결할 문제이지 평화협정 체결로 인해 논리 · 필연적으로 연계되어 직접 영향을 받는 사항은 아니지만, 평화협정 체결 과정에서 군비축소 등과 관련하여 논의의 대상이 될 것이다.[30] 전시작전통제권 전환 문제는 기본적으로 한미연합군사령부와 한국군의 관계, 한미연합방위체제 틀 속에서 풀어나가야 할 문제로서 한국의 독자적인 방위 능력 확보, 남북한 관계 발전 등 대내외적인 환경과 보조를 맞추어 추진할 사항이다.

04 한반도 평화협정에 따른 **법체계 정비 방안**

논의의 전제 및 기본 방향

한반도 평화협정 체결 이후 남북한 법체계를 어떻게 정비해나가야 하는지를 검토하기에 앞서, 논의의 전제로 삼아야 하는 법적 쟁점들이 있다. 바로 앞에서 살펴본 한반도 평화협정의 당사자 및 법적 성격, 그리고 남북한 상호 간 국가 승인의 문제인데 이에 따라 평화협정이 남북한 법체계에 미치는 영향이 상당히 달라질 수 있기 때문이다. 예를 들어 만일 평화협정을 통해 남북 상호 간 국가 승인을 하고 별개의 국가임을 인정하게 된다면, 남북한 특수관계론에 근거하여 제정된 남북관계발전법, 남북교류협력법 등 기존의 국내법들을 개정할 필요가 있으며, 나아가 헌법 제3조 영토조항과 제4조의 평화통일 조항에 대한 개헌 논의가 제기될 여지도 있다.[31]

따라서 한반도 평화협정이 앞에서 검토한 내용과 같이 체결될 것이라는 전제하에 논의를 이어나가고자 한다. 즉, 한반도 평화협정의 당사자는 남·북·미 3자 또는 남·북·미·중 4개국이 될 것으로 본다. 평화협정의 법적 성격은 남한에서는 헌법 제60조 제1항에 따른 강화조약으로 국회의 비준 동의를 거쳐 대통령이 비준·공포하면 국내법상 법률과 같은 효력이 발생한다. 북한의 경우에는 헌법과 조약법에 따른 조약에 해당하게 되는데, 북한에서 조약의 법적 효력은 각 관련 개별 부문법(남한의 법률)에서 별도로 규정하고 있으나 일단 북한 헌법보다는 하위의 규범으로 본다. 평화협정을 통해 상호 국가 승인을 하는 것은 각자의 헌법 위반 문제가 제기되므로 현재의 남북한 특수관계를 유지하며 상호 국가 승인은 하지 않는 것으로 전제한다.

평화협정 체결에 따른 국내법 정비는 세 가지 측면에서 고려되어야 한다. 첫째, 평화협정의 내용과 모순되거나 상충되는 국내법을 개정하거나 폐지하는 정비 작업을 추진해야 한다는 것이다. 둘째, 평화협정 체결 이전과 비교해 남북관계가 더욱 확대 발전되도록 하는 데 필요한 새로운 법률을 제정해야 한다는 것이다. 위의 두 가지 측면에서의 국내법제 정비는 새로운 남북합의서 체결이나 개정을 포함한다. 셋째, 이와 같은 국내법 정비는 남북한이 상호주의 원칙에 따라 함께 진행할 필요가 있다.

남북관계 관련 법제 대전환 필요성

현재의 남북교류와 협력은 남북한 법적 지위 내지 관계에 따른 근본적인 한계가 있음을 인식할 필요가 있다. 남북한의 관계는 남북관계발전법 제3조 제1항에 명시된 바와 같이 "국가 간의 관계가 아닌 통일을 지향하는 과정에서 잠정적으로 형성되는 특수관계"다. '특수관계'라는 것은 일반적인 국가 간의 관계가 아니라는 것일 뿐 그 구체적인 내용을 설명해주지는 못한다.

객관적 입장에서 남북한의 법적 관계를 설명한다면 남북한의 관계는 분단국의 관계다. 2차 세계대전 이후 냉전 이데올로기의 산물인 분단국의 기본적 특성은 각 분단국이 자기체제 중심의 통일을 지향한다는 것이다. 남북한 역시 마찬가지로 각자의 체제로 상대방을 통일하고자 한다. 이러한 특성은 남북한 법제 모두에 반영되어 있다.

남북한의 특수관계라는 것도 국내법 측면에서 보면 북한은 반국가단체이면서 대화와 교류협력의 상대방이라는 이중적 지위로 설명할 수 있다. 전자를 규율하는 법이 국가보안법이고 후자를 규율하는 법이 남북교류협력법이다. 이 두 법의 관계에 대해 일각에서는 남북교류협력법을 남북관계에 대한 기본법으로 보는 견해도 있으나, 국가보안법이 기본법이고 남북교류협력법은 특별법이라고 보는 것이 일반적이다. 그 근거는 남북교류협력법 제3조에서 찾을 수 있다. 남북교류협력법 제3조는 "남한과 북한과의 왕래 · 접촉 · 교역 · 협력사업 및 통신역무의 제공 등 남북교류와 협력을 목적으로 하는 행위에 관하여는 이 법률의 목적 범위 안에서 다른 법률에 우선하여 이 법을 적용한다"고 명시하고 있다. 대표적인 '다른 법률'이 국가보안법이다.

이와 같은 분단국의 특성이 그대로 반영된 국내법 체계상 남북한의 경제교류는 일반 국가 간의 경제교류와 다를 수밖에 없는 태생적 한계가 있을 수밖에 없다.

이는 북한도 마찬가지다. 북한 법체계상으로도 남북 경제교류협력은 국가의 통제 속에서 북남경제협력법과 개성공업지구법 등 예외적인 경우만 가능하고 국가 승인 없이 이루어지는 경제교류는 형법상의 처벌 대상이다.

이와 같이 기본적으로는 남북한 교류협력 자체가 불법이고 예외적으로만 제한된 교류협력을 가능하게 하는 현재의 법체계가 평화협정 이후에도 유지된다면 남북한 관계 발전은 매우 제한적일 수밖에 없다. 평화협정을 체결하고 평화체제를 구축했음에도 불구하고 이와 같은 법체계를 전환하여 남북 상호 간 자유로운 왕래와 교역을 허용하는 단계로 발전하지 못한다면, 그 평화협정은 단지 국가안보적 차원의 평화협정에 불과한 반쪽짜리 평화협정이 될 것이다.

평화협정은 단순히 정전협정을 대체하는 안보적 차원에서만 이루어지는 낮은 수준에서가 아니라 남북한 상호 간 적대관계를 청산하고 남북한 경제공동체 형성을 비롯해 통일국가 형성의 과도적 단계인 하나의 공동체 형성을 구축할 수 있는 출발점이 되도록 추진할 필요가 있다.

남한의 법체계 정비

평화협정은 헌법 제6조 제1항의 조약 또는 '남북관계발전법'에 의해 체결된 남북합의서에 해당하고, 국회의 비준 동의 등의 적법절차를 거쳐 체결 · 공포되면 국내법과 동일한 효력이 생긴다.

이 경우 헌법보다는 하위 규범이므로 헌법에 직접적으로 미치는 영향은 없겠으나, '국가보안법'이나 '남북관계발전법', '남북교류협력법' 등 기존 국내법과의 효력 문제가 발생하게 된다. 특히 '국가보안법'과 관련해서는 평화체제 구축 후에도 북한을 반국가단체로 볼 것인지에 대해 상당한 논란이 제기될 것으로 보인다. 이는 평화협정의 내용과 법적 구속력 및 이행체제의 완비 정도에 따라 신중하게 검토되어야 할 사안이다.

기존의 국내법과 평화협정 간에 충돌이 생기는 내용은 신법 우선의 원칙 및 특별법 우선의 원칙에 따라 해결되어야 할 것이다. 평화협정 체결 이후 제정되는 국내법도 평화협정과 그 내용이 모순되거나 충돌이 발생하지 않도록 제정하는 것이 바람직하다.

평화협정 체결을 통해 또는 평화협정 체결 후 남북관계 변화를 통해 상호 간 적대관계가 청산된다면 헌법 제3조의 규범력에 관한 문제도 재검토가 필요하다. 예를 들어 현재는 헌법 제3조의 규범력에 기초해 남한의 저작권법이 북한 지역에도 효력을 미친다고 보는 것이 대법원 판례의 입장이나, 상당한 수준의 평화체제가 구축될 경우에는 남북한 상호 간 각자의 법률은 각자의 통치권이 미치는 범위에서만 적용이 되는 것으로 해석하거나 법체계를 정비할 필요가 있다.

한편, 앞서 언급한 바와 같이 평화협정 체결을 통해 남북관계 관련 법제도의 대전환이 이루어져 남북한의 자유로운 왕래와 교역이 허용되는 단계로 발전한다면, 현재의 국가보안법과 남북교류협력법은 대대적인 개정을 해야만 한다. 북한주민 접촉이나 북한 지역 방문 및 교류협력 사업을 신고나 승인 대상으로 하는 남북교류협력법은 남북교류협력에 대한 규제법의 성격을 버리고 교류협력에 대한 지원법으로 변경되어야 한다. 국가보안법 역시 형법상의 간첩죄에 해당하는 범죄 정도만을 처벌하는 정도로 개정을 하거나 관련 처벌 규정을 형법에 두고 폐지를 하는 방안 등을 검토할 필요가 있다.

더 나아가 남북한 주민 간의 이주 및 혼인까지 가능한 단계가 되면 남북한 모두 그에 따른 법제도 개선이 뒤따라야 한다.

북한의 법체계 정비

남한이 국가보안법을 기본법으로 하고 남북교류협력법을 예외법으로 하고 있는 것 이상으로, 북한은 우리보다 더 엄격하게 남한과의 접촉 및 교류협력을 통제하고 있다. 즉 북한은 우리의 국가보안법과 같은 특별형법은 없으나 그에 해당하는 행위는 형법의 반국가범죄나 반민족범죄 등으로 엄히 처벌한다.

남북한 경제협력사업과 관련한 북한 법체계와 관련하여 국내에서 많은 오인을 하는 것 중 하나가 북한의 외국인투자법제에 관한 것이다. 국내법 체계에서 북한이 외국에 포함되지 않는 것과 마찬가지로 북한 법체계에서도 남한은 외국이 아니다. 그런데도 국내에서는 남한 기업이나 주민이 북한의 외국인투자법제에 따라 북한에 투자할 수 있는 것으로 소개하는 자료들을 쉽게 찾아볼 수 있다.

그러나 북한 법체계상 외국과 남한은 엄격히 구분된다. 현재 북한의 대외투자 관련 법제는 외국인을 대상으로 한 외국투자법제와 남한 기업과 주민을 대상으로 한 북남경제협력법제로 구분된다. 이러한 구분은 각 해당 법률의 투자가나 개발자에 관한 규정을 보면 쉽게 알 수 있다. 북한이 발간한 투자 관련 자료에 의하더라도 남한 기업가들의 투자 관계는 외국인투자관계법에서 규제하지 않고 북남경제협력 관련 법규들이 따로 규제한다고 소개하고 있다.[32]

따라서 현재 남한 기업이나 주민이 북한 지역에 진출할 경우 적용되는 북한법으로는 기본법인「북남경제협력법」과 경제특구 관련법에 해당하는「개성공업지구법」, 지금은 폐지된「금강산관광지구법」과 이를 대체한「금강산국제관광특구법」뿐이다. 대표적인 북한의 경제특구인 나선경제무역지대와 황금평 · 위화도경제지대는 2010년에 중국과 공동개발을 하기로 약정했다. 이에 따라 북한은 2011년에 「라선경제무역지대법」을 개정하고, 「황금평 · 위화도경제지대법」을 제정해 시행하고 있다. 그런데 이들 각 경제특구법의 투자당사자에도 남측 동포를 포함하고 있지 않다.

김정은 체제에서 제정한 「경제개발구법」을 봐도 제5조(투자가에 대한 특혜) 제1항에서 "다른 나라의 법인, 개인과 경제조직, 해외동포는 경제개발구에 투자할 수 있으며 기업, 지사, 사무소 같은 것을 설립하고 경제활동을 자유롭게 할 수 있다"라고 규정하고 있고, 제20조(개발당사자)도 "다른 나라 투자가는 승인을 받아 경제개발구를 단독 또는 공동으로 개발할 수 있다. 우리나라의 기관, 기업소도 승인을 받아 경제개발구를 개발할 수 있다"고 규정하고 있다. 남한 주민을 이 법에 따른 개발업자와 투자가의 범위에 포함시키고 있지 않은 것이다. 북한 조선대외경제투자협력위원회가 2016년에 발간한 『조선민주주의인민공화국 투자 안내』에서도 경제개발구법을 북한의 주요 외국투자관계법 중의 하나로 소개하고 있다.[33]

이와 같이 북한이 남북한 간 교류협력을 엄격히 통제하고, 심지어는 외국 자본과도 차별하여 남한의 투자진출 등을 규제하는 근본적인 이유는 남한 자본의 진출을 자신들의 체제에 대한 위험 요소로 보기 때문이다. 북한의 이러한 기본적인 인식을 바꿀 수 있는 것이 바로 평화협정이다. 따라서 평화협정은 북한으로 하여금 충분히 자신들의 체제에 대한 불안한 인식을 불식시킬 수 있는 보장책이 되어야 한다. 그래야만 남북한 관계가 한 단계 더 발전할 수 있다.

평화협정에 따른 북한의 국내법 정비 역시 상호주의 원칙에 따라 남한의 국내법 정비와 같은 수준으로 추진되어야 한다. 내용면에서는 기본적으로 남한과의 자유 왕래와 교역이 이루어질 수 있도록 기존 법제도를 대폭 개정하고, 외국자본과의 차별도 폐지해야 한다. 오히려 남한과의 교류협력을 활성화하기 위한 새로운 법률 제정이 필요하다. 더 나아가 이주 및 혼인까지 허용되는 단계가 된다면 그에 따른 북한의 국내법제 마련도 필요하다.

평화협정 체결 이후 남북합의서 개편

남북한 경제협력과 관련해 체결된 주요 남북경제협력 관련 합의서 현황을 보면 〈도표 5-1〉과 같다. 이 중 2000년 12월 16일 체결된 남북경협 4개 합의서는 6·15 남북공동선언에서 합의된 남북경협의 활성화를 위해 안정적인 추진 토대를 구축하기 위한 제도적 장치로 2013년 8월 20일 남북한 간의 문본 교환에 따라 발효되었다.

〈도표 5-1〉 **주요 남북경협합의서**

구분	남북한 간 합의서(체결 일자)
남북경협 4개 합의서	• 남북사이의 투자보장에 관한 합의서(2000.12.16.) • 남북사이의 소득에 대한 이중과세 방지합의서(2000.12.16.) • 남북사이의 상사분쟁해결절차에 관한 합의서(2000.12.16.) • 남북사이의 청산 결제에 관한 합의서(2000.12.16.)

구분	남북한 간 합의서(체결 일자)
개성공업지구와 금강산관광지구 관련 합의서 (10개)	• 개성공업지구 통신에 관한 합의서(2002.12.8.) • 개성공업지구 통관에 관한 합의서(2002.12.8.) • 개성공업지구 검역에 관한 합의서(2002.12.8.) • 개성공업지구와 금강산관광지구의 출입 및 체류에 관한 합의서(2004.1.29.) • 금강산관광활성화를 위한 남북실무접촉합의서(2008.2.5.) • 개성공단의 정상화를 위한 합의서(2013.8.14.) • 개성공단 남북공동위원회 구성 및 운영에 관한 합의서(2013.8.28.) • 개성공단 남북공동위원회 제2차 회의 공동발표문(2013.9.11.) • 개성공단 남북공동위원회 사무처 구성 및 운영에 관한 합의서(2013.9.11.) • 개성공단에서의 "남북상사중재위원회 구성 · 운영에 관한 합의서" 이행을 위한 부속합의서(2013.9.11.)
기타 관련 합의서 (5개)	• 남북 사이에 거래되는 물품의 원산지 확인절차에 관한 합의서(2003.7.31.) • 남북 상사중재위원회 구성 · 운영에 관한 합의서(2003.10.12.) • 남북사이 차량의 도로운행에 관한 기본합의서(2002.12.6.) • 남북사이의 열차운행에 관한 기본합의서(2004.4.13.) • 동·서해지구 남북관리구역 임시도로 통행의 군사적 보장을 위한 잠정합의서(2007.5.11.)

그동안 추진되었던 남북교류협력은 위와 같은 합의서들이 있었기에 가능한 것이었다. 하지만 다른 한편으로는 위 각 합의서들이 가지고 있는 여러 가지 미비한 사항들로 인해 실제 교류협력을 진행하는 과정에서 적지 않은 문제점과 불편함이 발생했다. 이에 우리 정부는 다양한 제도적 개선 방안을 마련해 후속합의서 체결 등을 추진했으나 대부분 북한의 비협조적인 자세로 인해 별다른 개선책을 마련하지 못한 것도 사실이다.

북한의 비협조적인 태도의 이유는 지금까지의 남북한 교류협력이 우리가 거의 일방적으로 북한 지역을 방문하거나 투자하는 형태로 진행되었기 때문이다.

이와 같은 일방적 교류협력 형태에서는 북한이 제도개선에 적극적으로 나설 필요가 없었던 것이다.

평화협정 체결 이후 북한이 남한을 자신들의 체제에 대한 위험 요소로 인식하지 않게 된다면 남북교류협력은 쌍방적으로 추진되어야 한다. 또한 자유로운 왕래 및 교역이 이루어진다면 지금까지의 경제협력합의서들과는 전혀 다른 내용의 합의서들을 체결할 필요성이 생긴다. 그중에서도 제일 먼저 추진해야 할 합의서는 '남북한 경제공동체 형성을 위한 합의서'다.

한편 늦어도 평화협정 체결 단계에서는 추진해야 할 사항 중 하나가 남북한 상주대표부 설치 문제다. 넓은 의미에서 상주대표부라 함은 보통 정식외교 관계가 부재한 두 국가 간에 있어서 상호 의사를 교환하고 양자 관계를 조정·연결하기 위한 목적에서 상설적으로 설치·운영되는 기관(대표부)을 말한다.[34]

전두환 정부 이래 우리의 역대 정부는 남북한 상주대표부 등의 상설기구 설치를 주장해왔으나 북한의 소극적인 태도로 성과를 보지 못했다. 현재는 판문점선언 제1조 제3항의 합의에 따라 남북한이 2018년 9월 14일 「남북 공동연락사무소 구성·운영에 관한 합의서」를 체결하고, 개성공단 내 남북교류협력협의사무소로 사용하던 4층 건물에 남북공동연락사무소를 설치해 운영 중에 있다. 하지만 위 공동연락사무소는 북한 지역에 설치된 것으로 그동안 주장해온 상주대표부와는 차이가 있다. 평화협정 체결 이후 남북한 교류와 협력이 쌍방적으로 이루어지고 경제공동체 형성을 추진하는 단계에서는 상호 상대방 수도인 서울과 평양에 상주대표부를 설치해 운영하기 위한 합의서의 체결이 필요하다. 경우에 따라서는 평화협정에서 합의를 할 수도 있을 것이다.

현재 남북한 간 거래는 남북한 합의에 따라 민족내부거래로 보고 무관세로 이루어졌다. 그러나 국제사회에서는 남북한이 각자 별개의 국가이고, 별개의 관세 영역이어서 각종 국제법이 적용된다.

남북한 간의 민족내부거래에 근거한 무관세 특혜는 세계무역기구(WTO, World Trade Organization) 체제에서 관세무역일반협정(GATT, General Agreement on Tariffs and Trade) 제1조에 의한 최혜국 대우 의무 위반인지 여부가 문제된다. 최혜국 대우(MFN, Most Favored Nation treatment) 의무란 어느 특정 국가 또는 그 국가 국민을 최소한 다른 어느 국가를 대우하는 만큼 대우하는 의무를 말하며, 결과적으로 세계무역기구 회원국이 상품의 수입과 수출에 관하여 어느 다른 국가에게 세계무역기구 회원국 여부와 무관하게 제공한 가장 유리한 대우를 다른 세계무역기구 회원국에게 부여해야 할 의무를 말한다.

이에 대해 국내에서는 북한은 별개 국가가 아니라는 점과 남북한 특수관계론 등에 근거해 민족내부거래가 관세무역일반협정 제1조의 최혜국 대우 원칙을 위반한 것이 아니라는 주장이 적지 않다. 그러나 세계무역기구 회원은 '대외적으로 실질적인 경제적 독립성을 보유한 어떠한 조직'을 의미하므로 국가뿐 아니라 관세영역도 별개의 회원이 될 수 있다. 이는 홍콩이 1997년 중국으로 반환된 뒤에도 별도의 회원국 지위를 유지하고 있는 점을 보아도 알 수 있다.

또한 남북한의 민족내부거래 관련 합의와 법규범은 남북한 간에만 적용되는 것이고, 다른 나라가 이를 인정할 것인지는 별개의 문제다. 따라서 다른 세계무역기구 회원국 입장에서는 남북한 무관세 특혜에 대해 관세무역일반협정 제1조에 의한 최혜국 대우 의무를 위반한 것이라는 주장을 할 수 있다. 다만, 아직 이 문제를 강하게 제기하는 국가는 없었으나 평화협정 체결 이후 남북한 교역 규모가 커질 경우에는 최혜국대우 의무

위반이라는 주장이 제기될 가능성이 높다.

참고로 우리 정부가 1991년 4월 남한 쌀과 북한 무연탄 및 시멘트의 직접 교환을 내용으로 하는 구상무역을 승인하였는데, 미국의 도정협회가 이의를 제기하였고, 미국 정부도 우리 측에 남북한 무역거래에 대한 관세무역일반협정 적용의 문제를 제기한 바 있다.[35]

서독은 1951년 관세무역일반협정 가입 결정 과정에서 "체약국은 서독의 관세무역일반협정 가입이 독일 내에서 발생하는 상품의 독일 내 교역에 대한 당시 규정이나 지위에 아무런 변화를 요구하지 않는다"는 합의를 한 바 있다. 이는「토르키 의정서」(Torquay Protokoll)의 부속문서로, 관세무역일반협정 제25조 제5항의 웨이버 조항에 근거한 것이 아니라 제33조(가입 조항)에 근거한 것이다. 또한 1957년 3월 25일 유럽경제공동체 설립을 위한 로마조약의 부속의정서인「내독무역과 이에 관한 문제에 관한 의정서」에서도 유럽경제공동체는 내독 간 무역을 국제무역으로 취급하지 않기로 했다.

이에 대한 해결 방안으로 여러 가지 의견들이 제시되고 있다. 그 중 하나는 세계무역기구 협정의 의무면제(waiver) 제도를 이용하자는 것이다. 1952년 관세무역일반협정 체약국단은 미국의 남태평양군도(Marshall, Caroline, Marianas)에 대한 무관세 특혜를 승인한 바 있고, 이탈리아의 리비아에 대한 특별관세대우를 승인한 바도 있다. 그러나 의무면제를 인정받기 위해서는 세계무역기구 회원국 간 합의가 이루어지거나 전체 회원국의 4분의 3 이상의 지지를 확보해야 하는데 이러한 합의나 지지를 이끌어내기가 쉽지 않다. 다만 이 제도를 이용할 경우에는 북한의 동의가 필요 없다는 편리함은 있다.

다음으로는 관세무역일반협정 및 세계무역기구 협정의 안보 예외조치를 원용할 수 있다는 주장인데, 남북경협을 안보 예외조치로 해석하기는 현실적으로 쉽지 않다.

지금까지 제시된 방안 중 가장 현실성 있는 방안은 중국과 홍콩의 경우처럼 1국 내 두 독립관세구역 간 자유무역협정인 경제협력강화약정(CEPA, Closer Economic Partnership Arrangement)이나 포괄적 경제동반자 협정(CEPA, Comprehensive Economic Partnership Agreement) 또는 자유무역협정 체결을 통해 관세무역일반협정 및 세계무역기구 협정상 의무에 대한 특례를 인정받는 방안이다.

세계무역기구 체제에서 지역경제공동체 형성을 위한 자유무역협정이나 CEPA를 체결하려면 관세무역일반협정 제24조가 규정하고 있는 일정한 조건을 필요로 한다. 이러한 조건은 실체적 조건과 절차적 조건으로 구분된다. 실체적 조건은 자유무역협정을 체결하는 회원국 상호 간 실질적인 모든 무역에 대해 무역 장벽을 철폐해야 한다는 대내적 요건과 당해 자유무역협정을 체결하는 회원국이 아닌 국가에 대하여 이전에 비해 무역 장벽을 더 높이지 말아야 한다는 대외적 조건을 말한다. 절차적 요건은 남북한이 체결한 자유무역협정 내용을 세계무역기구에 통보해 일정한 심사를 받아야 한다는 것이다.

이 중에서 가장 문제가 되는 것은 남북 상호 간 실질적인 모든 무역에 대해 무역 장벽을 철폐해야 한다는 대내적 요건을 충족하는 것이다. 자유무역지대 자체가 상품의 자유로운 이동이 가능한 단계를 의미하는 것이어서 현재와 같이 정부 통제하에 제한적인 상품의 이동이 가능한 교류협력 법제로는 이와 같은 요건을 갖추는 것이 사실상 불가능하다. 따라서 우선은 관세무역일반협정 제24조에 의한 자유무역지대 잠정협정 체결을 고려해볼 수 있을 것이다. 물론 평화협정 체결을 통해 평화체제가 구축되고 남북경협이 전면적으로 이루어지면 상품과 노동 및 자본의 자유로운 왕래가 가능하도록 남북관계를 개선하고 그와 동시에 CEPA나 자유무역협정 체결을 추진해나가야 할 것이다.

그 밖에 북한이 세계무역기구에 가입할 때 가입조항 활용을 통해 예외를 인정받는 방안이 있으나 북한의 세계무역기구 가입은 아직 논의할 만한 단계가 아니다. 다른 방법으로는 관세무역일반협정과 세계무역기구 협정의 권능조항(Enabling Clause)을 활용하는 것이다. 이를 위해서는 한국이 선진국 지위를 확보해야 한다. 이 방법은 그동안 한국이 개발도상국 지위를 유지하기 위해 검토 대상에서 제외시켜왔으나 최근 선진국 지위를 인정하기로 한 상황이므로 권능조항 활용에 대해서도 구체적인 검토를 할 수 있게 되었다.

05 동북아의 평화적 법질서 **구축을 위한 한국의 역할**

동북아 중심축 국가의 미래상

한반도 통일은 단순히 분단된 남과 북의 영토의 통합 내지 정치적 통합에만 그쳐서는 안 된다. 통일한국은 남한과 북한 어느 한쪽에만 이익이 되어서도 안 된다. 한반도의 통일은 분단의 고통을 해소하고 남북한 주민 모두가 분단 이전보다 더욱 행복한 삶을 누리며, 전 세계인 모두가 부러워하는 나라가 되도록 해야 한다. 통일독일이 오늘날 유럽연합의 중심국가로 성장한 것처럼 통일한국은 동북아의 평화적인 법질서 구축을 위한 선도국가가 되어야 하며, 더 나아가 동북아 공동체의 중심축 국가, 즉 린치핀 코리아가 되도록 노력해야 한다. 이러한 목표 달성을 위해서는 먼저 우리가 어떤 모습의 통일국가를 목표로 할 것인지를 검토할 필요가 있다.

따라서 동북아 공동체의 중심축 국가인 통일한국의 미래상을 제시하고 이에 대한 추진 방향을 살펴보기 위해 먼저 유럽연합의 중심국가인 독일의 통일과 오늘날의 위상을 살펴볼 것이다. 나아가 통일독일의 모습을 통해 통일한국이 동북아의 중심축 국가로 우뚝 서기 위해 통일한국이 지향해야 할 국가의 기본적인 이념과 가치 및 법질서의 기본 방향을 제시해보고자 한다.

독일의 분단 및 통일 과정

1945년 2차 세계대전이 종전된 후 미국, 영국, 프랑스, 소련은 '포츠담 회담'을 통해 패전국인 독일의 영역을 4개로 분할해 관리하기로 합의하고 '연합국관리이사회'를 구성했다. 그런데 미국, 영국, 프랑스 3개국과 소련 간에 독일을 관리하는 방식에 관해 의견이 대립하면서 소련이 연합국관리이사회를 탈퇴했고, 결국 위와 같은 관리체제는 무너지고 말았다.

이후 서방 3개국이 관리했던 서독 지역에는 경제적 · 행정적 통일이 추진되면서 1949년 5월 23일 「기본법」이 공포되어 '독일연방공화국', 즉 서독이 건국되었고, 이에 맞서 동쪽 지역에서는 소련의 지시로 같은 해 10월 7일 '독일민주공화국', 즉 동독이 건국되면서 독일은 동 · 서독으로 분단되었다.[36]

분단 이후 동독과 서독은 냉전 시대의 흐름에 따라 서로 대립각을 세우는 관계에 놓였다. 특히 1950년대 말에는 동독 정부가 동베를린 주민의 이탈을 막기 위해 베를린 장벽을 설치하는 등 동 · 서독의 대립이 절정을 이루기도 했다.

그러다 1969년 서독에서 빌리 브란트(Willy Brandt)가 이끄는 사민당(SPD)이 자민당(FDP)과 함께 새로운 연립정권을 출범한 이후 동 · 서독의 관계는 새로운 국면을 맞이하게 된다. 서독의 연방수상에 취임한 브란트는 이른바 '신 동방정책(Neo Ostpolitik)'을 전개해 동독과의 관계 개선을 추진했다. 이 정책은 '서방중심통합'이라는 기반 위에 동독의 접근을 허용하는 것으로서 동독과의 관계가 적대적인 것에서 화해·협력의 관계로 전환되는 것을 의미하는 동시에 '독일 통일정책'을 적극 추진한다는 원칙을 내포하고 있었고, 이는 1972년 6월 '통행조약'과 12월 '기본조약'의 체결이라는 결과를 가져왔다.[37]

이후 서독 정권을 집권한 헬무트 슈미트(Helmut Schmidt)와 헬무트 콜(Helmut Kohl) 수상 역시 동·서독의 화해와 협력을 추진하는 기조를 일관되게 유지해나갔다. 이러한 서독 정부의 통일정책, 동독의 서독체제 편입 지향, 그리고 통일 승인을 위한 외교 활동 등으로 인해 1989년 11월 19일 베를린 장벽이 붕괴되고 마침내 1990년 10월 3일 독일 통일이 이루어졌다.[38]

독일의 저력과 교훈

1957년 로마조약에 의해 탄생한 유럽경제공동체를 주도한 것은 서독과 프랑스였다. 유럽경제공동체를 두 나라가 주도한 40여 년간 두 나라의 경제 규모는 큰 차이가 없었다. 그러나 동서독 통일 이후 약 30년 만에 오늘날의 유럽연합을 주도하는 국가는 독일임을 아무도 부인할 수 없는 것이 현실이다. 서독을 중심으로 보면 독일은 통일을 통해 약 2,000만 명의 인구가 증가했고, 영토도 3분의 1 정도 늘어났다.

유럽연합의 의사결정 과정이 복잡해 어느 한 나라가 독주할 수 없는 구조임에도 불구하고, 2000년대 후반 금융위기와 2010년대 초반 유럽

재정위기 해결 과정에서 중추적 역할을 하면서 독일은 유럽연합의 핵심 국가로 자리 잡게 되었고, 유럽연합에서의 발언권이 날이 갈수록 커지고 있다.[39]

그러나 통일독일이 유럽연합의 중심국가로 성장하게 된 것은 단순히 경제력 때문만은 아니다. 통일을 준비하는 과정에서 서독 정부는 주변국들의 허가와 인정을 이끌어내기 위해 유럽공동체 등을 통한 외교 활동을 전개했다. 서독의 콜 수상과 겐셔 외무장관은 "우리는 독일적인 유럽이 아니라, 유럽적인 독일을 건설하고자 한다(Wir wollen nicht eindeutsches Europa, sondern ein europaisches Deutschland schaffen)"는 함축적인 표현을 기회가 있을 때마다 강조했으며, 독일의 통일이 유럽공동체의 발전, 즉 유럽 통합의 발전을 위해서도 긍정적인 영향을 미칠 것임을 강조했다.[40]

실제로 서독은 유럽의 통합 및 평화체제를 구축하는 데 있어 주도적인 역할을 해왔으며, 통일 이후 독일은 유럽연합 창설을 위한 마스트리히트 조약을 마련하고 회원국들로 하여금 이에 서명하도록 적극적으로 독려하는 등 유럽연합의 법질서를 구축하는 데 있어 핵심적인 세력으로 부상했다.

특히 2004년 '유럽 미래회의'에서 채택한 유럽헌법조약이 프랑스와 네덜란드의 국민투표에서 부결되면서 유럽 통합이 위기에 봉착했을 때 통일독일의 역할이 빛을 발했다. 통일독일의 총리 앙겔라 메르켈(Angela Merkel)은 2005년부터 조정력을 발휘해 유럽헌법조약을 관철시키려 노력했고, 2007년 헌법안을 조정해 끝내 리스본조약의 체결 합의를 이끌어냈다.[41]

결국 독일이 유럽연합의 중심국가가 될 수 있었던 것은 지리적으로도 중심에 위치하고 있다는 이유도 있지만, 보다 더 중요한 것은 통일을 계기로 늘어난 인구와 영토를 바탕으로 경제를 더욱 발전시키고, 동서독 통합 과정의 경험을 바탕으로 유럽통합 과정에 필요한 법제도 구축을 주도하였기 때문이다. 통일독일이 유럽연합의 법제도 구축을 주도할 수 있었던 것은 통일독일이 법제도적으로 유럽연합을 주도할 만한 자격이 충분한 모범국가의 모습을 보였기 때문일 것이다.

역대 정부의 의지와 한계

남북한의 통일은 단순히 남한과 북한만의 일이 아니라 동북아 협력체제에서 가장 중요한 변수가 되는 문제다. 따라서 서독이 통일 과정에서 외교 정책을 통해 주변국들의 공조와 협력을 구하고 이를 발판으로 통일 이후 유럽연합의 중추로 거듭났듯이, 우리도 동북아의 평화적 법질서 구축하에서의 남북한 통일을 준비할 필요가 있다.

무엇보다도 한국이 통일을 주도적으로 추진해가기 위해서는 국제 공조체제를 활용해야 하며, 특히 북한 핵문제의 해결을 위해서도 한미동맹과 국제적 협력체계를 최대한 활용해 중국, 러시아, 일본 등과의 국제적 공조체제 속에서 그 해결을 도모해야 한다.[42] 이를 위해서는 한국이 적극적으로 나서 동북아협력체제를 주도함으로써 이를 남북한 통일의 지렛대로 삼는 방안을 검토할 필요가 있다.

한국에서는 앞서 김대중 대통령이 2001년 브루나이 ASEAN+3 정상회의에서 동아시아 공동체 창설을 제안하는 「동아시아 비전그룹(EAVG) 보고서」를 발표한 바 있고, 노무현 대통령이 2005년 한반도가 강대국의 이해관계가 얽혀 있는 동북아 지역에서 주도권을 잡고 균형자의 역할을 해 나가야 한다는 내용의 '동북아 균형자론'을 주장한 바 있다. 또한 박근혜 대통령은 2013년 '동북아 평화협력 구상'(일명 '서울 프로세스')을 통해 동아시아 공동체의 출범을 제안했다. 문재인 정부도 5대 국정목표 중의 하나로 '평화와 번영의 한반도' 건설을 정하고, 이를 달성하기 위한 100대 국정 과제로 '동북아플러스 책임공동체' 구축을 선정했다.

이처럼 역대 정부가 동북아공동체를 지향하는 정책을 발표해왔지만, 정권이 바뀔 때마다 외교 정책이 미묘하게 변화하면서 이를 꾸준히 추진하는 모습을 보여주지 못했다. 서독의 브란트-슈미트-콜 정부가 정당정치의 지형 변화와 관계없이 동독출신인 한스 디트리히 겐셔(Hans Dietrich Genscher) 외무장관의 1974년부터 1992년까지 무려 18년에 걸친 일관된 외교 정책을 채택해 결국 주변국들을 설득하고 통일을 이루어냈다는 점을 새길 필요가 여기에 있다.

통일한국의 미래상

한국이 동북아공동체 형성을 주도하거나 중심축 국가가 되려면 통일 독일의 사례에서 보는 바와 같이 우선 한반도 평화체제 구축을 통해 한반도 평화통일을 이루어야만 한다. 통일 이전에 현재의 분단 상태로 동북아공동체 형성을 주도한다는 것은 사실상 불가능하다.

다만 독일의 경우 영토, 인구, 경제력 측면에서 유럽연합의 중심국가로 성장하기에 부족함이 없었지만, 남북한은 통일이 되더라도 영토, 인구, 경제력 측면에서 보면 유럽연합 내에서의 독일과 같이 동북아의 중심국가가 되는 데는 한계가 있음을 부인하기 어렵다. 하지만 해양과 대륙을 연결하는 한반도의 중요한 지정학적 위치, 통일 이후 남북한 경제 통합 과정을 통한 경제 성장 및 상대적으로 우수한 법제도 환경 등을 활용하면 동북아의 평화적 법질서를 구축하는 데 있어 충분히 중심축 국가의 역할을 할 수 있을 것이다.

나아가 그와 같은 국가가 되도록 목표를 세우고 구체적인 방향과 계획을 수립하고 추진할 필요가 있다. 통일한국이 이와 같이 동북아의 중심축 국가가 되는 것은 통일 이후 남북한 주민의 내적 통합에도 도움이 되며 궁극적으로 재분단의 위험을 불식시키는 일이기도 하다.

통일한국이 동북아공동체 형성을 주도하려면 독일의 사례에서 보는 바와 같이 동북아 최고의 경제 강국이 되어야 함은 물론이고 법제도적 측면에서 동북아를 주도할 만한 모범국가가 되어야만 한다. 한반도 통일은 자유, 민주, 평화의 원칙 아래 남북 상호신뢰와 협력을 통해 자주적이고 평화적인 방법으로 이루어야 한다. 통일한국은 인간의 존엄성이 최고도로 보장되고 자유와 평등이 실질적으로 보장되는 선진 민주국가로서 구성원 모두가 행복한 삶과 문화를 누리는 열린 문화 복지국가이자 세계 평화와 인류공영을 선도하는 평화국가가 되도록 노력해야 할 것이다.

한반도가 통일된다고 해서 위와 같은 위상이 저절로 갖추어지는 것은 아니다. 특히 유럽 내에서의 독일과 비교해볼 때 독일은 유럽 내에서 프랑스를 제외하고는 경쟁이 될 만한 국가가 없었던 반면 한국은 통일이 되더라도 중국과 러시아, 더 나아가 일본이라는 강대국 사이에 위치하고 있다는 점에서 많은 차이가 있다.

이와 같은 지정학적 상황을 고려하면 통일한국이 동북아의 중심축 국가로 성장하기 위해서는 상대적으로 다른 이웃 국가들을 주도할 만한 특별한 장점이 있어야 한다. 우리는 이러한 장점을 선진 민주주의와 인권 및 법치주의에서 찾아볼 수 있을 것이다. 동북아에서 한국이 비교우위에 있는 것은 민주주의와 법치주의 및 인권보장 국가로서의 위상이라 할 수 있다. 중국과 러시아의 경우는 군사적 강대국이며 특히 중국의 경우는 경제대국이기도 하지만, 양국 모두 법치주의에 입각한 민주주의 발전이라는 측면에서는 아직은 주변 국가를 선도할 만한 위치에 있지 못하다. 일본 역시 경제 강국이고 상당한 수준의 법치국가이기는 하지만, 독일과 달리 과거의 전쟁과 반인도 범죄에 대한 반성을 외면하고 있다. 이와 같이 동북아의 평화를 파괴한 국가가 과거에 대한 진지한 반성 없이 동북아의 평화적 법질서를 구축해나갈 수는 없는 일이다.

따라서 우리는 이와 같은 장점을 통일 과정을 통해 더욱 발전시켜야 한다. 통일을 통해 동북아의 평화적 안보체제를 구축하고, 통일 이후 남북한 주민의 통합 과정도 슬기롭게 모범적으로 추진해나가야 한다. 늘어난 인구와 영토를 바탕으로 경제적으로도 가장 앞선 선진국가가 되어야 한다. 통일한국이 세계에서 가장 모범적인 민주주의 국가이자 인권과 정의가 살아 있는 법치국가로서의 위상을 갖춘다면 자연스럽게 동북아의 평화적인 법질서를 주도해나갈 수 있을 것이다.

이러한 국가 형성은 단순한 선진 제도의 도입만으로는 불가능하다. 그에 상응하는 시민의식의 발전이 병행되어야만 가능하다. 시민의식의 발전은 하루아침에 이루어지지 않는다. 선진 민주국가의 시민의식 함양은 지금부터 꾸준히 노력해야만 달성되는 것임을 잊지 말아야 할 것이다. 온 국민이 이러한 성숙한 민주시민의식을 갖춘다면 통일 이후의 남북한 주민 통합의 과제도 비교적 쉽게 해결할 수 있을 것이고, 장기적으로는 통일한국이 동북아공동체의 중심축 국가로 성장할 수 있는 밑거름이 될 것이다.

제 6 장

갈등구조 해소와 통일교육

한반도의 남과 북은 통일신라, 고려, 조선에 이르기까지 1,000년 이상의 역사를 함께 이뤄온 한민족이다. 그러나 치욕적인 경술국치 이후 1945년 광복을 맞이했지만, 한반도는 강대국의 이해관계에 따라 남과 북으로 갈라졌다. 그동안 남북 분단은 갈등 · 대립과 화해 · 협력 등을 반복하며 70년 이상 지속하고 있다. 1919년 대한민국임시정부 이후, 새로운 100년을 시작하는 지금에, 남북은 분단을 넘어 한반도 평화와 새로운 동북아 시대를 열어야 한다.

이를 위해서는 분단의 역사와 함께 우리 사회에서 형성되어오고 있는 남남갈등을 극복하고 한반도 평화와 통일을 향한 온 국민의 힘을 모아야 한다. 남남갈등을 넘어 평화와 통일을 이뤄가기 위해서는 통일교육이 무엇보다도 중요하다. 통일교육은 남남갈등을 해소하고 지역, 세대, 집단에 따른 다양한 문화와 가치의 차이를 서로 이해하며 평화 능력과 통일공감대를 형성하는 평화 · 통일 교육 방향으로 추구해야 한다.

본 장의 내용은 다음과 같다. 남남갈등의 역사와 현상을 진단하고 통일교육지원법을 포함하여 통일교육 흐름과 현황을 살펴보았다. 이를 통해, 평화 퍼실리테이터 양성, 통일교육 사회적 합의, 민관 거버넌스, 민주시민교육 등 평화 정착과 준비된 통일을 이뤄가기 위한 방안을 제시하였다. 특히, 본 내용은 문헌 연구를 포함하여 정부와 민간단체 등이 진행해오고 있는 현장의 통일교육 경험을 많이 반영하였다.

01 남북·남남갈등 원인 **진단**

남북·남남갈등의 정의

지난 몇 년간 자주 언급되었던 용어 가운데 '남남갈등'이란 말이 있다. 남남갈등이라는 말은 6·15 남북정상회담 직후인 2000년 7월 13일 《조선일보》에 '남북갈등보다 남남갈등 더 심각'이라는 제목으로 처음 등장했다. 남남갈등의 사전적 정의는 "남한 내부에서 일어나는 이념적 갈등"을 의미한다. 그러나 남남갈등이라는 각각의 낱말을 언어 그대로 해석해보면 "남한 사회 안에서 일어나는 갈등"으로, 지역·계층·이념·세대 등과 같이 좀 더 포괄적인 범위에서 접근할 수 있을 것이다.

그러나 우리나라는 세계적으로 유일무이한 분단국가임을 고려해볼 때, 남남갈등의 의미를 좀 더 역사적인 맥락에서 해석하고 이해할 필요가 있다. 남남갈등은 남북갈등과 동일선상에 놓여 있는 용어로, 남한 사회 전반에 걸친 포괄적인 개념의 내부 갈등을 이야기하고 있는 것이 아닌, 북한과 남한의 관계나 상황 등에 의해 남한 사회에 직접적인 영향을 미침으로 인해 생겨난 다양한 갈등 상황이라고 볼 수 있다. 즉 대한민국에서의 남남갈등이라는 용어는 남한만의 내부 갈등으로만 해석되어서는 안 되며, 북한 문제를 떠나서는 설명될 수 없는 문제라는 것이다. 때문에 남남갈등 문제는 곧 남북갈등과 깊이 연결되어 있음을 이해하고 접근할 필요가 있다. 그렇다면 남북 · 남남갈등이 생겨난 원인은 무엇이며, 그로 인한 갈등은 어떠한 양상으로 우리 사회의 내부 분열을 일으키고 있는지에 대해 점검하고 그 해결 방안을 찾고자 한다.

남북·남남갈등의 기원과 전개

앞의 내용과 같이 남북갈등은 일제강점기부터 남북이 분단되어 6 · 25 전쟁에 이르기까지 다양한 시련과 고통을 통해 만들어진 커다란 상흔이라고 볼 수 있다. 이렇게 오랜 세월 쌓여진 남북갈등의 골은 여전히 더 패이고 깊어지고 있으며, 그것을 해소할 만한 기회가 많지 않았다. 그럼에도 불구하고 남과 북은 70년이라는 분단을 겪으면서도, 남북정상회담을 통한 다양한 민족화합을 위한 시도를 해왔다.

그러나 이러한 시도는 남북 간의 갈등을 완화시키기보다는 갈등의 요소를 키워왔으며, 이는 남한 내에서의 남남갈등을 만들어내는 데 큰 역할을 해왔다고 볼 수 있다. 앞서 말한 것처럼 사회에서 일어나는 갈등의 원인과 요소는 매우 다양하다. 그런데 우리가 언급한 남남갈등은 남한 내에서 일어나는 모든 갈등을 포괄적으로 의미하는 것이라기보다는 대북 · 안보 · 통일정책에 한해 설명되어지며, 이러한 남남갈등은 정치권이나 언론을 통해 등장하게 되고, 이후 빈번하게 사용되었다. 어떠한 용어가 생겨났다고 해서 그러한 현상이 용어와 함께 생겨난 것이 아니듯, '남남갈등'이라고 명명되어 사용되어진 것과는 무관하게 1945년 해방과 함께 사회 전체 내 다양한 갈등이 존재했고, 그 갈등은 남북분단을 거쳐 민족상잔의 6·25전쟁을 통해 그 골이 깊어졌으며 지금까지도 남한사회 안에서 다양한 남남갈등 문제로 이어져오고 있는 실정이다. 때문에 단순히 남남갈등을 최근 십 몇 년간 두드러진 남과 북의 관계에 초점을 맞춰 해석하고 바라볼 것만이 아니라, 해방 이후부터 남북분단으로 이어진 민족 내 갈등의 골이 여전히 우리 사회에 깊이 자리매김하고 있음을 이해하고, 보다 거시적인 시각으로 문제를 접근하고 바라보는 것이 필요할 것으로 생각된다.

앞서 말한 것처럼, 남북갈등의 원인은 동시에 남남갈등의 시작을 의미한다. 그 때문에 원인에서 언급한 내용처럼 거시적인 차원에서 남남갈등의 원인에 대해 알아보기 위해서는 일제강점기로 돌아가볼 필요가 있다. 이는 오래된 우리의 역사를 되돌아볼 때, 우리 민족에게 가장 아픈 생채기를 남긴 시기였다. 일본 제국주의는 한반도를 식민지로 강점한 뒤 민족 말살정책, 식민지 수탈정책을 펼쳐나갔다. 그러나 우리 민족의 완강한 항일독립운동과 연합국의 압박을 견디지 못한 채, 침략자 일본의 계획은 성공하지 못하고 참패하게 된다. 이러한 일본의 패배로 2차 세계대전은 종결을, 우리 민족은 자주독립국으로서 광복을 맞이하게 된다. 그러나 독립과 동시에 남과 북은 골이 깊은 이념 갈등으로 빠져들었다.

1945년 한반도는 광복을 맞이했지만, 동시에 2차 세계대전의 승전국 미소가 한반도에 진출했다. 광복 이후, 남북은 강대국의 정치적 이해관계에 따라 대립하였고, 1948년 한반도에 체제를 달리하는 두 개의 정부가 수립되면서 정치적으로 분단되었다. 그리고 1950년 북한의 남침으로 일어난 6·25전쟁 이후 한반도는 정치적 분단에 이어 민족적으로도 분단되었다. 이러한 과정에서 발생한 남북 · 남남갈등은 70년 이상 지속하고 있으며, 지금도 우리 사회에서 여러 갈등과 소모적인 기회비용을 발생시키고 있다. 먼저 남북 · 남남갈등 기원을 알아보고 해소 방안을 제시하고자 한다.

광복 이후, 남과 북에 진출한 미국과 소련이 한반도에 단일 정부를 수립하기 위해 고민하고 국제적으로 노력한 것이 아니라 자신들의 영향력 증대를 먼저 고려하고 추진한 것은 남북 · 남남갈등의 시작이었다.[1] 미국과 소련이 남과 북을 나누어 점령하자 한반도는 정치적으로는 분단되지 않았지만, 실제 생활권은 분단되었다. 1945년 12월 16~25일까지 모스크바에서 미국, 영국, 소련 3개국이 2차 세계대전의 전후 문제 처리를 위해 모스크바 3상회의[2]를 개최했고, 한반도 문제도 상정됐다. 특히 회의 내용 결과에는 임시민주정부 수립을 위해 미소공동위원회를 2주 내에 개최하기로 되어 있었다. 여기에 미소공동위원회는 5년 이내를 기한으로 하는 4대 강국의 한반도 신탁통지 협정을 임시민주정부와 협의를 거쳐 4개국 정부에 제출한다는 내용은 남북 그리고 좌파와 우파 등의 정치적 대립과 갈등을 일으켰다. 임시민주정부를 수립하기 위해 1946년 3월 20일부터 5월 8일까지 제1차 미소공동위원회가 서울에서 개최되었고, 1947년 5월 21일 제2차 미소공동위원회가 열렸다. 그러나 두 회의 모두 정치적 입장 차이를 좁히지 못했고, 미소공동위원회는 무의미해졌다. 결국 미소공동위원회는 소련 대표단이 10월 21일 서울에서 철수하면서 결렬되었다.

미국과 소련, 그리고 남북은 대립을 반복하다가 남한에서 1948년 8월 15일 대한민국 정부가 수립되었으며, 북한은 1948년 9월 9일에 조선민주주의인민공화국을 수립했다. 이렇게 광복 이후, 남과 북은 정치적으로 분단되었다.

1950년 6월 25일 소련과 중국의 후원을 등에 업은 북한은 무력 통일을 위해 남한을 침공했다. 그리고 6·25전쟁은 분단과 남북·남남갈등을 더욱 고착화했다. 3년 동안의 참혹한 6·25전쟁으로 중국군 90만 명, 북한군 52만 명, 유엔군 40만 명(3분의 2 이상이 한국군)이 전사한 것으로 추정되며 미군은 3만 6,000여 명이 숨졌다.

6·25전쟁의 여파 중 가장 중요한 것은 남북한 사이에 이념 및 정치적 대립이 깊이 뿌리내렸다는 것이다. 적대적인 정권 사이에서 자라난 반감은 이제 형이 아우에게, 아버지가 아들에게 총부리를 겨누었던 유혈사태를 겪으며 더욱 심각해졌고 일부 정치적 지도자 사이에서만 한정됐던 적대감이 대다수의 국민에게 확산됐다. 천 년 이상 이어온 민족성과 통일의 역사가 무너지고 대립과 갈등의 분단 역사가 시작된 것이다.[3]

이러한 과정에서 발생한 남북·남남갈등은 70년 이상 지속되고 있으며, 지금도 우리 사회에서 여러 갈등과 소모적인 기회비용을 발생시키고 있다. 이제는 남북·남남갈등을 넘어 한반도의 평화와 통일의 과정을 준비할 시기다. 이를 위해서는 무엇보다 남북·남남갈등 해결의 필요성을 중요하게 인식하고 장기적인 안목으로 추진해야 한다.

남북이 이뤄가야 할 통일의 의미와 필요성은 다음과 같이 볼 수 있다. 첫째, 지리적으로 통일은 국토의 통일을 의미한다. 한국은 분단으로 인해 대륙과 해양으로 진출하는 데 섬나라와 같은 지리적 한계를 겪어왔다. 그러므로 통일은 단순히 국토 면적이 늘어나는 것이 아니라 대륙과 해양을 연결하는 한반도의 지리적 이점을 회복해 남북의 생활권이 한반도와 동북아시아 전체로 확대되는 것이다. 둘째, 통일은 그동안 남북이 대립해오며 국력을 소모하고 있는 체제와 이념 갈등, 전쟁의 위협 등을 극복하고 보편적 가치와 인권이 확대되는 성숙한 민주주의를 이뤄간다는 의미가 있다. 셋째, 두 경제권의 통합으로 남북의 경제권이 한반도 전역뿐 아니라 북방 경제권과 동북아 경제권, 환태평양 경제권 등으로 확대되는 새로운 발전과 도약을 의미한다. 넷째, 통일은 남북한 주민이 서로에 대한 배려와 존중을 바탕으로 성숙한 사회적 가치를 형성하며 다양하고 풍부한 사회 문화를 이뤄간다는 의미가 있다. 또한 70년 이상 남북의 소모적인 경쟁과 대결로 발생하는 분단 비용과 사회적 비용을 해소하여 새로운 성장 동력으로 전환할 수 있다. 그리고 무엇보다 삶의 시간이 얼마 남지 않은 이산가족의 아픔과 고통을 해결하기 위해 한반도의 평화·통일은 필요하다.[4] 이러한 평화·통일을 이뤄가는 과정에는 남북·남남갈등을 해소해야 하는 중요한 과제가 있다. 남북·남남갈등을 풀어간다면 국민을 대상으로 통일의 과정에 필요한 정책 합의와 대국민 평화·통일 공감대를 형성할 수 있다. 남북·남남갈등을 해소하고 한반도 평화와 통일을 준비하기 위해서는 보수, 중도, 진보를 수용하며 세대 간 갈등을 완화할 수 있는 방향의 통일교육이 필요하다.

02 남북 · 남남갈등 해소책

분단 이후 지속적인 남북 간 체제 경쟁과 대립은 상호 불신과 갈등을 유발함으로써 민족 간 화해와 통합에 큰 걸림돌이 되었다. 우리 사회 내부에도 분단 경험 세대와 전후 세대의 인식 격차, 개인별 · 계층별 가치관의 차이에 따라 통일문제에 대한 다양한 견해가 존재한다. 이러한 상황에서는 통일 과정에서 사회적 갈등과 문화적 충동을 피하기 어렵다.

통일연구원이 2017년 전국 만 19세 이상 성인남녀 1,000명을 대상으로 조사한 '2017 남북통합에 대한 국민의식조사'에 따르면 한국사회 내 분야별 사회 갈등 심각 수준에서 '계층갈등'이 67.1점으로 가장 높았고, 그 다음으로 '이념갈등'(64.9점), '세대갈등'(64.6), '남남갈등'(63.4)순으로 조사되었다. 특히 이념갈등은 2016년 61.1점에서 64.9점으로 3.8점 높아졌다.[5] 이처럼 우리 사회에는 이념갈등과 남남갈등이 높게 나타나고 있으며 이 두 가지가 세대갈등에도 영향을 주고 있다.[6]

〈도표 6-1〉 한국사회의 분야별 갈등 정도

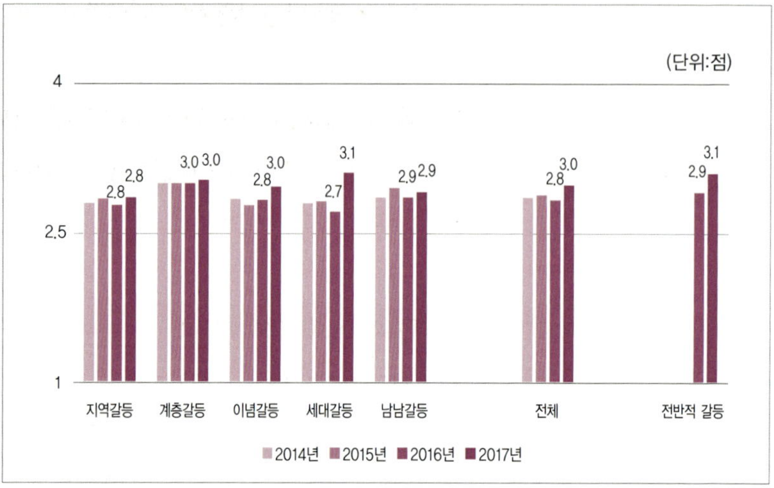

출처 : 통일연구원, 「2017 남북통합에 대한 국민의식조사」, p.88.

따라서 우리는 평소 다른 사회 구성원들이 가지고 있는 사회 문화적 가치관의 차이를 인정하고 상호 소통하여 사회적 갈등을 줄여나가야 한다. 상대를 배제하고 갈등의 시각으로 바라볼 것이 아니라 '다름'을 인정하는 자세와 관용의 정신, 평화의식을 키워나가야 한다. 이를 통해 향후 통일 과정에서 남북 간의 사회적 통합도 모색해나갈 수 있을 것이다.

우리가 구상하는 통일의 미래상은 민족 구성원 모두에게 자유 · 민주 · 평화의 가치가 구현되는 국가다. 이를 실현하기 위해 통일교육은 자유와 인권, 복지, 민주주의 등 보편적 가치와 질서를 폭넓게 다루어야 한다. 그러므로 통일교육은 민주적 의사결정과 문제 해결 능력, 그리고 민주적 원리와 절차에 따라 행동할 수 있는 능력을 통합적으로 기르도록 해야 한다.

분단 이래 남북은 갈등과 협력을 반복하면서 공존해오고 있으나, 앞으로는 상호 대립을 종식시키고 화해와 협력을 증진시켜나가야 한다. 통일은 국가적 차원의 이해관계뿐만 아니라 개인적 차원의 이해와도 직결되는 우리 시대의 과제다. 또한 통일은 특정 집단이나 계층만의 문제가 아니라 분단된 한반도에서 살아가는 우리 국민 모두의 삶과 직접 연결되어 있다. 따라서 통일은 남남 · 남북 갈등을 해소하고 국민적 합의를 바탕으로 추진되는 것이 바람직하다. 이러한 차원에서 통일교육은 통일의 과정과 미래상에 대한 국민적 합의를 형성하는 데 중요한 역할을 한다. 그러므로 통일교육의 현황을 점검하고 공급자 중심이 아닌 수요자와 교감하고 소통하는 통일교육의 변화 필요성과 대안을 제시하고자 한다.

03 통일교육 실태 평가

어원에서 본 교육의 본질

통일교육의 내용에는 통일문제의 이해, 북한 이해, 통일 환경의 이해, 통일정책, 남북관계, 올바른 통일의식, 미래지향적 통일관 등이 중요한 비중을 차지하지만, 통일교육도 기본적으로 교육이 가지는 의미에서 출발한다. 그러므로 교육이 가지는 어원과 의미를 통해 교육의 본질을 짚어보고 통일교육이 나아갈 방향을 모색할 수 있다. 다시 말해, 교육이 가지고 있는 의미와 본질을 통해 통일교육이 공급자 중심의 주입식 강의가 아닌 수요자와 공감하고 소통하는 교육이 되어야 한다는 의미를 찾을 수 있다.

먼저 교육에 관한 어원을 통해 교육의 기초적인 의미를 보면, 한글에서는 교육을 의미하는 것으로 '가르치다'와 '기르다'라는 말이 있다. '가르치다'의 뜻은 '갈다'와 '치다'의 합성어로 풀이할 수 있다. '갈다'에는 여러 가지 뜻이 있는데, 낡은 것 대신에 새 것으로 바꾼다와 문질러서 광채가 나게 한다는 뜻과 쟁기나 괭이 같은 것으로 논밭의 흙을 파 뒤집는다는 뜻이 있다. 그리고 '갈다'는 가려내다, 가리게 하다, 가르다와 어원이 같다. 한편 '치다'는 세게 움직임, 목적물에 닿도록 급한 힘을 줌, 달구어 칼 같은 것을 만듦, 길러 번식함 등을 뜻한다. 그리고 '기르다'는 '동물과 식물에 영양분을 주어 그것을 섭취해서 성장하게 하다, 육체나 정신의 도움이 될 것을 주어 쇠약해지지 않게 한다'는 뜻이 있다. '기르다'는 '길'과 어원이 같으며 '길'은 통행하는 도로요, 지켜야 할 도리요, 목적을 향해 가는 도정이다. 이렇게 한글에서 '가르치다'와 '기르다'는 방향 제시, 선별, 분별, 판단, 경작, 연마, 생성, 제거, 성장이라고 할 수 있다.[7] 이처럼 어원으로 볼 때, 교육은 배우는 사람에게 올바른 방향을 제시하고 학습자가 선별하고 판단해 성장하게 도와주는 체계적인 활동이라고 할 수 있다.

그리고 현대의 교육에서 교사와 학습자의 의미를 보면 학습자는 능동적인 존재이며 교사는 권위적이지 않고 학습자와 수평적인 관계에서 상호작용하는 것이 중요하다. 교육은 가르쳤다고 모든 학습이 이뤄지는 것이 아니라 교육의 궁극적인 성과는 학습자의 적극적인 학습활동으로 완성된다고 본다. 전통적인 교육에서는 교수법과 내용을 조직하는 교육자를 주체로 보았다. 그러나 능동적인 평생학습을 강조하는 오늘날의 지식정보사회에서는 학습자를 교육 활동의 객체나 수동적인 존재로 인식하기보다는 교육의 주체로 본다. 여기서 중요한 것은 교육자와 학습자의 관계 인식이다. 교육적 관계에 있어서 교육자와 학습자는 수직적이고 기계적인 관계가 아니라 인격적인 만남의 관계가 형성되어야 한다. 이와 같은 내용으로 볼 때, 교육의 개념에서는 피교육자에 대한 존중이 무엇보다 중요하다. 교육의 과정 속에서 피교육자의 권리가 존중되고 개인의 선택과 판단, 자율성이 존중되어야 한다. 강압적인 방식이나 세뇌 같은

방법으로 어떤 바람직한 행동이나 변화를 추구할 경우, 그것들은 교육적 방법이 아니다.[8]

이처럼 교육은 밖에서 안으로 주입하는 것이 아니라 피교육자가 내면에 가지고 있는 가치, 판단, 성장 등이 안에서 밖으로 발전할 수 있도록 도와주는 역할이라는 의미가 있다. 그러므로 오늘날의 교육에서는 학습자에 대한 인식을 교사가 지식을 전달하고 가르쳐서 정보를 주입하거나 변화시키는 대상으로 판단하면 안 된다. 학습자를 교육의 주체로 여기고 피교육자가 가지고 있는 삶의 경험, 가치, 판단, 자율성이 존중되어야 하며 교육자와 학습자 간에 권위를 넘어 소통하고 교감하는 것이 중요하다. 그리고 교재는 학습 목표에 대한 객관적인 정보, 관련 결과, 시사점에만 중심을 두는 것이 아니라 사회의 다양한 삶의 모습, 자연, 사회 분야별 변화 등이 포함되어야 한다. 이러한 교육 의미는 수요자와 교감하며 평화와 통일에 대한 공감대를 형성하는 통일교육에 중요한 요소다. 그러므로 기존의 통일교육 교수법이 학습자에게 어떻게 진행되었는지 돌아보고 나아갈 방향을 연구할 필요가 있다.

통일교육의 개념

통일교육에 대한 개념은 기본적으로 1999년 2월 5일 법률 제5752호로 제정된 통일교육지원법에 명시된 내용을 활용하고 있다. 통일교육지원법에서는 "통일교육이란 자유민주주의에 대한 신념과 민족공동체 의식 및 건전한 안보관을 바탕으로 통일을 이룩하는 데 필요한 가치관과 태도를 기르도록 하기 위한 교육을 말한다"라고 정의하고 있다. 그리고

"제3조에서 통일교육의 기본 원칙은 첫째, 자유민주적 기본질서를 수호하고 평화적 통일을 지향하여야 한다. 둘째, 통일교육은 개인적 · 당파적 목적으로 이용되어서는 아니 된다"라고 명시하고 있다.[9] 여기에 통일교육은 헌법의 정신을 바탕으로 하고 있다. 헌법 전문을 보면 "조국의 민주개혁과 평화적 통일의 사명에 입각하여 정의 · 인도와 동포애로써 민족의 단결을 공고히 하고, (중략) 밖으로는 항구적인 세계평화와 인류공영에 이바지함"의 내용이 명시되어 있다. 또한 「헌법」 제4조는 "대한민국은 통일을 지향하며, 자유민주적 기본질서에 입각한 평화적 통일정책을 수립하고 이를 추진한다"고 규정하고 있다. 통일교육의 초반기인 1973년의 「통일교육 교수지침서」에는 통일교육의 목표를 "자유민주주의가 현존하는 모든 정치이념과 체제 중 최선의 것이라는 신념을 갖게 하고, 이를 구현하기 위한 노력에 적극 참여할 수 있는 능력과 자세를 갖도록 하는 것"이라고 기술하고 있다.

그리고 통일교육지원법이 제정되기 이전에 통일부가 1998년 「통일교육 기본 방향」에 명시한 내용을 보면, "통일교육은 자유민주주의에 대한 신념과 민족공동체 의식을 바탕으로 통일을 이룩하는 데 필요한 바람직한 가치관과 태도의 함양을 목적으로 하는 제반 교육활동을 의미한다"라고 정의하고 있다.[10] 과거와 비교해 통일교육지원법에는 건전한 안보관이 추가되었다. 1999년 통일교육지원법 제정 이후 통일교육에서 강조한 내용과 방향성은 조금씩 변화했다. 통일교육지원법과 통일교육원이 발간한 「통일교육지침서」의 통일교육 방향성에 대한 시기별 흐름은 아래와 같다.[11]

〈도표 6-2〉 **시기별 통일교육 방향성 변화**[12]

연도	통일교육 개념과 방향성	변화 내용
1998	• 자유민주주의에 대한 신념과 민족공동체 의식을 바탕으로 통일을 이룩하는 데 필요한 바람직한 가치관과 태도의 함양을 목적으로 하는 제반 교육 활동	통일교육지원법 제정 이전
1999	• **통일교육지원법 제2조** 국민으로 하여금 자유민주주의에 대한 신념과 민족공동체 의식 및 건전한 안보관을 바탕으로 통일을 이룩하는 데 필요한 가치관과 태도의 함양을 목적으로 하는 제반 교육	통일교육지원법 제정 건전한 안보관 추가
2000 ~2001	• **통일교육지원법은 내용 동일** • **〈통일교육지침서〉** 자유민주주의에 대한 신념과 민족공동체 의식 및 건전한 안보관을 바탕으로 **남북한 간에 평화정착을 실현하고** 나아가 통일을 이룩하는 데 필요한 가치관과 태도를 함양하는 것을 목적으로 하는 제반 교육	통일교육지침서 '남북한 간 평화정착 실현' 추가
2002	• **통일교육지원법은 내용 동일** • **〈통일교육지침서〉** 자유민주주의에 대한 신념과 민족공동체 의식 및 건전한 안보관을 바탕으로 **남북한 간에 평화공존을 실현하고** 나아가 통일을 이룩하는 데 필요한 가치관과 태도를 함양하는 것을 목적으로 하는 제반 교육	통일교육지침서 평화정착 →평화공존으로 변경
2003 ~2005	• **통일교육지원법과 통일교육지침서 내용 동일**	통일교육지침서 '평화공존' 삭제
2006 ~2007	• **통일교육지원법은 내용 동일** • **〈통일교육지침서〉** 자유민주주의에~**평화적 통일에 대한 공통의 인식과 태도를** 형성해나가기 위한 것	통일교육지침서 '평화적 통일' 언급

연도	통일교육 개념과 방향성	변화 내용
2008	• **〈통일교육지원법〉** 자유민주주의에 대한 신념과 민족공동체 의식 및 건전한 안보관을 바탕으로 통일을 이룩하는 데 필요한 **가치관과 태도를 기르도록** 하기 위한 교육(**표현 변화:** 함양→기르도록) • **통일교육지원법과 통일교육지침서 내용 동일**	통일교육지침서 '평화적 통일' 삭제
2009 ~2017	• **통일교육지원법과 통일교육지침서 내용 동일** – **통일교육지침서는 2016년까지 발간**	–
2018 ~2019	• **통일교육지원법과 통일교육 지침서 내용 동일** • **2019년 통일교육지침서 명칭을 '평화 · 통일교육:방향과 관점'으로 변경하여 발간**	정보 제공보다는 통일교육의 방향과 관점 제시 노력

위 내용처럼 통일교육의 중심 의미는 70년 이상의 분단을 극복하고 통일을 이뤄가는 데 필요한 가치관을 형성하며 성장시켜나가도록 돕는 교육이라고 할 수 있다. 통일교육 개념에서 평화와 안보는 시기마다 어느 부분에 더 우위를 두는지에 관해 정부, 민간단체, 학계 등에서 다르게 나타났고 「통일교육지침서」에서도 '평화'의 언급은 정부에 따라 추가되거나 삭제되었다. 이처럼 통일교육의 방향성은 시기마다 그 강조점이 변화되었고 현장의 통일교육에서 혼란과 갈등을 유발했다.

통일교육의 변천 과정

1945년 광복 이후, 통일교육은 그 명칭이 반공교육, 멸공교육, 승공통일교육, 공산주의 이데올로기 비판교육, 안보교육, 통일·안보교육, 통일대비교육, 통일교육, 그리고 최근에 평화·통일교육으로 변화되었다.

〈도표 6-3〉 **통일교육의 변화 과정**

<table>
<tr><th rowspan="2">시대 구분</th><th>제1,2공화국</th><th>제3,4,5공화국</th><th colspan="2">제6공화국</th></tr>
<tr><th>1948~1961</th><th>1963~1987</th><th>1987~1997</th><th>1998~2019</th></tr>
<tr><td>내용</td><td>• 반공교육
• 승공통일 교육
• 멸공교육</td><td>• 이데올로기 비판교육
• 안보교육</td><td>• 이념교육
• 통일 · 안보교육
– 통일교육모색</td><td>• 통일교육
– 평화교육
– 민주시민교육
– 안보 중요성 유지</td></tr>
<tr><td>주관</td><td>• 정부</td><td>• 정부</td><td>• 정부
• 시민사회 참여</td><td>• 시민사회 확대
• 민관 거버넌스
– 정부지원 확대</td></tr>
</table>

통일교육은 1970년대 후반 '통일연구소'가 체계를 정비하면서부터 보다 체계화되기 시작했다. 특히 1976년에는 통일교육을 체계적으로 실시하기 위해 '통일안보교육의 집중 강화 계획' 및 '국민정신교육 강화 방안의 시행 계획' 등 종합적인 시행 계획이 추진되었다. 1970년대에는 1971년에 발간한 「교육용 통일안보교육 교수지침서」와 1978년에 이를 보완·발전시켜 만든 「통일안보교육 교수요목 해설」(사회교육기관용) 등이 지침서로 사용되었다.[13]

〈도표 6-4〉 1970년대 통일교육원 통일교육

구분	주요 내용
민족사관, 국가관	• 민족사관과 주체성, 국가 목표와 기본 시책 등
통일정책의 정당성	• 한국의 통일정책의 정당성 · 합리성 · 현실성 · 남북대화, 안보와 통일정책 등
통일을 위한 지도층의 사명	• 대내외 국가 상황에 대한 올바른 인식, 조국의 미래상, 우리의 사명 등
북한 공산체제의 실태	• 북한 공산체제의 분야별 실태(정치 · 경제 · 사회 · 사상교육 · 외교 · 군사 등), 북한의 주체사상 비판, 북한의 대남전략 등

출처: 통일부 통일교육원, 『통일교육원 40년사』, 통일교육원, 2012, p.36.

1980년대에는 1982년부터 매년 「통일안보교육 지침」을 수립하여 각 부처와 교육 실시 기관에 통보하고 활용하도록 했다. 동 지침은 남한의 통일정책의 정당성, 북한의 대남전략, 공산주의 이론의 허구성, 자유민주주의 체제의 우월성과 민족통일 구현 등을 주요 내용으로 다루었다. 이와 같은 지침 내용에 따른 통일교육원의 통일교육은 통일문제, 북한실태, 공산주의 비판(이념문제), 주변 정세 등을 주요 교과 분야로 다루었다. 각 교과별 주요 내용은 아래 표와 같다.

〈도표 6–5〉 1980년대 통일교육원 통일교육

구분	주요 내용
통일문제	• 남한의 통일정책, 남북한 통일정책 비교, 북한의 대남전략, 남북대화와 협상전술, 동서독 통일문제 등 대남전략론 : 공산주의 혁명전쟁사상과 전략 · 전술론의 특징, 남조선혁명의 성격과 임무 분석, 남조선혁명 전략기조(3대 혁명역량 강화론), 남조선혁명의 주력군 편성과 배치 등
통일정책론	• 통일의 필요성 · 당위성, 통일의 의미, 우리의 통일정책 기조와 평화통일을 위한 정책 노력, 남한의 통일정책 정당성 등
북한실태	• 북한의 분야별 실태(정치 · 경제 · 사회문화 · 사상교육 · 외교 · 군사 등), 북한의 정당 · 사회단체 현황, 북한의 최근 동향 등
사회 문화	• 북한 사회의 구조적 특징, 주민생활 실태, 사회적 통제, 문화의 실상, 북한사회의 변화 전망 등
공산주의 비판	• 북한 이데올로기 비판, 공산주의 이념과 조직, 주체사상 비판, 자유민주주의 사회의 이념과 민족의 이상, 좌경이론의 본질 및 비판 등
주변 정세	• 주변 세력의 한반도정책, 세력균형론, 한반도 주변정세와 통일 환경 한반도 주변정세 : 소련의 극동군사력 팽창과 한반도, 미국의 동북아전략과 한반도 정책, 중공의 내외정책과 한반도, 일본의 한반도정책 등

출처 : 통일부 통일교육원, 『통일교육원 40년사』, 통일교육원, 2012, p.37.

1990년대에 들어서면서 냉전체제의 완화, 독일통일, 소련을 비롯한 동구권의 붕괴와 체제 전환, 여기에 '남북기본합의서' 발효 등 국내외적으로 통일 환경이 급변하면서 통일교육 방향을 재정립해야 한다는 여론과 필요성이 조성되었다. 이러한 분위기에서 1992년 제6차 교육과정이 시행되면서 통일교육이 중점 교육 분야의 하나로 제시되었다. 기존의 통일 · 안보 교육에서 통일교육으로 명칭을 바꾼 것은 소극적인 분단 극복의 차원을 넘어 적극적으로 통일 방안을 모색하고 통일 이후 민족공동체 삶에도 대비해야 한다는 인식에 토대를 두고 있다. 이에 따라 1990년대 중반 이후에는 통일교육의 목표를 자유민주주의와 민족공동체 의식에 의한 통일관의 확립, 북한 실상에 대한 정확한 이해와 올바른 대북관 형성, 통일문제에 대한 국민적 합의 조성과 통일대비 역량 제고, 건전한 민주시민의식 함양 등에 두었다.[14]

1990년대에는 1992년부터 「통일교육 기본 방향」을 개발해 통일교육 과정에서 강조되어야 할 사항을 설명하고 교수 시 특히 유의해야 할 기본 관점을 제시했다. 동 지침은 통일교육의 내용체계를 통일논의의 기본 전제, 분단현실의 이해, 통일 여건 인식, 통일정책, 통일 준비 등의 5개 중심 영역으로 구분한 후, 통일교육의 과정과 활동에서 강조되어야 할 주제 항목들을 선정하고, 각 주제에서 교수 시 유의해야 할 기본 관점들을 제시했다. 이 지침에 따라 1990년대 초기의 주요 교과 분야는 통일문제, 북한 실태, 이념문제 등이었으나, 90년대 중반부터 이념문제 분야는 주요 교과 분야에서 빠지고 통일문제, 북한 실상, 통일 대비 등 주요 교과 분야를 중심으로 교육 내용이 편성되었고 그 내용은 〈도표 6-6〉과 같다.

〈도표 6-6〉 1990년대 중반 통일교육원 통일교육

구분	주요 내용
통일 문제	• 남북관계 현황, 분단국 통일문제(동 · 서독, 중국 · 대만 사례와 교훈), 주변 정세와 통일 환경, 남북한 통일정책, 남북대화 · 교류협력 현황 등을 주요 내용으로 다루었다. – 남북한 통일정책: 분단의 원인과 책임, 통일문제의 본질과 특성, 통일정책의 변천 과정, 「한민족공동체 통일방안」, 북한의 통일노선과 「고려민주연방공화국 창립 방안」등
북한 실상	• 북한의 최근 동향, 북한의 분야별 실태, 주체사상 비판, 북한의 정치사회화 과정, 대남전략 등 – 북한의 경제 : 경제체제와 정책, 주요 부문별 경제현황, 민족공동체 회복의 필요성과 전망 등
통일대비	• 동구권의 시장경제로의 전환 방안, 북한 이탈주민의 남한 사회 적응 실태, 독일 통일의 교훈과 우리의 통일 대비, 사회주의 국가의 체제 전환 과정에서 주민의식 변화 등 – 독일 통일의 교훈과 우리의 통일 대비 : 독일통일의 의미, 독일통일의 촉진 요소, 독일통일의 실현 과정(정치 · 경제 · 사회문화 · 교육 등의 차원), 한반도 통일에 주는 시사점 등

출처 : 통일부 통일교육원, 『통일교육원 40년사』, 통일교육원, 2012, pp.37-38.

2000년대 통일교육의 전반적인 목표는 1999년 8월 6일에 시행한 통일교육지원법을 통해 알 수 있다. 2000년 통일교육지원법 제2조(정의)는 "통일교육이라 함은 국민으로 하여금 자유민주주의에 대한 신념과 민족공동체 의식 및 건전한 안보관을 바탕으로 통일을 이룩하는 데 필요한 가치관과 태도의 함양을 목적으로 하는 제반 교육을 말한다"라고 명시하고 있다. 그리고 동법 제3조(통일교육의 기본 원칙)에서는 "통일교육은 자유민주적 기본질서를 수호하고 평화적 통일을 지향하는 방향으로 실시되어야 한다. 통일교육은 개인적 · 파당적 목적으로 이용되어서는 아니된다"고 통일교육의 목표와 기본 방향을 제시하고 있다. 여기에 통일부 통일교육원이 2001년에 발간한 「통일교육지침서」에서 통일교육의 목표는 자유민주주의 신념과 민족공동체 의식을 바탕으로 바람직한 통일관 정립, 통일 환경과 남북한 실상에 관한 객관적 이해와 건전한 안보관 정립, 평화공존과 화해협력의 필요성 인식 및 통일실현의지 함양으로 제시하고 있다.[15]

여기서 평화와 화해 · 협력의 통일정책 추진은 냉전체제의 완화와 새로운 국제질서 형성, 소련권 해체, 독일통일, 그리고 무엇보다 2000년 6월 남북정상회담을 계기로 변화 발전한 남북관계를 반영한 것이다.

2008년에는 통일교육의 목표를 자유민주주의적 가치와 민족공동체 의식을 토대로 한 통일관 정립, 평화통일의 의지와 역량의 함양, 통일 환경 및 북한에 대한 객관적 이해와 건전한 안보관 확립으로 설정했다.[16] 2016년에는 미래지향적 통일관, 건전한 안보관, 올바른 북한관으로 제시하고 있다. 그런데 여기에서 올바른 북한관이란 '북한 실상을 있는 그대로 이해하면서 북한을 장차 민족공동체로 통합하기 위한 상대이면서 동시에 우리 안보를 위협하는 경계의 대상으로 인식하는 관점'이라고 설명하고 있다.[17]

2018년에는 통일교육의 목표를 평화통일의 실현의지 함양, 건전한 안보의식 제고, 균형 있는 북한관 확립, 평화의식 함양, 민주시민의식 고양으로 제시하고 있다. 여기서 균형 있는 북한관 확립은 다음과 같이 설명하고 있다. 평화통일을 실현하는 데 있어 중요한 과제 가운데 하나는 통일의 상대인 북한에 대한 균형 있는 인식이므로 균형 있는 북한관은 북한 실상을 있는 그대로 이해하면서 북한에 대해 우리 안보를 위협하는 경계의 대상이지만 통일을 함께 만들어나가는 협력의 상대로 인식하는 관점을 말한다. 이전과 같이 안보의 중요성을 강조하면서 동시에 북한이 통일의 대상이라는 것을 언급하고 있다.

2000년대 이후 통일교육의 주요 내용은 1999년부터 발간하기 시작한 「통일교육 기본 지침서」의 내용을 2004년까지 기본적인 틀을 유지하면서 당시 남북관계의 변화된 상황, 북한의 변화 등을 보완했다. 그 내용 체계는 아래 표와 같다.

〈도표 6-7〉 **2000~2004 통일교육 기본 지침서**

발간 연도	내용 체계
2000	• 통일의 당위성 인식, 북한문제의 올바른 이해 • 통일 환경의 변화, 평화정착을 위한 한반도 냉전구조 해체 • 대북포용정책과 남북관계, 통일한국의 실현, 통일을 준비하는 우리의 자세
2001 ~2002	• 통일의 필요성, 북한사회의 모습, 북한의 변화 이해 • 통일 환경의 변화, 한반도 냉전구조 해체 노력, 대북포용정책과 남북관계 • 평화공존을 위한 노력, 통일국가의 실현, 통일을 준비하는 우리의 자세
2003	• 통일의 필요성, 북한사회의 모습, 북한의 변화 이해 • 통일 환경의 변화, 대북정책과 남북관계의 변화, 통일국가의 실현, 통일을 준비하는 우리의 자세
2004	• 통일문제의 이해, 북한의 이해, 북한의 변화, 통일 환경의 변화, 남북관계 개선 노력 및 국가안보, 통일국가의 목표와 방향, 통일을 위한 준비 자세

출처 : 통일부 통일교육원, 『통일교육 기본 지침서』, 통일 통일정책실, 2000~2004.

2005년부터는 통일교육의 수요가 확대됨에 따라 대상별로 특화된 내용으로 발전시켜야 하는 필요성이 생기면서 명칭을 「통일교육 지침서」로 바꾸면서 일반용과 학교용 두 가지 종류로 나누어 발간했다. 특히 청소년에 대한 통일교육 필요성이 더 강조되면서 학교용의 경우 학교교과과정(교과, 특별활동, 재량활동), 학교급별(초등학교, 중·고등학교), 교과별(국어과, 도덕과, 사회과, 예체능과)로 권고사항을 제시했다. 내용 체계에 있어서는 이전의 통일문제의 이해, 북한 이해, 통일 환경의 이해, 통일정책, 통일을 위한 과제 등으로 큰 틀을 유지하면서 남북관계 상황에 따라 교류협력의 내용을 보강했다. 2011년에는 학교용을 학교급에 따라 더욱 세분화하여 대상별 맞춤형 자료를 발간하기 위해 초·중·고 3종으로 나누었다. 그러다가 2012년에 활용의 연계성을 높이기 위해 다시 학교용을 1종으로 통합하여 발간했다.[18] 2004년까지 통일교육기본지침서는 통일부 정책실에서 발간했으나 2005년부터 2018년까지는 통일부 통일교육원에서 발간했다. 그리고 2018년에는 기존의 「통일교육 기본 지침서」에서 「평화·통일교육 방향과 관점」이라는 제목으로 발간했다.

〈도표 6-8〉 2005~2018 통일교육 기본 지침서

발간 연도	내용 체계 목차
2005	• 통일문제의 이해, 북한 이해, 통일 환경의 이해, 남북관계 발전과 교류협력 증대, 통일정책과 통일 미래상, 통일준비
2006	• 통일문제의 이해, 북한이해, 통일 환경의 이해, 통일정책과 통일을 위한 과제
2007	• 통일문제의 이해, 북한 이해, 통일 환경의 이해, 통일정책과 남북교류협력 현황, 통일을 위한 과제
2008 ~2016	• 통일문제의 이해, 북한 이해, 통일 환경의 이해, 통일정책, 통일을 위한 과제
2018	• 평화·통일교육의 내용 – 분단의 배경과 통일의 필요성, 북한 이해, 통일의 과정과 미래상

출처 : 『통일교육 기본 지침서』, 통일부 통일교육원, 2005-2008; 『평화·통일교육 방향과 관점』, 통일부 통일교육원, 2018.

통일의식의 변화

현재 통일교육은 통일부 통일교육원, 한국교육개발원, 통일교육 관련 민간단체 등에서 진행하는 교육 대상을 참고로 학교통일교육, 대학통일교육, 사회통일교육으로 나누어볼 수 있다.

학교 통일교육은 2009년 개정교육과정에 의거해 초등학교는 통일교육에 대한 내용이 확대되었으나 중학교는 2학년에 집중되어 있으며 고등학교는 통일 관련 내용이 대폭 감소했다.[19] 이러한 영향은 통일의식에도 나타나고 있다. 통일부와 교육부가 조사한 '2018년 학교 통일교육 실태조사' 결과를 보면[20], '통일이 필요하다'라고 응답한 비율은 63.0퍼센트로 전년 대비 0.8퍼센트 상승했고, 반대로 '통일이 불필요하다'라고 응답한 비율은 13.7퍼센트로 전년 대비 2.7퍼센트 감소한 것으로 나타났다. 학생들은 통일이 필요한 이유로 '전쟁위협 등 불안감 해소'와 '한민족', '국력 강화' 등을 주요 원인으로 응답했다. 반면에 '통일 후 사회 혼란'과 '통일 비용 등의 경제적 부담에 대한 우려' 등을 통일이 불필요한 이유로 생각하고 있었다. 여기에 교사들은 통일교육 활성화를 위한 과제로 통일교육 자료 보급(50.2퍼센트), 체험활동 프로그램 개발(44.3퍼센트, 신설 항목), 교사 전문성 향상(31.7퍼센트), 통일교육 시간 확보(22.0퍼센트) 등을 중요하게 여기고 있었다.

그런데 통일의 필요성에 대한 응답률을 학교급별로 살펴보면 초등학교 73.9퍼센트, 중학교 61.3퍼센트, 고등학교 54.6퍼센트로 학교급이 높아질수록 통일의 필요성에 대한 생각은 낮아지고 있었다. 이러한 현상은 성인에서도 비슷하게 나타나고 있다. 서울대 통일평화연구원이 조사한 '2017 통일의식' 결과를 보면, 적극적으로 통일이 '매우 필요하다'라는 응답은 감소하고 있었다. 통일이 '매우 필요하다'라는 응답은 16.5퍼센트, '약간 필요하다'는 37.9퍼센트였다. 2016년에 이어 2017년에도 적극적으로 '통일이 필요하다'라는 응답이 20퍼센트가 되지 않았다. 연령별 특징을 보면 20대와 30대, 50대와 60대 사이의 인식 차이가 확고해지고 있다는 것이다. 50대와 60대는 통일이 필요하다가 62.0퍼센트와 67.0퍼센트였으나 20대와 30대에서는 41.4퍼센트와 39.6퍼센트로 나타났다. 40대는 57.8퍼센트로 두 그룹의 중간이었다.[21] 앞에서 나타난 조사 결과를 보면 10대부터 30대까지의 통일의 필요성과 통일의식은 초등학생>중등학생>대학생>30대 순으로, 연령에 비해 통일의식은 더 낮아지고 있다는 것을 알 수 있다. 결과적으로 통일의식은 2000년대 초 통일의 필요성 80퍼센트에 비해 전체적으로 감소했다. 여기에 전후 세대의 등장, 북한에 대한 부정적 인식 증가, 통일 논의에 대한 피로감, 사회 갈등과 경제적 부담감이 우리 사회에 전반적으로 잠재되어 있다. 통일의식이 감소하는 현상에 관해 우려와 비판보다는 그동안의 통일교육 내용과 교수법을 점검하고 세대 변화에 따른 새로운 통일교육을 추진할 필요가 있다. 그리고 무엇보다 2030세대의 통일의식 변화에 주목할 필요가 있다.

통일교육협의회가 조사한 2018년 2030세대 통일의식 조사 결과를 보면, 통일문제 관심 정도에 '관심 있다'는 응답이 78.2퍼센트(매우 관심이 많다 27.1퍼센트 + 대체로 관심이 있는 편이다 51.1퍼센트)로 '관심 없다'는 응답 21.8퍼센트(전혀 관심이 없다 3.3퍼센트 + 별로 관심이 없는 편이다 18.5퍼센트)보다 56.4퍼센트 높게 나타났다. 통일의 필요성에 대해서는 '반드시 통일이 되어야 한다'는 응답이 32.1퍼센트, '상당 기간 현 공존 상태를 유지해야 한다'는 응답이 52.2퍼센트, '통일이 되지 않는 편이 낫다'는 응답이 15.7퍼센트로 조사됐다. 조사 대상 2030세대의 과반수는 통일문제에 관심이 있으면서도 통일의 필요성에 대해서는 소극적인 견해를 가지고 있었다.

〈도표 6-9〉 2030세대 통일의식 조사[22]

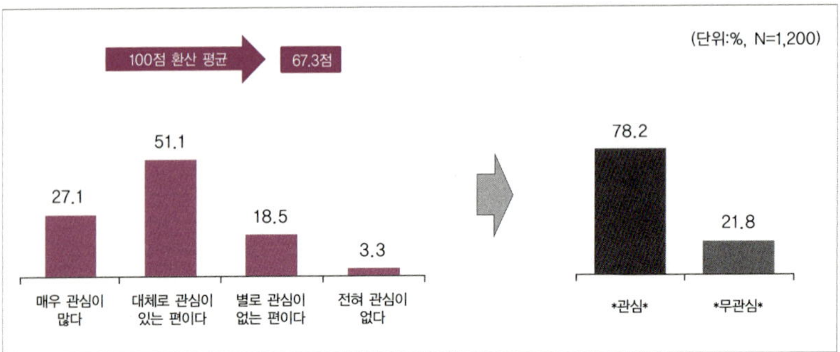

출처 : 통일교육협의회, 『2018년 2030세대 통일의식 조사』(2018. 12), p.7.

〈도표 6-10〉 통일의 필요성

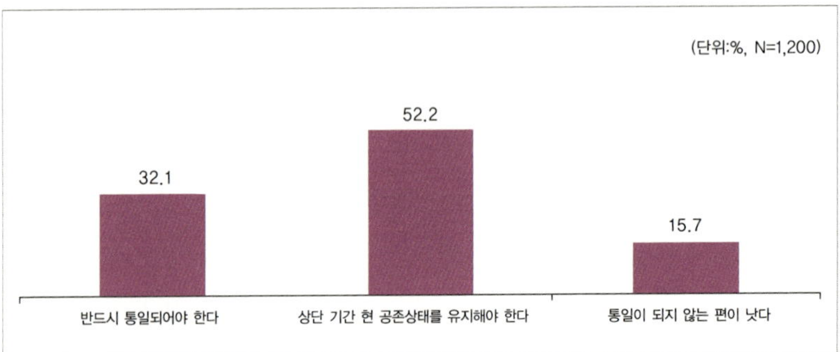

출처 : 통일교육협의회(2018), p.7.

그리고 통일이 필요하다고 생각하는 가장 큰 이유로는 '한반도의 경제가 더 성장할 수 있으므로'라는 응답이 31.9퍼센트로 가장 높고, '전쟁위협 등 불안감에서 벗어날 수 있으므로'라는 응답이 22.4퍼센트로 두 번째로 높았다. 다음으로 '국제사회에서 통일한국의 위상이 더 높아질 수 있으므로' 16.8퍼센트, '역사적으로 한민족이었기 때문에' 13.3퍼센트, '이산가족 등 인도적 문제를 해결할 수 있으므로' 10.4퍼센트 등의 순으로 나타났다. 그리고 주목할 점은 통일이 필요하지 않다고 생각하는 가장 큰 이유로는 '통일 후 사회가 혼란스러워질 것 같아서'라는 응답이 34.8퍼센트로 가장 높게 나타났으며, 다음으로 '통일 비용 등 경제적 부담이 커서' 31.5퍼센트, '북한체제에 대한 거부감이 커서' 15.6퍼센트, '굳이 통일하지 않아도 현 상태가 좋으므로' 11.7퍼센트 등의 순으로 조사됐다. 2030세대는 통일문제에 관해 민족의 동질성보다는 경제 성장과 평화의 문제로 생각하는 인식이 높았고 통일에 대한 거부감도 사회 혼란과 경제적 부담이 중요한 비중을 차지했다. 이는 통일교육의 방향이 평화와 실용적인 측면을 부각하면서 남북의 주민이 공통으로 추구하며 이뤄갈 수 있는 사회적 가치를 도출하는 내용과 토론이 필요하다는 것을 시사한다.

〈도표 6-11〉 **통일이 필요한 이유**

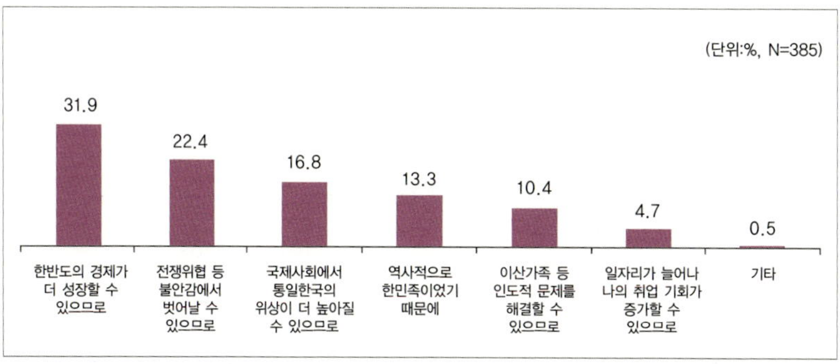

출처 : 통일교육협의회(2018), p.8.

〈도표 6-12〉 통일이 필요하지 않다고 생각하는 가장 큰 이유

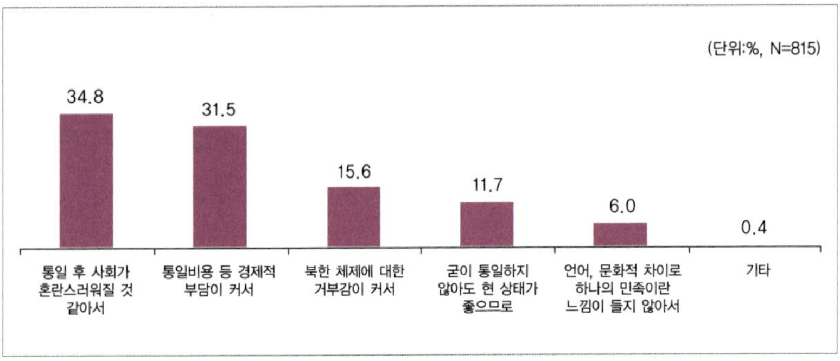

출처 : 통일교육협의회(2018), p.8.

통일의식과 관련해 청소년 및 2030세대는 평화, 전쟁의 위협 제거, 북한인권 개선 등 보편적 가치에 더 비중을 두고 있다. 한반도 평화와 통일은 우리 사회가 장기적으로 이뤄가야 하는 과제이므로 청소년과 2030세대의 통일의식은 매우 중요하다. 그러므로 이러한 통일의식 현상을 이해하고 여기에 맞는 통일교육 방향을 모색할 필요가 있다.

통일교육지원법 제정

1999년에 「통일교육지원법」이 제정되기까지의 통일교육은 「교육기본법」, 「사회교육법」, 「정부조직법」 및 직제 등의 관련 법령에 근거해 실시했다. 그러나 이러한 관련법들은 청소년과 일반 시민을 대상으로 통일교육을 체계적으로 시행하기에는 한계가 있었다. 교육기본법은 교육에 관한 기본법으로서 통일교육에 관한 구체적인 규정이 없고, 사회교육법 또한

국민의 평생교육 기회 부여라는 목적에 한정함으로써 통일교육에 관한 구체적인 규정이 부족했다. 정부조직법은 통일부가 통일교육에 관한 사항을 관장하도록 규정하고 있을 뿐이었다. 여기에 냉전체제의 완화와 함께 1990년대 독일통일, 공산권의 붕괴와 변혁, 남북기본합의서 체결 등 국내외 통일 환경이 급변하고, 통일문제가 현실적인 문제로 부각하면서 통일교육을 재정립해야 한다는 주장과 여론이 높아졌다. 그러나 당시의 통일교육체계는 이러한 사회적 과제에 효과적으로 대처하기에는 미흡한 실정이었다. 즉, 통일교육을 효율적이고 체계적으로 실시할 수 있는 체제가 확립되어 있지 않고 통일교육에 대한 제도적 뒷받침과 투자가 부족한 현실이었다. 또한 통일교육의 중요성과 방대성에 비추어볼 때, 통일교육은 정부의 노력만으로는 효율적인 결과를 기대하기 어려웠다. 그러므로 민간 부분의 협력과 지원이 필요했지만, 현실적인 제도적 뒷받침은 그렇지 못했다.

이러한 여러 가지 배경으로 통일교육을 활성화하고 범국가적으로 통일교육을 실시할 수 있는 법적 · 제도적 장치인 「통일교육지원법」을 제정하게 된다. 통일부는 1994년 교육부, 내무부 등 10여 개 관계부처의 참석하에 통일교육 활성화 종합대책 관계장관회의와 각종 간담회 · 실무회의 등 범정부적 대책회의를 개최했고, 통일교육 전문가 자문 및 세미나 등을 통해 각계 전문가들의 의견을 수렴하고 통일교육에 관한 정책 방향의 재정립과 법제화를 모색했다. 이러한 통일교육 법제화의 목적은 통일교육의 당위성, 민주성, 공정성, 중립성을 확보하고, 정부와 민간 협조하에 국가적 사업으로 통일교육을 시행해 종합적 · 체계적 · 지속적 통일교육 실시와 실효성을 보장하기 위한 것이었다. 통일부는 독일 등 분단국의 통일교육 사례와 사법계 전문가 및 교육계의 의견을 참고해 법률안

초안을 작성했으며, 광범위한 국민여론의 수렴을 위해 입법예고(1997.8.7~8.26) 및 공청회(1997.9.1)를 개최했다. 이렇게 확정된 법률안을 국민회의 심의·의결(1997.10.21)을 거쳐 동년 10월 30일 국회에 제출했다. 제출된 법안은 통일외교통상위원회(1998.12.28) 및 법사위(1998.12.29)를 통과해 1999년 1월 5일에 제199회 국회 본회의에서 의결되어 1999년 2월 5일 공포(법률 제5752호)되었고, 1999년 8월 6일부터 시행하게 되었다.

「통일교육지원법」은 "범국가적이고 체계적인 통일교육체계가 미비하므로 통일교육의 활성화를 위해 통일교육 기본계획 등을 수립해 통일교육 방향을 명확히 설정하고, 모든 국민으로 하여금 자유민주주의에 대한 신념과 민족공동체 의식을 바탕으로 통일을 이룩하는 데 필요한 가치관을 함양하도록 통일교육 활동을 촉진·지원하기 위한 법적 기반을 마련하는 것"이 주요한 제정 이유다. 통일교육지원법 제정 당시 관계자들은 통일교육 실시에 관한 기반이 더욱 확고해졌으며 통일교육을 더 체계적으로 추진할 수 있는 명분과 힘을 얻게 되었다고 강조했다. 또한 이 법은 단순히 우리 사회의 통일 역량 강화와 공감대를 확대하는 일에 그치지 않고 앞으로 통일 과정에서 핵심 과제가 될 남북사회 통합에도 대비하는 의미를 지닌다고 관계자들은 평가했다.[23]

〈도표 6-13〉 통일교육지원법 제정 배경과 의미

구분	내용
배경	• 통일교육이 독자적 교육 체계를 갖추지 못하고 기존의 다른 교육체계에 편승되어 운영 • 통일교육 체계화와 활성화를 위한 정부의 행정적 · 재정적 지원체제 부족 • 통일 환경 변화에 따른 기존 통일교육 체계 부족 • 남북기본합의서 체결과 같이 남북관계 개선에 따른 통일교육 활성화를 위한 법적 근거 필요 • 통일교육에 관한 국민적 합의 기반 미흡 • 1990년대 공산권 붕괴, 독일통일 등 국내외정세 변화로 통일문제가 현실적 과제로 부각
의미	• 통일교육을 촉진하기 위해 필요한 사항 규정 • 통일교육 활성화를 위한 법적 근거 마련 • 통일교육의 방향 설정과 국민적 합의 기반 마련 • 통일 환경 변화에 따른 통일교육 정책의 개선 • 자유민주주의 신념과 민족공동체 의식을 바탕으로 통일의식 함양

1999년에 제정된 통일교육지원법은 목적, 정의, 통일교육의 기본 원칙, 통일교육 기본계획의 수립, 통일교육심의위원회의 설치(5조), 정부의 임무, 통일교육의 반영, 학교에서의 통일교육 진흥, 통일교육 수강의 요청, 통일교육협의회 설치, 고발 등 총 11개 조문으로 구성되었다.

통일교육지원법 제정에 관해서는 종합적으로 다음과 같이 평가할 수 있다. 첫째, 무엇보다 준비된 통일을 위해 여야가 합의해 통일교육지원법을 제정하고 동의했다는 것이다. 이것은 1989년 9월 11일, 노태우 대통령의 국회 특별연설로 발표된 '한민족공동체통일방안'에 여야가 합의하고, 다시 김영삼 정부가 '민족공동체통일방안'으로 계승해 김대중 · 노무현 · 이명박 · 박근혜 · 문재인 정부 등 30년이 지나도록 '민족공동체통일 방안'이 우리 정부의 통일 방안으로 계승 발전되어 오고 있는 의미와 같은 선상에 있다고 평가할 수 있다.[24] 이와 같은 의미는 1999년 통일교육지원법 제정 이후 정권에 따라 대북정책이 변화하고 평화와 안보 사이의 비중은 차이가 있었지만, 통일교육지원법을 근거로 하는 통일교육 지원과 사업이 지속적으로 가능하게 했다. 둘째, 1990년대 독일 통일과 국내외정세 변화로 우리에게 현실적인 과제로 다가온 통일문제에 관해 구체적으로 준비할 수 있는 통일교육 체제를 구축한 것이다. 셋째, 통일교육 활성화를 위한 법적 근거를 강화해 통일교육의 법적 정당성과 행 · 재정적 지원 정책을 확보했다. 넷째, 통일교육의 반영(제7조), 통일교육협의회 설치(제10조) 조항과 같이, 각 단체와 지방자치기구의 통일교육 활성화, 그리고 통일교육 민관 거버넌스 체제 구축 및 확대를 가능하게 했다. 특히, 통일교육은 학교 교육을 넘어 여러 세대와 계층을 대상으로 하는 사회통일교육으로 활성화되어야 한다는 점에서 이 조항들은 의미가 있다.[25] 이와 같은 통일교육지원법은 현장의 통일교육활성화를 위해 일부 개정과 보완이 필요하다.

04 새로운 통일교육 **패러다임**

새로운 통일교육은 교육 원칙에 관한 사회적 합의 과정을 통해 평화교육을 확대하는 방향이 필요하다. 그리고 이를 확대하기 위한 방안으로 민관 거버넌스를 적극적으로 활용해 전문성과 대중성 교육을 분리 시행하는 방안이 요구된다.

기존의 통일 관련 강좌 내용이 총론적이거나 체제와 이념적인 측면에 국한되고 있어서 통일 미래에 대한 구체적인 정보나 지식 등을 전달하는 과정이 부족하다. 학생과 성인들이 주로 흥미를 느끼는 영화, 문학, 일상생활 등 북한의 사회 문화에 관한 강좌 개설과 같은 현실적 요구에 부응할 수 있는 교육 내용 보완이 요청되고 있다.[26]

그리고 통일교육 교수법이 대부분 강의와 주입식 교육으로 이뤄지고 있어서 수요자들이 흥미를 느끼며 능동적으로 참여하는 것을 기대하기 어려운 부분도 있다. 또한, 통일과 관련된 같은 주제라도 교수의 성향에 따라 강좌의 성격이 크게 달라지는 현실 속에 통일교육은 강사 간의 차이, 참여자 간의 차이, 교수와 학생 양자 간의 차이 등 사회 구성원 간의 통일에 대한 견해차 등을 극복하고 통일에 관한 관심과 올바른 인식 함

양이라는 통일교육의 목표를 달성하기 어려운 실정이다.[27]

무엇보다 교육 내용에 통일의 과정과 이후에 가장 우려하는 경제적 혼란에 대한 염려를 객관적인 연구물과 통계를 바탕으로 희망과 긍정적인 의지로 전환할 필요가 있다. 통일이 가져오는 취업 분야의 확대, 인적·제도적·물리적·재정 금융적 인프라가 가져오는 경제 성장 동력, 독일 통일 이후의 경제 성장과 사회발전 등에 관한 자료와 내용을 시민들이 현실적으로 인식하지 못하고 있다. 특히, 지금의 2030세대가 준비해가며 남북의 화해·협력 및 통일을 맞이할 때 그 세대들이 이루고 받을 수 있는 경제 성장과 사회복지 혜택의 가능성을 전파해야 한다. 물론 통일한국을 이끌어 갈 미래세대 양성을 위한 통일교육에 청년들을 많이 참여시키기 위한 흥미 위주의 수업만이 필요한 것은 아니다. 분단의 역사를 포함해 북한체제에 대한 객관적인 개념과 사실, 국제사회의 환경, 통일 이후의 사회가 나아갈 방향 등 통일에 대한 기초적인 내용이 선행되면서 앞의 내용도 함께 이뤄져야 할 것이다.

통일교육에 참여했던 많은 시민들이 '통일'이라는 주제와 내용이 무겁고 딱딱하다는 의견을 내놓고 있다. 그러나 여러 선행 연구에서 온라인과 오프라인 활용, 임진각 일대와 군사분계선 기행과 같은 현장학습 등의 체험형 교육을 제시하고 있다. 기존 통일교육의 변화와 발전 방향을 살펴보면 다음과 같다.

보이텔스바흐와 통일교육의 사회적 합의

통일교육지원법의 제정 배경을 살펴보면 통일교육의 목적과 성격에 관한 국민적 합의 기반이 부족해 통일교육이 오히려 남남갈등을 유발했다. 그리고 이러한 과제는 오늘날에도 이어지고 있다. 이를 극복하기 위한 방안으로 서독의 보이텔스바흐 합의와 민주시민교육이 있다.

보이텔스바흐 협약은 1976년 보수와 진보 등 정치적인 입장을 달리하는 서독의 정치교육학자들이 보이텔스바흐라는 소도시에 모여 개최한 학회의 결과물로 만든 교육지침이다. 1976년 서독의 바덴뷔르템베르크주정치교육원의 원장이었던 지그프리트실레가 좌우 진영 구분 없이 독일에서 영향력이 강한 정치교육 학자들과 관련자들을 초대해 보이텔스바흐에서 학술 행사를 개최했다. 여기서 자신의 동료였던 한스게오르크벨링 박사에게 학술대회에 참여했던 좌우 진영의 정치교육 관련자들 모두가 동의할 수 있는 원칙 같은 것은 없을지 보고서를 작성하게 했다. 이를 바탕으로 서독 정치교육계에서는 3가지 원칙에 대한 합의가 이뤄졌는데 이를 '보이텔스바흐 합의'라 한다. 보이텔스바흐 동의는 정치교육의 최소 조건을 정한 내용으로 처음에는 학생들에 대한 정치교육의 수업 지침으로 채택되었으나, 현재는 모든 독일 국민을 대상으로 확대 적용되면서 독일 정치교육의 헌법으로 여겨지고 있다. 이 교육 지침은 바람직한 정치교육의 원칙으로, 일방적인 주입식 교화 교육 금지, 학문과 정치에서 일어나는 논쟁을 교육에서도 그대로 재현, 학생들이 정치적 상황과 자신들의 이해관계를 이해하고 그에 따라 정치적인 행위 능력을 기르게 한다는 것을 제시하고 있다.

이 세 가지 원칙의 주요 내용을 풀어보면 첫째, 강화(교화)의 금지로 어떤 수단으로 학생들에게 특정한 견해를 주입해 이들이 자주적인 판단과 독립적인 의견을 형성하지 못하도록 방해해서는 안 된다는 것이다. 여기에 정치교육과 교화의 경계가 있다. 교화는 민주사회의 교사가 할 역할이 아니며, 민주사회에서 널리 받아들여지는 학생의 성숙이라는 목표에도 적합하지 않다는 것이다. 둘째, 논쟁적 실체를 다루는 방식의 문제로, 학문과 정치에서 논쟁적인 것은 수업에서도 역시 논쟁적으로 나타나야 한다는 것이다. 이 요청은 첫 번째 원칙의 교화 금지와 연결되는데, 다양한 관점을 숨기고 대안들이 언급되지 않은 상태로 남게 되면 교화나 주입으로 흐르기 때문이다. 셋째, 학생들은 특정한 정치적 상황에서 자신들의 이해관계를 고려할 수 있고 자신의 이해관계에 비추어 주어진 정치 상황에 영향력을 행사할 수 있는 수단과 방법을 찾을 수 있어야 한다.

이처럼 보이텔스바흐 합의는 정치교육의 최소 조건을 정한 내용으로, 일방적인 주입식 정치교육을 지양하고 서로 다른 의견을 긍정하며 복수적인 의사와 그 자유적인 표현을 인정하는 정치교육을 실시하는 것이 주요 내용이다. 다시 말해 정치교육을 통해 학생들을 스스로 판단하고 결정하며 행동할 수 있는 능력을 갖춘 존재로 성장시키겠다는 교육적 관점을 철저하게 이행하는 것이다. 독일은 이 합의에 따라 교육 현장에서 이념 대립을 극복하고 전 국가적인 차원에서 체계적인 정치교육 시스템을 만들어내는 데 성공했다. 이 합의는 독일통일 이후 오늘날까지 성공적인 사회통합과 민주주의에 기반을 둔 발전의 토대를 구축할 수 있는 바탕이 되었다고 평가된다. 통일 후에도 구동독 지역에서 이 합의에 따라 체계적인 민주주의 교육을 시행해 주민들이 민주주의 원리와 가치에 익숙해지는 데 중요한 역할을 했다.[28]

위 내용처럼 통일교육 내용에 사회적 합의가 필요하다. 통일교육지원법 이후 학교 통일교육(대학통일교육 포함) 및 사회통일교육에 대한 지원과 민관의 협력 노력이 지속되지만 공통된 통일교육 내용 부족과 정부 혹은 교육 주체에 따라 차이가 나타나는 통일교육은 민관 거버넌스 활성화에 언제나 한계로 표출되고 있다. 통일부, 교육부, 민간단체 등 사회적 합의(대타협)가 이뤄지는 통일교육 내용을 도출해 우리 사회 전체로 확대할 필요가 있다. 이것은 한국형 통일교육 보이텔스바흐 성격을 의미한다.

수요자 중심의 통일교육

일방적인 주입식 강의가 아닌 효과적이고 세련된 교수법을 통한 통일교육이 이루어져야 한다. 통일교육은 학교 교육과는 달리 짧은 시간에 많은 사람과 통일공감대를 나누고, 시민에게 지속적인 관심사를 남겨주어야 한다. 이를 위해서는 강사가 수요자의 특징과 관심사를 사전에 조사해야 할 것이다. 오늘날 사회는 개인이 직접 콘텐츠를 생산하고, 이를 자유롭게 공유하는 분위기다. 이러한 사회적 흐름에서 시민과 소통하고 통일의식을 공유하기 위해서는 민주시민교육과 청년 독서토론과 같이 수요자 중심의 참여형 교수법과 토론 기법을 적용할 필요가 있다.

그리고 사회의 여러 계층과 세대의 문화 코드를 이해하고 반영해야 한다. 각 나라의 국민은 세대, 성별, 계층 간 공통된 문화코드와 차이를 나타내는 시대정신이 존재한다. 한국사회에는 광복과 6·25전쟁, 60~80년대의 경제개발과 새마을운동의 성과, 독일에 파견한 간호사와 광부, 민주화운동, X세대부터 밀레니얼 세대에 이르기까지 다양한 사회적 경험과 세대들이 공존하고 있다. 우리 사회에 담겨 있는 세대별 경험의 가치를 존중하며, 다름과 소통의 문화가 필요한 시기다. 한반도 평화와 통일은 특정 세대나 그룹에 주어진 과제가 아니라 한국사회 모두를 대상으로 한다. 그러므로 통일에 관해 민족성, 평화지향 등 통일의식의 차이, 통일교육 관련 관심도 차이 등을 바탕으로 교수법을 연구해야 한다.

2030세대의 문화코드 이해

최근에는 초중교 통일교육처럼 학교에서 의무적으로 시행하는 통일교육 범위에 있지 않으면서 사회와 경제의 허리를 담당하게 될 2030세대의 통일의식과 통일교육에 대한 관심이 모아지고 있다. 지금의 2030세대[29]는 앞으로 남북관계와 통일에 관한 정책 수립과 추진 과정에서 실질적인 역할을 담당하고 참여하는 사회 계층이 되는 것이다. 2030세대가 한반도 평화와 통일에 대한 관심과 참여가 부족하다면 우리 사회의 통일문제는 기성세대의 통일감수성으로 보일 수 있다. 그러나 이와 같은 중요성에도 2030세대의 통일의식은 점점 낮아지고 있으며 기존의 통일교육은 이들에게 관심을 심어주지 못하고 있는 현실이다. 2030세대에게 통일공감을 확대하고 미래통일세대와 소통하기 위해서는 일방적인 공급자 중심의 지식 주입이 아닌 교감과 이해를 바탕으로 하는 수요자 중심의 통일교육 활성화가 필요하다.

이를 위해서는 2030세대가 통일이 필요한 이유에 정치적인 접근과 민족의 당위성보다는 남북의 경제성장과 전쟁의 위험에서 벗어나 한반도에 평화가 정착되는 부분에 관심이 많다는 것을 인식하고 통일교육의 내용과 방향을 추진해야 한다. 여기에 통일 관련 분야에 관심이 있는 2030세대가 어떤 내용으로 활동하고 있는지 파악하고 그들이 형성하고 있는 소통의 공간을 이해한다면 2030세대가 능동적이고 주도적으로 이뤄가는 통일공감대 방안을 추진할 수 있을 것이다. 이를 위해서는 먼저 2030

세대가 자신들의 관심 분야와 사회적 가치를 이뤄가는 소통의 공간과 문화를 이해할 필요가 있다.

2030세대는 관심 분야의 전문 지식을 모으거나 콘텐츠를 직접 생산하여, 인터넷 공간에서 자유롭게 공유하는 세대다. 이 과정에서 모임과 토론이 이뤄지고 이들은 자신의 관심 분야에 전문성을 가지게 된다. 또한, 서로가 교감한 사회적 정의와 문제의식에 스스로 모이는 적극적인 활동을 펼친다. 2030세대가 온라인을 통해 참여세대로 주목받기 시작한 2002년 한일월드컵은 17년 전의 일이지만, 이 시기에 나타난 2030세대의 사회적 특징과 활동 영역은 현재의 2030세대에게도 이어져오고 있다. 게다가 특정한 관심이나 활동을 공유하고 개인이 생산한 콘텐츠를 빠른 속도로 많은 사람에게 전달하는 오늘날의 SNS 시대에는 더 확대되었다. 이들은 페이스북, 인스타그램, 유튜부, 싸이월드, 블로그 등 인터넷을 통해 공통의 관심사에 서로 모이고 소통하며 참여한다.[30] 인터넷 공간은 개인이 학과와 직업의 범위에서 벗어나 자신의 생활 관심사나 추구하고자 하는 사회적 가치를 공유하며 인적 네트워크를 확장하거나 참여할 수 있다. 2030세대는 이러한 특징을 지닌 SNS 공간에서 만나며 문화를 형성하고 있다. 이처럼 2030세대는 특정한 기관이나 단체를 통해 네트워크를 넓혀가기보다는 SNS를 통해 자신들이 가지고 있는 관심 분야와 사회적 가치를 공유하고 실현한다. 이러한 현상은 통일 관련 분야에도 나타난다. 2030세대가 SNS를 통해 모이는 통일 관련 활동을 소개하면 다음과 같다.

〈도표 6-14〉 2030세대의 통일 관련 SNS활동

명칭	활동 내용
공감- 탈북청년 네트워크	• 구성원 : 탈북청년, 대학생, 청년층 • 북(Book&北)살롱 – 소통을 위한 공감질문 카드 개발 – 공감카드를 통해 남북의 이해와 통일에 관한 토론 진행 – 북콘서트와 연계해 북한의 음식과 문화 등 소개 • 통일 관련 영화, 연극 관람 • 공감4.0 – 회원들이 논의해 사업 구성 및 역할 분담 • 삼촌들의 통일수다방 외 다수
남book북 한걸음	• 구성원 : 남북청년 • 통일 · 역사 · 사회현상 등 분야별 독서 토론 중심 – 남북체제 통합, 남북청년 인권, 외교 등등 – 사회 정체성과 폭력, 자기계발, 젠더 외 다수
(여성주의적 시선으로 한반도와 통일을 바라보는) 여대생 통일 연구학회	• 구성원 : 여자 대학생 • 독서 소모임, 논문 읽고 세미나 진행 『나는 분단국의 페미니스트입니다』 「결혼시장에서 북한이탈여성의 이미지 재현 연구」 등 • 탈북 여성에 대한 세미나(정기세미나 병행) – 영화 〈마담B〉 – 1990년대 이후 북한 여성의 변화 • 〈포스트 잇, 유니어〉라는 이름으로 공식 블로그에 학생 칼럼 연재 • 청년국제심포지엄, 통일교육주간 등 공식 행사에 참여
통일대학생 동아리연합	• 구성원 : 대학생 • 남북청년 통일 워크숍 진행 – 주제 : '통일을 품다'를 중심으로 다양한 통일 관련 이야기 전개 • 학술대회 진행(2018년까지 2회) • 북한 사람에 대한 편견 해소하기 – 북사달 : 북한과 북한 사람은 달라! – 장마당 세대 이야기 • 남북청년 소통의 장 '통일클러스터' – 정기적으로 카드뉴스 발송 – 북한 청년 · 남한 청년 · 외국 청년 관점 이야기 – 대북 제재와 북한 민간경제 등 다양한 주제로 세미나와 카드뉴스 제작

이처럼 2030세대는 통일과 관련해 자신들의 관심 분야에 스스로 모이며 콘텐츠를 생산하고 있다. 또한 어느 대표가 중심이 되어 이끌어가는 것이 아니라 구성원 모두가 역할을 분담해 모임을 이끌어간다. 사업 내용도 대립적인 이념과 군사적인 범위에서 벗어나 남북의 문화, 평화와 경제, 독서토론, 북한의 일상생활에 대한 세미나, 한반도의 근현대 역사, 영화와 연극 관람, 영상 제작, 공감카드, 카드뉴스 등 재미를 포함해 여러 사람의 다양성과 흥미를 존중하면서 의사소통하는 방향에 초점을 두고 있다. 이러한 2030세대의 통일 관련 관심 분야와 활동의 특징을 이해하면서 통일교육을 모색해야 한다.

그리고 2030세대는 일상에서 상하 명령과 주입의 관계가 아닌 존중과 평등한 관계를 유지하는 특성이 있으며, 사회적 명예와 지위보다는 자신이 추구하는 사회적 가치와 취미가 사회활동이나 직업으로 연결되는 것이 자연스러운 세대다. 여기에 2030세대는 취업난, 소득의 양극화, 빈곤의 대물림 등 경제적으로 어려운 현실에 놓여 있다. 2030세대가 연애, 결혼, 출산 등 세 가지를 포기한 세대라는 신조어 삼포 세대는 이들이 처해 있는 상황을 말해주는 단어다. 지금은 완포세대 혹은 전포세대라는 말이 나올 정도다. 문화체육관광부 국민소통실은 ㈜다음소프트와 함께 2016년 1월부터 2018년 9월까지 '2030, 3040, 엄마, 5060세대' 온라인 커뮤니티 게시물을 중심으로 빅데이터를 분석하고, 세대별 관심사와 고민거리를 발표했다. 조사 내용을 보면, 세대별 관심 분야에서 2030세대는 일자리 분야에 대한 언급이 전체의 35.9퍼센트로 가장 높았고, 고민과 관련해서도 취업 문제가 상위였다. 여기에 나이에 부여되는 역할에 대한 고민에 20대는 취업, 30대는 결혼으로 나타났다. 이렇게 당장 자신의 삶이 어려운 현실에서 나와 가까이 연결되지 않고 오히려 정치적인 논란에 가까운 이미지를 가지고 있는 통일문제에 2030세대가 관심을 가지고 미래지향적으로 참여하는 분위기를 형성하기는 어렵다. 게다가 통일의 과정에서 발생하는 세금에 대한 인식은 통일문제에 관한 거부감을 더 높일 수 있다. 그러므로 한반도 평화와 통일이 2030세대의 현실에 더 긍정적인 영향을 줄 수 있는 정보와 사회적 가치를 공유하는 과정이 필요하다.

2030 평화·통일 퍼실리테이터 양성

인터넷과 SNS를 통한 2030의 활동을 보면, 사회의 과제와 현상에 참여하고자 하는 욕구를 나타내고 있다. 또한 고정된 기관이나 단체가 아닌 인터넷 공간에서 만나서 회원과 네트워크를 확대해가며 활동한다. 이들은 단순한 수요자가 아닌 자기 생각과 의견을 적극적으로 말하며 능동적으로 참여하는 주체적인 성격을 지닌다. 그러므로 단순히 교육생이나 청중이 아닌, 평화 · 통일에 관해 여러 분야의 2030세대가 참여하는 개방적인 토론 활성화가 이뤄져야 한다. 그리고 토론은 강사가 주도하기보다는 원탁토론 형식처럼 참여자가 주체적으로 이끌어가는 토론이어야 한다. 이러한 토론이 사회의 다양한 분야에 진출한 2030세대를 중심으로 활성화되면 이들이 스스로 고민하고 참여해 통일의 과정과 미래상을 만들어간다는 사회적 분위기를 형성할 수 있다.

그리고 한반도 평화와 통일에 관한 견해에는 사회적 계층과 세대 간에 차이는 물론이고 2030세대 안에서도 다양한 의견이 존재한다. 평화와 통일의 방향을 공급자 중심에서 일방적으로 주입하는 것이 아니라 개인이 가지는 의견 차이를 인정하면서 평화와 통일문제에 관해 공통으로 추구할 수 있는 합의된 의견을 만들어가는 과정이 필요하다. 이러한 과정은 개인에게 자발성의 힘이 작용할 수 있다. 이와 같은 의미를 실현하기 위해 2030세대를 대상으로 하는 평화·통일 퍼실리테이터 양성 사업을 제안한다. 퍼실리테이터 역할의 핵심은 아무도 틀리지 않으며 다름을 인정하는 것이므로 '2030 평화·통일 퍼실리테이터'는 같은 세대와 함께 통일문제에 관해 개방적인 토론을 이끌어갈 수 있다. 뿐만 아니라 연령 차이가 적은 초·중·고 청소년들과 교감하며 눈높이 통일교육 토론을 진행하는 역할도 가능하다. 먼저 퍼실리테이터에 대한 정의와 역할은 다음과 같이 볼 수 있다.

퍼실리테이션(Facilitaion)은 '일을 쉽게 하도록 도와주다, 촉진시키다'의 의미이며 일반적으로 사람들 사이의 집단 의사소통을 돕는 활동이며, 동시에 구성원들이 과제를 완수하고 서로 협력할 수 있도록 도와주는 프로세스다. 그리고 회의, 포럼, 컨퍼런스, 워크숍, 강의 등에서 사람들이 함께 정보를 공유하고 해답을 찾거나, 계획을 세우고자 할 때, 그 과정을 도우며 역할을 수행하는 사람을 '퍼실리테이터'라고 한다. 퍼실리테이터는 구성원이 과제를 성공적으로 완수하고 서로 협력할 수 있는 방법과 절차를 제공하는 사람이기도 하다. 특히 현대에 들어와 사람들의 참여욕구가 증대되면서 여러 사람이 모여 공동의 주제를 심도 있게 논의하고, 참석자 모두가 동의하고 지지하는 결과를 이끌어가는 퍼실리테이터의 역할이 중요해지고 있다.[31] 이미 기업뿐만 아니라 여러 지역사회에서 환경, 복지, 경제에 관해 시민이 중심이 되어 지역사회 비전과 아이디어를 논의하는 토론문화 활성화를 위해 시민 퍼실리테이터 양성교육을 진행하고 있다.[32]

참여자들과 소통하며 의견을 종합하는 퍼실리테이터가 갖추어야 하는 자세와 역량은 다음과 같다. 첫째, 퍼실리테이터는 사람들의 잠재력을 이끌어낸다. 참석자들이 내놓은 의견이 그들에게는 정답이라는 믿음을 가지는 자세가 중요하다. 일반적인 컨설턴트는 문제를 진단한 후 해결책을 제시하는 주체가 되는 것에 반해, 퍼실리테이터는 구성원들이 스스로 답을 찾을 수 있게 도와주는 역할을 한다. 문제 해결의 주체는 바로 구성원들이다. 둘째, 프로세스에 대한 전문성을 갖춘다. 퍼실리테이터의 역할은 해답을 제시하는 것이 아니므로 주제에 대한 전문적인 지식이 꼭 필요한 것이 아니다. 퍼실리테이터는 기획 단계에서 주제와 관련된 배경과 주요 사안을 이해하고 해당 주제와 관련된 프로세스를 원활하게 진행한다.[33] 예를 들어 '대북정책에 따른 남남갈등 해소방안'에 대한 워크숍이나 원탁토론이라고 한다면, 어떤 과정을 거쳐 해소방안을 이끌어낼 것인가, 잘된 결과물은 어떤 것인지, 경계해야 하는 잘못된 결과물은 어떤 것인지에 대한 구상을 가지고 있어야 한다.

셋째, 퍼실리테이터가 갖추어야 할 가장 중요한 자세는 적극적인 경청이다. 퍼실리테이터는 참석자들이 효과적인 절차에 따라 의미 있는 논의를 진행할 수 있도록 진행 과정을 기획하고 통제할 뿐, 논의 주제에 대한 의견은 제시하지 않는 게 원칙이다. 콘텐츠에 관여하지 않으면서 토론 진행의 프로세스를 퍼실리테이터가 중심이 되어 이끌어가는 것이다.[34] 퍼실리테이션의 장점 중 하나는 구성원들에게 부여하는 자발성의 힘이다. 워크숍이나 원탁토론을 통해 나온 의견의 종합과 추진 방향은 참여자 개개인이 스스로 생각하고 자신들이 제안한 내용이다. 이러한 결과물은 추진과 실천에 있어서 한 전문가가 강연을 통해 제시하는 내용보다 더 많은 동기부여와 추진력을 얻는다.

〈도표 6-15〉 **통일교육의 과제와 2030 평화 · 통일 퍼실리테이터의 역할 비교**

기존 통일교육의 과제	2030 평화 · 통일 퍼실리테이터 역할
공급자 중심의 주입식 교육	개방적인 토론과 공감대 형성
전문 강사의 고령화	젊은 세대와 교감하는 조력자
다양한 문제의식과 의견에 대한 한계	다름을 인정하고 잠재력 도출
강사의 성향에 따라 변화하는 교육 내용	수요자가 공통의 해결책과 방향을 제시
일회성 교육	수요자의 동기부여와 추진력
수도권 중심의 집중화	지역의 평화 · 통일 퍼실리테이터 양성

위와 같은 역할을 담당하는 퍼실리테이터를 2030세대를 대상으로 통일교육원, 시민단체, 지역사회 등에서 양성하여 청년층은 물론이고 다양한 세대를 중심으로 한반도 평화와 통일에 관한 사회적 대화를 진행할 필요가 있다. 2030 평화 · 통일 퍼실리테이터의 활동은 2030세대에게 통일문제에 대한 관심과 동기부여를 제공하고, 이들이 공유하는 SNS 공간에서 큰 홍보와 확장의 효과를 만들어갈 수 있다.

통일교육 민관 거버넌스 활성화

통일 환경의 변화와 시민사회의 성숙을 반영하는 통일교육 민관 거버넌스 활성화가 필요하다. 거버넌스는 사회 내 다양한 기관이 자율성을 지니면서 함께 국정운영에 참여하는 변화 통치 방식을 말하며, 다양한 행위자가 통치에 참여 · 협력하는 점을 강조해 '협치(協治)'라고도 한다. 오늘날의 행정이 시장화, 분권화, 네트워크화, 기업화, 국제화를 지향하고 있으므로 기존의 행정 이외에 민간 부문과 시민사회를 포함하는 다양한 구성원 사이의 소통과 네트워크를 강조한다는 점에서 생겨난 용어다.[35]

거버넌스의 발단 배경을 보면 인구 증가와 다양해지는 사회 문제 및 욕구에 국가의 단독적인 해결 능력이 한계에 도달했다. 여기에 지방화와 함께 정치권력의 분권화, 사회조직의 전문성 및 자율화 증가, 지역문화 발전으로 사회 과제에 중앙정부와 국가독점이 아닌 협력이 필요하게 되었다. 그러면서 시민사회의 성장으로 정부와 협력관계가 증가했고, 계층제를 통한 결정과 추진보다는 여러 분야의 사람들이 참여하는 결과가 효율성을 제고한다는 결과를 낳았다. 이러한 흐름으로 정책과정에 분야별 전문가들이 조직화한 행위자의 수가 증가하고 이들 간의 상호의존관계가 높아졌다. 결과적으로 사회문제에 시민의 참여를 확대하고 민간의 자발적인 힘을 활용하게 된 것이다.

〈도표 6-16〉 민관 거버넌스의 등장 배경과 필요성

순번	등장 배경	요구 사항
1	• 국가의 재정위기 및 인구 증가에 따라 다양해지는 사회문제 및 욕구 증가 – 1970년대 오일쇼크와 경기 침체 – 정부 혼자의 해결 능력이 한계에 직면	• 정부 운영의 효율성 제고 – 문제 해결에 네트워크 활용
2	• 시장으로의 이념적 수렴 – 정부가 사회문제의 해결 주체라는 전통적인 시각 탈피 – 전통적 책임성의 변질	• 사회 내에서 정치적 영역 축소 – 거버넌스 논의 활성화
3	• 지방화와 함께 정치권력의 분권화 – 사회조직의 자율화와 지방문화의 발전	• 중앙정부 중심의 문제 해결 탈피 – 광역적 · 국제적 조직들의 활성화
4	• 정책결정의 부분화와 전문화 – 정책 과정에 조직화된 행위자의 수가 증가 – 사회적 변화와 복잡성의 증가	• 정책과정에 전문가 집단 간 상호협력관계 증가

출처 : 은재호 · 오길수 편저, 『한국의 협력적 거버넌스』, 대영문화사, 2019, pp.19–21.

1999년 통일교육지원법 제정과 2000년 남북정상회담 이후, 민간단체의 성장으로 통일교육 활성화가 이뤄졌다. 오늘날 민간단체 구조는 전직 통일 관련 연구자, 교육, 종교 지도자, 국제정치, 법률, 경제, 의학, 문화 등 사회의 분야별 전문가들이 참여해 통일교육을 추진하는 체계다. 2000년 이후 민간영역의 교수법, 콘텐츠, 프로그램 등은 타 기관이 벤치마킹하는 수준으로 발전했다. 계층과 세대에 대한 통일교육 분야에 민간단체의 참여를 적극적으로 활용하고, 단체는 정부와 책임을 공유하는 거버넌스 체계를 중요하게 인식하면서 통일교육 민관 거버넌스를 발전시켜 나가야 한다.

통일교육지원법 실효성 확대

통일교육지원법 내용에는 통일교육 시행에 대한 책임에 관해 임의규정의 성격이 강하다. 그러므로 2030세대에게 지속적인 관심을 심어주고 대국민 통일공감대를 이뤄가기 위해서는 대학교와 자치단체가 통일교육을 능동적으로 할 수 있도록 보완이 이뤄져야 한다. 그리고 이전 정부에서 삭제한 '통일교육심의위원회' 설치 조항에 관해 통일교육의 편향성 방지, 민관이 합의한 통일교육, 통일교육 기구의 정당성 등을 위해 재검토가 필요하다.

1990년대 국제질서 변화와 독일통일은 남북관계의 개선에도 영향을 주었다. 이러한 국내 정세 변화에서 정부도 분단을 극복하고 통일을 준비하는 노력에 제도적 기틀이 필요하다고 보았고, 통일교육을 활성화하기 위한 법적 근거를 마련하기 위해 1999년 통일교육지원법을 제정했다.

그러나 통일교육지원법 내용을 살펴보면 첫째로 통일교육 시행에 대한 책임에 관해 임의규정의 성격이 강하므로 통일교육을 활성화하는 데 한계가 있다. 통일교육지원법과 그 시행령에는 학교통일교육과 사회통일교육 진흥에 필요한 내용이 있으나 일부는 권고하는 성격의 내용이다. 제7조(통일교육의 반영) "국가나 지방자치단체가 설립한 교육훈련기관 및 대통령령으로 정하는 사회교육기관을 설치 · 운영하는 자는 대통령령으로 정하는 바에 따라 교육훈련과정에 통일교육을 반영하도록 노력하여야 한다". 제8조(학교의 통일교육 진흥) "정부는 「초 · 중등교육법」 제2조에 따른 학교의 통일교육을 진흥하기 위하여 노력하여야 한다" 등의 임의규정을 강한 의무의 성격으로 대체하는 것이 필요하다. 물론 그동안 통일교육이 정권의 대북정책을 대변해왔다는 평가와 남북관계 및 정치적인 논쟁에 자유롭지 못했던 것이 사실이다. 따라서 통일교육에 정부의 일방적인 강제 성격의 의무규정은 오히려 혼란을 가져올 수 있으므로 국민적 합의를 바탕으로 추진하는 과정이 요구된다.

둘째로 통일교육지원법 제11조(고발) "통일부장관은 통일교육을 하는 자가 자유민주적 기본질서를 침해하는 내용으로 통일교육을 하였을 때에는 시정을 요구하거나 수사기관 등에 고발하여야 한다"는 규정은 통일교육 활성화에 제약으로 작용하고 있다. 이 조항은 현장에서 통일교육을 담당하는 교사들의 큰 부담이기도 하다. 미국과 소련을 중심으로 형성되었던 냉전체제가 독일의 통일과 함께 1990년대에 해체되었고 통일 환경도 변화했다. 그리고 무엇보다 많은 교육 현장에서 통일교육이 공급자 중심의 일방적인 강의가 아닌 수요자와 소통하고 교감하며 찬반 의견이 자유롭게 오가는 '열린 토론'과 '사회적 대화'의 교수법이 필요하다는 의견이 높아지고 있다. 통일교육 진흥을 위해서는 교육 담당자와 수요자 간 자유로운 의사소통이 중요하다고 볼 때, 위 조항 내용에 대한 개정이 필요하다.

셋째로 통일교육 예산 마련과 지원 방향이 보완되어야 한다. 통일교육 활성화를 위한 구체적인 예산 확보와 지원 방안이 부족하므로 해마다 정부의 예산 영향에 따라 통일교육 활성화와 위축이 반복되고 있다. 그러므로 통일교육지원법의 현실적인 시행을 위해서는 예산 마련에 관한 규정이 요구된다.

넷째로 사회통일교육의 체계와 방법 및 중요성을 명시하는 내용이 필요하다. 국가적 차원에서 특정 분야의 교육을 지원하고 진흥하기 위해서는 교육의 범위를 학교교육에 한정하지 않고 사회교육으로 확대하는 정책을 마련해야 한다. 교육지원 관련법을 보더라도 학교교육과 사회교육으로 구분하여 각 분야에 적합한 지원책을 제시하고 있다. 예를 들어 문화예술 교육 지원법 제3장(학교문화예술교육의 지원), 제4장(사회문화예술교육의 지원), 법교육지원법 제7조(학교 법교육의 지원), 제9조(사회 법교육의 지원)가 좋은 사례다. 이에 비해 통일교육지원법 제8조(학교의 통일교육 진흥)에서 학교에서 실시되는 통일교육에 관하여 규정하고 있으나, 사회통일교육에 관해서는 체계적으로 명시하지 않고 있다.[36] 물론 사회통일교육과 연관성 있는 제6조의3(지역통일교육센터의 지정·운영), 제6조의4(통일관 지정 등), 제10조(통일교육협의회) 등 직·간접적으로 사회통일교육을 제시하고 있다. 하지만 학교통일교육과 구별되면서 동시에 부족한 점을 보완해주며 그 이상으로 광범위하게 이뤄지는 차원의 의미로서 사회통일교육에 관한 체계와 방법 등을 명시하는 규정이 요구된다. 여기서 한 단계 더 나아가 학교통일교육과 사회통일교육의 개념을 정의하는 항목을 추가하여 통일교육의 개념을 구체적으로 재정리할 필요가 있다.

통일교육지침서 개편 방향

통일부는 통일교육지원법 제3조의2(통일교육 기본사항) "통일부장관은 제3조의 기본 원칙에 따른 통일교육을 하기 위한 기본사항을 정한다", "통일부 장관은 통일교육에 관한 기본사항을 정할 때에 미리 관계 중앙행정기관의 정과 협의를 하여야 한다"에 근거하여 「통일교육지침서」를 발간해 통일교육의 목표와 방향, 주요 내용 등을 제시하고 있으나 사회적 합의가 아닌 국가지침 하달 방식이라는 점에서 한계를 가지고 있다.

통일교육지침서에는 통일교육의 방향과 구체적 내용 제시가 중심이 아닌, 통일교육 현장에서 지켜야 할 교육적 원칙에 대한 사회적 합의문을 담는 것이 중요하다. 북한과 통일문제에 관한 구체적인 교육 내용은 통일부에서 발간하는 다른 참고도서로 대체할 수 있다.[37]

위와 같은 내용은 통일교육지침서가 여야와 보수, 중도, 진보를 막론하고 대국민 차원으로 다가가는 것을 의미한다. 이것은 통일교육 내용에 앞에서 언급한 독일의 '보이텔스바흐 합의' 성격을 지닌 사회적 합의와 지속성 추진이 매우 중요하다는 것이다. 이를 위해서는 통일교육 관련 민관 분야의 참여와 협력이 필요하다. 통일연구원, 통일교육원, 평화와 통일교육을 시행하는 주요 사회시민단체, 한국교육개발연구원 등이 중심이 되어 교육청, 학교 내 통일교육 담당교사, 통일교육 관련 학회, 민주시민교육 단체 등과 연계해 통일교육 쟁점 사항에 관한 사회적 논의를 전개할 필요가 있다. 이 과정을 통해 통일교육의 장 안에서 준수되어야 할 최소한의 원칙에 대해 합의해나가는 방안을 추진해야 한다. 통일교육은 '정책'이 아니라 '교육'이라는 점에 중점을 두고, 통일교육 주요 주체들이 정치적 입장의 차이에도 합의할 수 있는 '교육'의 원칙을 찾아나가며, 이를 국가 교육과정에 반영해야 한다.[38]

이를 위해 정부가 안정적이고 지속가능한 통일·대북정책 추진과 기반을 마련하기 위해 추진하고 있는 통일국민협약의 공론화 과정과 연계해서 추진하는 것도 하나의 방안이다.[39] 통일국민협약의 내용에 통일교육 분야를 별도로 분리하고 토론과 사회적 대화를 통해 사회적 합의를 이뤄가는 것이다. 이러한 과정을 통해 도출된 통일교육 현장의 합의문을 통일교육지침서에 활용한다면, 통일교육이 정치적인 논쟁에서 벗어나 '열린토론' 과 '찬반논쟁'을 활성화하고 남남갈등을 해소하는 데 기여할 것이다.

05 동북아 공동체의식 정립을 위한 **한국의 역할**

우리 사회의 보수·진보 진영 간 갈등과 대립을 해소하는 것이야말로 통일을 이룰 수 있는 지름길이다. 대북정책과 통일정책 역시 국민적 합의와 지지에 의해서 추진될 수 있도록 해야 한다. 통일교육은 자유민주주의 신념과 민족공동체의식을 바탕으로 바람직한 통일관을 정립하는 데 주안을 두고, 통일환경과 남북한 실상에 관한 객관적 이해와 건전한 안보관을 정립하며, 평화공존과 화해협력의 필요성을 인식하고, 통일실현의지를 함양하는 방향으로 추진되어야 한다. 서로 만나 소통하고 교류를 확대해나가면 벽을 허물고 통일을 이룰 수 있을 것이다. 분단비용보다 통일되었을 때 통일비용이 훨씬 적다는 것을 체감할 수 있도록 제시함으로써 한반도 평화체제 구축 노력을 가일층 강화할 수 있을 것이다. 남북이 하나가 되는 데 성공한다면 동북아 공동체를 형성하는 데에도 우리는 중요한 역할을 수행하게 될 것이다.

우리 국민의 높은 교육열, 생동하는 시민정신과 성숙한 국민의식, 해외지향적인 도전정신, 널리 인간을 이롭게 하라는 홍익인간의 정신은 서로 화합하면서 평화로운 가운데 약동하고 살맛나는 동북아 인식공동체

사회를 가꿔나가는 데 귀한 역할을 할 수 있을 것이다. 인식공동체는 공동운명체로서 싸우지 않고 서로 화합하면서 문명생활을 영위하는 공동체를 지칭한다.

세계가 케이팝, 방탄소년단, 영화 〈기생충〉, 드라마 등 한국 문화에 열광하는 것을 보면서 한국의 문화가 동북아를 유럽연합처럼 공동체로 묶어주는 힘을 발휘할 수 있음을 알 수 있다. 더욱 왕성한 문화교류 활동의 중심에 있으면 있을수록 이념적으로 대치하고 있는 남북한의 벽을 허물고 배타적 민족주의와 과거사로 분열되어 있는 한 · 중 · 일을 결속시키는 데 기여할 것이다.

한편 대립과 분열의 냉전질서가 지속되고 있는 동북아에서 평화와 협력의 공존질서로 전환하도록 하는 데 있어서 앙숙관계에 있었던 프랑스-독일이 어떻게 형제국가가 되었으며, 유럽연합의 견인역할을 할 수 있었는가를 살펴보는 것은 중요한 의미가 있다.

1963년 1월 22일 프랑스-독일 간 체결된 엘리제 조약은 150년 이상 적대관계에 있었던 양국 간 갈등을 청산하고 화해와 협력으로 발전하는 이정표가 되었다. 프랑스와 독일 간 배타적 민족주의는 끊임없는 전쟁을 통해서 심화 · 악화되어갔다. 나폴레옹전쟁(1797-1815) 당시 프로이센 지역이 초토화되었고, 1870년 보불전쟁에서 독일이 승리하여 알자스-로렌지역이 독일로 할양되었다. 독일의 제1, 2차 세계대전 침공을 통해 프랑스 인구의 5분의 1이 전사할 정도로 희생이 컸으며 국토는 황폐화되었다. 전후에 2차대전 전승국으로서 프랑스군은 점령군으로 독일에 진주할 때 미국, 영국, 소련군보다 더 포악했었다.

이러한 앙숙 관계에 있었던 두 나라가 어떻게 화해 협력을 추진했으며, 유럽연합을 이끌어갈 수 있었는가를 살펴볼 때 프랑스-독일 간 화해

협력은 한·중·일 3국 간 협력관계로 발전시키는 데 있어서 일깨워주는 바가 크다. 2차 세계대전 이후 독일의 진지한 사과와 양국 간 화해 협력을 통해 다각적인 교류가 확대되었다. 특히 1963년 드골(Charles de Gaulle) 대통령과 아데나워(Konrad Adenauer) 수상 간에 체결된 프랑스-독일 간 화해협력조약인 일명 엘리제조약(Èlysèe Treaty)은 양 국가 원수 간 매년 두 차례의 정상회담, 분기별 외교장관 회담, 기능별 장관급 위원회 운용, 양국 국민 특히 젊은이 간 친선교류에 합의했을 뿐만 아니라, EU건설에 양국이 견인차 역할을 하자는 데 합의했다.

엘리제조약 이후 25주년을 맞는 1988년 이후 프랑스-독일 양국관계의 변화된 모습은 가히 소설 속의 이야기 같다. 반기별 프랑스-독일 양국 간 국무회의를 합의해 개최해오고 있으며, 경제·금융, 환경, 군사·안보위원회를 구성 운용하고 있고, 1987년 독불연합여단을 창설해 1993년 유로군단의 모체가 되었다. 프랑스 프로방스 지역에 독불 비행사훈련센터와 외부위기관리작전센터를 설립했다.

또한 문화와 언론, 양국 언어 학습, 공동 역사교과서 편찬 및 교육, 스포츠 교류, 경제의 경쟁력 강화와 지속 성장, 인문사회과학 교류, 외교·안보정책의 공동 발전, 사회 유대는 물론, 프랑스-독일의 양국 근현대사 집필 및 교육, 1990년 독일-프랑스 ARTE TV 개국, 1999년 프랑스-독일 합동대학교를 개교했다.

지자체, 기업, NGO단체 간 자매결연 등 시민사회의 교류는 양국 간 화해·협력에 실질적인 역할을 해왔다. 2018년 55주년을 맞아 메르켈(Angela Dorothea Merkel) 수상과 마크롱(Emmanuel Jean-Michel Frèdèric Macron) 대통령 간 신 엘리제협약을 체결했다. 프랑스와 독일의 역동적인 교류협력이 제도화 활성화되면서 EU통합의 주도적인 역할을 했다.

동북아 인식공동체를 형성하기 위해서 교육교류, 문화와 스포츠, 다문화 사회, 종교, 군사협력, 초국가적 위협 공동대처 측면에서 한국의 중심축 역할을 제안하면 다음과 같다.

한국으로 유학 온 외국인 학생, 미 · 중 · 일에 유학하고 있는 한국인 유학생은 향후 동북아 역내 국가를 함께 모을 수 있는 휴먼 네트워크가 될 것이다. 2019년 한국에는 중국, 베트남, 몽골, 일본, 미국인 학생들이 12만여 명에 달한다. 또한 한국의 해외유학생은 30만여 명에 이른다. 미국에서 공부하는 한국 유학생은 중국, 인도에 이어 5만 4,000여 명으로 3위이고, 중국에는 24만여 명으로 1위이며, 일본에는 1만 5,000여 명으로 4위다. 한국인 해외 유학생은 동북아 역내 국가 중에서 인구 대비 학생 비율로 볼 때 단연 1위다. 더 많은 학생을 외국에 보내고, 외국 유학생을 받아들일 필요가 있다.

한 · 미 · 중 · 일 · 러가 공동으로 투자해 국제안보통상대학원을 제주도에 설립해서 교수진도 역내 국가 교수들로 편성을 하고 역내 국가 학생들이 함께 공부하면서 미래 동북아의 모습을 꿈꾸면서 인재를 양성하는 것도 동북아 인식공동체 사회를 형성하는 데 기여를 할 것이다. 또한 한 · 중 · 일이 함께 쓰는 동북아 근현대사를 공동으로 집필, 교육하는 것도 갈등을 해소하고 공동체 의식을 길러줄 것이다.

한국은 급속도로 다문화 사회로 변화하고 있다. 한국에 외국인이 2019년 220여만 명이 체류하고 있고, 다문화 가정을 이루고 있으며, 타문화를 포용하는 다문화 시대로 전환되고 있다. 이러한 열린 문화의 한국은 이웃과 서로 교류하고 소통하면서 화합하는 중심축이 되고 있다.

종교 면에서 한국처럼 여러 종교가 갈등이 없이 공존하는 나라는 드물다. 불교, 유교, 천주교, 개신교 간에 알력과 갈등이 없이 공존하는 포용력이 있는 나라다. 이처럼 한·중·일 3국이 신앙적으로 대립하지 않고 함께 존중하면서 화합할 수 있는 역할을 수행할 수 있을 것이다.

한·중·일 3국이 함께 제작하는 영화, 드라마는 물론 한·중·일 TV방송국을 개설하여 3국 앵커가 공동 진행하는 등 프로그램을 3국이 엮어나가는 것도 동북아 인식공동체를 형성하는 데 기여할 것이다. 또한 베이징-서울-도쿄를 순회하면서 정례적으로 실시하는 'BESETO 축구' 등의 스포츠도 한·중·일 3국을 결속시키는 데 기여할 것이다.

나라 안보를 보장하는 것은 막강한 군대를 보유하여 나라를 지키는 것과 함께 주변국 어느 나라도 적대국가가 되지 않도록 하는 것도 중요하다. 협력안보공동체 구축이 필요한 이유다. 우리 군도 주변국과 더욱 많은 군사교육교류를 통해서 지역의 안전과 평화를 유지하기 위한 협력의 정신을 길러줄 필요가 있다. 한국의 국방대학은 물론 합동군사대학, 각 군사관학교에 미국과 일본은 물론 중국 학생 장교들이 유학을 와서 공부하고 있고, 우리도 이들 나라에 유학생을 보내고 있다. 미국에 편중된 유학을 중국과 일본, 러시아까지 더 많이 보내 이들과 친구가 될 수 있도록 하자.

우리 군은 주변국과 연합훈련을 실시하고, 핫라인을 설치 운용하며, 자매결연을 맺는 등 우호협력관계를 증진시켜나가고 있다. 한국 해작사와 일본 자위함대사령부 간 핫라인 설치 및 운용, 해상구조수색훈련, 한·미·일 간 재난구조훈련을 실시하고 있다. 우리 육군의 경우 2019년 지작사 창설 이전, 육군 제1야전군과 러시아 하바롭스크 극동사령부 간 그리고 제3야전군과 중국 북부전구사령부 간 자매결연을 맺어 상호 방문하고 있다. 한국군 제2함대사령부와 중국 북해함대사령부 간 그리고 공군작전사령부와 중국 북부전구사령부 공군지휘소 간 핫라인을 구축, 운용하고 있다. 한국과 러시아 간에도 군사행동방지협정을 체결해 합참과 러시아 총참모부 간 전략대화 및 해작사와 러시아 극동사령부 간 핫라인 구축 운용은 물론 해작사와 블라디보스토크 극동함대사령부 간 함정 상호 방문과 탐색구조훈련을 실시하고 있다. 향후에 청일전쟁, 러일전쟁, 태평양전쟁, 6·25전쟁 등 전쟁이 치열했던 한·중·일 격전지 탐방 프로그램을 추진한다면 더 이상 전쟁을 해서는 안 된다는 인식을 갖도록 하면서 평화를 지키기 위해 동북아 국가들이 상호 협력할 수 있도록 하는데 기여할 것이다.

한·중·일 3국정상회담을 지속 추진하는 것, 코로나 바이러스 등 전염성 질병, 지진, 태풍, 화산 폭발 등 재해 재난에 공동 대처하기 위해 한국에 한·미·중·일 신속대응군을 창설, 운용하는 것도 싸우지 않고 평화롭고 안전하게 살 수 있는 동북아 인식공동체를 형성하는 길이 될 것이다.

이러한 제안은 남북한 및 동북아 지역에서의 갈등구조를 해소하는 구체적인 대안으로 자리 잡게 될 것이며, 전술(前述)한 새로운 통일교육 패러다임과 더불어 한국을 동북아 시대의 핵심가치, 즉 '갈등을 통합하는 리더십(Syncretics Leadership)' 중심축 국가로 발전시켜나가는 관건이 될 것이다.

정책 제안

▶ 한반도 중심축 국가론

중심축 국가로서 통일한국의 비전은 주권과 영토 수호 및 국민의 안전과 재산이 보호되고, 비핵 · 평화를 추구하며 자유민주주의와 시장경제, 인권, 법치주의 등 보편적인 가치를 지향하는 것 등으로 설정할 수 있다. 이와 더불어 한반도가 중심축이 된다는 뜻은 안보, 경제, 지식, 문화적 네트워크의 중심지로 한반도를 자리매김한다는 의미를 갖는다. 즉, 한반도를 지역안보협력의 메카이자 물류와 통상, 금융의 허브로, 지식정보와 4차 산업혁명 네트워크의 중심이자 열린 문화 공동체의 산실로 만들어간다는 의미다. 나아가서는 동북아시아의 평화를 지탱하기 위해 역내 국가들을 정체성, 법체계, 교육의 차원에서 융합시키는 역할을 한반도가 수행함으로써 팍스 노스이스트 아시아나의 비전을 열어갈 필요가 있다.

남북한의 통합은 한국과 북한의 국력을 기계적으로 합치는 것을 넘어서 남북한의 협력과 교류에 의한 승수효과를 수반할 것으로 전망된다. 무엇보다도 남북한의 통합은 한민족의 민족정신을 되찾는 계기가 될 것이다. 남북통합 과정에서는 홍익인간이라는 단군의 건국이념은 물론, 광개토대왕 시대의 상무정신, 한민족 고유의 독립적 기질, 세종대왕의 애민정신 등이 남북한 통합을 촉진하는 원동력으로 기능하게 될 것이며, 한민족이 도전과 응전의 민족사 속에서 보여주었던 삼국통일 시기의 자주와 자존의식은 물론 고려의 전략적 사고 등 역시 한민족을 응집시키는 요소로 작용하게 될 것이다. 남북한의 통합은 경제력과 자원의 측면에서, 정치력의 측면에서, 양자 및 다자 외교력의 측면에서, 군사력의 측면에서, 문화력의 측면에서 한국과 북한 각각의 국력 요소를 단순히 합친 것을 넘어서는 전체적인 능력을 발휘하게 할 것이다. 비록 남북한의 통합을 저해하는 요소들로 남북 간의 신뢰의 부족, 통일 비용 등을 꼽을 수 있으나, 이와 같은 저해 요소들을 정치, 안보, 경제, 문화적인 수준에서 통일이 이루어졌을 때 전략적으로 해소할 수 있을 것이다. 이러한 승수효과를 함께 고려했을 때 통일 한반도는 독일, 영국, 프랑스, 이탈리아 등에 이어서 세계 8위의 중심국가로 부상하게 될 것이다.

한반도가 중심축 국가로 자리매김될 때 한반도의 지경학적, 지정학적 의미도 재조명될 것이다. 한반도의 지정학, 지경학에 대한 전통적인 이해 방식은 대륙세력과 해양세력의 충돌 지역, 서구 중심 국제사회의 변방 혹은 오지라는 다소 소극적이고 주변적인 관점에 머물러 있었으나, 한반도 중심축 국가의 관점에서 한반도의 지정학, 지경학적 개념은 적극적, 중추적인 의미를 갖게 된다. 19세기와 달리 오늘날에는 한국이 선진국 대열에 진입했고, 주변 4국과 외교 안보 측면에서의 국력에서도 크게 뒤처지지 않는 만큼, 한반도의 지정학적 위치는 주변 4국의 관계를 변화시킬 수 있는 변수로서 주변 세력의 군사적 각축의 거부지대로서 재규정될 수 있다. 지경학적 측면에서도 서구 중심 질서의 변방이기보다는 변화된 국제적 지경학을 바탕으로 대륙세력과 해양세력을 잇고 동북아 전체의 공동번영을 촉진시키는 가교적 역할을 한반도가 수행하게 될 것으로 전망된다. 또한, 이러한 변화는 동북아철도공동체와 같은 한국의 구체적인 프로젝트가 북핵문제의 평화적 해결과 제재 해제 과정에 맞추어 단계적으로 추진됨에 따라 실현되어갈 수 있다. 한국의 세계 11위의 경제력 등 한반도가 동북아시아의 중심축 역할을 할 수 있는 내부적 요건은 성숙되어 있다. 한반도의 지정학적, 지경학적 의미 변화를 현실화시키기 위해서는 중국의 일대일로, 미국의 인도-태평양 전략과 한반도 중심축 국가론을 연결시킬 방안과 남북한의 화해와 협력을 달성하기 위한 국가적 대전략의 추진도 모색될 필요가 있다.

한반도 중심축 국가론의 현실화를 위해서는 통일국가 건설을 위한 대전략이 요청되고, 민족공동체의 복원과 남북경제공동체의 형성을 위한 방법론을 수립해가야 한다. 민족공동체의 복원은 남북분단으로 야기된 남북한의 소모적인 대결을 극복하기 위해 1980년대 후반 도출된 한국의 전략적 목표로서 정서, 생활, 복지 면의 경험을 한민족 모두가 공유하도록 교류협력, 남북연합, 통일국가 완성의 단계별로 이산가족 문제 해결, 언어 이질화 극복 등 다양한 통합 과제를 추진하는 포괄적 접근법이 요청된다. 남북경제공동체 형성은 민족공동체의 복원에 필요한 남북교류와 협력을 확대하고 한국과 북한의 경제적 상호의존을 통해 전쟁을 방지하는 데에도 기여할 수 있다. 남북경제공동체는 비핵·평화체제의 구축 과정에서 등장할 수 있는 정치적, 군사적 불안정성을 관리해가면서 추진되어야 한다. 통일국가의 외교, 안보전략은 미국 중심의 동맹관계와 다자안보협력의 병행 추진이 필요하다. 또한, 주변국의 대립과 경쟁의 심화 추세 속에서 한반도의 안보를 위해서는 첨단장비의 구비와 주변국의 위협으로부터 지킬 수 있는 방어충분성 군사력의 확보가 긴요하다.

한반도 중심축 국가의 정립을 위해서는 국민적 공감대 형성이 필요하다. 민족국가 건설의 숙제를 풀어가는 과정에서 민족 개념은 혈연적, 종족적인 것이라기보다는 문화적, 서사적인 것으로서 열린 민족주의를 지향해가야 한다. 동시에 민족공동체의 개념을 정립하는 과정에서는 민족의 통합, 미래비전에 대한 국민적 여론을 수렴하는 상향식 과정이 전개되어야 한다. 한반도의 분단을 극복해가는 과정에서는 주변국에게 한반도의 민족공동체가 동북아의 평화와 안정 그리고 공동번영에 기여한다는 바를 설득해야 한다. 한반도 중심축 국가의 형성은 대륙과 한반도의 연결성을 되찾아줌에 따라 민족의 위상에 대한 새로운 인식을 낳을 것이다. 한반도는 몽골, 중앙아시아와 인적, 물적 교류를 확대함으로써 한민족이 고대로부터 동북아의 중심축 가운데 하나였다는 인식을 얻게 될 것이다. 전략적으로는 한반도의 민족공동체, 경제공동체가 형성되면, 남북한으로 대치하던 상태보다 미·중경쟁의 영향을 덜 받게 된다. 이러한 인식적, 전략적 상황의 변화는 한반도가 주변국 관계의 종속변수가 아니라 독립변수라는 자각이 있을 때 가능하다. 이러한 자각은 한국이 대외적인 영향력이 강한 선진국이라는 의식을 함의하는 것이다. 아울러 최빈국에서 선진국으로 진입한 한국은 식민지, 최빈국으로서 겪었던 역사적 교훈을 새기며 약소국들의 이익에도 부합하는 방향으로 대외정책을 전개할 필요가 있다. 국내적 통합을 강화시키며 국제사회 속에서 한국의 국격과 영향력을 제고할 수 있는 길이 될 것이다.

희랍문명에서 시작한 인류 문명은 팍스 로마나, 팍스 브리타니카, 팍스 아메리카나, 팍스 노스이스트 아시아나로 이전되고 있다.

세계 문명을 선도하는 중심에 통일 한반도가 자리잡고 있음을 인식하자. 한반도 중심축 통일국가가 되기 위해서 우리는 무슨 준비를 어떻게 해야 할까. 한반도 중심축 국가는 역사적 분기점 시대에 사는 우리 모두의 사명이자 과제가 아닐 수 없다.

▶한미동맹과 다자안보 병행 외교안보전략

한반도 중심축 통일국가를 건설하기 위해서는 한미동맹과 다자안보협력을 병행 추진하는 전략이 필요하다.

한미동맹은 분단 관리를 넘어서서 한반도 통일에 기여하는 동맹으로 거듭나야 한다. 북한의 군사위협이 소멸되지 않는 한 동맹은 국가 생존 차원뿐만 아니라 한반도 통일 이후에도 주변국의 위협에 대비하기 위해 존속되어야 한다. 동시에 주변국과의 안보협력 메커니즘을 구축해나갈 때 갈등과 대립의 냉전 구조를 화합의 협력 구조로 변환시켜 안정되고 유리한 전략 환경을 조성함으로써 한반도 통일에 기여할 것이다.

한미동맹은 1953년 한미상호방위조약이 체결된 후 오늘에 이르기까지 한반도에서 전쟁을 억제하고 평화를 유지하는 가운데 경제 산업화와 정치 민주화는 물론 한국군의 성장과 발전에 기여했다. 한반도 중심축 통일 국가를 위해 동맹의 비전을 전시작전통제권 전환을 통한 한국 주도 연합방위체제, 남북 군사적 신뢰구축과 군비통제, 평화협정 체결과 주한미군 및 유엔사의 미래, 지역과 글로벌 차원에서 제시하면 다음과 같다.

국군에 대한 전작권 행사는 주권국가의 자주국방을 이루어낸다는 의미와 함께 군사력 운용에 대한 권한을 복원한다는 의미가 있다. 전작권 전환을 통해서 전쟁을 주도할 수 있는 나라를 건설하는 것은 적의 침략을 허용하지 않겠다는 것이다. 또한 유사시 승리하여 자유민주 통일국가를 성취하는 데 기여할 수 있을 것이다. 전작권 전환은 한반도 작전의 특수성과 군사전략에 부합하는 무기를 개발해 싸워 이기는 군대 육성은 물론, 방위산업을 진흥시키는 데 기여하게 될 것이다. 한미 국방부장관은 2018년 제50차 한미안보협의회의를 통해서 조건에 기초한 전작권 전환 계획에 따라 사령관을 한국군 4성 장군, 부사령관을 미군 4성 장군으로 하는 새로운 연합지휘구조에 합의했다. 전작권 전환을 위해서 국민은 이 나라 안보를 우리 스스로 지키겠다는 의식으로 무장되어야 하고, 정부는 전쟁지도체제 확립과 북핵 · 미사일 위협을 관리할 수 있는 전력 증강이 이루어지도록 국방비 증액이 요구되며, 군은 싸워 이길 수 있는 군사전략, 전략정보판단, 작전기획, 대부대 연합 및 합동작전 지휘 등 전쟁수행 능력을 구비해야 한다. 전작권이 전환되는 순간 이 나라를 스스로 지켜야 한다는 의식으로 무장하게 되며, 북한을 포함한 주변국도 범접할 수 없는 막강하고 당당한 군대로 거듭날 것이다.

한반도 통일로 가기 위해서는 한반도 평화체제 구축이 선결되어야 한다. 남북한 군사적 신뢰구축과 군비통제가 이루어지지 않는 상태에서 평화협정 체결은 모래 위의 건물처럼 허물어질 수 있다. 남북군사합의와 군비통제를 추진하기 위해서는 비핵화 진전에 따라 초보적 군사적 신뢰구축으로부터 운용적 군비통제, 구조적 군비통제 방안을 협의해야 한다. 군비통제가 남북한 무장해제가 아닌 통일 후 주변국 위협에 대처할 수 있는 남북군사통합 차원에서 이루어져야 한다.

평화협정 체결과 주한미군 지위와는 무관하다. 주한미군은 한미상호방위조약 제3조에 "태평양 지역에서의 무력공격을 자국의 평화와 안전을 위협하는 것이라고 간주하고 공동대처"하기 위해 주둔하고 있다. 주한미군은 한반도에서 전쟁을 억제하고 평화협정 위반을 감시하며, 주변국의 군사 개입을 차단하고, 통일 이후에도 지역안보의 균형자로 지속 주둔해야 할 것이다.

평화협정 체결 시 유엔사를 해체할 경우, 남북군사공동위원회가 평화협정 위반을 제어할 수 있을지 의문시된다는 점, 한반도 전쟁 재발 시 재참전하겠다는 유엔 참전 16개국의 결의가 소멸된다는 점, 한반도 유사시 유엔 안보리에서 유엔 회원국의 참전 결의안이 채택될 가능성은 중국과 러시아의 비토로 희박하다는 점, 유엔사 후방기지인 주일 미해 · 공군기지의 지원을 받을 수 없게 된다는 점 등을 고려할 때, 유엔사를 평화협정 이행을 감시하는 기구로 재편해 존속시키는 것이 바람직할 것이다.

지역 차원에서 한미동맹은 태풍, 지진, 화산폭발, 폭설 등으로 인한 인도적 지원 및 재난구조작전에 참여하고, 해상공동수색 구조작전, 해로 보호를 위한 해양안보협력을 추진한다. 한미는 증대되는 사이버 안보 위협에 공동대처하고, 우주 역량 강화 및 우주 분야 동맹협력을 강화할 필요가 있다.

인도-태평양 전략에 참여 여부는 분명한 원칙과 기준에 의해 전략적 결정을 해야 할 것이다. 향후 미·중 영향력은 정치외교력을 포함한 글로벌 리더십, 경제력, 군사력 등을 종합적으로 고려할 때 상당 기간 미국이 우위를 유지할 전망이다. 국가의 안전 보장, 자유민주주의와 시장경제·인권·법치주의 등 가치 수호와 경제적 번영이라는 국가이익 차원, 그리고 우리 정부의 신남방정책과 협력할 수 있는 영역이 많다는 점, 남중국해와 인도양에서 해상교역의 안전보장 등을 고찰할 때 한국은 인도-태평양 전략에 참여하는 것이 바람직하다.

동북아 대립의 냉전적 질서를 평화협력의 질서로 전환하기 위한 노력이 요구된다. 통일을 위해서는 남북관계 발전은 물론 안정되고 평화로운 전략 환경 조성이 필수적이다. 이를 위해 2011년 서울에 설립한 한·중·일 3국협력사무국을 모체로 동북아안보협력기구를 발족시킬 필요가 있다. 또한 한국이 초국가적 위협에 공동대처할 수 있는 신속대응체제를 제도화시키는 데 주도적인 역할을 수행할 수 있도록 동두천 캠프 케이시에 동북아 재난구조, 대테러, 평화유지훈련센터 기능을 수행하는 동북아 신속대응군 사령부 창설을 추진하는 방안도 발전시킬 수 있다.

동시에 한국은 동북아 역내 국가들과 소다자주의 협력을 가일층 강화할 필요가 있다. 한·미·일 군사공조체제 구축은 북한의 핵미사일 위협에 공동 대비함은 물론 한반도 유사시 절실하다. 한·중·일 3국 간의 자유무역협정 추진과 함께 3국 간 이해관계의 충돌을 완화하고 상호이익을 확대하기 위한 협력체제의 중요성은 더욱 커졌다. 한·미·중 전략대화는 북한의 비핵화와 개혁·개방으로 유도하고, 평화협정을 협의할 수 있다는 차원에서 보다 적극적으로 추진할 필요가 있다. 한국의 신한반도 경제구상, 중국의 일대일로 구상, 러시아의 신동방정책 연계를 통한 남·북·중·러 간 협력을 추진한다. 광역두만강유역 개발, 동북아 철도공동체 구축 등이 요구된다.

한국은 글로벌 차원에서 평화유지작전 파병에서 평화강제작전 위주로, 군인인 파병 위주에서 민·관·군·경의 기능을 통합해 파병할 필요가 있다. 또한 국제테러 대응체제 구축, 한국의 개발전략 공유, 빈곤퇴치, 인권개선 등에 적극 참여해 국제사회에 기여해야 할 것이다.

▶북핵 폐기 전략

2018년 4월 27일 판문점 공동선언과 같은 해 6월 12일의 싱가포르 북미정상 합의문, 9월 19일의 평양공동선언은 한반도 비핵화를 위해 노력할 것을 약속하고 있지만, 한반도 비핵화는 매우 모호하게 표현되어 있다. 북한은 1970년대 중반부터 '조선반도의 비핵지대화'를 주장하며 궁극적으로 주한미군 철수를 위해 북한 보유 핵무기에 대한 사찰을 허용하고 폐기할 테니 주한미군도 똑같이 행동하라고 요구하고 있다.

도널드 트럼프 미국 대통령은 싱가포르 북미정상회담을 앞둔 상황에서 '북한 비핵화'가 아닌 '한반도 전체 비핵화'라는 표현을 썼다. 이 발언은 존 볼튼 백악관 국가안보보좌관이 폼페이오 국무부 장관은 북한에서 북한이 1992년 한반도 비핵화 공동선언으로 돌아가는 것을 논의하게 될 것이라는 발언과 맞물리면서 미국이 비핵화를 촉진하기 위해 북한이 주장해온 '한반도(조선반도) 비핵화'를 일부 수용한 것 아니냐는 분석이 제기됐다.

한반도 비핵화에 대한 양국의 시각 차이는 여전하다. 미국은 트럼프 행정부에서 '최종적이고 완전히 검증된 비핵화'를 목표로 신고→동결→폐기의 단계적 이행을 요구하고 있다. 반면 북한은 미국의 한반도 전략자산 전개 중단과 핵우산 제거를 의미하는 것으로 보이며, 핵 동결 자체에는 주한미군 문제 등 미국의 상응하는 조치가 이루어질 것을 요구하고 있다. 결국 비핵화의 최종 목표와 최종 상태가 합의되지 않았고 지역적 개념과 대상 범위에 따른 개념도 명확하지 않고 대북 제재 해제에 대한 입장 차이가 큰 상태에서 협상의 진전을 기대하기는 어렵다.

1993년 3월 북한이 핵확산금지조약에서 탈퇴하면서 북핵문제가 본격 수면 위로 떠오르게 되었다. 북한은 주변국 간 첨예한 대립과 높아진 긴장도 아래에서 미국과의 직접협상을 통한 해결 분위기를 조성하고 체제를 보장받고자 했다. 이때 전쟁 임박 상황으로 몰아가는 강경한 입장이 성공적으로 협상을 유리하게 이끌어갈 수 있도록 하면서 북한은 체제 보장과 경제 지원 등 일부 이익을 얻을 수 있었다. 그러나 4자회담은 별 소득이 없었고, 북미관계는 부시정권 출범 이후 답보 상태였다. 한편 남한은 위 상황에서 통미봉남의 수모를 겪었다.

2002년 10월 2차 북핵 위기를 해결하기 위해 6자회담이 개최되었다. 그러나 미국은 강력히 '북한의 선 핵개발 포기 · 후 경제 지원 방안'을 주장했고, 북한과의 입장 차이를 좁히지 못한 채 회담이 지연되었다. 결국 북한은 2006년 10월 9일 전격적으로 1차 핵실험을 감행했고, 북한의 요구를 수용해 방코델타아시아의 예금동결을 해제하는 등 6자회담 당사국들이 북한의 핵 포기에 대한 대가로 대북 안전보장과 경제 지원을 약속하게 되었다.

2009년 5월 북한은 또 한 차례 핵실험을 단행했고, 남북한 관계는 갈수록 악화되었다. 북한은 2012년부터 핵보유국 지위를 확고히 하고자 헌법을 개정하는 등 본격적인 작업을 추진하면서 핵경제 병진노선을 공식화했다. 북한은 한국과 미국의 정치적 공백 기간을 고려해 2017년까지 핵무력 완성을 위해 핵질주를 하였다.

지금까지의 흐름을 보면 북한은 공식적으로는 '조선반도의 비핵지대화'를 주장하고 있으나, 체제 보장에 대한 불안감으로 인해 일방적인 비핵화가 아닌 남한 포함 한반도 전체의 비핵화를 주장하며 실리를 얻으려는 것으로 보인다. 미국은 1차 북핵 위기 이후 민주당과 공화당 간 대북 정책에 대한 근본적 철학의 차이가 있어 일관성 있는 정책을 추진하지 못하는 상황이었지만, 트럼프의 실용적 관점과 재선을 위한 북핵 위기 해결 욕구로 인해 사태 조절이나 점진적 화해 분위기 조성도 가능하다. 중국은 한중수교 이후 북한과 이전만큼 밀접한 관계를 유지할 수 없는 입장이 되었으며, 일정 부분 대북 제재를 용인하는 가운데 비핵화를 위한 대화마당 복귀를 요구하고 있다. 오히려 러시아는 북한의 입장을 어느 정도 옹호하며 미국 견제를 위한 지정학적 계산 아래 한반도 긴장 완화를 위한 해법이나 중재 역할을 자임하는 등 적극적 모습이다. 일본은 최근 북한으로부터 외면받고 있는 상황이지만, 북한 핵개발 문제를 기회요인으로 삼아 핵무장을 위한 명분을 얻기 위해 사태를 관망하고 있는 것으로 보인다.

하노이 북미정상회담은 평양공동선언에도 불구하고 북핵의 당사자인 한국의 존재감이 없는 비핵화 협상이었다. 또한 여전히 북미 간 비핵화의 범위와 대북 제재 해제의 범위에 대한 이견이 컸고, 북미 모두 서로의 정치적 상황 등을 고려한 계산이 빗나감에 따라 아래로부터 뒷받침되지 못한 협상의 한계가 노출되고 말았다. 이를 복원하기 위해서는 비핵화의 정의와 최종 상태에 대한 합의가 이루어져야 하고, 비핵화 조건에 대한 합의도 중요하다. 이런 배경 아래 세 가지 비핵화 시나리오를 상정하고 시나리오별 한국의 역할을 강구할 필요가 있다.

첫 번째 시나리오는 북한이 핵을 완전 폐기하고 그에 상응하는 조치로 제재의 전면 해제 및 평화협정으로 나아가는 것이다. 실현 가능성은 높지 않다. 추진 로드맵으로는 비핵화 정의와 최종 상태에 대한 포괄적인 합의를 이루고, 핵무기 제거와 핵시설 불능화·사찰 시 경제제재를 완화하며, 완전 핵 폐기 시 모든 대북 제재를 해제하면서 한반도 평화협정 체결과 북미 수교를 추진한다.

두 번째 시나리오는 북핵을 동결하고 핵기술과 핵무기를 제3국에 이전하지 않는다는 약속 아래 제재 해제로 연결되는 것이다. 가능성이 높은 시나리오다. 북한에 대한 전방위적 압박과 경제 제재에도 불구하고 완전한 핵 폐기의 길로 나오지 않을 경우 국제사회의 이해를 구하면서 군사적 옵션이 불가피한 상황이다. 한국의 전략적 타격체계와 미사일방어체계를 조기에 구축하고, 1991년 철수한 전술핵무기 재배치와 NATO형 핵공유체제는 물론, 북한의 분명한 핵미사일 공격 징후가 식별될 때는 선제타격하여 마비·제거시키는 것이다.

세 번째 시나리오는 북한이 협상 완전 결렬을 선언하고 핵미사일 대량생산과 전력화할 때 한국도 핵무장을 추진하는 것이다. 북한 핵에서 야기된 한국 안보에 대한 초유의 위협사태를 이유로 핵확산금지조약(NPT) 제10조에 의거 NPT를 탈퇴하고 핵개발을 단행한다. 한국의 핵무장으로 남북한이 상호확증파괴(MAD)에 따라 핵균형을 이루어 한반도 안정을 이룰 수 있다. 일본도 동반핵무장을 할 때 동북아의 핵불균형을 해소할 수 있다.

한반도 비핵화 문제를 해결하기 위해서는 북한 비핵화를 위한 한국의 역할을 분명히 한 남·북·미 3자 정상회담을 추진할 필요가 있다. 또한 비핵화를 견인하기 위해 북한이 실질적인 비핵화 진전 시 개성공단에 대한 제한적 제재 해제가 필요하다. 뿐만 아니라 북한의 최룡해 국무위원회 제1부위원장을 대미특사로 워싱턴에 초청하는 안을 제안하고자 한다. 또한 비핵화 전략 로드맵 발전을 위한 한미공동위원회를 구성하는 방안도 필요할 것이다.

북한을 사실상의 핵보유국으로 인정하는 시나리오가 현실화될 경우 북대서양조약기구형 핵공유로서 네덜란드, 터키, 독일 등 5개국이 미국의 핵을 공유하는 것처럼 한·미·일 3국이 핵계획그룹을 구성해 핵무기 정보와 관리, 운용, 사용에 관한 전략을 공유하고, 운반 및 투하훈련도 함께 실시하면서 최종적인 사용권한은 미국이 행사하도록 하는 대안도 모색할 수 있을 것이다.

▶남북경제공동체 구상

한반도의 분단은 남과 북의 모든 영역에서 경쟁과 대결, 그리고 단절을 가져왔다. 한반도의 지경학적 이점에도 불구하고 남과 북은 대륙의 끝, 그리고 바다의 끝에 있는 외딴 섬과 같았다. 그렇게 서로를 고립시킨 역사의 어느 순간부터 남과 북은 남북경제공동체의 꿈을 꾸기 시작했다. 남은 대륙 진출의 꿈을, 북은 망망대해로의 항해를 꿈꿨다.

우리가 꿈꾸는 남북경제공동체는 같은 민족이지만 전쟁을 통해 분단되어 있는 대한민국과 조선민주주의인민공화국이 경제적 교류협력을 통해 쌍방의 경제체제를 상호 통합하는 과정이며 이를 통해 한반도에서 형성된 단일 경제권을 의미한다.

현실에서 남북경제공동체의 꿈은 도전과 좌절로 점철된 역사라고 할 수 있다.

남북경제공동체는 하나의 목표이자 과정이다. 그 과정은 남북 당국 간 협의를 통해 비전과 목표를 설정하고 구체적인 정책 과제를 이행함으로써 달성된다. 남북경제공동체를 형성해나가는 과정에서 남북경협은 우회할 수 없는 통과절차라 할 수 있다.

남북경협은 크게 세 가지 형태, 즉 경제특구사업, 남북 교역, 그리고 남북경협의 제도화를 진전시키는 방식으로 발전해왔다. 특히 경제특구사업은 개성공단을 건설하고 금강산 관광을 현실화하는 성과를 가져왔다. 전에 없던 경제협력에서 진전을 이루었음에도 불구하고 결국 남북경협은 전면 중단된 상태다.

남북경협의 태동과 진전, 그리고 위기와 중단까지의 상황을 복기할 때, 남북경협은 크게 세 가지, 즉 제도의 불안정, 위기대응 실패, 남북경협에 대한 남북의 이견과 폐쇄성이라는 문제를 드러냈다.

첫째, 남북경협을 안정적으로 보장할 수 있는 제도적 환경을 구축하지 못했다. 남북합의가 지켜지지 않는 상황에서 경제협력이 안정적으로 보장되기 어려운 것은 분명하다. 둘째, 남북경협의 리스크, 즉 위기상황에 대한 대응 시스템이 제대로 마련되지 않았다. 셋째, 남북경협의 현장에서 발생한 관리 체계의 혼란과 폐쇄성은 법치경제를 정착시키고 경협사업을 안정적으로 발전시키는 데 장애 요인으로 작용했다.

기본적으로 남북경제공동체는 '민족공동체통일방안'이 추구하는 자주와 평화, 민주의 통일 원칙을 견지하며 남북의 공동번영과 한반도 통일을 지향해야 한다. 다만 남북경제공동체는 그 목표를 달성하기 위한 과정의 중요성이 간과되어왔다. 한반도 분단, 그리고 남북의 서로 다른 정치, 경제체제와 상황이 반영된, 현실적으로 실현 가능한 원칙을 모색할 필요가 있다.

남북경제공동체라는 목표를 달성하기 위해 다음과 같은 세 가지 추진 원칙을 제시하고자 한다.

첫 번째로 남과 북이 공유할 수 있는 남북경제공동체를 구상해야 한다. 남북경제공동체의 비전과 이를 추진하는 과정으로서 남과 북이 주체가 되어 상호 협력과 상생의 원칙을 견지해야 한다.

두 번째로 정경분리의 원칙하에 안정적인 경제협력을 제도화해야 한다. 남북관계의 부침에도 경제협력사업은 안정적으로 관리된다는 신뢰를 회복하고 이를 제도화해야 한다. 이를 위해 남북합의서에 대한 법적 효력을 명확히 규정하고 국내 법률을 상호성의 원칙에서 개정할 필요가 있다.

세 번째로 남북경제공동체는 동북아 경제협력의 축이 되는 열린 공동체여야 한다. 최근 세계 경제는 자유무역주의의 흐름 속에서 지역을 기반으로 경제블록을 강화하고 있다. 한반도 경제공동체는 동북아에서 유라시아 대륙과 태평양을 잇는 교두보로서 개방된 경제 공간이 되어야 한다.

중장기적으로 동북아 지역에서의 경제공동체를 구축해나감에 있어 지방자치단체 간의 협력 플랫폼은 낙후지역에 대한 경제적 격차 해소와 균형적인 발전을 위해서는 선행적으로 추진되어야 한다. 지정학적 관점에서 세계 어느 지역보다도 많은 문제와 이해관계가 얽혀 있는 동북아 지역인 만큼, 국가 간의 실질적인 협력체제 구축에는 정치적 의지와 달리 많은 시간이 필요하기 때문에 지체나 지연이 불가피하다. 따라서 '보완성의 원칙'에 입각해 중앙정부가 할 수 없는 부분을 지방정부가 대체할 수 있도록 지방자치단체 간의 협력체제 구축이 필요하다.

물론 1990년대 이래 동북아 지역에는 지자체 간의 국제협력 플랫폼으로 동북아지역자치단체연합 등 11개 이상의 협력기구, 협의체, 회의체가 결성되어 있고, 한·중·일의 지자체 간에는 1,000건 이상의 쌍무 간 자매, 우호 교류·협력 협정이 체결되는 등 양적으로 활발하게 구축되어왔다. 향후 양적 확대보다는 질적인 협력 수준의 향상이 필요하며, 지경학적 관점에서의 접근이 필요하다.

다양한 플랫폼이 결성되고 있음에도 불구하고 지리적으로 동북아의 중앙에 위치한 북한의 참여 여부는 항상 이슈이다. 북한이 불참할 경우 어떤 협력 채널이든 스스로 한계성을 가질 수밖에 없다. 따라서 북한을 글로벌 스탠더드를 기반으로 하는 협력의 장으로 이끌어내는 것은 선결과제이다. 다행히 2014년 이래 북한은 중앙(평양)과 지방 간의 불균형을 해소하고 균형 발전을 기하기 위해 지방화, 분권화에 적극 나서고 있으며, 특히 중·러 접경지역과 동부 해안지역 및 평양권역에 다양한 경제특구와 개발구 27개를 각각 지정하고 외국 투자유치에 나서는 등 지방을 기반으로 한 지자체 간의 경제협력 기반 구축을 확대해나가고 있다.

남북경제공동체는 열린 협력의 장이 되어야 한다. 한반도를 중심축으로 동북아 경제협력을 강화하기 위한 방안은 다음과 같다.

첫 번째로 한반도는 남북경제공동체를 형성하고 남북통일을 이루는 과정에서 동북아 경제협력의 중심축이 되어야 한다. 남북경제공동체는 남과 북, 남방경제와 북방경제, 그리고 대륙과 해양을 연결하는 교차점으로서 자본과 물류, 정보와 인적 자원이 교차하는 교류협력의 공간이 되어야 할 것이다.

두 번째로 남북경제공동체를 구축하는 과정에서 한반도는 대륙과 해양경제의 연결통로가 되어야 한다. 통일된 한반도로부터 유라시아로 연결되는 철길이 시작될 것이고, 태평양과 대서양을 연결하는 뱃길이 열리는 것이다. 이와 관련해 동북아 철도공동체 건설은 한반도를 기점으로 동북아 경제협력과 유라시아와 태평양을 연결하는 열린 구상으로 추진될 필요가 있다.

세 번째로 남북경제공동체는 정치·군사적 안정, 사회 문화적 이질성을 극복하는 과정이어야 한다. 결국 남북경제공동체의 건설은 동북아 경제협력뿐만 아니라 정치·군사, 사회 문화의 영역과 상호 조응하며 선순환의 구조를 형성해야만 안정적으로 실현될 수 있다. 향후 남북경협과 경제공동체 형성은 경제가 평화를 창출하고, 정치적 안정이 경제협력을 추동하며, 사회 문화적 공동인식을 확대시켜나가는 과정이어야 한다.

▶ 한반도 물류 중심축 경제발전 전략

한반도는 유라시아 대륙과 대양을 연결하는 접점에 위치하고 있어서 지경학적으로 물류 강국이 되기 위한 좋은 조건을 가지고 있다. 현재 우리나라는 해운과 공운의 물류 중심 역할을 이미 수행하고 있고 남북의 철도와 도로가 연결되면 육운을 통해 해운과 공운의 글로벌 물류 중심 기지화가 더욱 가속화될 수 있다. 지구온난화로 인해 북극항로가 상용화되고 있으며 북극항로로 인해 한반도가 물류 강국이 되는 데 새로운 전환을 맞이할 것으로 보인다. 이러한 환경적인 변화 아래 남북한의 물류 협력은 어느 때보다 중요하고 현재의 경색 국면의 타개와 함께 빠른 남북 간 물류 인프라 연결, 북한의 물류 인프라 복원과 운영 관리 시스템 정비, 남북한 물류시설, 운영과 관리 체계의 표준화 등이 조속하게 이루어져야 한다. 4차 산업기술은 남북한, 특히 북한의 물류 인프라 재건과 운영 시스템 현대화에 중요한 역할을 할 것이다. 4차 산업기술의 도입은 일반적으로 기득권층과 기 투자된 시스템으로 인한 저항 때문에 창조적 파괴라는 고통을 겪을 수밖에 없다. 북한은 불비한 환경으로 창조적 파괴의 과정이 필요 없기 때문에 우리나라의 4차 산업기술의 테스트베드 역할을 해줄 수 있다. 결과적으로 우리나라의 4차 산업기술의 물류 분야 테스트베드 역할은 북한의 물류 인프라, 운영 시스템 등의 빠른 재건 역할을 할 수 있다.

한반도가 유라시아 물류 강국이 되기 위한 가장 큰 숙제는 한반도의 특성과 물류 수단별, 화물 특성별 요인들을 모두 최적화시킨 복합 물류 네트워크 구축이다. 한반도 중심의 복합물류 네트워크 최적화는 한반도가 유라시아 대륙의 시종점으로 한반도 물류 네트워크를 통해 유라시아 대륙으로, 태평양으로 오고가는 화물들을 처리할 수 있는 유라시아 물류 중심 국가이자 글로벌 물류 강국으로 성장할 수 있는 기반이다. 한반도가 꿈꾸는 글로벌 물류 강국을 실현하기 위해서는 남북한 간 협력을 통한 상호 호혜 정신에 의거해 물류 인프라 건설과 연결이 선행되어야 한다. 단순한 남북 간 인프라 연결과 북한의 물류 인프라 건설만이 답이 아니라 운영 및 관리 시스템, 법제도 등의 표준화 혹은 호환성 제고 등을 4차 산업기술과 같은 해결 방안을 통해 병행 진행해야 한다.

한반도가 유라시아 물류 강국으로 거듭나기 위해서 남북관계 개선을 전제에 두고 정부 차원에서 수행해야 할 정책들이 있다.

첫째는 한반도 물류체계를 연결하기 위한 '북한물류기본계획' 수립이 선행되어야 한다. 현재 우리나라는 국토부와 해양부가 공동으로 국가물류기본계획을 5년 단위로 수립하고 있다. 이러한 계획을 기본 틀로 해서 남북한 물류기본계획을 사전에 수립해야 한다. 현재 우리나라는 부처별로 북한의 물류 인프라 관련 개발 계획을 수립해서 가지고 있다. 이 내용들을 통합한 북한물류기본계획을 수립하고 북한 당국의 협조를 구하여 지역에 대한 이해도가 가장 높은 북한 당국과 북한 전문가들의 의견을 반영해 최종 계획을 수립해야 한다.

둘째는 수립된 '북한물류기본계획'과 우리나라 '국가물류기본계획'과의 통합을 통한 '한반도 통합물류기본계획' 수립이 필요하다. 북한 물류시설 개발, 남북 물류체계 연결성, 표준화, 호환성 제고 등을 기반으로 한 운영 계획, 관리 계획 등이 모두 포함된 북한물류기본계획과 우리나라 국가물류기본계획을 전문가들의 논의와 토론 등을 통해 4차 산업기술과 같은 대안을 기반으로 '한반도 통합물류기본계획'을 중장기적으로 만들어야 할 것이다.

셋째는 남북 물류 분야 4차 산업기술 발전 계획 수립이다. 북한을 테스트베드로 우리나라의 물류 분야 4차 산업기술을 발전시켜나가고 북한 지역의 물류산업 발전을 동시에 도모하기 위해서는 기본적인 계획, 발전

전략, 로드맵 등이 마련되어야 한다.

넷째는 4차 산업기술을 접목한 남북한 물류 거점, 항만도시 등을 연계한 광역 지역 클러스터와 지역 간 벨트 등의 발전을 추진해야 한다. 앞서 제안된 남북한 간, 북한 자체 그리고 남·북·중, 남·북·중·러 등의 다양한 물류 분야와 연계된 클러스터들과 벨트들을 4차 산업기술을 중심으로 남북 공동의 발전을 위한 중심지로 활용해야 한다.

다섯째는 남북한 간 물류 관련 법 제도, 시스템, 운영 체계, 교육 체계 등이 모두 다른 상황이다. 기본적인 남북한 물류체계 통합을 위해 사전에 법 제도, 용어, 교육 체계 등에 대한 표준화 추진, 호환성 제고와 연결성 강화가 필요하다.

여섯째는 우리나라 내부적으로 분산된 물류산업의 거버넌스 체계 개선이 필요하다. 해운, 항만 그리고 국제물류는 주로 해양수산부가, 철도, 도로, 항공과 내륙 물류는 주로 국토교통부가 관리하고 있다. 또한 유통물류산업은 산업통상자원부가 물류에서 뗄 수 없는 통관은 관세청, 농축산물 물류는 농축산부, 의료의약품과 관련한 사항은 보건복지부가 담당하고 있다. 우리나라 물류산업과 인프라 시설이 통합적으로 관리되고 북한과의 연계를 통한 상생을 위해서는 물류산업을 통합 관리할 수 있는 대통령 직속 위원회 혹은 청와대 내 물류비서관 등의 신설이 필요하다.

마지막으로는 북한의 물류 인프라와 물류산업의 재건을 위해서는 충분한 예산 확보가 필요하다. 북한의 지속가능한 발전과 한반도 전체의 효과적인 물류체계 구축을 위해서는 다양한 형태의 재원 조달 방안이 북한 재건 사업에 적용되어야 할 것이다. 현재 언급되는 대안은 우리나라 공기업 자금 투자, 민간자금 연계 PF형태 자금 조달, 국제기구와 연계한 자금 조달, 공적개발원조 자금 지원, 국제개발은행 자금 투자 그리고 북한의 대일 간 보상금 청구권 등이 가능할 것이다. 대부분은 재원 조달은 북한의 노력에 달려 있으나 대규모, 전국토의 개발을 위해서는 우리나라가 가능한 대안들을 어떻게 연착륙시킬지 미리 준비하고 있어야 할 것이다.

한반도의 통일은 장담할 수 없는 중장기적 숙제다. 그러나 한반도가 유라시아 나아가 글로벌 물류 강국으로 성장하는 것은 남북한의 상호 협력과 진취적인 기술 개발과 시장 도입 등으로 가능할 수 있다. 이를 위해 제일 중요한 부분은 남북한이 공동 인식과 방향 설정을 통해 한반도가 유라시아 대륙과 태평양이라는 대양을 어떻게 효과적으로 양국의 경제 성장 기반으로 활용하는가에 달려 있다. 이 부분에서 4차 산업기술은 큰 기회를 제공해줄 수 있고 우리나라의 현재 직면한 문제를 해결하는 수단으로, 북한의 발전을 단기간에 이룰 수 있는 수단으로 큰 역할이 가능하다. 한반도, 즉 우리 민족의 미래는 우리 스스로 개척해나가야 하고 4차 산업기술이라는 매개를 통해 현재 시급한 남북한의 물류산업과 인프라 시설이 가지고 있는 문제를 해결해나가는 방안이 유효하다고 할 수 있다.

▶ 한반도 평화협정 체결과 법체계 정비 방안

남한과 북한은 2018년 판문점 선언을 통해 "종전을 선언하고 정전협정을 평화협정으로 전환"하기로 합의하고 이를 공식적으로 선언했다.

정전협정은 항구적인 평화체제를 구축하기 위해 체결된 것이 아니라 전투 행위를 잠정적으로 중지할 것을 선언한 문서에 불과하므로, 한반도에 궁극적이고 완전한 평화체제를 구축하기 위해서는 평화협정 체결이 필요하다. 그러나 한반도 평화협정은 평화협정 체결 자체가 목적이 아니라 한반도에 공고한 평화체제를 구축하는 것이 목적이다. 자칫 정치적 성과나 활용만을 목적으로 평화협정을 잘못했다가는 베트남 전쟁을 종결짓는 과정에서 체결된 파리평화협정의 경우와 같은 우를 범할 수도 있다는 점을 잊지 말아야 한다.

한반도 평화협정은 다른 국가들 간 체결되어온 평화협정과는 다른 특수성을 띠고 있다. 첫째, 상대방의 국가성을 서로 부인하는 분단국의 평화협정이라는 것이다. 둘째, 전쟁을 종식시키기 위해 체결하는 협정이 아니라 전쟁이 끝난 이후 오랜 기간 유지되어 온 정전협정을 대체하는 협정이라는 것이다. 셋째, 한반도 평화협정이 비핵화의 결과물이어야 한다는 고정관념을 버린다면 이는 비핵화를 이끌어낼 유용한 수단이 될 수 있다는 것이다. 넷째, 한반도 평화협정이 기존 남북한 법체계에 미칠 영향을 고려해야 한다는 것이다.

한반도 비핵화 및 평화협정 체결에 대한 북한의 입장을 살펴보면, 한반도 비핵화가 남북한 전체의 비핵화를 의미하는 것임을 분명히 하고 있다. 절차적으로는 미국의 대북 적대 시 정책 포기, 평화협정 체결, 주한미군 철수, 북미 불가침조약 체결이라는 조건하에 이루어져야 한다고 주장한다. 이를 보면 북한 비핵화를 전제로 하거나 비핵화와 동시 이행을 조건으로 한 평화협정 체결을 낙관적으로만 보기 어렵다. 그럼에도 불구하고 한반도 평화협정은 남북한 모두에게 포기할 수 없는 과제다.

한반도 평화협정에 관한 주요 법적 쟁점으로는 먼저 평화협정 체결 방식과 당사자 문제가 있다. 이전까지 한국을 평화협정의 당사자로 포함시킬 수 있는지에 대해 논란이 있었으나, 이 문제는 판문점 선언에 의해 남·북·미 3자 또는 남·북·미·중 4자가 평화협정의 당사자인 것으로 정리되었다.

국내법적으로 평화협정을 헌법상의 조약이라고 볼 것인지, 아니면 '남북관계발전법'에서 규정하고 있는 남북합의서로 볼 것인지에 관한 문제도 있다. 이는 남북관계발전법의 남북합의서 관련 규정을 헌법의 조약 관련 규정에 대한 입법확인적 성격의 규정으로 해석하는 것으로 해결할 수 있다. 북한에서도 평화협정에 대해 북한의 헌법과 조약법 제11조에 따른 비준 등의 법적 절차를 진행하도록 함으로써 평화협정의 법적 규범력을 보장해야 할 것이다.

평화협정 체결이 묵시적으로 남북한 상호 간 국가 승인을 의미하는 것인지에 대한 논란이 있을 수 있다. 이러한 논란을 불식시키기 위해서는 협정문에 현재와 같은 남북한이 국가대 국가의 관계가 아닌 통일로 가는 특수 관계임을 명시할 필요가 있다.

평화협정의 주요 내용에 대해 살펴보면, 전쟁 종식의 선언과 유엔 헌장, 국제규범 및 관행을 준수한다는 내용을 포함해야 한다. 남북 간 미래 지향적인 우호 관계를 수립하되 전쟁 포로나 6·25전쟁 이후 납북자 문제 등 인도적인 문제를 해결하는 방안도 마련해야 한다.

또한 평화협정에 북한의 핵무기를 포함한 대량살상무기와 관련된 각종 국제기구와 협약의 가입 및 관련 무기의 폐기에 관한 사항을 포함시키고, 평화협정 내용의 이행과 관련된 상호 감시 및 검증 절차를 마련하고 이를 수행하기 위한 기구를 설치해야 한다.

비무장지대의 처리와 관련해서는 남북한 비무장지대 전체를 평화협력지대로 변경하고 이곳에 유엔 평화유지군이 상주하도록 하는 방안을 검토할 필요가 있다. 이는 통일이 될 때까지의 잠정적 조치다. 현재의 동해와 서해 북방한계선도 그대로 유지하되 그 일대를 평화협력지대로 전환해 상호 이익이 되도록 활용할 필요가 있다.

평화협정 체결 이후 협정문의 해석 및 이행 등과 관련해 발생하는 분쟁을 해결하기 위한 실효적인 해결 방안을 제시하고, 위반에 따른 제재 규정도 포함되어야 한다. 평화협정 체결로 인해 통일을 포기하게 되는 것이 아니냐는 우려를 불식시키기 위해 평화협정을 통한 평화체제 구축이 남북한의 최종 목표가 아니라 평화통일로 나아가기 위한 과정임을 명시할 필요가 있다.

평화협정의 이행 보장 강화 차원에서 평화협정을 유엔에 등록하는 것이 바람직하다. 평화협정 체결 후 유엔 등록 문제를 가지고 분쟁이 발생하지 않도록 협정문 자체에 등록 의무에 관한 규정을 포함할 필요가 있다.

한반도 평화협정이 체결된다면 이후 이에 따른 국내법 정비는 세 가지 측면에서 고려되어야 한다. 첫째, 평화협정의 내용과 모순되거나 상충되는 국내법을 개정하거나 폐지하는 정비 작업을 추진해야 한다. 둘째, 평화협정 체결 이전과 비교해 남북관계가 더욱 확대 발전되도록 하는 데 필요한 새로운 법률을 제정해야 한다. 셋째, 이와 같은 국내법 정비는 남북한이 상호주의 원칙에 따라 함께 진행할 필요가 있다.

국가보안법을 기본법으로 하고 남북교류협력법에 따라 예외적으로만 제한된 교류협력이 가능한 현재의 법체계도 개선되어야 한다. 기본적으로 남북 상호 간 자유로운 왕래와 교역이 허용되고 예외적으로 국가보안법을 적용하는 단계로 발전시켜나가야 한다.

평화협정과 '국가보안법'이나 '남북관계발전법', '남북교류협력법' 등 기존 국내법과의 효력 문제가 발생할 경우에는 신법 우선의 원칙 및 특별법 우선의 원칙에 따라 해결하면 된다. 헌법 제3조의 규범력을 재검토해 상당한 수준의 평화체제가 구축될 경우에는 남북한 상호 간 각자의 법률은 각자의 통치권이 미치는 범위에서만 적용이 되는 것으로 해석하거나 법체계를 정비할 필요성이 제기될 것이다.

평화협정 체결에 따른 북한의 법체계 정비 방안으로는 외국과 남한을 엄격히 구분하는 대외투자 관련 법제를 개선할 필요가 있다. 상호주의 원칙에 따라 북한도 기본적으로 남한과의 자유 왕래와 교역이 이루어질 수 있도록 기존 법제도를 전면 개정해야 한다. 남한과의 교류협력을 활성화하기 위한 새로운 법률 제정도 필요할 것이다.

남북한 간 자유로운 왕래 및 교역이 이루어진다면 '남북한 경제공동체 형성을 위한 합의서'와 같은 지역경제협정 성격의 남북합의서를 체결할 필요가 있다. 위 합의서나 협정은 현재의 민족 내부 거래에 따른 무관세와 세계무역기구 협정 위반의 문제에 대한 근본적인 해결책이 될 것이다.

한반도 평화협정 체결 이후 통일국가가 된다면, 통일한국의 법체계를 구축하는 과정에서 동서독 통합의 경험을 참고할 필요가 있다. 특히 통일한국이 동북아의 중심축 국가로 발전하기 위해 유럽통합 과정에 필요한 법제도 구축을 주도하면서 유럽연합의 중심국가가 된 통일독일의 사례를 벤치마킹할 필요가 있다.

동북아에서 한국이 비교우위에 있는 것은 민주주의와 법치주의 및 인권보장 국가로서의 위상이라 할 수 있다. 이와 같은 장점을 통일 과정을 통해 더욱 발전시켜야 한다. 통일을 통해 동북아의 평화적 안보체제를 구축하고, 통일 이후 남북한 주민의 통합 과정도 슬기롭게 모범적으로 추진해나가야 한다.

이는 시민의식의 발전이 병행되어야만 가능한 일이다. 온 국민이 성숙한 민주시민의식을 갖춘다면 통일 이후의 남북한 주민 통합의 과제도 비교적 쉽게 해결할 수 있을 것이다. 장기적으로는 통일한국이 동북아공동체의 중심축 국가로 성장할 수 있는 밑거름이 될 것이다.

▶ 갈등구조 해소와 통일교육

한반도 평화와 통일은 남북한 사회에 건강한 문화 의식과 경제발전을 가져다줄 뿐만 아니라 미래 세대에게 새로운 기회와 도전을 안겨다줄 것이다. 이러한 통일을 맞이하기 위해서는 평화·통일교육이 무엇보다도 중요하다. 통일교육은 한국 사회의 갈등을 해소하고 온 국민이 한반도 평화와 통일에 관해 공통의 가치를 실현할 힘을 모으는 중심 역할을 해야 한다. 통일교육은 광복 이후, 한국 사회에 깊게 내려앉은 남남갈등을 해소하고 70년 이상의 분단과 대립을 넘어 한반도 평화와 통일의 가능성을 열어주는 데 매우 중요한 역할을 할 수 있다. 그러므로 이를 위한 통일교육 발전 방향을 제안하고자 한다.

첫째, 통일교육 정책이 통일의 당위성과 정부의 통일정책을 강조하는 현황에서 더 나아가, 분단의 현실을 극복하고 한반도 평화의 가치를 만들어가는 방향으로 중점을 두어야 한다. 이를 위해서는 통일인식 차이로 생겨나는 갈등을 합리적으로 소통하여 상대방의 견해를 존중하며 평화 공감대를 형성해가는 의사소통 교육을 병행해야 한다. 한반도 평화와 통일이 남북한 주민의 삶에만 영향을 주는 것이 아니라 동북아 평화와 세계시민의 가치와 부합되는 의미를 확대하고 공감대를 형성하는 평화·통일 교육이 필요하다.

둘째, 통일교육 내용과 정책에 관한 사회적 합의가 필요하다. 통일교육 내용이 정권의 변화, 예산을 지원하는 주체, 강사의 성향 등에 따라 달라지거나 영향을 받아서는 안 된다. 정권교체나 남북관계와 무관하게 지속해서 적용 가능한 통일교육 정책이 절실하다. 통일교육 내용에 관한 사회적 합의를 위해서는 통일부 통일교육원, 민주평화통일자문회의, 통일교육 민간단체, 시민단체연대회의, 민주화운동기념사업회, 한국교육개발연구원, 종교계, 원로그룹, 학계, 일반시민 등이 참여하여 통일교육 내용과 정책에 관한 사회적 대화를 시작해야 한다. 통일교육 합의를 위한 숙의 민주주의 형식의 공론의 장을 진행하고 도출된 내용을 단계적으로 발전시켜 통일교육 사회적 협약을 추진해야 한다. 이것은 정부의 정책으로 통일교육 내용이 보급되는 구조를 넘어 보수, 중도, 진보가 협력하고 국민이 중심이 되어 통일교육의 내용과 정책에 관해 합의하는 결과를 끌어낼 수 있다.

셋째, 대국민 통일공감대를 형성하기 위해서는 수도권에 집중된 통일교육 사업을 지역사회로 확대해야 한다. 이것은 통일교육의 지방화 및 대중화를 의미한다. 한반도 평화와 통일은 우리 사회의 모든 국민을 대상으로 해야 한다. 통일은 특수한 대상만이 해결하고 이뤄가야 할 과제가 아니라 전 국민이 함께 고민하고 이해하며 참여해야 하는 시대적 과제다. 그러므로 지역의 통일교육 활성화는 매우 중요하다.

그러나 통일교육 사업을 시행하는 민간단체와 기관 등이 수도권에 집중되어 있어 지역사회의 초중등, 대학, 일반 시민 등은 통일교육 관련 강좌나, 행사에 참여할 기회가 부족하다. 지역에는 기존의 학술회의나 강좌 같은 정형화된 틀에서 벗어나 문화적인 접근과 지리적 특성을 활용한 통일교육 활성화가 가능한 많은 장점이 있다. 대표적인 예로, 강원도(궁예궁터), 강화도(고인돌, 고려 유적지), 파주 등 접경지역의 분단 현실과 한반도의 고대 문화유산, 부산의 유엔평화기념관 및 국립 일제강제동원역사관, 유라시아 횡단철도 출발역, 제주도의 일제강점기 병참기지 등등 한민족-일제강점기-분단과 통일의 연결 고리는 지역사회에 더 풍부하다. 이러한 지자체의 입지와 강점을 지닌 지역사회 통일교육 활성화 지원이 필요하다. 이를 위해서는 통일교육지원법을 근거로 자치단체가 통일교육에 대한 예산을 지원할 수 있도록 지역의회가 조례를 제정하고 확대해야 한다.

또한, 지자체의 지원을 바탕으로 민간단체, 지역통일교육센터, 통일관, 평생교육 시설 등이 지역사회 중심의 통일교육 네트워크를 구축하면 지역 주민과 소통하는 통일 공감대를 확산할 수 있다. 이와 같은 의미에서, 2019년 하반기부터 경기도와 도내 민간단체가 추진하고 있는 가칭 '경기도 평화통일교육단체 네트워크' 사업은 모범적인 사례라고 본다.

통일부, 행정안전부, 교육부, 교육청 등에서 해마다 진행하는 '비영리 민간단체 국고보조 지원사업'에 지역의 현지 주민을 대상으로 하는 통일교육 사업 지원을 강화하는 것이 요구된다.

넷째, 세대 간 통일에 관한 다양한 주제로 남남 대화를 시도해야 한다. 이를 통해 우리 사회에 담겨 있는 세대별 경험과 삶의 가치를 존중하며, 통일인식에 관한 소통의 문화를 형성해나가야 한다. 우리 사회는 지금에 이르기까지 급격한 변화를 겪어왔다. 이념과 냉전이 낳은 6·25전쟁, 새마을운동, 경제개발과 민주화, IMF외환위기, IT산업의 발전에 이르기까지 그야말로 변동과 변화의 폭이 넓고 빠르게 진행됐다. 이처럼 사회의 변화가 급격히 진행된 나라들은 대체로 세대갈등이 높게 나타나는 경향이 있다. 지금 한국 사회에는 광복세대, 6·25전쟁 세대, 경제개발 세대, 민주화운동 세대, X세대부터 밀레니얼 세대에 이르기까지 다양한 세대가 사회 문화를 형성하고 있으며 세대 간 갈등이 높아지고 있다. 이러한 환경에서 통일인식에 관한 세대 간 갈등도 이어지고 있다. 그동안 통일교육은 세대 간 갈등을 유발하는 경향이 있었고 서로의 견해에 관해 만나서 대화하는 기회가 부족했다. 그러므로 세대 간 통일인식에 관한 소통이 필요하다.

이를 위해서는 먼저 광복 이후, 한국 사회가 성장해 온 격동의 시간 속에서 살아온 세대들이, 남북관계에 관해 가지고 있는 정서와 감성을 이해하는 공감대가 선행되어야 한다. 이들이 어려운 경제 환경에서도 국가발전과 가족에 대한 헌신의 철학으로 살아온 시간과 의식을 이해해야 한다. 출생 시기가 비슷한 사람들은 생애주기가 같은 단계에서 동일한 역사적 사건을 경험하므로 의식과 행위가 비슷하게 발생하는 경향이 강하다. 광복 이후, 강한 반공 교육과 1980년대까지의 사회 문화를 경험하고 그 경험을 바탕으로 의식이 형성되어 있는 세대들과 좀 더 열린 마음으로 평화와 통일에 관해 대화하는 기회와 장이 필요하다. 여기에 지금의 2030세대가 가지고 있는 경제적 어려움과 상하 관계가 아닌 참여와 평등의 문화를 이해하는 과정 또한 필요하다.

이와 더불어 유아, 어린이, 초중고 학생들에 대한 평화·통일 교육 확대를 통해 통일에 대한 다양한 갈등의 양상과 의견을 좀 더 긍정적으로 갖게 하는 정책이 동시에 필요하다고 본다. 이는 청소년들이 성장의 과정에서 평화와 통일에 대한 교육으로, 더욱더 세대 간 갈등을 예방하고 긍정적인 방향으로 평화·통일에 대해 접근할 수 있다는 장점이 있으리라 기대된다. 이를 위해서는 특히 교육부뿐만 아니라, 여성가족부가 적극적으로 정책을 마련하고 한국청소년단체협의회, 한국청소년활동진흥원 등이 전국적인 청소년 사업 네트워크를 활용하여 현장에서 실행해야 한다.

다섯째, 통일교육 사업을 총괄적으로 조정하고 네트워크를 지원하는 거버넌스를 구축해야 한다. 다시 말해, 가칭 '평화·통일 교육 진흥재단'과 같은 민·관의 통일교육 활성화를 종합적으로 지원하는 기관이 필요하다.

현재 통일교육은 통일부, 민간단체의 역량과 자체예산, 교육부, 행정안전부 비영리 민간단체 공익활동 지원사업, 자치단체 등등이 개별적으로 지원하거나 이뤄지고 있다. 통일교육 민관 거버넌스를 체계적으로 구축하고 전국 단위로 활성화하기 위해서는 통일부를 중심으로 교육부, 평생교육진흥원, 국가보훈처, 국방부, 여성가족부 등 유관부처와 산하기관의 네트워크 및 통일교육을 종합적으로 지원하고 관리하는 체계가 요구된다.

이외에도 한국 사회의 갈등구조를 해소하고 통일교육을 활성화하기 위해서는 앞에서 제안한 통일교육지원법의 실효성 확대, 민주시민교육과 연계한 평화·통일 교육, 독일 사례의 교훈과 한반도 분단 현실에 적합한 갈등해결 교육, 수요자 중심의 교수법 활성화, 초중등 및 대학사회 통일교육 시간 확대, 2030 세대가 주도하는 통일공감대 정책 등을 점검하고 새롭게 개발해야 한다. 1945년 광복 이후, 우리 사회의 발전에는 미래를 위한 교육 투자가 큰 역할을 해왔다. 이제 우리가 가지고 있는 교육의 역량을 통일교육에 발휘할 시기이다. 민주적 가치관에 기초하여 서로 배려하는 공동체 가치를 소중히 여기며 긍정적인 통일의식과 실천 의지를 갖추면, 우리는 문화가 강한 통일 한국을 이루어낼 수 있다. 지금이 통일 마중물에 다시 한 번 큰 바가지로 물을 부어야 할 때이다.

▶ '린치핀 코리아'의 비약을 위한 우리의 결의

지금 세계는 미국을 중심으로 한 해양세력과 중국과 러시아를 중심으로 한 대륙세력 간 대립이 전면적으로 진행되고 있다. 작년 초 발발된 미중 무역 전쟁은 미중 간 1단계 무역합의를 했으나 패권경쟁의 성격으로 장기화될 전망이다. 이는 세계 경제를 '대혼돈'으로 빠뜨릴 가능성이 있다. 또한, 최근 중국과 러시아의 연합 군사훈련은 한 · 미 · 일 안보협력체제를 분열시키는 것으로 한반도 동해 상공에서 이뤄지는가 하면, 러시아 군용기는 독도 영공을 침범했다. 심지어 북한은 여러 차례 탄도미사일을 쏘아 올렸다. 이러한 끊임없는 북한의 도발은 한미동맹을 이간시키고 한국은 안중에도 없는 무력화 책동이다. 동북아는 해양세력과 대륙세력이 첨예하게 대립하고 있는 각축장인데, 그 최전방에 한반도가 있는 것이다. 이것이 한반도가 겪고 있는 지정학적 위치로서의 불행한 현실이다.

한반도의 지정학적 특성을 살려 이안 브레머(Ian Bremmer) 유라시아 그룹 회장이 주장했던 '한반도 중심축 국가론'을 상기할 필요가 있다고 본다. 이 학설은 한국이 주변국과 우호 관계를 넓혀 어느 한쪽에도 과도하게 기대지 않는 중심축 국가(Pivot State)가 되어야 한다는 것인데, 이는 극단적으로 치닫고 있는 동북아 역내 국가 간 갈등 구조 위기를 극복하기 위해서는 우리 대한민국이 어느 국가보다도 선도적이고 창의적인 대안으로 한반도가 동북아의 중심축으로 거듭나는 길을 시사해주고 있다. 역발상적으로 한반도의 지정학적 위기를 지경학적인 통합의 메카니즘으로, 예를 들어 국제분업화 생산구조의 신모델 구축(융합알고리즘 개발), 남북한 경제협력의 가중치 제고, 한류 문화의 확산 등 진정한 세계 평화질서와 경제발전을 위해 힘의 균형을 잡아주는 린치핀 코리아(Linchpin Korea)로서의 기능과 역할을 체계화하는 것이 그 실용적 대안이라고 본다. 이것이 미래지향적으로 우리 정부가 추진해야 할 신외교안보정책의 핵심과제가 되었으면 좋겠다.

조국 대한민국은 6·25전쟁의 폐허에서 딛고 일어나 지난 70여 년 사이에 경제성장과 정치발전을 동시에 이룩하고 문화력을 떨치고 있는 세계가 주목하는 나라가 되었다. 자유민주주의와 시장경제, 법치주의와 인권의 고귀한 가치를 바탕으로 잘살아보겠다는 국민의 단합된 의지, 끊임없는 도전정신, 뜨거운 교육열, 위대한 지도자의 리더십, 한미동맹 등이 복합적으로 작용한 결실이었다.

이런 국가적 역량과 자산을 공고히 하면서 더욱 첨예화하고 있는 동북아 역내 갈등 및 정세변화에 대응하기 위한 새로운 거대 전략(New Grand Strategy) 수립이 필요한 시점이다. 이를 위한 정책제안으로 우리는 한미동맹과 다자안보의 병행, 북한의 비핵화, 남북경제공동체 추진, 한반도 물류중심축 경제발전, 평화협정과 법체계 정비, 갈등구조 해소 및 통일교육 등의 6대 전략을 제시하고자 한다. 그리하여 2020년대를 살아가는 우리 모두는 한반도의 항구적인 평화체제를 구축하는 동시에, 지정학·지경학적 측면에서 동북아의 중심축 역할을 담당함으로써 한반도를 중심으로 동북아가 21세기 인류문명을 이끌어가는 신흥국가연합체로서의 팍스 노스이스트 아시아나(Pax-Northeast Asiana)의 주역이 되기를 기대한다.

한반도 중심축 추진 로드맵

▷ 한국 추진 과제

분야	단기	중기	장기
한반도 중심축 통일 국가론	- 통일 한반도 중심축 전략 발전 - 대국민 전략적 소통	- 남북 간 중심축 국가론 설계 - 주변국 및 국제사회 통일외교 전개	- 평화협정 체결
한미동맹 다자안보 병행 추진 전략	- 전작권 전환 - 비핵화 협상 결렬 시 플랜 B 시행 - 평화협상 준비 - 한미 간 평화협정 체결 시 주한미군 · 유엔사 미래 협의 - 한 · 중 · 일 3국협력사무국 모체 동북아 안보협력기구 창설 협의 제안	- 동맹의 평화 창출 기능 수행 - 비핵화 진전 시 운용적 군비통제 추진 - 동북아 신속대응군 사령부 창설 주도	- 동맹의 지역 안정자 역할 - 북핵 폐기 시 구조적 군비통제 - 평화협정 체결 시 동북아 안보협력기구 창설
북핵 폐기 전략	- 포괄적 단계적 비핵화 합의	- 남북미 비핵화 정상회담 - 비핵화 진전시 평화협상	- 핵폐기시 평화협정 체결
	- 사실상 핵보유국 인정	- 핵WMD대응체계 및 군사옵션	- 전술핵무기 재전개 및 NATO형 핵공유
	- 핵미사일 대량생산 · 전력화	- 핵전쟁 대비	- 한국 핵무장
남북경제 공동체 구상	- 기존의 남북경제공동체 구상에 대한 재평가 및 남북협의 초안 마련 - 남북경제공동체에 대한 학술적, 사회적 공감대 형성	- 남북경제공동체 구상을 포함한 한민족공동체 통일방안에 대한 협의 지속 - 남북경제공동체 구상에 대한 사회협의구조 발족 - 남북경제공동체 추진에 따른 국내 법제 정비	- 남북경제공동체 구축에 관한 남북 및 국내 경제주체 간 협의 지속 - 남북경제공동체 구축에 따른 국내 정치 · 사회적 갈등 조정 - 북한 경제주체의 남한 내 활동에 대한 관리 체계 구축 및 보완

분 야	단 기	중 기	장 기
한반도 물류 중심축 경제발전 전략	– 남북 철도, 해운 연결 방향 설정과 추진 – 북한 물류 분야 4차 산업 기술 테스트 방향 설정	– 북한 물류 분야에 4차 산업기술 테스트 실행 – 북한 물류 인프라 개발 재원 조달 방안 강구	– 한반도 주도 4차산업 기술 개발 – 물류 거버넌스 정비
평화협정과 법체계 정비	– 남북 교류 재개 대비 교류협력 관련 법제도 정비 방안 마련 – 평화협정 체결 관련 각종 법적 쟁점 검토 및 내부 협정안 준비 – 평화협정 체결에 대한 국내 공론화 추진	– 평화협정 체결에 따른 국가보안법과 남북교류협력법 관계 재설정 등 국내법 정비 방안 마련 – 북한 경제 재건을 위한 법제도 개선 협력 방안 마련	– 평화협정 체결 – 평화협정에 따른 남북관계 변화에 부합하도록 국내법 재정비 – 단계적 남북경제 공동체(FTA, 관세동맹 등) 형성 위한 협정안 마련 및 체결
갈등구조 해소와 통일교육	– 민주시민교육, 인성교육, 갈등해결 교육을 결합한 평화교육 확대 – 초중등 과정에 갈등해결 및 평화 · 통일교육 시간 확대 – 대학 사회에 갈등해결 및 평화 · 통일교육 교양과목 확대 – 평화 · 통일 교육 민관 거버넌스 지원 확대	– 통일교육지원법 실효성 확대 – 보수, 중도, 진보가 모여 평화 · 통일 교육 내용에 관한 사회적 대화와 합의 추진 – 초중등, 대학 사회에서 이뤄지는 공통적인 평화 · 통일 교육 내용 도출	– 통일부, 교육부, 여성부(청소년), 국방부, 학계, 민간단체 등과 연계하는 평화 · 통일교육 재단 출범 – 갈등해결 및 평화 · 통일 교육 지원을 위한 지역사회 조례제정 확대

▷ 북한 추진 과제

분 야	단 기	중 기	장 기
한반도 중심축 통일국가론	– 한반도 중심축 통일국가 구상 – 국군포로 · 납북자 · 억류자 송환	– "온 사회 김일성 · 김정일 주의화" 노동당 강령 폐지 – 베트남식 개혁 개방	– 통일 한반도 중심축 구상합의
한미동맹과 다자안보 병행 추진 전략	– 한국군 50만으로 병력 감축 시 북한군 병력 80만으로 감축 – 지역 내 재해 재난구조작전 참가	– 평화창출 기능으로서 동맹 이해 – 동북아신속대응군 참가	– 주한미군 지역 안정자 – 북미 · 북일수교
북핵 폐기 전략	– 북한의 핵미사일 실험 중단 – 북핵 동결 – 핵심 WMD신고 : 영변 핵시설 및 ICBM 등 – 남 · 북 · 미 실무자 회담	– 남 · 북 · 미 비핵화 정상회담 – 영변 핵시설 불능화 – 북미 상호연락 사무소 개설	– 북핵 완전 폐기 및 NPT 복귀 – 평화협정 체결 – 북미수교
남북경제 공동체 구상	– 남북경제공동체 구축에 관한 남북협상안 마련 – 남북경제공동체 구상에 관한 경제주체 및 전문가 대화 전개	– 남북경제공동체 구상을 포함한 남북통일방안 협의 지속 – 남북경제공동체 구상에 대한 사회적 공감대 형성 노력 – 남북경제공동체 추진에 따른 국내 법제 정비	– 남북경제공동체 구축에 관한 국내 및 남북경제주체 간 협력 지속 – 남북경제공동체 구축에 따른 국내 정치 · 사회적 갈등 조정
한반도 물류 중심축 경제발전 전략	– 4차 산업기술 협력을 위한 인적 교류 허용 – 4차 산업기술 테스트베드 제공 – 4차 산업기술 협력 관련 법 제도 준비	– 4차 산업기술 자체 사업 추진 – 북한 물류 기본계획 수립 협조	– 북한 물류 인프라와 운영체계 4차산업 기술 연계

분 야	단 기	중 기	장 기
평화협정과 법체계 정비	- 비핵화 문제 해결 및 대북 제재 완화에 따른 남북경협 재개 대비 북한법제 정비 - 북한 자체 평화협정 체결 관련 각종 법적 쟁점 검토 및 내부 협정안 마련	- 평화협정 체결 대비 남북 군사통합 방안 수립 - 시장경제체제 전환을 위한 내부 개혁 · 개방 법제 마련	- 평화협정 체결 - 평화협정에 따른 남북관계 변화에 부합하도록 국내법 재정비 - 단계적 남북경제 공동체(FTA, 관세동맹 등) 형성 위한 협정 체결
갈등구조 해소와 통일교육	- 남한 사회의 역대 대통령과 특정 정치인 비방 자제	- 6 · 25전쟁에 대한 사과와 화해	- 통일교육이 사회주의 우월성과 3대 혁명이 아닌, 남북한 갈등 해결과 평화교육으로 전환

▷ 남북 협력 추진 과제

분 야	단 기	중 기	장 기
한반도 중심축 통일국가론	- 한반도 중심축 국가 전략 마스터플랜 발전 - 이산가족 생사 확인, 상봉 정례화 - 언어이질화 실태 파악 - 문화 예술 실태 파악 - 인권증진 교육 · 홍보	- 평화협정 체결 시 남북군사 통합 방안 협의 - 북핵미사일 폐기 대비 과학기술자와 한국 IT 과학기술자 융합 4차산업 - 언어통합 위한 행정 협력 - 국가정통성 교육 실태조사, 역사 인식 공유 - 문화 예술 공동 증진	- 통일 한반도의 위용 발휘 - 표준어 통일 - 통합된 역사 인식 구축 - 공동문화 확대 프로그램 - 남북한 통합교과서 편찬
한미동맹과 다자안보 병행 추진 전략	- 비핵화 진전에 따른 운용적 군비통제 추진 - 동북아안보협력기구 추진 협의	- 평화협정 체결 이후 주한미군 존속 필요성 공감 - 필요성에 이해 외교 - 한반도 재해 재난 시 남북공동대처 방안 협의 - DMZ 평화지대로 전환	- 비핵평화의 통일 한반도 완성

분야	단기	중기	장기
북핵 폐기 전략	– 남북 특사 파견 및 고위급 회담 – 남북 상주대표부 설치 – 부분적 제재 완화 개성공단과 금강산 관광 재개	– 평화협정 체결을 위한 남 · 북 · 미 · 중 평화협상 – 비핵화 진전 시 남북 경협 확대	– 핵 폐기 시 평화협정 체결 – 제재 전면 해제 – 남북한 병력 감축
남북경제 공동체 구상	– 한반도 정세변화에 따른 경제공동체 형성 전략 재점검 – 북한의 경제발전전략에 대한 이해를 바탕으로 남북이 공유할 수 있는 구상 마련	– 남북 당국 및 전문가 그룹의 경제공동체 비전 협의구조 구축 – 남북경제공동체 형성의 기본 원칙과 정책과제 도출 및 단계적 이행 방안 협의 – 남북경협에 관한 기본 합의서 체결	– 남북 당국, 지자체, 시민 사회, 경제단체들이 함께 참여하는 남북경제공동체 추진협의회 구성 및 운영 – 남북경제공동체 (단일화) 이행 협약(조약) 체결
한반도 물류 중심축 경제발전 전략	– 북한 물류 현황 기초 조사 – 남북 4차산업 기술 협력 계획 수립 – 물류 거버넌스 체계 정비	– 북한 물류 인프라 남북 공동 개발과 운영 – 남북 공동 4차 산업기술 협력벨트와 권역 개발 – 남북 간 4차 산업기술 표준화 법제도 공동 마련	– 남북 공동 주도 4차산업 기술 개발 – 남북 권역별, 벨트별 4차산업 기술 특성화 사업 추진 – 한반도 통합물류 기본계획 수립
평화협정과 법체계 정비	– 비핵화 해결을 전제로 한 남북경협 활성화를 위한 각종 남북합의서 개선 추진 – 평화협정 체결 관련 법적 쟁점 검토 및 내부안 상호 교환 및 검토	– 평화협정 체결에 따른 남북관계 변화에 맞춰 기존 남북합의서 재정비 및 추가로 필요한 합의서 체결 – 남북 상주대표부 설치	– 평화협정 체결 – 상호 법적 관계 및 교류협력 관련 남북합의서 재정비 – 단계적 남북경제공동체 (FTA, 관세동맹 등) 관련 합의서 체결

분 야	단 기	중 기	장 기
갈등구조 해소와 통일교육	– 금강산, 개성 고려 유적지 등 남북 문화교류 확대 – 중국에서 이뤄지는 남북 평화교육 방안 학술회의 추진	– 청소년, 대학생 남북교류 확대 – 통일신라, 고려, 조선 등 분단 이전의 한반도 역사와 위상 공동집필 – 경평축구 대회 부활과 스포츠를 통한 평화공감대 형성	– 다방면 남북 문화교류 확대 – 독립운동의 역사 관해 공동 연구와 집필 – 남북한 주민이 평화 정착을 위해 공통으로 추진할 수 있는 사회적 가치 공유 – 개성과 평양 등 고구려 유적지 공동조사

▷ 국제 협력 추진 과제

분 야	단 기	중 기	장 기
한반도 중심축 통일국가론	– 한반도 평화체제 구축이 지역 평화와 공동번영에 기여한다는 외교 전개	– 남북군비통제, 경제공동체 등을 통한 평화체제 기반 구축	– 남 · 북 · 미 · 중 한반도 평화조약 체결 유엔에 기탁
한미동맹과 다자안보 병행 추진 전략	– 한미 간 동맹의 비전 합의 – 한미 간 주한미군의 지역안정자 역할 미래 협의 – 비핵화 진전에 따라 남 · 북 · 미 · 중 평화협상 준비 – 동북아 안보협력기구 창설 협의 – 동북아 신속대응군 창설 추진	– 분단 관리에서 통일 기여 기능으로 동맹 조정 – 주한미군 규모 · 성격 조정 – 유엔사 재편 감시기능 조정 – 동북아정상회의	– 남 · 북 · 미 · 중 평화협정 체결 – 국제사회, 통일 한반도 지지 및 지원 – 동북아 안보협력기구 창설 – 동북아 신속대응군 창설
북핵 폐기 전략	– 대북 인도적 지원 추진 – 한미공동위원회 구성 비핵화전략 로드맵 발전	– 국제원자력기구 사찰 – 평화포럼 운영 – 대북제재 완화	– 대북제재 전면 해제 – 한반도 평화협정 체결 – 핵 폐기 시 대북 제재 전면 해제 – 남 · 북 · 미 · 중 한반도 평화협정 체결 – 북미 · 북일 수교

분 야	단 기	중 기	장 기
남북경제 공동체 구상	– 남북경협사업에서 제3국 경제주체의 참여 방안 논의 – 한국, 제3국, 국제기구가 참여하는 전문가 워킹그룹을 통해 남북 경협의 다국적 협력방안 마련	– 남북경협사업이 재개되고 남북 간 재개협상이 진행되는 과정에서 제3국 투자와 기업 참여 보장 방안 추진 – 광역두만강 개발계획(GTI), 신의주, 나선 등에서 소다자 경제협력 모델 개발	– 남북경제공동체 구축에 대한 동북아와 국제사회의 지지 획득 – 한반도경제공동체를 중심으로 동북아, 동아시아 경제협력체제 확대 구축 – 한반도(개성)를 물류와 정보·기술, 사람과 문화를 연결하는 플랫폼으로 건설
한반도 물류 중심축 경제발전 전략	– 남북 물류 협력을 위한 주변국 공조 – 4차 산업기술 연계 남·북·중, 남·북·중·러 협력체 구축	– 북한 물류 인프라 재건을 위한 재원 조달 지원 – 4차 산업기술 기반 국제 물류협력 클러스터 조성	– 국제기구 마련 등을 통한 지속가능한 재원 조달 기구 마련
평화협정과 법체계 정비	– 평화협정 체결 관련 당사국(미국 및 중국 등)의 이해관계 관련 사항 점검 – 각 사항별 법적 쟁점 검토 및 협상 방안 마련	– 평화협정 관련 당사국들 간에 평화협정 체결을 위한 구체적인 협정안 마련 및 협상 추진 – 평화협정 체결 이후 북한 개혁·개방 법제 구축을 위한 국제금융기구 등 국제사회 지원 방안 마련 및 추진	– 평화협정 체결 – 평화협정 이행을 위한 국제기구 협력체제 구축 및 이행 – 북한 경제재건을 위한 법제도 구축에 대한 국제사회 지원 방안 마련 및 추진 – 남북경제공동체 형성에 대한 WTO 등 협력 방안 마련 및 추진
갈등구조 해소와 통일교육	– 재외동포, 해외통일교육위원, 해외민주평화통일자문위원, 유학생 등이 참여하는 한반도 평화교육과 통일공감대 행사 확대	– 미국, 일본, 중국, 러시아, 독일, 이스라엘의 평화교육 관련 학계, NGO 등과 연계하는 평화교육 국제포럼 진행 – 독일의 민주시민교육 사례와 새로운 교육 방향에 관한 연구	– 일본의 2차 세계대전에 대한 반성과 한반도 평화정착의 필요성에 관해 국제 여론 조성 – 한반도 평화가 동아시아와 국제사회 평화에 기여하는 의미를 담은 국제평화교육 추진

미 주

서문 한반도 중심축 통일국가론

1 "2018년 수출액 6,055억 달러로 미, 독, 중, 일, 네덜란드에 이어 6위", 《연합뉴스》, 2019년 1월 1일; "북한 2018년 수출액 2억 8,022만 달러", VOA, 2019년 3월 27일; "남북한 인구", 통계청, 2019; 대한민국 국방부, 『2018 국방백서』, 국방부, 2018; "2020년 국방 예산 50조 원 시대 열린다: 2019년 한국의 국방비 47조 6,971억 원, 2020년 49조 6,958억 원", 《아시아투데이》, 2019. 3월 27일; "GDP 대비 군비지출 북한 1위", http://www.newsis.com/ardetail/view.html/?ar_id=NISX20161223_0014599513&cID=10101&pID=1 0100, (검색일: 2019. 3. 31):… 2016년 미국무부가 발표한 「2016 세계군비지출보고서」에 의하면 북한은 35억 1,000만 달러로 GDP 대비 한국은 2.7퍼센트, 북한은 23.3퍼센트다: Central Intelligence Agency, *The CIA World Factbook 2017*(Washington, D.C.: Skyhorse Publishing, 2018).

2 동북아 국가별 유학생 수, 한국: 2017년도 12만 3,850명(중국 6만 8,184, 베트남 1만 4,614, 몽골 5,384, 일본 3,828, 미국 2,767 등), http://news.edupang.com/news/article.html? no=6732, (검색일, 2019. 3. 30); 미국: 2017년도 109만 4,792명(중국 36만 3,341, 인도 19만 6,271, 한국 3위 5만 4,555, 사우디 4만 4,432), http:// www.vinahanin.com/vnnews/363852, (검색일: 2019. 3. 30); 중국: 2017년도 44만 명(한국 1위 23만 9,824, 태국, 파키스탄, 인도, 러시아, 미국, 일본 순), http://yonseisinology.org/archives/3095, (검색일: 2019. 3. 30); 일본: 2015년도 26만 7,040명(중국 9만 411, 베트남 3만, 네팔 3만, 한국 4위 1만 5,278), https://m.blog.naver.com/PostView.nhn?blogId=josephlee54&logNo=220847907029&proxyReferer=http%3A%2F%2F www.google.co.kr%2Furl%3Fsa%3Dt%26rct%3Dj%26q%3D%26esrc%3Ds%26source%3Dweb%26cd%3D13%26ved%3D2ahUKEwjvza-ayYXgAhUS8rwKHSfTBHsQFjAMegQIAxAB%26url%3Dhttp%253A%252F%252Fm.blog.naver.com%252Fjosephlee54%252F220847907029%26usg%3DAOvVaw0MiXdWxgqPR8wF-gvrvFf1, (검색일: 2019. 3. 30).

3 "2018년 한국 외국관광객: 1,534만 6,879명(중국인 478만 9,512, 일본인 294만 8,257); 한국인 해외관광 2,869만 5,593명, http://www.munhwanews.com/news/articleView.html?idxno= 157349, (검색일: 2019. 3. 30).

4 "한국 체류 외국인: 218만 496명(중국 101만 174(한국계 중국인 67만 9,729, 한족 33만 8,345), 베트남 16만 9,938, 태국 15만 3,259, 미국 14만 3,568, 우즈베키스탄 6만 2,860, 필리핀 5만 8,480, 일본 5만 3,670 등), http://kosis.kr/statHtml/statHtml.do?orgId=111&tblId=DT_1B040A6, (검색일: 2019. 3. 30).

5 문현진, "SBS CNBC: 코리아리포트 인터뷰", https://youtu.be/MUibYvjbGIg/, (검색일: 2019. 9. 7).

6 이기백, 『한국사 신론』, 일조각, 2008. pp.3-10.

7 정순태, 『김유신, 시대와 영웅』, 까치, 2000. 삼국통일은 나당 연합군의 백제공략, 나당 연합군의 고구려 공략, 나당 전쟁 시 신라가 당을 축출하여 668년 삼국통일이 완성된다.

8 이승만 지음, 박기봉 교정, 『독립정신』, 비봉출판사, 2018. 이승만 박사께서 1946년 2월 방송 통해 발표하고 1946년 3월 15일 남한민주연맹이 채택한 국가 구상, 1948년 제정 헌법의 이 대통령 27개 조항.

9 박정희, 『우리 민족의 나갈 길』, 기파랑, 2017.

10 김대중, 『김대중 자서전 2』, 삼인, 2010. pp.278-279.

11 이명박, 『대통령의 시간 2008-2013』, 랜덤하우스코리아, 2015.

12 통일부, 『2019 통일백서』, 통일부, 2019. pp.55-65.

13 Hans Morgenthau, *Power Politics among Nations* (New York: Alfred A. Knopf, 1963), pp.110-166: 한스 몰겐소는 국력 요소로 지리, 자연자원, 산업능력, 군사력, 인구, 민족성, 민족 자존감, 외교력, 통치력 등을 들고 있다.

14 "North Korea GDP 40billion $", Central Intelligence Agency, *The CIA World Factbook 2017*(Washington, D.C.: Skyhorse Publishing, 2018). p.464.

15 북한에 부존하고 있는 광물자원 종류는 석탄광 1종, 금속광 22종, 비금속광 19종 등 총 42광종이며, 광산은 728개로 석탄광산 241개, 금속광산 260개, 비금속광산 227개이다. 북한의 석탄 매장량은 약 205억 톤으로 무연탄이 45억 톤, 갈탄이 160억 톤이다

16 정우진 외, "북한 광물자원 개발 가공 분야의 투자잠재력", 에너지연구원 정책연구보고서, http://www.keei.re.kr/keei/download/KIP1413.pdf,(검색일: 2019. 4. 29).

17 북한의 '요해'하다는 우리말의 파악하다와 유사한 뜻이다.

18 하버마스, 『공론장의 구조변동』, 나남, 2001.

19 임혁백, "한국에서의 불통의 정치와 소통 정치의 복원", 한국언론학회 편, 『한국사회의 소통위기』, 커뮤니케이션북스, 2011. pp.3-32.

20 "남북한 수교국 현황", http://www.mofa.go.kr/www/wpge/m_4181/contents.do, (검색일: 2019. 11. 13).

21 대한민국 국방부, 『2018 국방백서』, 국방부, 2018; Central Intelligence Agency, *The CIA World Factbook (2017* Washington, D.C: Skyhorse Publishing, 2018).

22 조동호, 『통일의 경제적 비용과 통일 비용』, 민족통일연구원, 1997. pp.60-64.

23 박종철, 『공동체 형성전략 및 과제와 초기 통합비용』, 통일연구원, 2011.

24 2010년 6월 9일 미래기획위원회가 대통령에게 보고한 '미래비전 2040' KDI 연구 결과다.

25 Charles Wolf Jr., "The Cost of Reuniting Korea", Forbes.com, March 15, 2010.

26 하정열 외, 『신뢰, 안보 그리고 통일: 튼튼한 안보와 한반도 신뢰프로세스를 중심으로』, 오래, 2014. p.122.

27 김연철 외, 『북한 어디로 가는가?』, 플래닛미디어, 2009. pp.331-359.

28 박종철 외, 『통일한국에 대한 국제적 우려 해소와 편익』, 통일연구원, 2012. pp.22-36.

29 이외에도 *SIPRI, Year* 2019: *Armaments, Disarmament and International Security* (Stockholm: SIPRI, 2018); IISS, *2018 Military Balanc*e (London: IISS, 2018); *IMF* (Washington, D.C.: IMF, 2018).

30 문인혁, "한반도의 지정학적 구조 분석과 국가전략: 비판지정학을 중심으로", 『전략연구』, 제22집 2호(2015), p.44.

31 문인혁(2015), p.37.

32 김성보, "21세기에 돌아보는 1945년 한반도의 지정학", 『역사비평』, 제124호(2018), p.52.

33 원동욱, "경의선 연결을 계기로 한 남북중 경협사업: 한반도 신경제지도와 일대일로의 연계협력", 『월간교통』, 제247호(2018), p.12.

34 김종진, "한반도 신경제지도 구상", 『국토』, 제443호(2018).

35 원동욱, "경의선 연결을 계기로 한 남북중 경협사업: 한반도 신경제지도와 일대일로의 연계협력," 『월간교통』, 제247호(2018), p.12.

36 이상준, "전환기의 한반도 국토 비전과 발전전략", 『국토』, 제423호(2017), p.7.

37 원동욱, "경의선 연결을 계기로 한 남북중 경협사업: 한반도 신경제지도와 일대일로의 연계협력", 『월간교통』, 제247호(2018), p.13.

38 이완범, "한민족공동체 실현을 위한 남북 통일방안의 모색", 『정신문화연구』, 제24권 제3호(2001), p.39.

39 이완범(2001), p.39.

40 박찬봉, "7.7선언체제의 평가와 대안체제의 모색", 『한국정치학회보』, 제42권 제4호(2008), p.340.

41 2018년을 기준으로 할 때, 한국의 1인당 GDP는 북한의 23배에 달한다. http://ecos.bok.or.kr, (검색일: 2019. 8. 19).

42 이화여자대학교 통일학연구원, 『민족공동체 추진 구상 연구 최종결과보고서』(2011), p.218.

43 이화여자대학교 통일학연구원(2011), pp.219-220.

44 이화여자대학교 통일학연구원(2011), pp.10-11.

45 대외경제정책연구원, 산업연구원, 『남북 경제공동체 추진 구상』, 2011. p.5.

46 "[전문] 문대통령 광복절 경축사… '책임 있는 경제 강국의 길로 뚜벅뚜벅'." ,《연합뉴스》, 2019년 8월 15일자

47 대외경제정책연구원, 산업연구원 (2011), p.18.

48 대외경제정책연구원, 산업연구원 (2011), p.31.

49 홍현익, "통일한국과 한미동맹", 『통일한국의 외교안보: 전망과 대책』(성남: 세종연구소, 1999), pp.199-209.

50 홍현익 (1999), p.219-221.

51 정경영, "한국의 동맹과 다자안보 병행 추진 전략", 세종연구소 정책포럼(2019. 1. 28), p.2.

52 "국방중기계획, 軍핵심능력 확보주력…EMP탄 개발 정찰위성 배치",《연합뉴스》, 2019. 8. 15, http://www.yna.co.kr/view/AKR20190814075900504?input=1195m, (검색일: 2019. 9. 23).

53 강원택, "한국에서 정치 균열 구조의 역사적 기원: 립셋-롯칸 모델의 적용", 『한국과 국제정치』, 제27권 제3호(2011), pp.108-112.

54 김종수, "'사회협약'형 통일정책 수립에 관한 연구: 제20대 국회의 역할을 중심으로", 『평화학연구』, 제17권 제4호(2016), pp.109-110.

55 김재천 · 고유환 · 박인휘 · 홍현익, "[특집좌담] 기로에 선 한국 외교, 주도권을 잡아라-'대한민국 버전의 평화협정 준비 시급하다,'" 『통일한국』, 2016년 6월호, p.17.

56 고유환, "민족공동체 통일방안의 이행과정과 추진 전략 재검토", 『통일인문학』, 통권 제60권(2014), pp.271-273.

57 김인춘 · 석주희, "민주평화주의와 지역 평화의 역사적, 지정학적 형성", 『문화와 정치』, 제4권 제4호(2017) 참조.

제1장 한미동맹과 다자안보 병행 전략

1 정경영, 『한국의 구심력 외교안보정책』, 지식과 감성, 2014. pp.237-253.

2 홍용표, "이승만 정부의 한미동맹 정책과 한미상호방위조약", 함택영 · 남궁곤 편, 『한국 외교정책: 역사와 쟁점』, 사회평론, 2010. pp.148-149.

3 Stephen M. Walt, *The Origins of Alliances* (Ithaca: Cornell University Press, 1987), p.12.

4 김열수, 『국가안보: 위협과 취약성의 딜레마』, 법문사, 2017. pp.210-211.

5 Stephen M. Walt, *The Origins of Alliances* (Ithaca: Cornell University Press, 1987), p.12.

6 Arnold Wolfers, *Discord and Collaboration: Essays on International Politics* (Baltimore and London: The John Hopkins University Press, 1962), p.150.

7 정경영, "한중안보협력의 방향과 추진 전략", 『군사논단』, 통권 제65호(2011년 봄).

8 Olaf Palme, ed., *Common Security: A Blue Print Survival* (New York: Simmon and Schuster, 1982), p.7.

9 Robert Axelrod, *The Evolution of Cooperation* (New York: Basic Books, 1984).

10 Stephan D. Krasner, ed., *International Regimes* (Ithaca and London: Cornel University Press, 1983), pp.1-60.

11 Erhard Crome, "The EU, NATO, and the OSCE", https://www.trans form-network.net/cs/publications/sbornik/overview/article/yearbook-2 018/the-eu-nato-and-the-osce/, (검색일: 2019. 3. 30).

12 NATO Web Site, https://www.nato.int/nato-welcome/index.html, (검색일: 2019. 3. 30).

13 "미군의 해외주둔", https://namu.wiki/w/%ED%95%B4%EC%99%B8%20%EC%A3%BC%EB%91%94%20%EB%AF%B8%EA%B5%B0,(검색일: 2019. 4. 1).

14 중국의 중장거리미사일 개발위협 증대에 따른 대응전략으로 추진 중이며, 미국이 INF를 지속적으로 준수할 경우 중국의 미사일 위협에 대한 대처가 제한된다고 판단하여 2919년 8월 2일 INF 파기를 선언했다.

15 국방부군사편찬연구소, 『한국전쟁 피해통계집』, 국방부군사편찬연구소, 1996. p.135.

16 김충환, "부산총회 결과와 국회의 역할", 『국제개발협력』, 2011년 4호(2011), p.51.

17 정경영, "평화협정 체결과 주한미군의 미래", *EAI Issue Briefing*, 2018. 7. 24.

18 정경영, "한미동맹 60년사: 동맹정신(Alliance Spirit)", 국방부 군사편찬연구소 연구보고서, 2013. 2.

19 James D. Morrow, "Alliances and Asymmetry: An alternative to the Capability Aggregation Model of Alliances", *American Journal of Political Sciences,* Vol. 35, No. 4(1991)

20 김재우 · 백헌영 · 박성수 · 박정운 · 홍준석 외, 『2016 세계 방산시장 연감』, 국방기술품질원, 2016.

21 1992년 사거리 300킬로미터 탄두중량 500킬로그램으로 합의한 한미미사일협정은 2012년 사거리 800킬로미터 탄두중량 500킬로그램으로 개정하는 데 합의하였으며, 2017년 한미미사일협정 개정을 통해 탄두중량을 해제하고 사거리 800킬로미터 미사일 개발에 합의했다. 이는 서울에서 베이징과 도쿄(서울-베이징 거리 920킬로미터, 서울-도쿄 1,160킬로미터)를 타격하지 못하도록 하기 위한 조치로 판단된다.

22 대한민국 국방부, 『2018 국방백서』, 국방부, 2018. pp.113-115.

23 2014년 제46차 SCM에 따른 전시작전권 전환 조건은 ▲한국군의 핵심 군사능력 확보 여부, ▲북한의 비대칭 핵, 미사일 위협에 대한 한국군의 초기 필수 대응 능력 확보 여부, ▲전작권 전환을 위한 한반도 및 지역안보 환경 등이다. "'전작권 전환' 핵심 조건은?", 《주간한국》, 2019년 4월 29일자.

24 정경영, "전작권 전환 이후 모습과 유엔사와의 관계", 더불어민주당 국방위원회 김병기 의원실 주최, 국방안보포럼 주관, 『전시작전통제권 전환, 추진 전략과 방향』, 2018. 5. 2, 국회의원회관 제1회의실.

25 제50차 한미안보협의회의 공동성명, https://blog.naver.com/mnd9090/221389299443, (검색일: 2019. 9. 20).

26 서울에서 평양을 목적지로 차를 타고 갈 때 조수석에 있을 때는 안전하게 운전할 수 있도록 도와주기도 하나 크게 신경쓰지 않고 졸기도 할 수 있을 것이나 일단 운전석으로 자리를 옮겨 타면 상황은 전혀 달라진다. 멀리 보면서 파인 곳은 없는지, 갑작스럽게 차를 세워 흉기로 위협하는 상황은 없는가 등 돌발사태에 대처하기 위해 긴장하면서 승객을 안전하게 목적지까지 운전해야 한다. 전작권 전환은 우리 군이 운전석으로 자리를 옮겨 국민을 안전하게 지키고 유사시 국경선 회복이라는 임무가 떨어지면 모든 지략과 결기를 발휘하여 전쟁목표를 구현할 수 있을 것이다.

27 정경영, "전작권 전환 이후 모습과 유엔사와의 관계", 김병기 의원실 주최 전작권 전환 세미나, 2018. 5. 2, 국회의원회관.

28 정경영, "전시작전통제권 전환과 유엔사의 미래", 정경영 · 신성호 · 김창수 · 조동준, 『오바마 행정부와 한미전략동맹』, 한울, 2009. pp.107-150; 정경영, "자립안보와 전작권 전환", 정경영 · 최용호(2018), pp.241-243; 정경영, "유엔사의 미래역할과 한국군과

의 관계정립 방안", 2007년도 국회 국방위 정책연구보고서, 2007. 8. 8.

29 "한미 공동 국지도발 대비계획에 최종서명", https://news.mt.co.kr/mtview.php?no=20130324134282 15481, (검색일: 2019. 8. 30).

30 연합사령부 단일지휘체제에 의해 한반도 작전 수행은 전승에 필수적 지휘구조이다; Matthew B. Ridgeway, The Korean War(New York: Doubleday & Company, INC, 1967), pp.47-48: 6·25전쟁 시에도 반격작전 시 서부지역을 담당했던 미8군과 맥아더 장군이 직접 지휘하는 동부지역 미제10군단의 이원화된 지휘체제로 인해 협조된 작전이 이루어지지 않았다. 미 8군과 미 10군단 전투지경선 사이의 취약지역으로 중국군이 집중적으로 돌파하여 서울을 다시 점령당하는 전쟁을 치렀다.

31 정경영, "9·19 남북군사합의 이행진단과 군비통제 추진방향",『군사논단』, 통권 제96호(2018년 겨울).

32 UNC 요원 인터뷰, 2018. 10. 3.

33 Chung Kyung-young, "A Peace Regime Building and the Future of ROK-U.S. Alliance", presented at Workshop entitled "A Demilitarized North Korea" co-hosted by U.S. Stimson Center and Institute of International Studies, Seoul National University, Dec 3-4, 2018, Washington, D.C; 미 외교안보정책부서 및 한반도 안보전문가 인터뷰, 2018. 12. 2-6, 2019. 10. 14-19 워싱턴 D.C.

34 Chung Kyung-young, "The Signing of a Peace Treaty and The Future of U.S. Forces in Korea", *Issue Brief*, East Asia Institute, Aug 14, 2018.

35 The White House, *2017 National Security Strategy* (Washington, D.C.: National Security Council, 2017).

36 "北도발 예방 한미동맹, 통일 후엔 지역안보 지휘자 돼야",《동아일보》, 2015년 7월 29일.

37 Chung Kyung-young, "The Trend of Strengthened UNC and its Role After the Transition of Wartime Operational Control", East Asia Institute, Oct 28, 2019. ISBN 979-11-90315-12-8 95340.

38 김명기,『한반도 평화조약의 체결』, 국제법출판사, 1994. p.143.

39 정경영·하정열·이표구·한관수, "한반도 평화체제 추진 전략", 국회 국방위 정책연구보고서, 2018. 12. 19,

40 Chung, Kyung-young, "A Peace Regime Building and the Future of ROK-U.S. Alliance", workshop hosted by Stimpson Center, Dec 2-3, 2018, Washington, D.C.

41 정한울, 이내영, "동맹의 변환(Transformation)과 한국인의 대미인식-한미동맹 위기론과 대미인식 다원화 현상을 중심으로",『국제정치논총』, 제45권 제3호(2005), p.86.

42 미 외교안보정책부서 및 한반도 안보전문가 인터뷰, 2018. 12. 2-6, 워싱턴 D.C. 유엔 안보리 상임이사국 5개국, 남북한, 유엔 참전 13개국(16개국 중에 상임이사국 미, 영, 프랑스 제외)으로 편성하는 안이다.

43 아덴만 여명작전을 원격지휘한 이성호 전 합참 군사지원본부장과의 2017년 6월 26일 인터뷰: 아덴만 여명작전은 그동안 동맹에 의해서 쌓아 올린 한미 간의 긴밀한 협력에 의해 승전보를 올린 자랑스러운 작전이 아닐 수 없다. 컨트롤 타워로서의 합참의 지휘 및 통제, 연합사를 통한 미5함대와의 정보유통체제 구축, 이를 연동시키는 최첨단 C4I 시스템, 그리고 고강도 훈련을 해온 작전지휘관과 전사들의 투혼이 어우러진 기념비적인 작전이었다.

44 "제50차 한미 안보협의회의 공동성명", 《연합뉴스》, 2018년 11월 1일.

45 NPT가 인정하는 핵보유국은 미, 러, 프, 영, 중이며, 핵무기를 보유하고 있으나 불인정하는 국가는 이스라엘, 인도, 파키스탄, 북한이다. SIPRI, *SIPRI 2017 Yearbook* (Stockholm: SIPRI, 2018).

46 무기수출 Top 5는 미국, 러시아, 독일, 프랑스, 중국이고, 무기수입 Top 5는 인도, 중국, 파키스탄, 한국, 싱가포르다.

47 동북아공동체연구재단 편,『동아시아 영토분쟁과 국제협력』, 디딤돌, 2014.

48 "한국 체류 외국인: 218만 496명(중국 101만 174(한국계 중국인 67만 9,729, 한족 33만 8,345), 베트남 16만 9,938, 태국 15만 3,259, 미국 14만 3,568, 우즈베키스탄 6만 2,860, 필리핀 5만 8,480, 일본 5만 3,670등), http://kosis.kr/statHtml/statHtml.do?orgId=111&tblId=DT_1B 040A6, (검색일: 2019. 7. 4).

49 Ivo H. Daalder and James M. Lindsay, *America Unbound: The Bush Revolution in Foreign Policy* (Washington, D.C.: Brookings Institution Press, 2003), pp.188-89.

50 Hilary R. Clinton, "American Engagement in the Asia-Pacific", Speech at East West Center, University of Hawaii, Oct 28, 2010.

51 서울안보대화는 아태 지역 다자안보협력과 한반도 평화정착에 기여하기 위해 2012년 차관급 다자안보협의체로 출범했다. 제8회 서울안보대화 2019년 9월 4일부터 6일까지 '함께 만드는 평화: 도전과 비전'이라는 주제로 국제안보협력방안을 논의했다. 개설 당시 17개국(15개 국가, 2개 국제기구) 참여로 시작한 서울안보대화는 아태 지역뿐만이 아니라 유럽·중동·아프리카까지 참가 국가가 확대되어 2019년에는 총 50여 개 국가(국제기구)가 참여했다. "제8회 서울안보대화 9월 4일부터 6일까지 개최", https://konas.net/article/artic le.asp?idx=53854, (검색일: 2019. 10. 27).

52 "Global Peace Data," https://peacekeeping.un.org/es/data; "Contributors UN Peace Keeping Operations," https://peacekeeping. un.org/sites/default/files/1_summary_of_contributions.pdf, (검색일: 2019. 12. 27).

53 The Department of Defense, *Indo-Pacific Strategy Report Preparedness, Partnerships, and Promoting a Networked Region* (Washington, D.C.: DOD, June 1, 2019).

54 "한 · 미국 공동기자회견 모두발언", https://www1.president.go.kr/articles /6723, 2019- 06-30, (검색일: 2019. 7. 2).

55 정경영, "한국의 인도-태평양 전략 참가여부에 관한 연구", 『군사발전연구』, 제13권 제1호(통권 제19호, 2019).

56 Joseph S. Nye, Jr., *Powers to Lead* (New York: Oxford University Press, 2008).

57 John J. Mearsheimer, *The Tragedy of Great Power Politics* (New York: W.W.Nordton & Company, 2001).

58 Graham Ellison, *Destined for War: Can America and China Escape Thucydides's Trap?* (Washington, D.C.: Houghton Mifflin Harcourt, 2017).

59 Global Fire Power, *2020 Military Power*; IISS, *2019 Military Balance* (London: IISS, 2019); *2019 IMF*(Washington, D.C.: IMF, 2018).

60 Department of Defense, *National Defense Strategy* (Washington, D.C. Jan 2018); Department of Defense, *National Posture Review* (Washington, D.C. Jan 2018).

61 The Department of Defense, *Indo-Pacific Strategy Report Preparedness, Partnerships, and Promoting a Networked Region* (Washington, D.C.: DOD, June 1, 2019); 이철민, "호주가 중국 대신 미국을 선택한 이유", 《조선일보》, 2018년 2월 19일.

62 "U.S. Indo-Pacific Command", https://www.pacom.mil/, (검색일: 2019. 10. 28).

63 "아태 최대 규모 코브라골드 연합훈련 개막", 《연합뉴스》, 2018년 2월 13일.

64 "미국, 일본, 호주, 프랑스, 인도양서 첫 훈련--'중 견제 목적'", 《연합뉴스》, 2019년 5월 21일.

65 "다국적 퍼시픽 뱅가드 해군훈련 실시", 《국방일보》, 2019년 6월 4일: "한미, 괌 해상서 태평양 연합훈련 실시…지난 5월에 이어 두 번째", https://www.rfa.org/korean/in_focus/nk_nuclear_talks/ne-jd-11212019095037.html, (검색일: 2019. 12. 28).

66 "United States Military Deployments", https://en.wikipedia.org/wiki/ United_States, (검색일: 2019. 7. 27).

67 "중국 군사개혁", 한국전략문제연구소 정책토론회 결과보고서, 18-2(242호).

68 "China plans sea-based anti-missile shields 'for Asia-Pacific and Indian Ocean'", *South China Morning Post*, Feb 8, 2018.

69 Alfred Thayer Mahan, *The Influence of Sea Power Upon History, 1660-1783* (Washington, D.C.: Pelican Publishing, 1918).

70 "미, 중거리미사일 시험 발사---한국 배치 압박", 《조선일보》, 2019년 8월 21일.

71 한국무역협회, "2019년 해외무역통계", http://stat.kita.net/stat/world/major/koreastats06.screen#, (검색일: 2019. 2. 23).

72 전략 · 경제대화는 미중 간에 실시되는 외교·재무장관회담과 한미, 한일, 한호주 간 실시되는 외교국방장관회담인 2+2회담을 참조해 외교 및 경제협력은 물론 안보 및 군사 이슈의 비중을 고려해 외교 · 국방 · 재무장관이 참여하는 대화체를 구상했다.

73 Chung Kyung-young, "Northeast Asian Security Cooperation: Current Status and Future Prospects", in Kwak Tae-Hwan and Joo Seung-Ho, eds., *North Korea and Security Cooperation in Northeast Asia* (London: Ashgate, 2014), p.43.

74 한국과 일본의 대북 정보 수집 능력은 정찰위성이 한국 3기 일본 4기, 조기경보통제기는 한국 EC737 4대 일본 EC767과 E-2C 17대, P3해상초계기는 한국 16대 일본 100대, 이지스함 한국 3척 일본 6척을 보유하고 있다. "한일 대북 정보능력 비교", http://kin .naver.com/qna/detail.nhn? d1id=6 &dirId=6&docId=153951388&qb=7ZWc7J286rWw7IKs67O07Zi47ZiR7K CV&enc=utf8&section=kin&rank=3&search_sort=0&spq=0&pi d=RdlD535Y7vdssvaygMKsssssssl-004793&sid=UQglJ3JvLDQAADFyJzc, (검색일 : 2018. 7. 5)

75 정경영, "북핵미사일 위협의 無力化 전략", 『한국군사』, 창간호(2016. 6).

76 조양원, "제6차 한중일 정상회의와 한국 외교:평가 및 과제", 국립외교원 외교안보연구소, 「주요 국제문제 분석」, 2015.11.19.

77 "제7차 한 · 중 · 일 정상회담…北비핵화 일치 · 과거사는 갈등", 『뉴시스』, 2018년 5월 12일.

78 "한중일 정상회담, 한반도 비핵화 위해 긴밀 협력", 《한국경제》, 2019년 12월 24일.

79 Chung Kyung-young, "South Korea's Foreign & Security Strategy toward the U.S. and China in view of Unification", *The Korean Journal of Security Affairs*, Vol.20, No.1(June 2015).

80 정경영, "한 · 중 정상회담이 성공하는 길", 《중앙일보》, 2013년 6월 6일.

81 정경영, "북핵 위협에 대한 복합적 전략", 한국정치학회 주최 2013년도 춘계학술회의, 2013. 4. 25.

82 이승율, 『길목에 서면 길이 보인다』, 휘즈북스, 2019. p.25.

83 GTI(Greater Tumen Initiative) 동북아 지역개발 및 경제협력 증진을 위해 한국, 중국,

러시아, 몽골 등 4개국이 참여하는 다자간 협의체이다. 제18차 GTI 총회가 2018년 6.22.(금) 몽골 울란바토르에서 개최되었다.

84 기획재정부, "제18차 GTI 총회 보도자료", 2018. 6. 22.

85 이승율, 『길목에 서면 길이 보인다』, 휘즈북스, 2019. p.26.

86 대한민국 청와대, 『문재인 정부의 국가안보전략』, 국가안보실, 2018. pp.106-108.

87 대한민국 청와대, 『문재인 정부의 국가안보전략』, 국가안보실, pp.108-109.

88 정경영, "글로벌 코리아와 아프간전(戰)", 《조선일보》, 2009년 5월 5일.

89 정경영 · 박동순 · 박현식, "직 · 간접 전투경험 공유확대 방안", 육군본부 정책연구보고서, 2017. 12. 13.

제2장 북핵 폐기 전략

1 이 글에서는 소수설의 비핵화는 논외로 하고 다수설에 의한 비핵화, 그중에서도 한반도 비핵화 문제로 한정한다.

2 태영호, 『3층 서기실의 암호』, 기파랑, 2018. pp.240-241.

3 이호령, "김정은-트럼프 간 비핵화 간극과 평행선", 2019년 한러국방학술회의, 〈변화하는 동북아 안보질서와 한러 안보협력〉, 2019. 7. 2. pp.11-13.

4 1950-1953년 김일성과 스탈린 간 오간 개인 서한(Личная переписка Ким Ирсена и И.В.Сталина на протяжении 1950-1953 гг.) 러시아연방대통령고문서실(Президентский Арихтв РФ). Ф.07, Он .89в . П.1,1. pp.6-7.

5 시모토마이 노부오, 이혁재 옮김, 『북한정권 탄생의 진실』, 기파랑, 2000. pp.37-38.

6 신효숙, 『소련군정기 북한의 교육』, 교육과학사, 2003. pp.157-167.

7 이재승, 『북한을 움직이는 테크노크라트』, 일빛, 1998. PP.105-157.

8 이삼성, 『한반도의 전쟁과 평화』, 한길사, 2018. p.552.

9 Bruce Cumings, *Korea's Place in the Sun: A Modern History* (New York: W.W.Norton, 1997), pp.290-293.

10 태영호, 『3층 서기실의 암호』, 기파랑, 2018. pp.40-47.

11 이삼성, 『한반도의 전쟁과 평화』, 한길사, 2018. p.552.

12 태영호, 『3층 서기실의 암호』, 기파랑, 2018. p.44: '옆에 끼고 나가야 한다'는 '어르고 달랜다'다는 의미다.

13 《뉴욕타임스》(1975. 6. 21)

14 오진용, 『김일성 시대의 중소와 남북한』, 나남, 2004. p.395.

15 "논거와 사실(아르구멘트 이 팍트)", 1992. 3. 10, 이즈베스티야지, 1994 .6. 24.

16 Larry A. Niksch, "North Korea's Nuclear Weapons Program", 2002. p.4.

17 태영호, 『3층 서기실의 암호』, 기파랑, 2018. p.474.

18 란코프, 『북한 워크아웃』, 시대정신, 2009. p.129.

19 박종수, 『21세기의 북한과 러시아』, 도서출판 오름, 2012. pp.245-246.

20 태영호, 『3층 서기실의 암호』, 기파랑, 2018. pp.52-79.

21 『뉴욕타임스』, 1976. 1. 17, 서울 발-UPI 특파원.

22 박종수, 『21세기의 북한과 러시아』, 도서출판 오름, 2012. pp.251-252.

23 태영호, 『3층 서기실의 암호』, 기파랑, 2018. p.309.

24 태영호, 『3층 서기실의 암호』, 기파랑, 2018. pp.402-403.

25 태영호, 『3층 서기실의 암호』, 기파랑, 2018, pp.240-241.

26 안드레이 란코프, "북한의 비핵화와 체제안전보장의 조건", 2018. 6. 18.

27 이삼성, 『한반도의 전쟁과 평화』, 한길사, 2018. p.582.

28 조엘 위트, "제2차 북미정상회담 전망-북핵문제를 38North 조엘 위트 대표에게 묻는다." 2019. 2. 19. 국회 한국외교안보포럼, p.3.

29 콘스탄틴 아스몰로프(러시아 극동연구소 한반도연구센터 선임연구원), "개최되지 않았던 정상회담 (Саммит, которого не было)", 러시아 주간 프로필, 2018. 5. 29, pp.16-19.

30 이종석, 『북한-중국관계, 1945-2000』, 중심, 2001. p.290.

31 이삼성, 『한반도의 전쟁과 평화』, 한길사, 2018. pp125-126.

32 태영호, 『3층 서기실의 암호』, 기파랑, 2018. pp.240-242.

33 태영호, 『3층 서기실의 암호』, 기파랑, 2018. pp.312-313.

34 "Russia Report-Issues & Analysis 분야별 평가와 전망", 한국외대, 2018, http://www.rus.or.kr/, (검색일 : 2019. 8. 10).

35 "Russia Report-Issues & Analysis 분야별 평가와 전망", 한국외대, 2018, http://www.rus.or.kr/, (검색일 : 2019. 8. 10).

36 이삼성, 『한반도의 전쟁과 평화』, 한길사, 2018. p.842.

37 황지환, "전망이론을 통해 본 북한의 핵정책 변화: 제 1, 2차 북한 핵 위기의 분석", 『국제정치논총』, 제46집 1호 (2006), pp.7-21.

38 "대북특사 방북 결과 언론발표문", 《연합뉴스》, 2018년 3월 6일. https://www.yna.co.kr/view/AKR20180306178800001, (검색일 : 2019. 8. 10)

39 『마오쩌둥과 김일성의 권력승계 차이에 관한 비교 분석』, 연세대학교 대학원(2013).

40 전수미, "조중우호협조 및 호상원조 조약에 대한 고찰", 『북한법 연구』, 제19호, 2018.

41 이용준, 『북핵 30년의 허상과 진실』, 한울, 2018. pp.168-203.

42 Chung Kyung-young, "Lessons Learned: The Inter-Korean Dialogues and Path Forward", Lecture at University of Maryland, Oct 18, 2019.

43 "우리는 지난해 6월 싱가포르 회의 중 1차 조미수뇌상봉회담 공동인식으로 이룩된 신뢰조성과 단계적 해결 원칙에 따라 이번 회담에서 현실적 제안을 제기했습니다. 미국이 유엔 제재의 일부, 즉 민수경제와 인민생활에 지장을 주는 항목의 제재를 해제하면 우리는 영변 핵의 플루토늄과 우라늄을 포함한 모든 핵물질 생산시설을 미국 전문가들의 입회하에 두 나라 기술자들의 공동의 작업으로 영구적으로 완전히 폐기한다는 것입니다." 북한 리용호 외무상의 기자회견 내용 중 2019년 3월 1일, https://www.youtube.com/watch?v=QtGYMwsAuFk&feature=youtu.be, (검색일: 2019. 7. 10).

44 "北, 남북공동연락사무소 철수…9월 14일 개소 이후 190일만(1보)", 《아시아경제》, 2019년 3월 22일, https://www.msn.com/ko-kr/News/other/北-남북공동연락사무소-철수-9월-14일-개소-이후-190일만-1보/ar-BBV5iLl, (검색일 2019. 10. 18).

45 "나와 트럼프 대통령 사이의 개인적 관계는 두 나라 사이의 관계처럼 적대적이지 않으며 우리는 여전히 훌륭한 관계를 유지하고 있다. ⋯⋯ 미국이 올바른 자세를 가지고 우리와 공유할 수 있는 방법론을 찾은 조건에서 제3차 조미수뇌회담을 하자고 한다면 우리로서도 한 번은 더 해볼 용의가 있다." 《조선중앙통신》, 김정은 최고인민회의 14기 1차회의 시정연설 중(2019. 4. 13).

46 "I agree with Kim Jong Un of North Korea that our personal relationship remains very good, perhaps the term excellent would be even more accurate, and that a third Summit would be good in that we fully understand where we each stand. North Korea has tremendous potential for......." 미국 도날드 트럼프 대통령의 2019년 4월 13일 공식트위터, https://twitter.com/realdonaldtrump/status/1117033379776667648, (검색일 2019. 10. 20).

47 "현 단계에서의 사회주의 건설과 공화국 정부의 대내외 정책에 대하여", 《조선중앙통신》, 2019년 4월 13일, https://www.youtube.com/watch?v=uGqAHWKNEJU&feature=youtu.be, (검색일: 2019. 10. 20).

48 “조선민주주의인민공화국 사회주의 헌법(김일성-김정일 헌법)”, 최고인민회의 제12기 5차 회의, 2012. 4. 13.

49 “자위적 핵보유국의 지위를 더욱 공고히 할 데 대하여”, 최고인민회의 제12기 7차 회의, 2013. 4. 1.

50 국정기획자문위원회, “문재인 정부 국정운영 5개년 계획”, 2017. 7. pp.1-15.

51 Chung Kyung-young, “Lessons Learned: The Inter-Korean Dialogues and Path Forward”, Lecture at University of Maryland, Oct 18, 2019.

52 대한민국 국방부, 『2018 국방백서』, 국방부, 2018. pp.51-54.

53 Department of Defense, *2018 Nuclear Posture Review* (Washington, D.C.: U.S. DOD, Feb 2018).

54 Chung Kyung-young, “Lessons Learned: The Inter-Korean Dialogues and Path Forward”, Lecture at University of Maryland, Oct 18, 2019.

제3장 남북경제공동체 구상

1 김영윤, “남북경제공동체 형성 전략에 관한 연구”, 『북한경제논총』, 제12호(2006), p.60.

2 양재성, 『남북경제공동체 형성 방안과 과제』, 통일부 통일교육원, 2012. p.6.

3 통일부, “민족공동체통일방안”, https://www.unikorea.go.kr/unikorea/policy/plan, (검색일: 2019. 8. 15).

4 최수영, 『남북경제공동체 형성 방향과 과제』, 국회입법조사처, 2014), pp.6-10; 통일부, “민족공동체통일방안”, https://www.unikorea.go.kr/unik orea/po licy/plan, (검색일: 2019. 8. 15).

5 임강택, “경제협력공동체 추진 전략과 과제: ‘평화경제’를 중심으로”, KINU 학술회의 「신 한반도 체제의 비전과 과제」 자료집(2019. 5. 24.), pp.71-84.

6 통일부, “한반도 신경제지도 구상 및 경제통일 구현”, https://www.unikorea.go.kr/unikorea/policy/project/task/precisionmap, (검색일: 2019. 8. 15).

7 통일부 북한정보포털, “북한의 통일방안”, https://nkinfo.unikorea.go.kr/nkp/overview/nkOverview.do, (검색일: 2019. 8. 15).

8 이점호, “북한의 특구전략에 관한 연구”, 고려대학교 박사학위논문(2014), p.75.

9 양재성, 『남북경제공동체 형성 방안과 과제』, 통일부 통일교육원, 2012. pp.12-16.

10 홍순직 외,『통일 후 남북한 산업구조 재편 및 북한 성장산업 육성방안』, 대외경제정책연구원, 2017. pp.103-105.

11 임강택, "경제협력공동체 추진 전략과 과제: '평화경제'를 중심으로", KINU 학술회의 '신 한반도 체제의 비전과 과제' 자료집(2019. 5. 24.), p.74.

12 박종철 외,『민족공동체 통일방안의 새로운 접근과 추진방안: 3대 공동체 통일구상 중심』, 통일연구원, 2010. p.147.

13 통일 비용과 분단비용에 관한 기존의 논의는 박종철 외,『통일기반 조성 및 통일미래상 연구 분석』, 통일연구원, 2016. pp.157-216.

14 박종철 외,『민족공동체 통일방안의 새로운 접근과 추진방안: 3대 공동체 통일구상 중심』, 통일연구원, 2010. p.145.

15 개성공업지구지원재단, "연혁", https://www.kidmac.or.kr/ko/010101/content/history, (검색일: 2019. 8. 17).

16 개성공업지구 개발과 관련한 추진계획은 현대아산,『개성공업지구 개발총계획 제1권』, 현대아산, 2005. pp.42-80.

17 개성공업지구지원재단, "숫자로 보는 개성공단", https://www.kid.mac.or.kr/ko/index, (검색일: 2019. 8. 17).

18 현대아산, "연혁", http://hdasan.com/about/about_0203, (검색일: 2019. 8. 17).

19 통일부,『2019 통일백서』, 통일부, 2019. p.343.

20 통일부,『2019 통일백서』, 통일부, 2019. p.346.

21 통일부,『2019 통일백서』, 통일부, 2019. p.345.

22 우리「남북관계 발전에 관한 법률」에서 남북합의서는 "정부와 북한 당국간에 문서의 형식으로 체결된 모든 합의"로 규정된다. 남북공동보도문 또한 남북합의서에 포함된다. 국가법령정보센터,「남북관계 발전에 관한 법률」, http://www.law.go.kr/lsInfoP.do?lsiSeq=202630&efYd=20180914#0000, (검색일: 2019.8.17.).

23 남북은 2000년 12월 남북경협과 관련한 기본 합의라 할 수 있는 '남북 사이의 투자 보장에 관한 합의서', '남북 사이의 소득에 대한 이중과세 방지합의서', '남북 사이의 상사 분쟁 해결 절차에 관한 합의서', '남북 사이의 청산 결제에 관한 합의서' 등 4대 경제협력 합의서를 체결했다. "통일부 남북회담본부," https://dialogue.unikorea.go.kr/ukd/c/ca/usrtalkmanage/List.do?tab=5&agreement_type=00, (검색일: 2019. 8. 17).

24 "북한은 2011년 6월「금강산국제관광특구법」을 제정함으로써 기존의 '금강산관광지구법'은 폐지되었다."

25 통일부,『개성공업지구 법규집』, 통일부, 2015.

26 남근우, "'신(新)남북교역체계' 기반구축에 관한 연구", 『통일문제연구』, 제28권 제2호(2016), p.5.

27 남북합의서의 법적 효력과 권한에 관한 논의는 정일영, "남북합의서의 법제화 방안 연구", 『법과 정책』, 제18권 제1호(2012); 제성호, "남북합의서에 대한 국내법적 효력부여 문제: 국제법상 조약의 개념과 우리헌법과의 관련성을 고려하여", 『법조』, 571호(2004). p.64.

28 한겨레, "통일부 천안함 사태 관련 대북조치 발표문", http://www.hani.co. kr/arti/politics/politics_general/422158.html, (검색일: 2019. 10. 30).

29 이명박 대통령은 동 회의시 "오늘 논의사항을 토대로 국제사회 앞에 담화를 발표하게 될 것"이라고 언급. 통일부(2011), p.21.

30 이와 관련한 논의는 정일영 · 정대진, "남북합의서 이행의 한계와 대안의 모색: 5.24조치와 「남북관계발전에관한법률」 제23조를 중심으로", 『통일연구』 제21권 제1호(2017).

31 북한 경제특구에서 제기되는 분쟁 해결의 한계에 관한 분석은, 유현정 · 정일영, "개성공단의 안정적 운영과 법치경제의 모색", 『북한학연구』, 제11권 제1호(2015), pp.156-158.

32 통일부, "남북사이의 상사분쟁 해결절차에 관한 합의서", 『개성공업지구 법규집』, 통일부, 2015), pp.421-422.

33 북한은 2017년 9월 3일 6차 핵실험을 단행하고 이를 수소폭탄이라고 주장하였으나 아직까지 명확히 확인된 바 없다.

34 남북교류협력지원협회, 『대북 제재 참고 자료집 4.0』, 남북교류협력지원협회, 2018.

35 통일부, "한반도 신경제지도 구상 및 경제통일 구현", https://www.unikorea.go.kr/unikorea/policy/project/task/precisionmap, (검색일: 2019. 8.15).

36 통일부, "한반도 신경제지도 구상 및 경제통일 구현", https://www.unikorea.go.kr/unikorea/policy/project/task/precisionmap, (검색일: 2019. 8. 20).

37 청와대, "제73주년 광복절 경축사", https://www1.president. go.kr/ articles/4022, (검색일: 2019. 8. 20).

38 문재인 정부는 남북기본협정을 추진하겠다는 입장이나 이 또한 그 내용이 불분명하며 남북관계, 남북경협의 제도화라는 측면에서도 구체적인 대안을 제시하지는 못하고 있다. 통일부, "남북기본협정 체결 및 남북관계 재정립", https://www.unikorea.go.kr/unikorea/policy/project/task/agreement, (검색일: 2019. 8. 20).

39 '보완성의 원칙'은 유럽공동체(EC) 결성의 근간이 되는 마스트리트조약에서 기원하며, 이를 계승한 유럽연합의 유럽연합조약(Treaty of European Union : TEU) 제5조, 3항에 명시되어 있다.

40 유럽지방정부회의(AER : Assembly of European Regions)는 유럽 지방자치단체의 공동번영을 위해 '보완성의 원칙'(중앙권력은 지방조직이 효율적으로 못하는 기능만을 수행한다는 원칙)에 입각하여, 1985년 설립된 유럽 지방정부 간의 대표적 협력기구이다. 현재 35개국 250개 광역자치단체로 구성되어 있으며 사무국은 프랑스 알사스주 스트라스부르에 소재하고 있다.

41 양롱(Yang Long, 중국 낭카이 대학교 정치학 교수) "한·중 지방정부 간의 협력 현황 분석", http://www.cmnews.kr/speciallist/3367(출력: 2019. 4. 6).

42 동북아지역자치단체연합은 한국의 발의로 1996년 결성되었으며, 현재 한·중·일·몽골·러시아·북한 등 6개국의 77개 광역자치단체를 회원으로, 역내 6억 6,000만 명의 인구를 포용하고 있다. 북한의 함경북도와 나선특별시가 회원으로 가입되어 있으나, 북핵 위기와 함께 국제사회의 대북 제재 이후 참여를 중단하고 있다. 경제통상, 교육·문화, 환경·방재, 여성·아동, 변경협력, 과학기술, 관광, 해양·어업, 광물·자원개발, 에너지·기후변화 분야에서 활발한 교류·협력을 하고 있으며, 한국에 사무국이 있다.

43 빅터 차(Victor Cha), "전환기의 동북아 : 한·미·중 국제컨퍼런스: Towards a New Strategy in the Transition of Northeast Asia", 2019. 2. 15.

44 "통일이 미래다", 《NK조선》, 2014년 1월 24일. http://nk.chosun.com/news/articlePrint.html?idxno=154317(검색일 : 2019. 4. 6).

45 연합기업소는 북한의 독특한 공업체계로서, 일정한 사회적 생산으로 밀접히 연관되어 있는 몇 개 부문의 기업이 하나의 기업체로 통합된 대규모 기업연합체다. 이는 구소련의 '기업연합'이나 동독의 '콤비나트'와 유사한 형태로서, 생산기술적 연계를 가지는 가운데 모체 기업을 중심으로 계열 산하기업들과 연합을 이루면서 사회주의적 경제적 분권화 아래 독립채산제를 구축하고 있다. 1973년에 흥남비료연합기업소를 처음 시범 결성한 이래, 1985년부터 전면적으로 도입되었으며, 대표적으로 김책제철연합기업소, 남흥청년화학연합기업소, 승리화학연합기업소, 천리마제강연합기업소, 청진금속건설연합기업소, 평양화력발전연합기업소, 함북조선소연합기업소, 신포원양연합기업소, 원산철도차량연합기업소, 무산광산연합기업소, 회령건설연합기업소, 경원지구탄광연합기업소, 2.8비날론연합기업소 등 북한의 기간산업이나 선도산업 중심으로 현재 64개가 운용되고 있으며, 총 근로자가 200여만 명에 달하고 있다.

46 북한의 『조선민주주의인민공화국 주요경제지대들』(북한 외국문출판사: 2018)에 의하면, 북한에는 총 27개의 경제지구가 설정되어 있다. 중앙급개발구인 5개 '경제특구'가 원산-금강산국제관광지대, 라선경제무역지대, 황금평·위화도경제지대, 금강산국제관광특구, 신의주국제경제지대로 설정되어 있으며(개성공업지구는 2018년 자료에서 삭제), 2013년에 제정된 '경제개발구법'에 의해 각 시, 도에 22개의 '경제개발구'가 북·중 국경지대와 서해, 동해 연안지역에 각각 설정되어 있다. 이들을 산업별로 보면, 공업개발구 14개, 농업개발구 3개, 관광개발구 6개, 수출가공구 3개, 첨단기술개발구 1개로 구분되고 있다. 경제개발구법에 의거 투자자들의 경제활동을 보장하기 위해 토지 위치

선택 우선권과 토지사용료 면제 혜택을 제공하며, 관광 · 호텔업 투자자를 우대한다. 또한, 개발구에서 10년 이상 운영하는 기업에는 기업소득세를 감면해주고, 이윤을 재투자해 5년 이상 운영 시 기업소득세 50퍼센트를 감면해준다.

47 이승율, 『초국경 공생사회』, 한우리, 2011.

제4장 한반도 물류 중심축 경제발전 전략

1 민경태, 『서울 평양 스마트시티』, 미래의 창, 2018. p.14

2 이성우. "한반도 신복합물류체계 구축 방향과 과제", 『KDI 북한경제리뷰』, 2019. p.11.

3 2006년 부산항만공사는 한국 선사들과 한러중 컨소시엄을 구성하여 나호드카 항만 개발사업을 추진하였으나 러시아 업체의 일방적인 부도선언으로 사업이 실패했으며, 이후 아직 한국 기업이 러시아 지역 물류 인프라 사업에 참여해서 운영까지 한 사례는 없다.

4 삼일회계법인, "Korail 철도물류사업 경영개선방안연구", 2019. p.11.

5 해양수산부, "통일 한반도 시대의 북한 항만물류체계 기본구상 연구", 한국해양수산개발원, 2018. pp.12~20.

6 부산항은 2018년 기준 세계 6위 항만으로 연간 2,000만 TEU 이상의 컨테이너를 처리하고 전 세계 400여 개 항만과 연결되어 있는 동북아 최대의 항만으로 특히 한국 수출입 화물과 외국의 환적 화물 비중이 거의 5:5 수준으로 환적 물동량 부분에서는 세계 3위의 항만이다.

7 철도총연장 및 공항 수/항로 수는 2015년도 기준의 한국교통연구원 자료.

8 대형 컨테이너 선박이 기항하는 중심항만과 인근 중소형 항만 간의 컨테이너 수송을 담당하는 중소형 컨테이너 선박인 피더선이 주로 사용하는 부두를 지칭한다.

9 현재 한국 경부선의 경우 화물을 주로 이용하는 기존 철도의 경우 수색-서울역 구간 99퍼센트, 서울-시흥 구간 116퍼센트, 청량리-망우 구간이 100퍼센트로 선로 용량이 거의 포화 상태에 있다: 철도공사 내부자료, 2018. 12.

10 이언경 외, "항만-대륙철도 연계 복합물류망 구축을 위한 기반연구", 경제·인문사회연구회(2018. 12): 2030년 기준 한반도를 통해 대양과 대륙을 연결하는 화물은 대략 127만 TEU로 추정된다.

11 열차 단위로 고객과 연간 혹은 특정기간 수송 계약을 맺고 원하는 시간대와 루트를 직통으로 운행하는 전세열차 개념이다. 중간 정차 등이 없어 속도가 높고 화물 손상이나 손실이 없어 대형 화주들이 선호하는 운송 방식이다.

12 소형선박이나 바지선 등을 통해 인접한 대형항만으로 화물들을 옮기는 서비스를 셔틀 서비스라고 한다.

13 통일부, "나진-하산 사업 개요", (내부자료, 2017. 12): 나진항 3부두 개발사업은 2000년 러시아 푸틴과 북한 김정일 간 나진-하산 프로젝트 공동개발 합의로 시작되어 2008년 러-북 합작회사인 '라손 콘트라스(RCT)'가 주도하여 2014년에 준공하였으며 49년간 임대와 400만 톤 처리가 가능하다. 연계사업으로 나진-하산 간 철도 54킬로미터가 있으며, 전체 사업비는 약 1억 7,000만 달러를 투자했다.

14 박은숙, 『시장의 역사』, 역사비평사, 2008, p.157.

15 이성우, "한강하구의 평화적 이용을 통한 서울 신물류체계 구상", KDI, 『북한경제리뷰』, 2019. 8. p.61.

16 현재 한중, 한일 간 운영 중인 제도로 양국 간의 다른 교통, 물류, 노동, 산업 등의 표준과 제도문제로 인해 양국의 트럭이 상호주행하는 대신 트럭에 연결되는 화물을 싣는 수단인 트레일러만 카페리 등을 통해 운송하고 자국의 트럭이 해당 트레일러를 현지에서 이동시키는 방법으로 2008년부터 운영 중에 있다.

17 이성우, "감성기반 정보 플랫폼, 미래 물류의 키워드", 《코리아쉬핑가제트》, 2018년 10월호.

18 2018년 카카오택시가 시작하려고 한 '카풀서비스'는 택시업계의 반대로 사업이 축소되고 진행될 수밖에 없었고 종합모빌리티플랫폼인 '타다' 역시 택시업계의 반발과 정부의 제도 미흡 등으로 인해서 시장 확대와 신규사업 추진을 보류할 수밖에 없는 상황에 있다.

19 북한식 표현으로 '단박(숨) 도약' 전략

20 민경태, 『서울 평양 스마트시티』, 미래의 창, 2018. p.32.

21 민경태, 『서울 평양 스마트시티』, 미래의 창, 2018. pp.33-38 내용을 저자가 재수정하여 인용했다.

22 SCM(Supply Chain Management)은 기업 입장에서 전체 공급과 수요를 지칭하는 업무로 공공적 의미에서는 물류를 지칭하는 것이다. 최근 대부분 기업들의 성장을 위해서 필수적으로 관리되어야 하는 요소로 SCM을 꼽고 있다.

23 환적화물은 자국 화물이 아니고 제3국 화물이 신속한 배송을 위해 주로 작은 선박으로 주변 대형 항만으로 화물을 옮기고 나서 큰 선박으로 바꿔 타고 운송을 하는 형태를 말한다.

24 덴마크의 코펜하겐과 스웨덴의 말뫼는 국가가 다름에도 불구하고 양국 간의 접근성과 차별성을 통해서 코펜하겐-말뫼 공동항만공사를 설립해서 현재 운영 중에 있다.

제5장 한반도 평화협정 체결과 법체계 정비 방안

1 한명섭, "한반도 평화협정 체결에 대한 법적 검토", 『통일과 법률』, 제37호(2019), p.5.

2 김덕주, "한반도 평화협정의 특수성과 주요 쟁점", 『IFANS 주요국제문제분석』, 제 2018-19호(2018), p.1.

3 김덕주, "한반도 평화협정의 특수성과 주요 쟁점", 『IFANS 주요국제문제분석』, 제 2018-19호(2018), p.13.

4 통일부 북한정보포털, "제네바 정치회담, https://nkinfo.unikorea.go.kr /nkp/term/viewKnwldgDicary.do?pageIndex=16&dicaryId=38&searchCnd=0&searchWrd=, (검색일: 2019. 11. 2).

5 평화 · 통일연구소, 『전쟁과 분단을 끝내는 한반도 평화협정』, 도서출판 한울, 2010. pp.153-154.

6 김덕주, "한반도 평화협정의 특수성과 주요 쟁점", 『IFANS 주요국제문제분석』, 제 2018-19호(2018), pp.11-12.

7 김선표, "한반도 평화체제 구축과 유엔사 문제에 대한 소고", 『서울국제법연구』, 제12권 제2호(2005), p.94.

8 제성호, "남북기본합의서와 평화체제 전환문제", 『북한』, 제291호(1996), pp.152-158.

9 김덕주, "한반도 평화협정의 특수성과 주요 쟁점", 『IFANS 주요국제문제분석』, 제 2018-19호(2018), p.18.

10 이하의 내용은 한명섭, 『통일법제 특강(개정증보판)』, 한울엠플러스, 2019. pp.602-603.

11 최진욱, 『평화조약의 역사적 변천과 사례: 한반도 평화체제에 주는 시사점』, 통일연구원, 2007. p.46.

12 김영철 · 서원철, 『현대국제법연구』, 과학백과사전종합출판사, 1988. pp.166-167.

13 김영철 · 서원철, 『현대국제법연구』, pp.172-173.

14 최현철, "조선반도핵문제의 평화적 해결과 관련한 미국의 국제법적 의무", 『정치법률연구』, 제18호(2007), pp.39-40.

15 "미국과 남조선 당국의 북 비핵화 궤변은 조선반도 비핵화의 전도를 더욱 험난하게 만들 뿐이다", 『조선중앙통신』, 2016년 7월 6일.

16 박휘락, "2018년 비핵화 협상의 비극적 결말: 북한의 원초적 부정과 불안해진 한미동맹", 《데일리안》, 2018년 12월 22일.

17 배정호 · 제성호,『연방제 통일과 평화협정』, 형설출판사, 2016. pp.158-160.

18 한명섭,『통일법제 특강(개정증보판)』, 한울엠플러스, 2019. p.600.

19 "Paris Peace Accords", https://en.wikipedia.org/wiki/Paris_Peace_ Accords, (검색일: 2019. 3. 17): "The government of the Democratic Republic of Vietnam with the concurrence of the Provisional Revolutionary Government, the United States Government with the concurrence of the Government Republic of South Vietnam, with a view to ending the war and restoring a peace in Vietnam to respect the Vietnamese people fundamental national rights and the South Vietnamese people's right to self-determination and contributing to the consolidation of peace in Asia and world, have agreed on the following provisions and undertake to respect and to implement them." 서명자: 주월남미국대사, 미 국무부장관, 베트남공화국 외교부장관, 남베트남임시혁명정부 외교부장관, 베트남민주공화국 외교부장; UN. *United Nations Treaties Series 1974*, Vol.935, No.13295(1977), pp.6-17.

20 "Paris Peace Accords", https://en.wikipedia.org/wiki/Paris_Peace_ Accords, (검색일: 2019. 3. 17).

21 "Watergate Scandal", https://en.wikipedia.org/wiki/Watergate_scandal, (검색일: 2019. 3. 17).

22 이하의 구체적인 내용은 한명섭,『통일법제 특강(개정증보판)』, pp.607-609.

23 제성호, "남북평화협정 체결의 법적 문제와 추진방향",『통일시대와 법』, 중앙대학교출판부, 2003. p.596.

24 이하의 구체적인 내용은 한명섭,『통일법제 특강(개정증보판)』, 한울엠플러스, 2019, pp.611-623 참고; 평화협정에 포함될 주요 내용에 대하여는 윤대규, "남북간 평화협정 체결과 관련된 법적 제문제",「제24차 남북법령연구특별분과위원회 회의」, 2004. 11. 5, 법무부; 조성렬,『한반도 평화체제』, 도서출판 푸른나무, 2007; 허문영 외, 통일연구원 편,『한반도 비핵화와 평화체제 구축전략』, 통일연구원, 2007; 백진현, "한반도 평화체제 구축방안: 정전협정의 대체를 중심으로",『통일시대와 법』, 중앙대학교출판부, 2003; 제성호, "한반도 평화체제 구축방안",『국가전략』, 제2권 제1호(1996); 제성호, "남북평화협정 체결의 법적 문제와 추진방향",『통일시대와 법』, 중앙대학교출판부, 2003; 장용석, "한반도 평화체제와 평화협정 – 개념, 쟁점, 추진방향",『통일문제 연구』, 제22권 1호, 통권 제53호(2010) 등 참고.

25 정태욱, "주한 '유엔군사령부'(UNC)의 법적 성격",『민주법학』, 통권 제34호(2007), pp.197-228.

26 백진현, "한반도 평화체제 구축방안: 정전협정의 대체를 중심으로,"『통일시대와 법』, 중앙대학교 출판부, 2003. p.519.

27 윤대규, "남북간 평화협정 체결과 관련된 법적 제문제", p.557.

28 허문영 외, 『한반도 비핵화와 평화체제 구축전략』, p.115.

29 임동원, 『피스 메이커: 남북관계와 북핵문제 20년』, 중앙북스, 2008. pp.115-116.

30 한국의 미국에 대한 작전통제권 이양은 당시 헌법에서 규정하고 있는 국회의 동의를 받지 않았으며, 대통령의 국무에 관한 행위는 문서로 하여야 하며 모든 문서에는 국무총리와 관계 국무위원의 부서가 있어야 함에도 이를 위반한 이승만 대통령의 독단적 행위이므로 원인무효의 행정행위라고 보는 견해도 있다. 최창동, 『법학자가 본 통일문제』, 푸른세상, 2002, p.150; 최철영, "한반도 평화협정체결을 위한 법제정비 방안", 『법과 정책연구』, 제5집 2호, 동광문화사, 2005. pp.888-889.

31 한명섭, "한반도 평화협정 체결에 대한 법적 검토", 『통일과 법률』, 제37호(2019), p.29.

32 정철원, 『조선투자법안내(310가지 물음과 답변)』, 법률출판사, 2007. p.60.

33 조선대외경제투자협력위원회 편찬, 『조선민주주의인민공화국 투자안내』, 외국문출판사, 2016. p.23.

34 제성호, "통일지향적 새 남북관계 정립을 위한 국제법적 과제", 『법제연구』, 제19호(2010), p.98.

35 문준조, 『남북경제교류의 민족내부거래성과 대우문제』, 한국법제연구원, 2002. p.60.

36 손기웅, 『독일통일 20년: 현황과 교훈』, 통일부 통일교육원, 2010. p.8.

37 양병기, "남북한의 통일과 아시아지역공동체의 창설 전망", 『정치정보연구』, 제18권 제1호(2015), p.28.

38 양병기, "남북한의 통일과 아시아지역공동체의 창설 전망", p.29.

39 "향후 20년은…베를린이 정하면 유럽은 따른다", 《매일경제》, 2019년 3월 22일.

40 손기웅, 『독일통일 20년: 현황과 교훈』, 통일부 통일교육원, 2010. p.23.

41 리스본조약(Treaty of Lisbon)의 정식 명칭은 '유럽연합 개정조약(EU Reform Treaty)'이다. 유럽연합 27개 회원국 정상들이 2007년 10월 포르투갈의 수도 리스본에서 열린 정상회담에서 최종 합의한 뒤 같은 해 12월 공식 서명하여 보통 리스본조약이라고 부른다.

42 양병기, "남북한의 통일과 아시아지역공동체의 창설 전망", 『정치정보연구』, 제18권 제1호(2015), p.36.

제6장 갈등구조 해소와 통일교육

1 미국은 일본이 항복하자 한반도의 군사적 점령과 일본군의 무장해제라는 긴급한 문제를 다루지 않으면 안 되었다. 미국은 소련에 의한 한반도의 점령을 방지하기 위해 북위 38도선에서 한반도를 분할하기로 결정했다. 사실 소련군이 한반도에 진입하였을 때 미국은 한반도에서 600마일이나 떨어진 오키나와와 1,500마일 떨어진 필리핀에 있었다. 1948년 이후 궁극적으로 한반도를 정치적 분단으로 이끌었던 38도선은 일본군의 항복을 촉진시키기 위한 미국과 소련에 의해 결정되었다. 전득주, 『세계의 분단사례 비교연구』, 푸른길, 2004, pp.51-55.

2 모스크바 3개국 외상회의는 전후 한국 문제 해결에 관해 미국과 소련의 견해 차이를 국제정치적으로 보여준 회담이었다. 3국 외상에 의해 합의된 모스크바협정은 한국을 독립국가로 만들고 더 나아가 민주적 발전에 제 조건들을 충족시킨다는 목표하에 '임시조선 민주정부'의 수립을 준비한다는 것이 그 기본 정신이었다. 전득주, 앞의 책, pp.67-68. 그 내용은 첫째, 한국을 독립국가로 재건설하며, 민주주의적 원칙하에 발전시키고, 일본 통치의 잔해를 빨리 청산할 조건들을 조성할 목적으로 민주주의 임시정부(a provisional democratic government)를 수립한다. 둘째, 연합국이 한국 임시정부의 수립을 원조 · 협력할 방안의 작성은 민주주의적 정당 · 사회단체들과의 협의를 통해 미소공동위원회가 수행한다. 셋째, 5년 이내를 기한으로 하는 4대 강국에 의한 신탁통치의 협정은 한국 임시정부와의 협의를 거쳐 4개국이 심의한 후 제출하도록 되어 있었다. http://100.daum.net/encyclopedia/view/b07 m3753a, (검색일: 2019. 3. 25).

3 돈 오버더퍼, 『두 개의 한국』, 길산, 2008. pp.29-35; 통일부 통일교육원, 『남북관계 지식사전』, 통일부 통일교육원 교육개발과, 2015.

4 통일부 통일교육원, 『2019 통일문제의 이해』, 통일부, 2019. pp.13-15; 통일부 통일교육원, 『2018 통일문제의 이해』, 통일부, 2018. pp.14-16; 통일부 통일교육원, 『2017 통일문제의 이해』, 통일부, 2017. pp.13-34.

5 박주화 외, 『2017 남북통합에 대한 국민의식조사』, 통일연구원, 2017. pp.88-89.

6 한국사회의 남남갈등 기원은 1945년 광복 이후부터로 볼 수 있고 대내외적인 정치 · 경제적 조건의 변화에 따라 그 양상이 전개되었다. 반공 이데올로기부터 보수, 중도, 진보, 그리고 시민사회 형성과 배타적 대립구조에 이르기까지 사회의 여러 분야에 걸쳐 내재되어 있다. 내용은, 마인섭 외, 『북한 문제와 남남갈등 기원과 전개』, 성균관대학교 출판부, 2012. pp.40-73.

7 김정환 · 강선보, 『교육학개론』, 박영사, 2011. pp.8-9; 김회용 외, 『교육학 개론』, 양서원, 2017. pp.16-18.

8 문종철 외, 앞의 책, pp.11-17; 김회용 외, 『교육학 개론』, 양서원, 2017. pp.26-29.

9 「통일교육지원법」, http://www.lawnb.com, (검색일: 2019. 3. 26).

10 통일부, 『국민의 정부 통일교육 기본방향』, 통일부, 1998. p.3.

11 2000년대 이후 통일교육의 주요 내용은 1999년부터 발간하기 시작한 「통일교육 기본지침서」의 내용을 2004년까지 기본적인 틀을 유지하면서 당시 남북관계의 변화된 상황, 북한의 변화 등을 보완했다. 통일부 통일교육원, 『통일교육원 40년사』, 통일교육원, 2012, p.39: 통일교육기본지침서는 2004년까지 통일부 정책실에서 발간하였으나 2005년부터 2018년까지는 통일부 통일교육원에서 발간했다. 그리고 2018년부터는 개편안의 명칭을 정부 중심의 하향식 통일교육에서 벗어나 사회적 합의를 강조하기 위해 '지침서'라는 용어 대신 『평화 · 통일교육 방향과 관점』으로 변경했다. 매년 발간되는 기본 교재를 요약하여 지식과 정보를 전달하는 방식을 개편하여 통일교육의 기본이 되는 방향을 제시하고, 지속적으로 사용하기 위한 취지다.

12 「통일교육지원법과 통일부통일교육지침서」, 1998-2016.

13 통일부 통일교육원, 『통일교육원 40년사』, 통일교육원, 2012. pp.33-34.

14 통일부 통일교육원, 『통일교육원 40년사』, 통일교육원, 2012. p.35.

15 통일부, 『통일교육기본지침서』, 통일부정책실, 2000. p.9.

16 통일부 통일교육원, 『통일교육지침서』, 통일부 통일교육원, 2008. p.9.

17 통일부 통일교육원, 『통일교육지침서』, 통일부 통일교육원, 2016. p.7.

18 통일부 통일교육원, 『통일교육원 40년사』, 통일교육원, 2012. pp.39-40.

19 정향진, "학교 통일교육의 실태와 의무화의 필요성", 『학교 통일교육 발전 공개 세미나』 (2015년 2월 25일), p.23.

20 통일부와 교육부는 2018년 10월 22일부터 12월 10일까지 학생 및 교사들의 북한과 통일에 대한 인식을 파악하고 학교 내에서 진행되는 통일교육의 실태를 정확하게 진단하기 위해 시·도 교육청의 협조를 통해 '2018년 학교 통일교육 실태조사'를 진행했다. 조사 개요는 전국 597개교 8만 7,113명(학생 8만 2,947명, 교사 4,166명), (연구학교 학생 9,717명은 별도 조사) ①(학생) 초등 2만 6,213명(5, 6학년), 중등 2만 8,673명, 고등 2만 8,061명 / 표본오차: 95퍼센트 신뢰 수준에서 ± 0.34퍼센트 ②(교사) 5, 6학년 담임교사, 중등 사회 · 도덕 · 역사 과목 담당 교사 / 표본오차: 95퍼센트 신뢰 수준에서 ± 1.52퍼센트 포인트다.

21 서울대 통일평화연구원, 『2017 통일의식조사』, pp.34-36. 서울대 통일평화연구원은 『2017년 통일의식조사』를 2017년 7월 3일부터 7월 28일까지 시행했다. 조사의 모집단은 전국 16개 시도(서울, 부산, 대구, 인천, 대전, 광주, 울산, 경기도, 강원도, 충청남북도, 전라남북도, 경상남북도, 제주도)에 거주하는 만 19세 이상 74세 이하의 성인 남녀 전체이다. 유효 표본의 수는 1,200명이며, 표본 오차는 95퍼센트 신뢰수준에서 ±2.8퍼센트다.

22 통일교육협의회는 2018년 11-12월, 전국의 2030세대 남녀 1,200명을 대상으로 통일

의식을 조사했다. 조사 결과와 분석 내용의 신뢰도를 높이기 위해 5개 권역별 할당표본(수도권, 충청·강원권, 제주권, 호남권, 영남권)을 추출했다. 표본 오차는 ±2.77퍼센트 포인트다.

23 통일부 통일교육원, 『통일교육원 40년사』, 통일교육원, 2012. pp.42-43.

24 노태우 정부 당시, 정부가 250여 회에 걸쳐 세미나와 간담회를 개최하고 426건의 통일 논의를 취합, 분석하였으며, 전문가를 포함한 전 국민 1만 6,000여 명을 대상으로 여론 조사를 하고 여소야대의 국회 상황에서 범국민적 합의를 위해 노력한 결과 보수·진보 양 진영이 모두 수용 가능한 균형점을 찾을 수 있었다.

25 이후, 통일교육지원법은 몇 차례 일부 개정되었고 최근에는 2018년에 공무원 통일교육 확대 내용을 포함하여 개정되었다. 2019년을 기준으로 통일교육지원법은 제1조(목적), 제2조(정의), 제3조(통일교육의 기본 원칙), 제3조의2(통일교육 기본사항), 제3조의3(통일교육주간), 제4조(국가 및 지방자치단체의 책무), 제5조 삭제(2008. 12. 31), 제6조(통일교육 기본계획의 수립), 제6조의 2(공공시설의 이용), 제6조의 3(지역통일교육센터의 지정·운영), 제6조의 4(통일관의 지정 등), 제6조의 5(통일관에 관한 시정명령), 제6조의 6(통일관의 지정취소 등), 제6조의7(공무원 등에 대한 통일교육의 실시), 제7조(통일교육의 반영), 제8조(학교의 통일교육 진흥), 제9조(통일교육의 수강 요청 등), 제9조의2(통일교육 전문강사의 양성), 제10조(통일교육협의회), 제10조의2(통일교육위원), 제11조(고발 등) 전문 11개조와 부칙 2개조로 구성되어 있다.

26 한 대학에서 실시한 '북한의 이해' 과목에 대한 학생들의 평가에 따르면 가장 인상 깊었던 주제로 꼽힌 것으로 '북한의 영화 감상'이 39.0퍼센트로 제일 높았고, 다음으로 '북한의 문학' 12.4퍼센트, '탈북학생과의 대담' 11.8퍼센트, '북한경제' 10.9퍼센트, '김일성·김정일 연구' 7.6퍼센트 등으로 나타났다. 그리고 한 여론조사의 결과에서도 북한 분야에서는 북한사회의 실상을 가장 궁금하게 여기고 있으며, 통일문제에 대해서는 통일 이후 예상되는 상황과 같은 실질적인 차원의 문제에 관심이 많았다. 이우영(1997), pp.61-62.

27 이미경, "대학생 통일의식 제고를 위한 통일교육 방안 모색", 『한국동북아논총』, 제70호(한국동북아학회, 2014), p.181.

28 심성보 외, 『보이텔스바흐 합의와 민주시민교육』, 도서출판, 2018, pp.22-27; 강영혜 외, 『민주 시민교육 활성화 방안 연구』, 한국교육개발연구원, 2011, pp.44~45; 김해순, 『통일 이후 동서독 주민들의 갈등과 사회통합 : 통일교육에의 시사점』, 통일부 통일교육원, 2002, pp.238-240.

29 2030세대는 20대와 30대에 해당하는 세대이며 50대와 60대를 의미하는 5060세대와 대비되어 사용된다. 2030세대는 관습이나 고정관념에 얽매이지 않는 자유롭고 유연한 사고와 행동 양식을 바탕으로 삶의 질과 자아실현에 대한 관심이 높다. 2030세대가 사회적으로 더 주목받기 시작한 것은 2002년 한일 월드컵 대회에서다. 2030세대의 '붉은

악마'가 주도한 거리 응원전이 국민의 호응을 얻으면서 2030세대는 한국사회에서 영향력 있는 새로운 세력으로 주목받았다. 특히 이전 세대에게 트라우마로 작용하던 공산당과 빨갱이를 의미하는 붉은색을 열정과 정열이라는 긍정적인 의미로 재인식시켰기 때문에 'R세대' 혹은 'W세대'라는 별칭을 얻기도 했다. https://terms.naver. com/entry.nhn?docId=371084&cid=42028&categoryId=42028, (검색일: 2019. 7. 15).

30 인터넷 공간의 특징은 사람의 심미적 충동과 연관이 있다. 심미적 충동은 자신의 소망이나 바람에 대한 상징적 표현들을 받아들이거나 사회에 대한 지식과 소망을 성취하고자 하는 욕구, 그리고 일상적인 일에서 벗어나 자유로운 시간을 보내기를 바라는 욕망이다. 수용자는 자신의 취미를 구성하는 데 있어서 아무거나 선택하는 것이 아니라 그들의 가치관이나 심미적 기준을 개입시킨다. 주창윤, 『대한민국 컬처코드』, 21세기북스, 2010, p.23.

31 채홍미 · 주현희, 『소통을 디자인하는 리더, 퍼실리테이터』, 아이앤유, 2012, pp.22~26; 리처드 위버 · 존 패럴(송경근 옮김), 『우리가 열광하는 관리자 퍼실리테이터』, 한언, 2004, pp.26-27.

32 《시흥공보뉴스》 (시흥시, 시민 퍼실리테이터 양성교육), 2019년 6월 1일; 《시흥공보뉴스》 (시흥시, 시민 퍼실리테이터 양성교육), 2019년 6월 1일; 《미디어투데이》 (2019 김포시 퍼실리테이터 자격 취득과정 수료식), 2019년 5월 29일; 《THN통합뉴스》 (광양시, 청년 퍼실리테이터 양성과정), 2019년 5월 22일.

33 채홍미 · 주현희, 『소통을 디자인하는 리더, 퍼실리테이터』, 아이앤유, 2012. pp.27-35.

34 리처드 위버, 존 패럴, 『우리가 열광하는 관리자 퍼실리테이터』, 한언, 2004. pp.36-39.

35 governance는 steer(키를 잡다, 조종하다)를 뜻하는 그리스어 kubernáo에서 나온 말로, 이를 비유적 의미로 최초로 사용한 이는 고대 그리스 철학자 플라톤이다. 오늘날과 비슷한 의미로 이 단어를 영어에서 최초로 사용한 것은 1885년 영국 역사가 찰스 플러머(Charles Plummer)가 쓴 『영국의 거버넌스(The Governance of England)』지만, 본격적으로 유행하게 된 것은 1990년대에 UN, IMF, 세계은행 등과 같은 국제기구들에 의해서였다. http://100.daum.net/encyclopedia/view/54XX45200078, (검색일: 2019. 8. 5).

36 음선필, "통일교육 지원법에 대한 입법론적 검토", 『입법학 연구』, 제15호 1권(2018), pp.13-14.

37 조정아, "KEDI 교육정책포럼 겸 KINU 통일교육 쟁점 공론화 토론회", 『통일교육의 쟁점과 과제』(2018. 8. 28), p.82.

38 이갑준, "KEDI 교육정책포럼 겸 KINU 통일교육 쟁점 공론화 토론회", 『통일교육의 쟁점과 과제』(2018. 8. 28), pp.75-77; 조정아, 앞의 책, p.83.

39 통일국민협약이란 문재인 정부의 100대 국정과제 중 하나로 2017년 8월 발표했다. 협약의 과제와 목표는 국민이 공감하는 통일국민협약 체결 추진과 안정적이고 지속가능

한 통일·대북정책 추진 기반 마련, 소통·참여, 교육 등 유기적 연계로 통일공감대 확산과 통일 대비 역량 강화, 국회 협의·국민 소통 기반 아래 통일국민협약 체결 추진, 2022년까지 협약 체결 및 이행·소통 체계 등 제도 기반도 구축(민족공동체 통일방안의 계승·발전 모색 병행)이다. 이것은 통일·대북정책에 관한 초당적 협력과 국민적 지지 확대와 통일 논의 활성화 및 미래세대의 통일 필요성에 대한 긍정적 인식 제고라는 의미가 있다.

서문 한반도 중심축 통일국가론

단행본

김기홍, 『서희, 협상을 말하다』, 새로운 제안, 2007.

김대중, 『김대중 자서전 2』, 삼인, 2010.

김연철 외, 『북한 어디로 가는가?』, 플래닛미디어, 2009.

대한민국 국방부, 『2018 국방백서』, 국방부, 2018.

박종철, 『공동체 형성전략 및 과제와 초기 통합비용』, 통일연구원, 2011.

박종철 외, 『통일한국에 대한 국제적 우려해소와 편익』, 통일연구원, 2012.

박정희, 『우리 민족의 나갈 길』, 기파랑, 2017.

이기백, 『한국사 신론』, 일조각, 2008.

이명박, 『대통령의 시간 2008-2013』, 랜덤하우스코리아, 2015.

이승만 지음, 박기봉 교정, 『독립정신』, 비봉출판사, 2018.

이태환 외, 『통일한국의 외교안보: 전망과 대책』, 세종연구소, 1999.

임혁백, "한국에서의 불통의 정치와 소통 정치의 복원", 한국언론학회 편, 『한국사회의 소통 위기』, 커뮤니케이션북스, 2011.

정순태, 『김유신, 시대와 영웅』, 까치, 2000.

조동호, 『통일의 경제적 비용과 통일 비용』, 민족통일연구원, 1997.

통일부, 『2019 통일백서』, 통일부, 2019.

하버마스, 『공론장의 구조변동』, 나남, 2001.

하정열 외, 『신뢰, 안보 그리고 통일: 튼튼한 안보와 한반도 신뢰프로세스를 중심으로』, 오래, 2014.

Central Intelligence Agency, *The CIA World Factbook 2017* (Washington, D.C: Skyhorse Publishing, 2018).

Morgenthau, Hans, *Power Politics among Nations* (New York: Alfred A. Knopf, 1963).

논문 및 정책연구서

강원택, “한국에서 정치 균열 구조의 역사적 기원: 립셋-롯칸 모델의 적용”, 『한국과 국제정치』, 제27권 제3호(2011).

고유환, “민족공동체 통일방안의 이행과정과 추진 전략 재검토”, 『통일인문학』, 제60권(2014).

김재천 · 고유환 · 박인휘 · 홍현익, “[특집좌담] 기로에 선 한국 외교, 주도권을 잡아라-‘대한민국 버전의 평화협정 준비 시급하다’”, 『통일한국』, 2016년 6월호.

김성보, “21세기에 돌아보는 1945년 한반도의 지정학”, 『역사비평』, 제124호(2018).

김인춘 · 석주희, “민주평화주의와 지역 평화의 역사적, 지정학적 형성”, 『문화와 정치』, 제4권 제4호(2017).

김종수, “‘사회협약’형 통일정책 수립에 관한 연구: 제20대 국회의 역할을 중심으로”, 『평화학연구』, 제17권 제4호(2016).

김종진, “한반도 신경제지도 구상”, 『국토』, 제443호(2018).

대외경제정책연구원, 산업연구원, 「남북 경제공동체 추진 구상」(2011).

문인혁, “한반도의 지정학적 구조 분석과 국가전략: 비판지정학을 중심으로”, 『전략연구』, 제22집 2호(2015).

박찬봉, “7.7 선언체제의 평가와 대안체제의 모색”, 『한국정치학회보』, 제42권 제4호(2008).

원동욱, “경의선 연결을 계기로 한 남북중 경협사업: 한반도 신경제지도와 일대일로의 연계협력”, 『월간교통』, 제247호(2018).

이상준, “전환기의 한반도 국토 비전과 발전전략”, 『국토』, 제423호(2017).

이완범, “한민족공동체 실현을 위한 남북 통일방안의 모색”, 『정신문화연구』, 제24권 제3호(2001).

이화여자대학교 통일학연구원, 「민족공동체 추진 구상 연구 최종결과보고서」(2011).

정경영, “한국의 동맹과 다자안보 병행 추진 전략”, 세종연구소 정책포럼(2019. 1. 28).

홍현익, “통일한국과 한미동맹”, 이태환 외, 『통일한국의 외교안보: 전망과 대책』, 세종연구소, 1999.

Wolf, Charles Jr., “The Cost of Runiting Korea”, *Forbes.com*, March 15, 2010.

신문 및 인터넷

“2018년 수출액 6055억 달러로 미, 독, 중, 일, 네덜란드에 이어 6위”, 《연합뉴스》, 2019년 1월 1일.

"2018년 한국 외국관광객: 1,534만 6,879명(중국인 4,789,512, 일본인 2,948,257); 한국인 해외관광 2,869만 5,593명", http://www.munhwanews. com/news/articleView.html?idxno=157349.

"2019년 한국의 국방비 47조 6,971억 원, 2020년 50조 1,527억 원",《문화체육관광부 국민소통실》, 2019. 12월 6일.

"남북군인의 역사적 악수", 2018년 11월 22일 국방부 제공.

대한광업진흥공사, "남북한 광산자원 현황", https://blog.naver.com/gounikorea/2210444 21921.

동북아 국가별 유학생수,

- 한국: 2017년도 12만 3,850명(중국 68,184, 베트남 14,614, 몽골 5,384, 일본 3,828, 미국 2,767 등), http://news.edupang.com/ne ws/article.html? no=6732.
- 미국: 2017년도 109만 4,792명(중국 363,341, 인도 196,271, 한국 3위 54,555, 사우디 44,432), http: // www.vinahanin.com/vnnews/363852.
- 중국: 2017년도 44만 명(한국 1위 239,824, 태국, 파키스탄, 인도, 러시아. 미, 일본순), http://yonseisinology.org/ archives/3095.
- 일본: 2015년도 26만 7,040명(중국 90,411, 베트남 3만, 네팔 3만, 한국 4위 15,278), https://m.blog.naver.com/PostView.nhn?blogId=joseph lee5 4&logNo=220847907029&proxyReferer=http%3A%2F%2Fwww. google.co.kr%2Furl%3Fsa%3Dt%26rct%3Dj%26q%3D%26esrc%3Ds%26source%3Dweb%26cd%3D13%26ved%3D2ahUKEwjvza-ayYXgAhUS8rwKHSfTBHsQFjAMegQIAxAB%26url%3Dhttp%253A%252F%252Fm.blog.naver.com%252Fjosephlee54%252F220847907029%26usg%3DAOvVaw0MiXdWxgqPR8wF-gvrvFf1.

문현진, "SBS CNBC: 코리아리포트 인터뷰", https://youtu.be/MUib YvjbGIg/.

"북한 2018년 수출액 2억 8,022 달러", VOA, 2019년 3월 27일.

"외교관계 수립 현황", http://www.mofa.go.kr/www/wpge/m_4181/cont ents.do.

정우진 외, "북한 광물자원 개발 · 가공 분야의 투자잠재력", 에너지연구원 정책연구페이퍼, http://www.keei.re.kr/ keei/download/KIP1413.pdf.

"[특집좌담] 기로에 선 한국 외교, 주도권을 잡아라-'대한민국 버전의 평화협정 준비 시급하다'."『통일한국』, 2016년 6월호.

"한국 체류 외국인: 218만 496명(중국 1,010,174(한국계 중국인 679,729, 한족 338,345), 베트남 169,938, 태국 153,259, 미국 143,568, 우즈베키스탄 62,860, 필리핀 58,480, 일본 53,670 등)", http://kosis.kr/stat Html/statHtml.do?orgId=111&tblId=DT_1B040A6.

"GDP 대비 군비지출 북한 1위", http://www.newsis.com/ardetail/view. html/?ar_id=NISX20161223_0014599513&cID=10101&pID=10100.

"2018 SIPRI Military Expenditure Database", https://www.sipri.org/data bases/milex.

제1장 한미동맹과 다자안보 병행 전략

단행본

국방부군사편찬연구소, 『한국전쟁 피해통계집』, 국방부군사편찬연구소, 1996.

김명기, 『한반도 평화조약의 체결』, 국제법출판사, 1994.

김열수, 『국가안보: 위협과 취약상의 딜레마』, 법문사, 2017.

김재우 · 백헌영 · 박성수 · 박정운 · 홍준석 외, 『2016 세계 방산시장 연감』, 국방기술품질원, 2016.

동북아공동체연구재단 편, 『동아시아 영토분쟁과 국제협력』, 디딤돌, 2014.

이승율, 『길목에 서면 길이 보인다』, 휘즈북스, 2019.

정경영, 『한국의 구심력 외교안보정책』, 지식과 감성, 2014.

홍용표, "이승만 정부의 한미동맹 정책과 한미상호방위조약", 『한국 외교정책: 역사와 쟁점』, 사회평론, 2010.

Axelrod, Robert, *The Evolution of Cooperation* (New York: Basic Books, 1984).

Chung, Kyung-young, "Northeast Asian Security Cooperation: Current Status and Future Prospects", in Kwak Tae-Hwan and Joo Seung-Ho, eds., *North Korea and Security Cooperation in Northeast Asia* (London: Ashgate, 2014).

Daalder, Ivo H. and James M. Lindsay, *America Unbound: The Bush Revolution in Foreign Policy* (Washington D.C.: Brookings Institution Press, 2003).

Ellison, Graham, *Destined for War: Can America and China Escape Thucydides's Trap?* (Washington, D.C. : Houghton Mifflin Harcourt, 2017).

IISS, *2018 Military Balance* (London: IISS, 2018).

IMF, *2018 IMF* (Washington, D.C.: IMF, 2018).

Krasner, Stephan D., ed., *International Regimes* (Ithaca and London: Cornel University Press, 1983).

Mahan, Alfred Thayer, *The Influence of Sea Power Upon History*, 1660-1783 (Washing, D.C.: Pelican Publishing, 1918).

Mearsheimer, John J., *The Tragedy of Great Power Politics* (New York: W.W.Norton & Company, 2001).

Nye, Joseph S. Jr., *Powers to Lead* (New York: Oxford University Press, 2008).

Palme, Olaf, ed., *Common Security: A Blue Print Survival* (New York: Simmon and Schuster, 1982).

SIPRI, *SIPRI 2017 Yearbook* (Stockholm: SIPRI, 2018).

The White House, *2017 National Security Strategy* (Washington, D.C.: National Security Council, 2017).

U.S. Department of Defense, *The Department of Defense Indo-Pacific Strategy Report Preparedness, Partnerships, and Promoting a Networked Region* (Washington, D.C.: DOD, June 1, 2019).

U.S. Department of Defense, *National Defense Strategy* (Washington, D.C. Jan 2018).

Walt, Stephen M., *The Origins of Alliances* (Ithaca: Cornell University Press, 1987).

Wolfers, Arnold, *Discord and Collaboration: Essays on International Politics* (Baltimore and London: The John Hopkins University Press, 1962).

논문 및 정책연구서

기획재정부, 제18차 GTI 총회 보도자료, 2018. 6. 22.

김기주, "안보 환경 변화와 한미동맹의 미래", 국방대 국가안전보장 문제연구소 및 한국국방정책학회 공동주최, 〈21세기 국제안보 환경 변화와 한국의 국방정책〉 세미나, 2018. 11. 29, 국방대 컨벤션센터.

김충환, "부산총회 결과와 국회의 역할", 『국제개발협력』, 2011년 4호(2011).

이재현, "신남방정책이 아세안에서 성공하려면?", 『이슈브리프』, 2018. 1.

조양원, "제6차 한·중·일 정상회의와 한국 외교:평가 및 과제", 국립외교원 외교안보연구소 주요 국제문제 분석, 2015. 11. 19.

정경영, "9·19 남북군사합의 이행진단과 군비통제 추진방향", 『군사논단』, 통권 제96호(2018년 겨울).

______, "북핵미사일 위협의 無力化 전략", 『한국군사』, 창간호(2016. 6).

______, "북핵 위협에 대한 복합적 전략", 한국정치학회 주최 2013년도 춘계학술회의, 2013.4.25, 고려대.

______, "신 국제질서 재편과 한국의 구심력 안보전략", 『군사논단』, 제193권(2018, 봄).

______, "한국의 인도-태평양 전략 참가여부에 관한 연구", 『군사발전연구』, 제13권 제1호(통권 제19호, 2019).

______, "평화협정 체결과 주한미군의 미래", *EAI Issue Briefing*, 2018. 7. 24.

______, 「한미동맹 60년사: 동맹정신(Alliance Spirit)」, 국방부 군사편찬연구소 연구보고서, 2013. 2.

______, "한중안보협력의 방향과 추진 전략", 『군사논단』, 통권 제65호(2011년 봄).

정경영·박동순·박현식, 「직·간접 전투경험 공유확대 방안」, 육군본부 정책연구보고서,

2017. 12. 13.

정경영 · 하정열 · 이표구 · 한관수, 「한반도 평화체제 추진 전략」, 국회 국방위 정책연구보고서, 2018. 12. 19.

정한울 · 이내영, "동맹의 변환(transformation)과 한국인의 대미인식-한미동맹 위기론과 대미인식 다원화 현상을 중심으로", 『국제정치논총』, 제45권 제3호(2005).

「중국 군사개혁」, 한국전략문제연구소 정책토론회 결과보고서, 제18권 제2호(통권 제242호).

Chung Kyung-young, "A Peace Regime Building and the Future of ROK-U.S. Alliance", presented at Workshop entitled *A Demilitarized North Korea* co-hosted by U.S. Stimson Center and Institute of International Studies, Seoul National University, Dec 3-4, 2018, Washington, D.C.

____________________, "Building a Military Security Cooperation Regime in Northeast Asia: Feasibility and Design", PhD Dissertation, The University of Maryland, 2005.

____________________, "The Signing of a Peace Treaty and The Future of U.S. Forces in Korea", Issue Brief, East Asia Institute, Aug 14, 2018.

____________________, "South Korea's Foreign & Security Strategy toward the U.S. and China in view of Unification", *The Korean Journal of Security Affairs*, Vol.20, No.1(June 2015).

____________________, "The Trend of Strengthened UNC and its Role After the Transition of Wartime Operational Control", East Asia Institute, Oct 28, 2019.

Clinton, Hilary R., "American Engagement in the Asia-Pacific", Speech at East West Center, University of Hawaii, Oct 28, 2010.

Morrow, James D., "Alliances and Asymmetry: An alternative to the Capability Aggregation Model of Alliances", *American Journal of Political Sciences*, Vol. 35, No. 4(1991).

신문 · 인터넷 · 인터뷰

"다국적 퍼시픽 뱅가드 해군훈련 실시", 《국방일보》, 2019년 6월 4일.

"北도발 예방 한미동맹, 통일 후엔 지역안보 지휘자 돼야", 《동아일보》, 2015년 7월 29일.

"미국, 일본, 호주, 프랑스, 인도양서 첫 훈련--'중 견제 목적'", 《연합뉴스》, 2019년 5월 21일.

"미국-중국 '사드 갈등' 뒤엔… 센카쿠 등 둘러싼 군사대결 구도", 《한겨레》, 2016년 3월 9일.

"미, 중거리미사일 시험 발사---한국 배치 압박", 《조선일보》, 2019년 8월 21일.

아덴만 여명 작전을 원격지휘한 이성호 전 합참 군사지원본부장과의 인터뷰, 2017. 6. 26.

"이철민, 호주가 중국 대신 미국을 선택한 이유", 《조선일보》, 2018년 2월 19일.

"아태 최대 규모 코브라골드 연합훈련 개막", 《연합뉴스》, 2018년 2월 13일.

"'전작권 전환' 핵심 조건은?" 《주간한국》, 2019년 4월 29일.

정경영, "글로벌 코리아와 아프간전(戰)", 《조선일보》, 2009년 5월 5일.

______, "한·중 정상회담이 성공하는 길", 《중앙일보》, 2013년 6월 6일.

"제7차 한·중·일 정상회담… 北비핵화 일치·과거사는 갈등", 《뉴시스》, 2018년 5월 12일.

황재호, "한반도 유사시 가장 먼저 투입될 중국군은… 제39 집단군", 《중앙일보》, 2016년 3월 9일.

China plans sea-based anti-missile shields 'for Asia-Pacific and Indian Ocean', *South China Morning Post*, Feb 8, 2018.

"'52개국 참가' 2018 서울안보대화", https://news.sbs.co.kr/news/endPage .do?news_id=N1004935143&plink=ORI&cooper=NAVER&plink=C OPYPASTE&cooper=SBSNEWSENDhttps://news.sbs.co.kr/news/en dPage.do?news_id=N1004935143&plink=OR I&cooper=NAVER.

무역협회, "2018년 해외무역통계", http://stat.kita.net/main.screen#.

"미군의 해외주둔", https://namu.wiki/w/%ED%95%B4%EC%99%B8%20%EC%A3%BC%EB%91%94%20%EB%AF%B8%EA%B5%B0.

"미래연합사 지휘구조", https://www.segye.com/newsView/20171012005674.

"제8회 서울안보대화 9월 4일부터 6일까지 개최", https://konas.net/ article/article.asp?idx=53854.

제50차 한미안보협의회의 공동성명, https://blog.naver.com/mnd9090/ 221389299443.

"중국 언론 종합", 《연합뉴스》, https://namu.wiki/w/%EC%9D%BC% EB%8C%80%EC%9D% BC%EB%A1%9C.

"한·미국 공동기자회견 모두발언", https://www1.president.go.kr/articles /6723.

"한일 대북 정보능력 비교", http://kin.naver.com/qna/detail.nhn?d1id =6&dirId=6&docId=153951388&qb=7ZWc7J286rWw7IKs67O07Zi4 7ZiR7KCV&enc=utf8&section=kin&rank=3&search_sort=0&spq= 0&pid=RdlD535Y7vdssvaygMKsssssssl-004793&sid=UQglJ3JvLDQAA DFyJzc.

Crome, Erhard, "The EU, NATO, and the OSCE", https://www.transfo rm -network.net/cs/publications/sbornik/overview/article/yearbook-2 018/the-eu-nato-and-the-osce/.

"Indo-Pacific Command", https://www.google.co.kr/search.

"PKO, Troop and Police Contributors", https://peacekeeping.un.org/si tes/default/files/1_s ummary_of_contributions_12.pdf.

"United States Military Deployments", https://en.wikipedia.org/wiki/Uni ted_States.

제2장 북핵 폐기 전략

단행본

김대순, 『국제법론』, 삼영사, 2015.

란코프, 『북한 워크아웃』, 시대정신, 2009.

바닌(Ванин Ю.В.) 외, 『1950-1953년 한국에서의 전쟁: 50년 후의 평가』(『Война в Корее 1950-1953гг.: взгляд через 50 лет』(M.: 2001).

박종수, 『21세기의 북한과 러시아』, 도서출판 오름, 2009.

박종효, 『러시아 연방 외무성 대한정책 자료 Ⅱ』, 도서출판 선인, 2010.

시모토마이 노부오, 이혁재 옮김, 『북한정권 탄생의 진실』, 기파랑, 2000.

신효숙, 『소련군정기 북한의 교육』, 교육과학사, 2003.

오진용, 『김일성 시대의 중소와 남북한』, 나남출판사, 2004년.

이용준, 『북핵 30년의 허상과 진실』, 한울, 2018.

이재승, 『북한을 움직이는 테크노크라트』, 일빛, 1998.

이종석, 『북한-중국관계, 1945-2000』, 중심, 2001.

임나래, 『마오쩌둥과 김일성의 권력승계 차이에 관한 비교 분석』, 연세대학교 대학원, 2013.

전수미, 『비대칭동맹국가의 약소국 붕괴 시 개입에 대한 연구』, 연세대학교 대학원, 2018.

조성렬, 『한반도 비핵화와 평화체제 구축의 로드맵(KINU 정책연구시리즈 2005-05)』, 통일연구원, 2005.

태영호, 『3층 서기실의 암호』, 기파랑, 2018.

Cumings, Bruce, *Korea's Place in the Sun: A Modern History* (New York: W.W.Norton, 1997).

Fitzpatrick, Mark, *North Korean Security Challenges: A Net Assessment* (London: The International Institute for Strategic Studies, 2011).

Tulliu, Steve and Thomas Schmalberger, *Coming to Terms with Security: A Lexicon for Arms Control, Disarmament and Confidence-building* (Geneva, Switzerland: United Nations Institute for Disarmament Research, 2003).

Whiting, Allen S., *China Crosses the Yalu, The Decision to Enter the Korean War* (Stanford, CA: Stanford University Press, 1960).

논문 및 정책연구서

1950-1953년 김일성과 스탈린간 오간 개인서한(Личная переписка Ким Ирсена и И.В.Сталина на протяжении 1950-1953 гг.) 러시아연방대통령고문서실(Президентский Арихтв РФ). Ф.07, Он .89в . П.1,1.

강민지, "미국과 유럽연합의 무역구제조치 관련법 개정과 시사점", KIEP 대외경제정책연구원 기초자료, 2018.

국정기획자문위원회, "문재인정부 국정운영 5개년 계획", 2017. 7.

김용호, "중국의 대한반도 군사 개입에 관한 역사적 고찰", 『군사』, 1993.

김준형, "북미회담전망 및 남북관계 해법", 흥사단 민족통일운동본부 주최, 〈한반도 평화를 위한 새로운 셈법을 찾아서〉 학술회의, 2019. 10. 24.

박종철, "한반도 비핵화와 평화체제 전환", 동북아시대위원회 주최 〈한반도 평화체제 구축〉 세미나, 2006년 3월 30일.

배찬권 외, 「최근 미 세이프가드(통상법 201조) 조치의 주요 쟁점과 대응방안」, KIEP 대외경제정책연구원, 2018.

서보혁 외, 「대북 제재 현황과 완화 전망」, 통일연구원 정책연구시리즈, 18-03, 2018.

이상현 · 김흥규, 「북핵 위기 해결방안 연구 – 미 · 중 협력 및 활용을 중심으로-」, 국회입법조사처, 2009.

아스몰로프(러시아 극동연구소 한반도연구센터 선임연구원), "개최되지 않았던 정상회담(Саммит, которого не было)", 러시아 주간 프로필, 2018년 5월 29일.

전봉근, 「북핵 시나리오 분석과 한반도 비핵 · 평화체제 추진체계」, IFANS 주요국제문제 분석(2017).

전성훈, "북한의 '비핵화 국가전략'과 韓美의 '비핵화 외교'", 『국가전략』, 제25권 1호(2019).

전수미, "북한 급변 시 중국의 개입에 대한 법적 고찰", 『중국법연구』, 제29집(2017).

______, "유엔의 자위권 해석과 군사적 개입", 『안암법학』, 제57호, (2018).

______, "조중우호협조 및 호상원조조약에 대한 고찰", 『북한법연구』, 제19호(2018).

전재국, "글로벌 평화활동과 파병반대운동: 위험회피론의 실상과 한계", 『국방정책연구』, 제89권(2010).

정성임 외, "핵 협상과 북핵문제 – 이란, 파키스탄, 인도 사례와의 비교", 『통일연구』, 제19권 제1호(2015).

조성렬, "북미회담 전망 및 남북관계 해법", 흥사단 민족통일운동본부 주최, 〈한반도 평화를 위한 새로운 셈법을 찾아서〉 학술회의, 2019. 10. 24.

채규철, "북한의 '비핵화 국가전략'과 韓美의 '비핵화 외교", 『국가전략』, 제25권 1호(2019).

______, "북한 비핵화의 의미와 북핵합의의 교훈", 국가안보전략연구원, 『이슈브리핑』,

18-6(2018).

코브시(Ко в ш А.В.), "1970-1990년대 북한의 핵미사일기술 확산 문제(Проблема распространения ядерных и ракетных технологий в КНДР в 1970-1990-е годы)", 『한국역사문제』(『Вопрос истории Кореи』)(С-Петербург: СПбГУ, 2004).

한국외대, 「2018 RUSSIA REPORT-Issues & Analysis 분야별 평가와 전망」.

한국외교안보포럼, "제2차 북미정상회담 전망-북핵문제를 38North Joel Wit 대표에게 묻는다", 2019. 2. 19, 국회 한국외교안보포럼.

한인택, "핵 폐기 사례 연구: 남아프리카공화국 사례의 함의와 한계", 『한국과 국제정치』, 제27권 제1호(2011년 봄).

황지환, "전망이론을 통해 본 북한의 핵정책 변화: 제 1, 2차 북한 핵 위기의 분석", 『국제정치논총』, 제46집 1호(2006).

______, "핵포기 모델의 재검토: 남아프리카공화국, 우크라이나, 리비아 사례를 통해 본 북핵 포기의 가능성과 한계", 『세계지역연구논총』, 제30집 3호(2012).

해외정보부(С В Р), "냉전후 새로운 도전: 대량살상무기(Новый вызов после холодной воины:рапространение оружия массового уничтожения)", 『러연방 해외정보부 백서(Доклад службы внешнейразвенки РФ)』(М.: 1995).

Chung, Kyung-young, "Lessons Learned: The Inter-Korean Dialogues and Path Forward", Lecture at University of Maryland, Oct 18, 2019.

IAEA, "IAEA Director General Completes Official Visit to DPRK", Press Release. Vienna, August 1994.

Niksch, "North Korea's Nuclear Weapons Program," 2002.

Tkacik, John J., "Panda Hedging: Pentagon Report Urges New Strategy for China", Heritage Foundation Report, 2006.

신문 및 인터넷

"김정은 동지께서 대륙간탄도로케트 '화성-14'형 제2차 시험발사 지도", 《조선중앙통신》, 2017년 7월 29일.

미국 도널드 트럼프 대통령의 2017년 10월 8일 공식트위터, https://twi tter.com/realDonaldTrump/status/917341511754436609.

______________________, 2019년 4월 13일 공식트위터, https:// twitter.com/realdonaldtrump/status/1117033379776667648.

"北, 남북공동연락사무소 철수…9월 14일 개소 이후 190일만(1보)", 《아시아경제》, 2019년 3월 22일, https://www.msn.com/ko-kr/Ne ws/other/北-남북공동연락사무소-철수-9월-14일-개소-이후-190일만-1보/ar-BBV5iLl.

"북한의 비핵화와 체제 안전보장의 조건", 란코프(국민대 교수), 2018. 06.18.

"북한 리용호 리용호 외무상의 기자회견", 《연합뉴스》, 2019년 3월 1일, https://www.youtube.com/watch?v=QtGYMwsAuFk&feature=youtu.be.

"북한의 ICT (2부)", KBS World News, 2019년 1월 31일, http: //world.kbs.co.kr/special/northkorea/contents/news/closeup_view.htm?No=357033&lang=k.

스태티스타(Statista), "전 세계 핵무기 보유량", Jun 17, 2019. https ://www.statista.com/chart/8301/the-countries-holding-the-worlds-nuclear-arsenal/.

외교부 유엔과, "우리나라의 평화유지활동(PKO) 참여 현황", 2018년 2월 28일. http://www.index.go.kr/potal/stts/idxMain/selectPoSt tsIdxMain Print.do?idx_cd=1678&board_cd=INDX_001.

"[전문] 대북특사 방북 결과 언론발표문", 《연합뉴스》, 2018년 3월 6일.

정은혜. "트럼프 '한국은 역사적으로 중국의 일부였다더라'", 《중앙일보》, 2017년 4월 19일, https://www.yna.co.kr/view/AKR20180306178800 001.

정책위키. "한반도평화프로세스", http://www.korea.kr/special/policyCur ationView.do?newsId=148865774.

"조선민주주의인민공화국 외무성 대변인담화", 《로동신문》, 주체108 (2019)년 8월 6일.

통일부, 남북관계 주요일지, 2018년 1월 - 2019년 9월, https://www.uni korea.go.kr/books/monthly/report/#currentpage.

"현 단계에서의 사회주의 건설과 공화국 정부의 대내외 정책에 대하여", 《조선중앙통신》, 2019년 4월 13일, https://www.youtube.com/watch?v=uGqAHWKNEJU&feature=youtu.be.

"북한: 올해 들어 10번째 발사체 발사...북미 실무협상 의지 밝힌 지 하루만에 도발", BBC News Korea, 2019년 9월 10일, https://www .bbc.com/korean/news-49630299.

제3장 남북경제공동체 구상

단행본

국가정보원 엮음,『북한법령집』, 국가정보원, 2017.

남북교류협력지원협회,『대북 제재 참고 자료집 4.0』, 남북교류협력지원협회, 2018.

리복희 외,『주체의 경제관리리론』, 사회과학출판사, 1992.

박종철,『민족공동체 통일방안의 새로운 접근과 추진방안: 3대공동체 통일구상 중심』, 통일연구원, 2010.

박종철 외,『통일기반 조성 및 통일미래상 연구 분석』, 통일연구원, 2016.

양재성,『남북경제공동체 형성 방안』, 통일부 통일교육원, 2012.

이승율,『초국경 공생사회』, 한우리, 2011.

조명철 · 홍익표,『비핵 · 개방 · 3000 구상: 남북경제공동체 형성 방안』, 통일연구원, 2009.

최수영,『남북경제공동체 형성 방향과 과제』, 국회입법조사처, 2014.

통일부,『2019 통일백서』, 통일부, 2019.

______,『개성공업지구 법규집』, 통일부, 2015.

통일연구원 엮음,『남북경제공동체 형성전략』, 통일연구원, 2006.

현대아산,『개성공업지구 개발총계획 제1권』, 현대아산, 2005.

논문 및 정책연구서

김영윤, "남북경제공동체 형성 전략에 관한 연구",『북한경제논총』, 제12호(2006).

남근우, "신(新) 남북교역체계 기반구축에 관한 연구",『통일문제연구』, 제28권 제2호(2016).

류지성 외,「남북합의와 대북정책 지속성 강화를 위한 법령 개정 방안」, 통일부 정책연구보고서(2017).

"베일 벗은 북한경제특구 27개 지구 지정",《NK경제》, 2018년 12월 6일.

빅터 차(Victor Cha), "전환기의 동북아: 한 · 미 · 중 국제컨퍼런스: Towards a New Strategy in the Transition of Northeast Asia", (2019. 2. 15).

유럽연합조약(Treaty of European Union : TEU).

유현정 · 정일영, "개성공단의 안정적 운영과 법치경제의 모색",『북한학연구』, 제11권 제1호(2015).

이윤석, “남북의 상생경제 구축을 위한 제언”, 『금융브리프』, 제27권 제17호(2018. 9. 1.).
이점호, “북한의 특구전략에 관한 연구”, 고려대학교 박사학위 논문(2014).
이해정 · 이용화, “新남북경협의 과제와 시사점: 남북경협 30년 평가”, 『현안과 과제』, 제18권 제1호(2018).
임강택, “경제협력공동체 추진 전략과 과제: ‘평화경제’를 중심으로”, KINU 학술회의, 〈신 한반도 체제의 비전과 과제〉 자료집(2019. 5. 24.).
정일영, “남북합의서의 법제화 방안 연구”, 『법과 정책』, 제18권 제1호(2012).
정일영 · 정대진, “남북합의서 이행의 한계와 대안의 모색: 5 · 24조치와 「남북관계 발전에 관한 법률」 제23조를 중심으로”, 『통일연구』, 제21권 제1호(2017).
조민, “남북경제공동체 형성의 이론적 틀: 평화경제론”, KINU Online Series PA 06-03(2006).
조봉현, “한반도 신경제지도 구상과 과제”, 비핵 · 평화 번영을 위한 한반도 신경제지도 구상 학술회의, 2017. 9. 19.
제성호, “남북합의서에 대한 국내법적 효력부여 문제: 국제법상 조약의 개념과 우리헌법과의 관련성을 고려하여”, 『법조』, 제571호(2004).
추원서, “신기능주의적 관점에서 본 남북경제공동체 연구: 정치통합조건으로서의 경제통합”, 고려대학교 박사학위논문(2006).
“통일이 미래다”, 《NK조선》, 2014년 1월 24일.
홍익표 외, 「남북 경제공동체 추진 구상」, 통일부 정책연구보고서(2011).
「NEAR 백서: 2009-2016」, 대구, 동북아지역자치단체연합 사무국, 2017.
「NEAR Annual Report 2014」 대구, 동북아지역자치단체연합 사무국, 2015.

신문 및 인터넷

개성공업지구지원재단, “숫자로 보는 개성공단”, https://www.kidmac.or. kr/ko/index.
________________, “연혁”, https://www.kidmac.or.kr/ko/010101/ co ntent/history.
국가법령정보센터, “남북관계 발전에 관한 법률”, http://www.law.go.kr/ lsInfoP.do?lsiSeq=202630&efYd=20180914#0000.
나희승, “동아시아 철도공동체와 한반도 평화 번영”, Weekly 공감(2018. 8. 27), http://gonggam.korea.kr/newsView.do?newsId=01I713hKQD GJM000.
동북아지역자치단체연합(NEAR), www.neargov.org.
양 롱(Yang Long), “한 · 중 지방정부간의 협력 현황 분석”, http://www. cmnews.kr/ speciallist/3367.

유럽지방정부회의(AER : Assembly of European Regions), https:// aer.eu.

청와대, "제73주년 광복절 경축사", https://www1.president.go.kr/ar ticles/4022.

통일부, "남북기본협정 체결 및 남북관계 재정립", https://www.uni korea.go.kr/unikorea/policy/project/task/agreement.

_____, "민족공동체통일방안", https://www.unikorea.go.kr/unikorea/pol icy/plan.

_____, "남북회담본부", https://dialogue.unikorea.go.kr/ukd/c/ca/usrtal kmanage/List.do?tab=5&agreement_type=00.

_____, "북한의 통일방안", https://nkinfo.unikorea.go.kr/nkp/overview /nkOverview.do.

_____,"한반도 신경제지도 구상 및 경제통일 구현", https://www. unikorea.go.kr/unikorea/policy/project/task/precisionmap, (2019. 8. 15).

한겨레, "통일부 천안함 사태 관련 대북조치 발표문", http://www.hani. co.kr/arti/politics/politics_general/422158.html.

한국철도기술연구원, "동북아 철도공동체와 신경제지도 구상", https:// www.krri.re.kr/html/kr.

현대아산, "연혁", http://hdasan.com/about/about_0203.

제4장 한반도 물류 중심축 경제발전 전략

단행본

민경태, 『서울 평양 스마트시티』, 미래의 창, 2018.

박은숙, 『시장의 역사』, 역사비평사, 2008.

통계청, 『북한 주요통계지표』, 각 연도.

코레일, 『경영통계』, 2018.

Baweja, B., "Extreme automation and connectivity: The global and regional, investment implications of the Fourth Industrial Revolution", UBS White paper for World Economic Forum, Feb 2016.

HIS, *Jane's World Railways* (2001).

POCC TAHДAP TГOC T,ГOC T 9238, (2013).

논문 및 정책연구서

삼일회계법인, "Korail 철도물류사업 경영개선방안연구", 2019. 5. 1.

이성우, "4차 산업기술 테스트베드, 북한의 가능성", 『코리아쉬핑가제트』, 2018년 12월호.

______, "감성기반 정보 플랫폼, 미래 물류의 키워드", 『코리아쉬핑가제트』, 2018년 10월호.

______, "동북아평화협력클러스터", 한러 북방전략국제세미나, 2018. 11. 23.

______, "북한경제정책 변화와 인천도시 발전 방향", 인천학회 발표자료, 2019. 9월.

______, "초국경 평화클러스터 제안", 제4차 동방경제포럼, 남북러 특별세션, 블라디보스톡, 2018. 9.

______, "한강하구의 평화적 이용을 통한 서울 신물류체계 구상", KDI, 『북한경제리뷰』, 2019년 8월호

______, "한반도 신복합물류체계 구축 방향과 과제", 『KDI 북한경제리뷰』, 2019. 3.

이언경 · 이성우 · 강무홍 · 최건우 · 이수영 · 김보경 · 김엄지 · 서종원, "항만-대륙철도 연계 복합물류망 구축을 위한 기반연구", 경제 · 인문사회연구회, 2018.12.

지용태, "한국-러시아 철도협력방안", 포항지방포럼 발표자료, 2018. 11. 8.

통일부, "나진-하산 사업 개요", 내부자료, 2017. 12.

한국철도기술연구원, 「남북철도시스템 연계방안 연구」, 2004.

해양수산부, 「통일 한반도 시대의 북한 항만물류체계 기본구상 연구」, 한국해양수산개발원, 2018. 1.

제5장 한반도 평화협정 체결과 법체계 정비 방안

단행본

김영철 · 서원철, 『현대국제법연구』, 과학백과사전종합출판사, 1988.

노중선 엮음, 『민족과 통일』, 사계절, 1985.

문준조, 『남북경제교류의 민족내부거래성과 대우문제』, 한국법제연구원, 2002.

배정호 · 제성호, 『연방제 통일과 평화협정』, 형설출판사, 2016.

손기웅, 『독일통일 20년: 현황과 교훈』, 통일부 통일교육원, 2010.

임동원, 『피스 메이커: 남북관계와 북핵문제 20년』, 중앙북스, 2008.

정철원, 『조선투자법안내(310가지 물음과 답변)』, 법률출판사, 2007.

조선대외경제투자협력위원회 편찬, 『조선민주주의인민공화국 투자안내』, 외국문출판사, 2016.

조성렬, 『한반도 평화체제』, 도서출판 푸른나무, 2007.

최진욱, 『평화조약의 역사적 변천과 사례: 한반도 평화체제에 주는 시사점』, 통일연구원, 2007.

최창동, 『법학자가 본 통일문제』, 푸른세상, 2002.

평화 · 통일연구소, 『전쟁과 분단을 끝내는 한반도 평화협정』, 도서출판 한울, 2010.

한명섭, 『통일법제 특강(개정증보판)』, 한울엠플러스, 2019.

허문영 외, 통일연구원 편, 『한반도 비핵화와 평화체제 구축전략』, 통일연구원, 2007.

논문 및 정책연구서

김덕주, "한반도 평화협정의 특수성과 주요 쟁점", 『IFANS 주요국제문제분석』, 제2018권 제19호(2018).

김선표, "한반도 평화체제 구축과 유엔사 문제에 대한 소고", 『서울국제법연구』, 제12권 제2호(2005).

백진현, "한반도 평화체제 구축방안: 정전협정의 대체를 중심으로", 『통일시대와 법』, 중앙대학교출판부, 2003.

양병기, "남북한의 통일과 아시아지역공동체의 창설 전망", 『정치정보연구』, 제18권 제1호(2015).

윤대규, "남북간 평화협정 체결과 관련된 법적 제문제", 「제24차 남북법령연구특별분과위원회 회의」, 2004. 11. 5, 법무부.

장용석, “한반도 평화체제와 평화협정 – 개념, 쟁점, 추진방향-”, 『통일문제 연구』, 제22권 제1호, 통권 제53호(2010).

정태욱, “주한 ‘유엔군사령부’(UNC)의 법적 성격”, 『민주법학』, 통권 제34호(2007).

제성호, “남북기본합의서와 평화체제 전환 문제”, 『북한』, 제291호(1996).

______, “남북평화협정 체결의 법적 문제와 추진방향”, 『통일시대와 법』, 중앙대학교출판부, 2003.

______, “통일지향적 새 남북관계 정립을 위한 국제법적 과제”, 『법제연구』, 제19호(2010).

______, “한반도 평화체제 구축방안”, 『국가전략』, 제2권 제1호(1996).

최철영, “한반도 평화협정체결을 위한 법제정비 방안”, 『법과 정책연구』, 제5집 제2호(2005).

최현철, “조선반도핵문제의 평화적 해결과 관련한 미국의 국제법적 의무”, 『정치법률연구』, 제18호, 과학백과사전출판사, 2007.

한명섭, “한반도 평화협정 체결에 대한 법적 검토”, 『통일과 법률』, 제37호(2019).

신문 및 인터넷

박휘락, “2018년 비핵화 협상의 비극적 결말: 북한의 원초적 부정과 불안해진 한미동맹”, 《데일리안》, 2018년 12월 22일.

“미국과 남조선 당국의 북 비핵화 궤변은 조선반도 비핵화의 전도를 더욱 험난하게 만들 뿐이다”, 《조선중앙통신》, 2016년 7월 6일.

“향후 20년은…베를린이 정하면 유럽은 따른다”, 《매일경제》, 2019년 3월 22일.

통일부 북한정보포털, “제네바 정치회담”, https://nkinfo.unikorea.go. kr/nkp/term/viewKnwldgDicary.do?pageIndex=16&dicaryId=38&sea rchCnd=0&searchWrd=.

“Paris Peace Accords”, https://en.wikipedia.org/wiki/Paris_Peace_Acc ords.

“Watergate Scandal”, https://en.wikipedia.org/wiki/Watergate_scandal.

제6장 갈등구조 해소와 통일교육

단행본

은재호 · 오길수 편저, 『한국의 협력적 거버넌스』, 대영문화사, 2019.

문종철 외, 『알기쉬운 교육학개론』, 양서원, 2016.

김정환 · 강선보, 『교육학개론』, 박영사, 2011.

논문 및 정책연구서

강성윤 외, 『통일교육 표준화 방안 연구』, 전국대학북한학과협의회, 2005년 통일교육원 정책 연구 보고서, 2005.

고경민, "통일교육 의무화와 대학 통일교육 개선 방향", 『대한정치학회보』, 제23권 제3호(2015).

고유환, "탈냉전시대의 통일교육 방향", 『안보연구』, 제25호(1995).

국민대학교, "통일을 위한 국민대학교의 역할과 과제", 「한반도미래연구원 개원 학술세미나」, 국민대학교 한반도미래연구원, 2016.

김창희, "사회통일교육에 대한 분석과 활성화 방안", 『통일전략』, 제7권 2호(2007).

김종수, "대학통일교육 현황과 활성화 방안 연구", 『북한학연구』, 제11권 제1호(2015).

김한종, "민족 통합을 위한 사회통일교육방안", 『사회과학교육연구』, 제1권 제7호(2004).

김해순, "남북한 사회 문화 통합을 위한 민주시민교육: 독일사례 중심으로", 『광복70주년 통일교육이 미래다』, 통일교육협의회, 2015.

김현정 외, "통일교육의 로컬리티 관점 개발: 지역통일교육센터를 중심으로", 『인문사회과학연구』, 제16권 1호(2015).

변종헌, "20대 통일의식과 대학 통일교육의 과제", 『통일정책연구』, 제21권 제1호(2012).

______, "지자체 기반의 사회 통일교육 활성화를 위한 과제", 『평화학연구』, 제14권 3호(2013).

신희선, "사회통일교육에 대한 비판적 고찰 및 제언", 『인문사회과학연구원』, 제34권(2012).

오기성, "사회통일교육의 실태 분석 및 개선 방향 연구", 『평화학연구』, 제10권 제1호(2009).

이경태, "바람직한 대학통일교육의 방향", 『대한정치학보』, 제11권 제3호(2004).

이미경, "대학생 통일의식 제고를 위한 통일교육 방안 모색", 『한국동북아논총』, 제70호(2014).

이우영, "대학 통일교육의 현황과 문제점", 『통일연구』, 제1권 제2호(1997).

정향진, “학교 통일교육의 실태와 의무화의 필요성”, 『학교 통일교육 발전 세미나』, 2015년 2월 25일.

조은희, “대학생 통일교육 현황과 활성화 방안: 숭실대학교 사례를 중심으로”, 「광복70주년 통일교육이 미래다」, 통일교육협의회, 2015.

조정아, “통일교육의 쟁점과 과제”, 『통일정책연구』, 제16권(통일연구원, 2007).

통일교육협의회, 『2030세대 통일의식 조사』, 통일교육협의회, 2018.

통일부, 『국민의 정부 통일교육 기본방향』, 통일부, 1998.

______, 『대학(원)생 통일논문집』, 통일부, 2015.

통일부 통일교육원, 『2014 통일문제의 이해』, 통일부, 2014.

______, 『2016 통일교육 운영계획』, 통일부, 2016.

______, 『사회통일교육 지침서』, 통일교육원, 2014.

______, 『사회통일교육 지침서』, 통일교육원, 2016.

한만길 외, 『통일교육의 실태조사 및 성과분석』, 통일연구원, 2003.

동북아공동체문화재단 소개

본 재단은 동북아 국제협력을 통한 한반도 평화통일과 미래형 인재개발을 위해 2007년 설립한 지식인연대 NGO단체(통일부 등록)입니다.

부설기관으로 동아시아국제전략연구소, 북방경제정책연구원, 국제의료봉사단, 도서출판사 등을 운영하고 있습니다.

재단은 다음과 같은 목적으로 운영되고 있습니다

첫째, 한반도 평화와 통일을 위한 국제관계 조성을 목적으로 남북한 및 주변 국가와의 관계 개선, 인적 교류, 기술 및 문화 교류, 차세대 교육과 학술 발전을 위한 제반 활동을 수행합니다.

둘째, 남북경제공동체 나아가 동북아경제공동체 건설을 위한 제도적 협력 방안을 연구하는 기관으로 동북아 경제, 교육, 문화, 역사, 평화발전 전략에 관한 연구 및 용역 사업을 수행하면서 국가 및 기업에 필요한 정책 자문과 R&D 부문 기초자료를 제공하고 있습니다.

셋째, 한반도 통일의식 고취를 위한 공익사업 활동을 활발히 전개하고 있습니다. 대국민 평화통일의식 함양을 위한 연수 교육 및 문화사업, 한민족 인재 발굴 장학사업, 전문 학술대회 및 학술자료 발간 등을 통해 국민의 건전한 통일의식 제고와 평화통일에 유용한 인력 기반을 구축하고자 노력하고 있습니다.

구체적인 과업으로 본 재단은 한반도가 동북아지역에서 중심축 역할을 감당할 수 있도록 하는 데 있어 남북한 화해 및 협력을 통해 평화통일에 필요하다고 판단되는 주요사업을 다방면에 걸쳐 수행하고 있습니다.

기본적으로 학술연구 활동에 힘씁니다. 외교 안보, 경제, 주변국 정책 등 한반도 주요 이슈에 대한 전문가 정책포럼을 격월간 개최하여 국가시책에 합당한 정책대안을 도출하고 제안합니다.

특히 이런 정책포럼을 통해 논의된 과제를 미 · 중 · 일 · 러 4대 국가 전문가와 연구기관들로 하여금 중첩적으로 검토할 수 있도록 공개함으로써 글로벌 스탠다드에 합당한 남북한 신뢰 구축 및 경제협력 방안을 협의하고 제시하는 국제학술세미나와 해외 연수를 연 2회 이상 개최하고 있습니다.

나아가 본 재단 자체적인 연구뿐만 아니라 통일부, 재외동포재단, 동북아역사재단, 한국철도공사 등에서 발주한 학술연구 용역과 학술세미나의 결과물을 학술자료, 정책보고서 및 연구총서 형태의 산물로 발표합니다.

한편 이 모든 학술연구 활동의 실천적 대안으로 YUST, PUST 대외협력 업무를 맡고 있습니다.

연변과학기술대학(YUST)은 1992년 9월 한국에서 중국 조선족 사회에 설립한 최초의 국제대학입니다. 한 · 중 협력 시대를 선도해나갈 인재양성을 목표로 설립되었고, 중국에 거주하는 조선족 젊은이들에게 선진과학기술교육을 지원함으로써 한민족 공동체의식 함양과 통일한국을 위한 교두보 역할이 가능하도록 계도하고 있습니다.

평양과학기술대학(PUST)은 2001년 한국 통일부와 북한 교육성 당국의 공동 승인을 거쳐 2009년 9월 평양시 낙랑구에 1차 건물 준공식과 함께 개교한 남북합작 국제대학입니다.

북한의 국제화에 필요한 전문인력 양성을 통해 남북 경협 및 동북아 국제협력 마인드를 갖춘 미래 지도자를 배양하고자 합니다. 이들이 국제사회와 북한을 이어주는 선도적 교량의 역할을 하게 되리라 기대합니다. 이외에도 청소년 역사스페셜 탐방(중국 동북 3성, 러시아 연해주, 일본 큐슈), 탈북민 정착 지원사업, 뉴스레터('감격사회' 칼럼공동체) 발행 등 디아스포라 세대 간 소통과 민족 동질성 회복을 위한 공익활동을 수행하고 있으며, 북한에 '사랑의 채소 씨앗' 보내기 운동 및 어린이돕기 지원사업을 유관기관과 공동으로 수행하고 있습니다.

'Future Vision is Fusion'

이는 동북아 국제협력을 통해 대한민국과 남북한 평화통일 및 번영의 새길을 열어가고자 힘쓰는 본 재단의 대표적 슬로건이기도 합니다.

지금 이 시대는 세계적으로 융합기술 발전 및 인터넷환경 개선과 교통수단의 발달로 4차 산업혁명의 흐름이 가속화되고 있는 시점입니다.

이럴 때 지구촌 글로벌사회 속에서 동북아지역의 융합과 결속을 다지는 일은 우리 한국의 입장에서는 참으로 중요하고 시급한 일이 아닐 수 없습니다.

왜냐면 우리의 머리 위에 숯불을 이고 있듯이 북한 핵 위기가 도사리고 있기 때문입니다. 이는 반드시 해결해야 할 중차대한 민족적 과제이자 동북아 전체의 타깃입니다. 따라서 우리는 동북아 국가 간의 국제협력을 기본 틀로 삼아 이 기초 위에 북한 핵 폐기에 상응하는 뉴딜(New

Deal) 정책을 도입하여 남북경제공동체와 같은 융합형 신경제체계(New Normal Economic System)를 만들어가는 데 최선의 노력을 다해야 할 것입니다. 이를 위해 각 분야 전문인력들이 본 재단을 중심으로 자발적으로 '열린 사회' 구성원으로 참여하여 국가사회의 발전과 민족대계의 영속성을 위해 헌신하는 모습은 참으로 귀한 사례라고 할 수 있습니다.

동북아공동체문화재단은 바로 이러한 신념과 도전의식, 비전과 열정을 가진 지식인들이 함께 모여 토론하고 훈련하면서 꿈과 뜻과 힘을 모아가는 실천적인 가치추구형의 공익단체입니다.

독자 여러분들의 적극적인 참여와 협력을 정중하게 요청하고 기원합니다.